Prototypenorientierte Untersuchungen zur Pluralbildung der Substantive und ihre didaktischen Folgen

Evelyn Frey

Prototypenorientierte Untersuchungen zur Pluralbildung der Substantive und ihre didaktischen Folgen

PETER LANG
Frankfurt am Main · Berlin · Bern · Bruxelles · New York · Oxford · Wien

Die Deutsche Bibliothek - CIP-Einheitsaufnahme

Frey, Evelyn:

Prototypenorientierte Untersuchungen zur Pluralbildung der Substantive und ihre didaktischen Folgen / Evelyn Frey. - Frankfurt am Main ; Berlin ; Bern ; Bruxelles ; New York ; Oxford ; Wien : Lang, 2002
ISBN 3-631-39366-0

ISBN 3-631-39366-0

www.peterlang.de

Vorwort

Das vorliegende Buch stellt die leicht überarbeitete Fassung einer Arbeit dar, die im Wintersemester 2001/2002 von der Philosophisch-Historischen Fakultät der Universität zu Augsburg als Habilitationsschrift angenommen wurde.

Mein besonderer Dank gilt Herrn Prof. Dr. Hans-Jürgen Heringer, Universität Augsburg, für seine Unterstützung und die wissenschaftlichen Impulse.

Darüber hinaus danke ich dem Goethe-Institut, namentlich dem Vorstand und Leiter der Goethe-Institute in Deutschland, Herrn Ulrich Braeß, für das Interesse an diesem wissenschaftlichen Arbeitsgebiet.

Dem Verlagshaus Peter Lang, Europäischer Verlag der Wissenschaften, danke ich für die gute Zusammenarbeit und zügige Publikation des Buchs.

München, im Dezember 2001 Dr. Evelyn Frey

Inhalt

Abkürzungsverzeichnis

D	= Dental
F	= Frikativ
K	= Konsonant
L	= Liquid
N	= Nasal
P	= Plosiv
R	= Resonant
V	= Vokal
AR	= Anfangsrand
ER	= Endrand
NU	= Nukleus
uf.	= umlautfähig
AO	= Artikulationsort
FW	= durchschnittlicher Frequenzwert der Verwendungshäufigkeit
GWS	= Grundwortschatz
KS	= konsonantische Stärke oder konsonantischer Stärkewert
Tpn	= Testperson(en)
Vrk.	= Vorkommnis(se)
mhd.	= mittelhochdeutsch
nhd.	= neuhochdeutsch
*	= abweichende Form
+	= mögliche, aber konstruierte Form
< >	= orthografische Schreibung
/ /	= Phonem
/N/	= entspricht als Benennung auf der x-Achse in den Grafiken /η/
/S/	= entspricht als Benennung auf der x-Achse in den Grafiken /ʃ/
[ ]	= allophonische Realisation
[-:]	= Längezeichen eines Vokals, z.B. langes *a*: [a:]

1 Ziele der Arbeit

Die vorliegende Arbeit verfolgt zwei Ziele: Erstens sollen auf einer breiten empirischen Materialgrundlage die Regeln der Pluralbildung des nominalen Reallexikons im Standarddeutschen ermittelt werden. Zweitens sollen die gewonnenen linguistischen Ergebnisse für den Deutsch-als-Fremdsprache-Unterricht didaktisch aufbereitet werden.

Obwohl seit den 70-er Jahren umfangreiche Arbeiten zur Pluralbildung des Standarddeutschen entstanden sind (Kap. 2.1), gibt es bislang keine einheitliche oder befriedigende Erklärung für die Pluralsystematik des nominalen Lexikons. In den älteren Forschungsarbeiten fehlen aufgrund mangelnder Datenverarbeitungsmöglichkeiten valide Materialgrundlagen. Fein strukturierte Pluralanalysen sind deshalb nicht möglich oder bleiben spekulativ. Die jüngeren Arbeiten beziehen sich zwar meistens auf ein umfangreiches Korpus standarddeutscher Substantive, es fehlen allerdings oft wichtige Bezugsgrößen wie die Verwendungshäufigkeit eines Worts oder qualitative Lautwerte im Lemma. Dies führt zu unsauberen Interpretationen über die „Wichtigkeit“ bestimmter Pluraltypen und die Relevanz bestimmter Faktoren für die Pluralbildung.

Vorausgesetzt wird bei solchen Untersuchungen immer, dass es typische phonologische Strukturen der Substantive gibt, die den Prozess der Pluralbildung steuern. Seit den Anfängen kommt die einschlägige Forschung deshalb trotz beständig verfeinerter Untersuchungsstrukturen zu weitgehend identischen Ergebnissen: Es werden bestimmte Merkmale beschrieben, die eine bestimmte Pluralform bedingen. Liegt ein entsprechendes Merkmal in einem Lemma vor und bildet es den erwarteten Plural, dann entspricht es der Regel. Andernfalls gehört es in die Gruppe der Ausnahmen. Der Menge des Regelhaften steht die Menge der Ausnahmen gegenüber. Durch verfeinerte Untersuchungsstrategien und Datenverarbeitungsmöglichkeiten ändert sich lediglich der Umfang der Regeln und der Ausnahmegruppe.

In jüngster Zeit geht Köpcke davon aus, dass die geschilderten Beschreibungen des Pluralsystems bereits von ihrem Ansatz her der innersprachlichen Organisation dieses lexikalischen Teilbereichs nicht gerecht werden. Da sich das Lexikon in vielen Bereichen entlang von Prototypen organisiert, kann es durch Anweisungen für durchzuführende formale Operationen nicht angemessen beschrieben werden. Köpcke analysiert vor diesem Hintergrund das nominale Lexikon im Rahmen der Prototypentheorie und erstellt für einen kleinen Teilbereich der Pluralbildungen die relevante Prototypen-Skalierung. Ich werde auf diesen Ansatz in den Kapiteln 2.2 bis 2.4 noch genauer zu sprechen kommen. Aus dem Gesagten ist zu schließen, dass eine prototypische Beschreibung der Pluralbildung der nominalsprachlichen Organisation des Lexikons angemessener ist als der Item-and-Process-Ansatz der älteren Literatur. Die vorliegenden Analysen des Pluralsystems werden deshalb im Rahmen der Prototypentheorie vorgenommen.

Ergebnisse aus solchen Analysen können für die Didaktik des Deutsch-als-Fremdsprache-Unterrichts nicht unberücksichtigt bleiben. Dafür spricht zum einen die bis heute unzureichende Darstellung des Plurals in Deutsch-als-Fremdsprache-Lehrwerken und einschlägigen Lernergrammatiken. Diese erschöpfen sich überwiegend in der Nennung der neun Pluralbildungsmöglichkeiten, zum Teil werden sie noch in bestimmte Gruppen zusammengefasst. Der Lernende bleibt allein mit dem Hinweis, dass es im Deutschen keine Regeln der Pluralbildung gebe und es am besten sei, zu jedem Substantiv die entsprechende Pluralform gleich mitzulernen. Dies kann weder für den Lernenden noch für den Lehrenden eine befriedigende Situation sein. Sie wird mitverantwortet durch die teilweise verwirrende Vielfalt der Regeln in der Forschungsliteratur und in den Unterrichtsmaterialien, in denen die Zahl der Ausnahmen manchmal größer ist als die der regelkonformen Pluralbildungen. Darüber hinaus spricht auch die große Materialbasis, anhand derer die vorliegenden Ergebnisse ermittelt wurden, für eine gründliche Überarbeitung der didaktischen Konzeptionen, denn bislang beruht die Fremdsprachenvermittlung viel zu selten auf solch empirisch fundierten Daten. In dieser Arbeit soll deshalb aus den linguistischen Ergebnissen des ersten Teils eine didaktische Konzeption entwickelt werden, die eine Vermittlung und das Erlernen der Pluralbildung im Deutsch-als-Fremdsprache-Unterricht erleichtert. Der Konzeption liegt die Überzeugung zugrunde, dass der Lernende das, was er von seiner Struktur her versteht, leichter lernt und dass es vom Lehrer besser vermittelt werden kann.

Zusammenfassend lassen sich die beiden Ziele der Arbeit wie folgt formulieren:

- 1. Die Arbeit soll im Rahmen der Prototypentheorie das System der Pluralbildung im Deutschen beschreiben.
- 2. Anhand der Ergebnisse soll eine didaktische Konzeption entwickelt werden, die sowohl die Vermittlung als auch das Erlernen der Pluralgrammatik im DaF-Unterricht erleichtert.

2 Die Ausgangssituation

2.1 Rückblick

Überwiegend in den 70-er Jahren entstehen die Arbeiten großen Umfangs, die den Plural im Zusammenhang mit Untersuchungen zur Substantivflexion thematisieren, etwa Rettig (1972, Dissertation), Augst (1975, Habilitation), Bettelhäuser (1976, Dissertation) und Mugdan (1977, Dissertation); dazwischen (1974) der Artikel Schluroffs. Es folgen wichtige Untersuchungen von Engelen (1991) und Wegener (1992 und 1995).[1] Die Arbeiten analysieren das Pluralsystem im Rahmen des Item-and-Process-Ansatzes. Belege werden gezählt, ausgewertet und systematisiert. Immer weiter verfeinerte Untersuchungsstrukturen führen zu weiter verfeinerten Regeln, die die Pluralbildung adäquat beschreiben sollen – und doch bleiben ungeklärte Fragen. Unter einer neuen Beschreibungsperspektive arbeitet Köpcke seit 1994 das Schemamodell kontinuierlich aus und stellt 2000 schließlich ein prototypisches Beschreibungsmodell für die Pluralbildung der schwachen Maskulina vor. Darauf werde ich in einem eigenen Kapitel (vgl. Kap. 2.2) zu sprechen kommen. Hier zunächst der Überblick über die Forschungsergebnisse von Rettig bis Wegener.

In **Rettigs** Arbeit (1972) geht es in erster Linie um das Flexionssystem, nicht um die Pluralmorphologie als solche. Sie wird thematisiert, wenn es der Untersuchungsgegenstand in seiner Gesamtheit verlangt, nicht aber als Einzelphänomen. Rettig setzt für die Analysen des Deklinationssystems im Nominativ Plural sechs Pluralmarker an: *-en, -n, -e,* Null, *-er* und *-s* (Rettig 1972, 31). Der Umlaut ist „kein eigenes Pluralzeichen, sondern hat nur den Status einer zusätzlichen Kennzeichnung“ (Rettig 1972, 109).

Rettig berücksichtigt bei seinen Analysen nur ein kleines Zeitungskorpus. Dieses wird aber nicht dokumentiert, eine konkrete Quelle wird nicht genannt. Aus diesem Grund sind die Zähl-Angaben kaum nachvollziehbar und wecken Zweifel. Darauf weist z.B. Mugdan hin: „Die Angaben zum Plural -s sind recht unterschiedlich: der TO[ken]/TY[pe]-Index ist mit 36 sehr klein, erstaunlich hoch liegt dagegen der von Rettig festgestellte Anteil – möglicherweise handelt es sich dabei um eine Besonderheit der Zeitungssprache oder einen durch das

1 Ergänzend Carstairs (1987), Russ (1989), Bittner (1991), van Megen (1992); auf diese und weitere Artikel wird im Zusammenhang eingegangen.

kleine Korpus bedingten Zufall“ (Mugdan 1977, 104). Es ist klar, dass solche Korpora für die Erstellung weitreichender Regeln wenig geeignet sind. Kleine Materialsammlungen bergen die Gefahr von Generalisierungen, die sich in einer großen Datenmenge nicht oder nur teilweise bestätigen lassen.
Fazit zu Rettig (1972):

- Die Zählungen sind schlecht nachvollziehbar.
- Das Korpus ist relativ klein und lässt keine allgemeinen Aussagen zu.
- Durch das spezielle Zeitungskorpus sind insbesondere die Angaben zur Verwendungshäufigkeit eines Worts nicht objektiv genug.

Schluroff (1974) bezieht Häufigkeitsverteilungen anhand eines größeren Korpus in seine Untersuchung zu den Flexionsklassen von Substantiven mit ein. Er unterscheidet dabei Types und Tokens. Types bezeichnen „die Anzahl der verschiedenen Wörter, Tokens die Summe der Häufigkeit ihres Vorkommens in allen Flexionsformen“ (Schluroff 1974, 21). Schluroff wertet ein relativ großes Korpus von 2833 Substantivlexemen (mit Anfangsbuchstaben A bis E) aus. Allerdings ist auch diese Statistik „insofern unbefriedigend, als sie eine Vielzahl von Flexionsklassen zugrunde legt, die zum Teil nur rein orthographische oder aufgrund einfacher Regeln verteilte Varianten trennen. [...] Durch eine solche Aufsplitterung werden manche Regelmäßigkeiten verschleiert“ (Mugdan 1977, 96).

Der Fehler einer Vermischung orthographischer und phonologischer Befunde, der auch in späteren Arbeiten (z.B. Engelen 1991) auftritt, verfälscht Auswertungen und mindert die Zuverlässigkeit erheblich. Bei Schluroff fehlen in den Auswertungen Querverbindungen zwischen Pluralformans und Genus oder Auslaut des Lemmas. Bedauerlich ist, so Mugdan, „daß die Zahl der umlautenden Lexeme nicht zur Zahl der umlautfähigen in Beziehung gesetzt wurde. Derartige Unzulänglichkeiten sind umso erstaunlicher, als die Untersuchung von der Fragestellung ausging, ob in einer maschinell verwendeten generativen Syntax die Flexionsformen mittels morphosyntaktischer Regeln zu erzeugen oder dem Lexikon zu entnehmen seien [...] – naheliegend wäre es da gewesen, größtmögliche Klarheit und Regelmäßigkeit der Darstellung anzustreben“ (Mugdan 1977, 96).
Fazit zu Schluroff (1974):

- Das Korpus ist relativ groß, allerdings nicht umfassend (nur Buchstaben A bis E des Lexikons).
- Orthographische und phonologische Befunde werden vermischt. Dies führt zu unsauberen Zählergebnissen.
- Genus, Auslaut und Pluralformans werden bei den Auswertungen als relevante Beschreibungsgrößen nicht berücksichtigt.

- Linguistische Ungenauigkeiten stören die Auswertungen. So fehlt z.B. eine Unterscheidung zwischen Umlaut und Umlautfähigkeit.

In **Augsts** Arbeit (1975) werden zum ersten Mal detailliert die „verschiedenen Beziehungsgrößen" (u.a. Genus, Wortausgang und Pluralanzeiger) einbezogen, wobei sich der „Wortausgang [...] als das entscheidende Kriterium für die Wahl des Pluralanzeigers erweist" (Augst 1975, 7). Quantitative Auszählungen werden vorgenommen, um „die Stabilität eines bestimmten Typs und dessen Bedeutung im Wettstreit der verschiedenen Pluralanzeiger aufzuzeigen" (Augst 1975, 23). Allerdings beziehen sich die quantitativen Auswertungen nur auf die Vorkommenshäufigkeit von Wörtern mit bestimmten Pluralformantien, nicht aber auf die Verwendungshäufigkeit der Wörter selbst.

Augst unterscheidet fünf Pluralanzeiger: -Ø, *-er, -e, -en* und *-s*; der Umlaut wird jeweils als Variation eines Pluraltyps (-Ø, *-er* oder *-e*) aufgefasst (Augst 1975, 8f.). Die Substantive werden eingeteilt in abgeleitete Wörter, Wurzelwörter (alle nicht abgeleiteten Wörter) und Kernwörter (Teilmenge der Wurzelwörter; Wörter, deren Wortausgang nicht mit dem Ableitungsmorphem identisch ist). Der Autor kommt zu dem Schluss, dass bei den abgeleiteten und Wurzelwörtern, „die die Mehrzahl aller Substantive umfaßt, eine erstaunlich große Ordnung festzustellen (ist), anders als bei den Kernwörtern, bei denen weder aus der Lautgestalt das Genus oder der Pluralanzeiger noch aus Lautgestalt und Genus der Pluralanzeiger vorhersagbar ist" (Augst 1975, 24).

Im Hinblick auf die Vorkommenshäufigkeit sind allerdings gerade die „Kernwörter" von größter Bedeutung, weil die meisten von ihnen eine sehr hohe Verwendungsfrequenz haben. Aus diesem Grund befinden sich sehr viele dieser Kernwörter im Wortschatzkanon für die Grundstufenprüfung DaF („Zertifikat Deutsch"). Für den Deutschlernenden gehören Kernwörter und deren Pluralbildungen zum zentralen Lernstoff. Gerade für Kernwörter wären also Systemregeln oder Systemtendenzen am interessantesten und didaktisch am notwendigsten. Augsts Fazit ist ein Indiz dafür, dass für eine Analyse der Kernwörter die Beziehungsgröße „Wortausgang" nicht ausreicht, um den Plural zu prognostizieren. Es wird in der vorliegenden Arbeit zu zeigen sein, welche anderen Faktoren möglicherweise die Pluralbildung in den Monosyllablern steuern.

Befremdlich wirken bei Augst manche Einteilungskriterien. So kommt z.B. kein n-Plural vor und alle Feminina, die auf [-ə] enden, werden zu den en-Pluralia gezählt. Mugdan fasst die problematischen Einteilungsgruppen Augsts so zusammen:

- „Die bei Augst getrennt aufgeführten fremden Wurzelwörter habe ich den deutschen zugerechnet" (Mugdan 1977, 94).

- „Der Plural auf -er ist bei Feminina unzulässig; Augst hat aber die scherzhafte Form Märker in sein Morpheminventar aufgenommen“ (Mugdan 1977, 105).
- „Die stark abweichenden Zahlen bei Augst erklären sich meist durch das Fehlen der abgeleiteten Wörter. Die meisten Substantive in seinem Inventar sind Feminina, die auf -in, -heit, -keit, -schaft, -ung oder -ei auslauten [...]; sie alle bilden den Plural mit -en. Dazu kommen noch „Tausende“ von femininen Wurzelwörtern auf -e [...] . Im Grundwortschatz würden nach diesen Kriterien nur 80 der 324 Feminina nicht zu den Ableitungen zählen“ (Mugdan 1977, 105).
- „Das Fehlen des s-Plurals [bei den Feminina] bei Augst ist ebenfalls auf die nicht berücksichtigten Ableitungen zurückzuführen: vollvokalische Auslaute gelten als fremde Suffixe“ (Mugdan 1977, 105).

Fazit positiv zu Augst (1975):
- Bei den Plural-Analysen werden relevante Beschreibungsgrößen umfassender berücksichtigt als in den Vorgängerarbeiten, so z.B. Wortausgang und Genus.
- Augst bietet gute Erklärungen für abgeleitete Wörter und Wurzelwörter.

Fazit negativ zu Augst (1975):
- Die Analysen für Kernwörter bleiben unbefriedigend, da die berücksichtigten Beschreibungsgrößen nicht ausreichen.
- Die Einteilung der Pluralformantien ist nur schwer nachvollziehbar.
- Die Häufigkeitsauswertungen berücksichtigen nur das Type-Vorkommen; Token-Zählungen fehlen.

Bettelhäusers Hauptaugenmerk liegt auf „einer Untersuchung der Bezeichnung des Genitivs Singular Neutrum“ (Bettelhäuser 1976, 17).[2] In diesem Zusammenhang betrachtet er mehr oder weniger peripher auch das Pluralsystem. Neben seinen linguistischen Analysen zum nominalen Deklinationssystem interessiert sich Bettelhäuser auch für die „didaktische Situation in diesem Bereich“ (Bettelhäuser 1976, 17). Er unterzieht zahlreiche Lehrwerke für den muttersprachlichen Deutschunterricht einer kritischen Betrachtung und kommt zu einem Ergebnis, das, so Augst, „besonders deutlich (macht), wie unzulänglich die Darstellungen in den meisten Schulbüchern sind“ (Augst 1979, 221). Bettelhäusers Ergebnis entspricht auch meinem Resumée zu den Deutsch-als-Fremdsprache-Lehrwerken (vgl. Kap. 6).

---

2 Für einen diachronen Überblick über verschiedene Sprachsystembeschreibungen vgl. Bettelhäuser 1976, 53ff.: Adelung, Grimm, Brinkmann, Erben, Admoni, Duden, Bech, Hermodsson, Jørgensen, Rettig.

Bei seinem Versuch, „einige linguistische Begriffe zu definieren“ (Bettelhäuser 1976, 24) übernimmt Bettelhäuser relativ unkritisch die Überlegungen Kuryłowicz′ (1960) und Webers (1970) zur Pluralbildung: „Die Wahl der Allomorphe *-e, -e⁺* [„⁺“ bedeutet Umlaut], *-er, -er⁺, -en, -s* des Pluralmorphems ist nicht durch die phonologische Struktur des Substantivmorphems bestimmt. Sie muß mit dem Substantiv erlernt werden. Allomorphe dieser Art werden als morphologisch determiniert bezeichnet“ (Bettelhäuser 1976, 25). Die Arbeiten z.B. von Rettig, Schluroff oder Augst, in denen ein möglicher Zusammenhang zwischen phonologischen Kriterien und Pluralbildung bereits zur Diskussion gestellt wurde, bleiben unberücksichtigt.

Bettelhäusers Analysen der „Deklinationsallomorphe“ beruhen auf einem Korpus, „das die häufigsten als Paradigmen angeführten Substantive in Arbeiten [von muttersprachigen Schülern] zur neuhochdeutschen Substantivflexion enthält“ (Bettelhäuser 1976, 43). Da erwartet man sich dann allerdings mehr als seine 77 Belege.

Fazit zu Bettelhäuser (1976):

- Das verwendete Korpus ist zu klein, um verlässliche Aussagen zuzulassen.
- Bereits vorliegende Erkenntnisse anderer Arbeiten zum Plural bleiben weitgehend unberücksichtigt.
- Der Plural wird nur peripher untersucht, was sich allerdings durch eine andere Zielsetzung der Arbeit erklärt.

Mugdan (1977) kommt nach einem Vergleich der Pluralbeschreibung verschiedener Grammatiken und Monographien zu dem Schluss, „daß die Darstellungen der Substantivflexion in vielen Grammatiken tatsächlich mehr oder minder regel- und systemlos sind; ich wage zu bezweifeln, ob das allein an der Sprache liegt. Üblicherweise nehmen die Grammatiker die Deklinationsklassen zum Ausgangspunkt und belegen jeden Typ durch Beispiele. Der umgekehrte Weg, die Angabe von Regeln, die von einem gegebenen Substantiv auf seinen Plural schließen lassen, wird selten eingeschlagen. Eine gewisse Hilfe sind Übersichten, die die Verteilung der Pluralbildungen auf die Genera zeigen“ (Mugdan 1977, 114).

Angesichts dieser Situation wünscht er sich selbst „eine übersichtliche Darstellung der deutschen Substantivflexion, die sich um eine möglichst einfache Beschreibung des heutigen Sprachzustands bemüht, deutlich zwischen Regelfall und Ausnahme trennt (und dabei statistische Daten berücksichtigt) und von graphischen Hilfsmitteln reichen Gebrauch macht“ (Mugdan 1977, 116). Das klingt vielversprechend, doch schränkt der Autor selbst ein: „Mehr als einige Ansätze dazu kann ich an dieser Stelle nicht liefern“ (Mugdan 1977, 116).

Positiv ist zu bewerten, dass Mugdan Vorkommens- und Verwendungshäufigkeit der Wörter (Types und Tokens) in seinen Analysen berücksichtigt. Im Vergleich zu den Ergebnissen von Rettig, Schluroff und Augst schreibt Mugdan in diesem Zusammenhang: „Die in diesem Kapitel wiedergegebenen Statistiken zeigen die Nützlichkeit einer quantitativen Betrachtung der Sprache, die in einer grammatischen Beschreibung (insbesondere für Unterrichtszwecke) berücksichtigt werden sollte. Allerdings sind die bisherigen Untersuchungen wegen ihrer Verschiedenartigkeit schwer zu vergleichen und interpretieren: Theorie, Methode, Durchführung und Darstellung lassen teilweise noch viel zu wünschen übrig" (Mugdan 1977, 107).

Mugdan berücksichtigt bei seinen Pluralanalysen nur zwei Bezugsgrößen: Genus und Auslaut (vgl. Mugdan 1977, 117). Anhand dieser beschreibt er „die verschiedenen zentralen Pluralbildungen" (Mugdan 1977, 108), zu denen er acht Bildungsformen rechnet: -Ø, -Ø mit Umlaut, -ə, -ə mit Umlaut, -ər, -ər mit Umlaut, *-n* und -ən; der *s*-Plural ist für ihn nicht zentral (Mugdan 1977, 108). Die Plural-Analysen nimmt der Autor nur an einem relativ kleinen Materialkorpus vor, was differenziertere Untersuchungen zum Beispiel bei den Umlautpluralia nicht erlaubt. Wiederholt verweist Mugdan selbst darauf, dass „zusätzliche Aufschlüsse [...] vor allem von einer Untersuchung weiterer Texte [...] zu erwarten (wären)" (Mugdan 1977, 106) oder „auch für den Umlaut wären weitere Untersuchungen von Interesse" (Mugdan 1977, 106).

Fazit positiv zu Mugdan (1977):

- Die Ergebnisse sind besser nachvollziehbar als bei Vorgängerarbeiten.
- Mugdan berücksichtigt sowohl Type-Vorkommen als auch Tokenhäufigkeiten.

Fazit negativ zu Mugdan (1977):

- Als relevante Beschreibungsgrößen werden nur Genus und Auslaut berücksichtigt (punktuell z.T. auch semantische Faktoren wie [+belebt]).
- Das Korpus ist insgesamt zu klein, um genaue Analysen von Problemfällen (Umlaut im Plural) zuzulassen.
- Insgesamt bietet Mugdan keine neuen Erkenntnisse für die „Regeln für die Allomorphauswahl" (Mugdan 1977, 87) gegenüber den Vorgängerarbeiten.

Engelen (1991) liefert eine Spezialuntersuchung zu dem Bereich des Lexikons, auf deren besondere Probleme Augst hingewiesen hatte: die bei ihm als „Kernwörter" (Augst 1975, 24) bezeichneten Substantive bzw. bei Engelen die „einsilbigen Nomina des Deutschen" (Engelen 1991, 25). In seinem Aufsatz fokussiert Engelen die Maskulina und hier wiederum diejenigen mit Umlautbildung im Plural. Augst war zu dem Schluss gekommen, dass bei den Kernwörtern „weder aus der Lautgestalt das Genus oder der Pluralanzeiger noch aus Lautgestalt und Genus der Pluralanzeiger vorhersagbar ist" (Augst 1975, 24). Engelen will hingegen genau für diese ausgewählte Substantivgruppe nachweisen, „daß es eine Korrelation zwischen der Auslautkonsonanz der einzelnen Nomen und ihrer Pluralform gibt" (Engelen 1991, 25).

Engelen weist selbst darauf hin, dass „das Ausgehen von der Auslautkonsonanz alles andere als neu (ist)" (Engelen 1991, 25). Er führt eine lange Tradition auf: „Es findet sich schon im 6. Jahrhundert in der Grammatik von Priscian [...], des weiteren in den ältesten deutschen Grammatiken, und zwar sowohl bei Albertus und Ölinger (beide 1573) wie bei Claius (1578). Bei Schottel (1653) wird nur in geringem Umfang von dieser Möglichkeit Gebrauch gemacht, bei Gottsched (1748) und vor allem bei Aichinger (1754) wiederum recht ausführlich. [...] Bei Adelung (1754) finden wir nur noch Reste dieses Ansatzes, danach fast zweihundert Jahre so gut wie nichts mehr" (Engelen 1991, 25). Die Wiederaufnahme des Themas beginnt dann mit Rettig (vgl. oben).

In seinem Artikel kommt Engelen zunächst zu dem schon mehrfach in der Literatur gezogenen Schluss, dass man bei den Wörtern, die eine „charakteristische Endung" haben, „in den meisten Fällen auf die Pluralbildung schließen kann, in vielen auch auf das Genus" (Engelen 1991, 27). Sehr viel interessanter sind die Monosyllabler ohne charakteristischen Wortausgang und hier wiederum die Umlautbildung: „Der Pluralumlaut wird in vielen einschlägigen Arbeiten offensichtlich als eine Angelegenheit der einzelnen Lexeme betrachtet, also als idiosynkratisch" (Engelen 1991, 27) und „in den meisten Grammatiken finden wir lediglich mehr oder weniger umfangreiche Listen mit Nomina mit Pluralumlaut [...] aber so gut wie keine Hinweise auf Regelhaftigkeiten" (Engelen 1991, 27).

Engelen nimmt dann eine genauere Untersuchung vor. Bereits an dieser Stelle stößt man auf größere definitorische Probleme des Autors. Es wird deutlich, wie sehr eine angemessene Beschreibung der Pluralregularitäten von eindeutig definierten phonologischen Bezugsgrößen abhängt. Ein Beispiel ist der „Wortausgang", zu dem Engelen schreibt: „Nicht ganz unproblematisch ist, was man als Wortausgang betrachtet. Es gibt hier die folgenden Möglichkeiten:

- nur ein Konsonant, und zwar der letzte
- eine von Fall zu Fall festgelegte Konsonantenverbindung
- der Konsonant oder die Konsonantenverbindung nach dem Vokal
- der Vokal und die auf ihn folgenden Konsonanten

Ich werde jeweils von der Möglichkeit Gebrauch machen, die mir am günstigsten erscheint" (Engelen 1991, 29). Dies ist linguistisch nicht unproblematisch, da eine Bezugsgröße in jedem Fall konstant bleiben muss. Gerade weil Engelen eine mögliche „Korrelation zwischen der Auslautkonsonanz der einzelnen Nomen und ihrer Pluralform" (Engelen 1991, 25) nachweisen möchte, ist eine phonologisch eindeutige Festlegung dieser Bezugsgröße besonders wichtig. Die „Auslautkonsonanz“ kann nicht bei verschiedenen Items fallweise festgelegt werden, denn sonst ist die Vergleichbarkeit der Ergebnisse nicht mehr gewährleistet. Wenn Engelen also zum Beispiel den Vokal mit in die Betrachtung einbezieht, dann ist nicht mehr die „Auslautkonsonanz“ der Untersuchungsgegenstand, sondern der Reim des Substantivs. Reimergebnisse sind jedoch nicht direkt vergleichbar mit Auslautergebnissen (vgl. Kap. 4.1).

Äußerst problematisch ist, dass der Autor durchgehend Phänomene der phonologischen und graphemischen Ebene vermischt, obgleich er einführend darauf hinweist, "von der phonemischen" (Engelen 1991, 29) Ebene auszugehen. Dadurch werden Zählergebnisse verfälscht: Engelen kommt z.B. bei den "Nomina auf T" zu dem Ergebnis, dass es "mehr Feminina auf T als auf alle anderen Konsonanten zusammen" (Engelen 1991, 33) gibt. Dabei lässt er aber Zählungen zu den Nomina auf D, LD, RD, bei denen die Maskulina dominieren, außer Betracht. Aufgrund der Auslautverhärtung zählen auch diese Fälle zu den „Nomina auf T“, auch wenn im Schriftbild nicht <t> erscheint. Ein weiterer Nachteil bei Engelen ist, dass man seine Zählungen, die er „anhand der bekannten rückläufigen Wörterbücher zusammengestellt (hat)“ (Engelen 1991, 25), einfach hinnehmen muss. Sie sind nicht nachvollziehbar, zumal der Autor des öfteren von Vorkommnissen spricht, die aus irgendeinem Grund "nicht zählbar" (Engelen 1991, 30f.) sind; der nähere Grund wird dann allerdings nicht angegeben. Besonders störend ist die verwirrende Vielfalt, mit der die Ergebnisse präsentiert werden. Das überrascht, denn immerhin ist der Artikel in einer Zeitschrift erschienen, die den Deutsch-als-Fremdsprache-Unterricht fokussiert. Für eine didaktische Verwendung aber sind die Analysen Engelens gänzlich ungeeignet. Wohl deshalb rät der Autor selbst, "sich bei einer ersten Lektüre auf die Darstellung der Verhältnisse bei den Maskulina zu beschränken" (Engelen 1991, 30).

Fazit positiv zu Engelen (1991):

- Einer der schwierigsten Bereiche der Pluralbildung (monosyllabische Maskulina) steht im Zentrum der Untersuchungen.
- Ein möglicher Zusammenhang zwischen Auslautkonsonanz und Plural wird zum ersten Mal detailliert untersucht.

Fazit negativ zu Engelen (1991):

- Die Zählungen sind nicht nachvollziehbar.
- Die Präsentation der Ergebnisse ist unüberschaubar und verwirrend. Sie erschließen sich dem Leser nur schwer.
- Die Zählungen sind unzuverlässig, weil die phonemische und graphemische Ebene miteinander vermischt werden. Graphemische Befunde werden als phonemische analysiert, ohne aber in die entsprechenden phonemischen Korrelate übertragen worden zu sein.

Van Megen (1992) führt den Ansatz Engelens weiter und postuliert den Zusammenhang zwischen Genus, Auslautkonsonanz und Pluralbildung eines Substantivs. Im Zentrum seiner Untersuchung steht die Substantivdeklination als Ganzes und ihr Vergleich mit dem Niederländischen. Die abgeleiteten Regeln sollen so formuliert werden, „daß sie dem Lernenden als Regeln mit maximalem Anwendungsbereich vermittelt werden können" (van Megen 1992, 120). Neue oder übersichtlichere Regeln als Engelen liefert allerdings auch van Megen nicht. Es bleibt eine mehr oder weniger verwirrende Zusammenstellung einer Vielzahl von „Hauptregeln" und „Zusatzregeln" (van Megen 1992, 127f.).

Wegeners Arbeit (1995) hat ihren größten Vorteil in der starken Prägung durch didaktische Gesichtspunkte, wodurch die Verfasserin „auch dem „nur" an Grammatik interessierten Germanisten das Phänomen der deutschen Nominalflexion neu und anders, nämlich aus der Lernerperspektive heraus eröffnen" will (Wegener 1995, Vorwort). Damit im Zusammenhang steht im Numeruskapitel ihre Auseinandersetzung mit der Qualität von Lernergrammatiken. Sie fasst deren Mängel wie folgt zusammen: „Fast alle Darstellungen des Pluralsystems verstoßen in mehrfacher Hinsicht gegen das Gebot der Einfachheit, das für linguistische Grammatiken gilt und um so mehr für didaktische Grammatiken gelten sollte:

1. Sie setzen zu viel Kriterien an und definieren demzufolge zu enge Regeln.
2. Sie setzen zu wenig Kriterien an und definieren demzufolge zu weite Regeln, sie nehmen keine Gewichtungen vor, stellen die Regeln als gleichwertig nebeneinander.
3. Sie beachten die Schwa-Tilgungsregel und die Umlautregel nicht und gehen deshalb von bis zu neun Pluralmarkern aus anstatt von nur fünf.
4. Sie nehmen drei Genusklassen als relevant für die Pluralbildung an, obwohl nur zwei notwendig sind.
5. Sie enthalten falsche, widersprüchliche und lückenhafte Angaben". (Wegener 1995, 53)

In den Punkten (1) (zu enge Regeln), (2) (zu weite Regeln) und (5) (mangelhafte Angaben) hat Wegener uneingeschränkt Recht.[3] Bei Nr. (3) ist Skepsis geboten, denn Wegener vereinfacht mit ihren Regeln zwar die Darstellung des Systems, nicht aber das System selbst, das von Lernenden erfasst werden soll. Umlautplural oder e-Plural plus Umlaut, en- oder er-Plural usw. bleiben ein gewichtiges Lernproblem, ob sich der eine oder andere dieser Pluralia nun aus einer Tilgungsregel erklärt oder nicht. Um Zugriff auf eine solche einfachere Systematik zu bekommen, muss der Lernende in jedem Fall zunächst die Tilgungs-

3 Vgl. dazu meine Analysen der Lehrwerke im Anhang.

regel erkennen und selbst anwenden. Ob dies einen geringeren Lernaufwand darstellt als es die Pluralregel selbst ist, müsste überprüft werden. Erfahrungen aus dem DaF-Unterricht zeigen aber, dass es nicht die Zahl der Pluralmarker an sich ist, die den Lernenden Probleme bereitet. Es spielt weniger eine Rolle, ob fünf oder neun Regeln zu lernen sind. Es sind die eindeutigen „Erkennungszeichen", nach denen der Lerner beim Lemma sucht, um die eine oder andere Pluralform zuzuordnen. Sofern diese möglichst genau beschrieben sind, macht die Anwendung einer bestimmten Regel keine größeren Schwierigkeiten.

Problematisch ist das in Nr. (4) Gesagte, denn der Lernende ist nun mal mit drei Genera im Deutschen konfrontiert. Für den Lernenden gibt es keine kommunikativ relevante Situation, in der er eine Pluralform bilden müsste, die nicht in einem größeren Äußerungszusammenhang steht. Also bringt ihm auch diese Vereinfachung bei den Genera wenig, obgleich sie als Darstellungsform natürlich sehr sinnvoll ist. Sobald der Lernende eine aktive Rolle in einem kommunikativen Prozess übernimmt, ist er immer mit der Frage des Genus konfrontiert, um einen wohlgeformten Satz oder eine Redeeinheit zu formulieren. Hinzu kommt, dass Wegener die Differenzierung „Maskulin/Neutrum" durch ein Kriterium „markiert" ersetzt. Dieses in einer kommunikativen Situation zu enkodieren, ist für den Sprecher/Lerner sicher nicht einfacher als die Zuweisung eines Genus. Interessant ist bei Wegener aber die Unterscheidung von genusabhängigen Pluralmarkern und solchen, die sie als „markierte Substantive bzw. Substantive mit markiertem Auslaut aller drei Genera" (Wegener 1995, 24) bezeichnet. Es stehen sich also genusabhängige und auslautabhängige Formen der Pluralbildung gegenüber. Ob eine so scharfe Trennung beider Prinzipien ein angemessenes Beschreibungsmodell für die Pluralbildung ist, muss im Folgenden noch untersucht werden.

Fazit positiv zu Wegener (1995):

- Wegener ist intensiv darum bemüht, die erzielten linguistischen Ergebnisse didaktisch umzusetzen. Dies eröffnet den Zugriff auf die deutsche Nominalflexion aus einer neuen Perspektive heraus: aus der Lernerperspektive.

Fazit negativ zu Wegener (1995):

- Die von Wegener ermittelten Vereinfachungen für die Erklärung der Pluralsystematik schaffen für den Lerner keine wirkliche Erleichterung. Pluralspezifische Regeln werden zum Teil nur durch generellere Regeln ersetzt. Von Vereinfachungen ist nur im Hinblick auf die Darstellung der „Haupt- und Nebenregeln" zu sprechen.
- Es werden nur Genus und Auslaut als tragende Pluraldeterminanten gesehen und bei den Analysen berücksichtigt.
- Der Bezugsbereich oder das zugrundeliegende Korpus wird nicht klar definiert (was ist Wegeners „Grundwortschatz"?).

Die vorangehenden Zusammenstellungen führen zu unterschiedlichen Befunden. Sie zeigen einerseits große Einigkeit in der semantischen sowie eine teilweise Einigkeit in der morphologischen Beschreibung der Pluralbildung (z.B. bei Derivativa oder dem Auftreten von n-Plural nach [-ə]). Zum anderen zeigen sie eine erhebliche Divergenz in der morphologischen Systematik und in der Erklärung bestimmter Phänomene (z.B. e-Plural mit oder ohne Umlaut). Es treten unterschiedliche Probleme zu Tage, aus denen sich mehrere Postulate ergeben, die in der vorliegenden Untersuchung zum Pluralsystem zu berücksichtigen sind:

- Das Korpus muss groß genug sein, um sichere Ergebnisse zu erzielen. Das ist v.a. für die Randbereiche wichtig (z.B.: Pluralbildungen mit Umlaut).
- Type- (Vorkommens-) und Tokenhäufigkeit (Verwendungshäufigkeit) der Wörter müssen in gleicher Weise berücksichtigt werden. Die Verwendungsfrequenz spielt v.a. im Hinblick auf eine Didaktisierung eine sehr wichtige Rolle.
- Weitere Parameter müssen als Beschreibungsgrößen hinzugefügt werden. Die bislang verwendeten (Genus, Auslaut) haben sich als weitreichend, aber nicht als ausreichend erwiesen.
- Grundsätzlich ist zu überlegen, ob der Beschreibungsansatz in den aufgeführten Arbeiten zum Plural der innersprachlichen Organisation des nominalen Lexikons angemessen ist. Im Folgenden soll ein alternativer methodischer Zugang am Beispiel Köpcke (1993), 1994, 1995 und 2000 genauer beschrieben werden.

2.2 Köpcke und der Prototypenansatz

Köpcke 1993 stellt eine zentrale Arbeit zur Pluralbildung im Deutschen dar, obwohl der Autor im Vorwort betont, dass es in seiner „Untersuchung [...] nur vordergründig um die deutsche Pluralmorphologie (geht). Auf einer tieferen Ebene jedoch ist es das Ziel des Buches, Ansätze für eine kognitive Morphologie zu begründen“ (Köpcke 1993, Vorwort). Diese wird repräsentiert durch das Schema-Modell, das er von Bybee (1976 und 1991) übernimmt und weiterentwickelt. Mit Hilfe des Schema-Ansatzes soll der Nachweis erbracht werden, „daß sich die einzelsprachlichen Tatsachen nicht zufällig oder willkürlich ordnen, sondern dass auch die Morphologie in ihrer Strukturierung allgemeinen und universalen Prinzipen unterliegt“ (Köpcke 1993, 9).

In seinem Artikel von 1994 grenzt Köpcke sein eigenes Ziel der Beschreibung morphologischer Ordnungskriterien noch deutlicher gegenüber den alten Ansätzen ab, die auf einer Trennung von (morphologisch) Regelmäßigem und Ausnahmen beruhen. Köpckes zentrales Anliegen ist es, „den Nachweis dafür zu erbringen, daß weder Modelle, die auf Item-and-Process basieren, noch solche, die die Morphologie als idiosynkratische Eigenschaft des Lexikons betrachten, eine adäquate Beschreibung und Erklärung flexionsmorphologischer Fakten bereitstellen können. Statt dessen wurde ein Modell vorgeschlagen, das in seinem Kern auf Schemata basiert [...]" (Köpcke 1994, 92). Die Schemata selbst beruhen bei Köpcke auf semantischen und phonologischen Kriterien.

In Köpckes Aufsatz von 1995 ist der Schema-Ansatz im Hinblick auf die Prototypentheorie weiter entwickelt. Hauptziel der Darstellungen ist es nachzuweisen, dass die Einteilung in starke und schwache Deklinationsmuster der Maskulina mit Hilfe der Prototypentheorie besser zu erklären ist als durch das Item-and-Process-Modell. Da die Prototypentheorie auch für den in der vorliegenden Arbeit unternommenen Versuch einer adäquaten Einteilung und Beschreibung des standarddeutschen Pluralsystems von entscheidender Bedeutung ist, will ich hier deren Kernaussagen etwas eingehender darstellen.

Den Ausgangspunkt für die Prototypentheorie stellt „die schon von Wittgenstein festgestellte Unangemessenheit klassischer Kategorisierungstheorien dar, die auf der Basis sogenannter „kritischer Merkmale" von einer scharfen Trennlinie zwischen Kategorien ausgehen" (Köpcke 1995, 162). An die Stelle der 'kritischen Merkmale' und 'scharfen Trennlinien' tritt bei Wittgenstein ein Kategorisierungskonzept, „das a) durch ein Netzwerk sogenannter *Familienähnlichkeiten* und b) durch verschwommene Ränder charakterisiert ist" (Köpcke 1995, 162).[4] Ein solches Modell beschreibt die sprachliche Realität (hier: im Hinblick auf starkes und schwaches Deklinationsverhalten) besser als der IP-Ansatz, denn „während bei einem Modell, das mit kritischen Merkmalen operiert, verlangt werden muß, daß jedes Mitglied der Klasse auch jedes der kritischen Merkmale aufweist und daß genau diese Merkmale nicht bei der Kontrastkategorie auftreten, wird bei dem Prototypen-Modell davon ausgegangen, daß die Mitglieder einer Klasse nur eine mehr oder weniger große „Familienähnlichkeit" mit dem Prototyp aufweisen. Zudem können manche der kritischen Merkmale auch bei den Mitgliedern der Kontrastklasse auftreten" (Köpcke 1995, 163f.).

Der Prototyp selbst ist „das beste Exemplar der Klasse", das „eine maximale Anzahl der Attribute, die die Klasse charakterisieren, auf sich vereinigen kann" (Köpcke 1995, 163). Die Klasse wiederum wird nicht wie in der IP-Theorie durch „binäre Merkmalsoppositionen beschrieben, sondern durch die Präsenz einer mehr oder weniger großen Anzahl von Eigenschaften" (Köpcke 1995, 163). Je geringer dabei die Anzahl von Eigenschaften ist, die eine Klasse mit der Gruppe von Eigenschaften des Prototyps gemein hat, desto weiter liegt diese Klasse vom Prototyp entfernt. „Das hat zur Konsequenz, daß zwischen zentralen

4 Für einen zusammenfassenden Rückblick auf die Prototypentheorie (v.a. bei Rosch) und die aktuelle Diskussion zum Thema vgl. Mangasser-Wahl, 2000.

und peripheren Mitgliedern der Klasse zu unterscheiden ist, wobei davon ausgegangen wird, daß die Klassenmitglieder über ein Kontinuum distribuiert sind“ (Köpcke 1995, 163). Je weiter ein Klassenmitglied in der Peripherie des Prototyps liegt, desto mehr besteht die Tendenz, dass es „als ein Mitglied der (oder einer) Kontrastklasse reklassifiziert (wird)“ (Köpcke 1995, 163). Die Klassenzugehörigkeit definiert sich also aus einer relativen Ähnlichkeit mit einem Prototyp und nicht, wie im IP-Modell, „auf der Grundlage eines abstrakten Merkmals“ (Köpcke 1995, 165).

Vor diesem prototypentheoretischen Hintergrund verfolgt Köpcke sein Ziel, die schwach deklinierten Maskulina des Standarddeutschen „in Relation zu zwei angenommenen Prototypen“ adäquat darzustellen (Köpcke 1995, 159). Für die Relationierung kombiniert er morphotaktische und semantische Merkmale. Die dadurch „entstehenden Merkmalbündel bilden Schemata ab, die [...] dem Prototyp mehr oder weniger ähnlich sind“, wobei unter Schemata „vom Sprecher gespeicherte Gestalten verstanden werden, die Assoziationen hinsichtlich bestimmter Funktionen oder Kategorien, etwa `schwaches Maskulinum´, auslösen“ (Köpcke 1995, 161). Relevante morphosyntaktische Merkmale für die Relationierung der schwachen Maskulina sind Mehrsilbigkeit, Betonungsmuster und finales Schwa; relevante semantische Merkmale sind [+ menschlich] und [± belebt]. „Daß genau diese Bedingungen entscheidend für die Konstituierung des Deklinationstyps der schwachen Maskulina sind, wird daran deutlich, „daß Nomina, die diese Bedingung nicht erfüllten, nahezu ausnahmslos in andere Flexionsklassen übergetreten sind“ (Köpcke 1995, 161). Allerdings sind für die Konstituierung von Klassen nicht alle Merkmale gleich wichtig und kein Merkmal kann für sich alleine schwaches Deklinationsverhalten bewirken. Das semantische Merkmal ist das schwächste, denn es „ finden sich belebte Nomina auch in fast allen anderen Paradigmentypen, zudem gibt es unter den schwach deklinierten Maskulina eine ganze Reihe nichtbelebter Nomina [...]. Selbst wenn man den semantischen Faktor noch enger auf [+ menschlich] eingrenzt, führt das nicht notwendig zur schwachen Deklination“ (Köpcke 1995, 165). Das stärkste Merkmal ist morphotaktischer Art, nämlich das finale Schwa. Eine Kombination aller einschlägigen Eigenschaften wiederum bewirkt, „daß die Schwachdeklination in nahezu allen Fällen eintritt“ (Köpcke 1995, 166). Der Prototyp definiert sich also nicht durch das Vorhandensein eines einzigen Merkmals, sondern durch „das Vorhandensein einer maximalen Anzahl relevanter Merkmale“ (Köpcke 1995, 168).

In seinem Artikel von 2000 setzt Köpcke die beschriebenen Untersuchungen mit dem Ziel fort zu zeigen, dass Deklinationsklassenzuweisung generell im Rahmen der Prototypentheorie zu erklären ist, die „Graduellem statt Kategoriellem verpflichtet (ist) und [...] sich damit radikal von IP-Modellen (unterscheidet)“ (Köpcke 2000, 157). Er zeigt anhand eines Experiments mit Fantasiewörtern, auf das ich im Folgenden noch genauer eingehen werde, „daß IP-Regeln nur sehr unzureichend das Deklinationsverhalten von Nomina voraussagen können. Zwar läßt sich nachweisen, daß Regeln für spezifische Bereiche des nominalen Lexikons annähernd korrekte Prognosen bereitstellen können, jedoch gilt ebenso für eine ganze Reihe von Segmenten des Lexikons, daß sie falsche Voraussagen abgeben. Ursache hierfür ist ausdrücklich nicht die zu grob geschnitzte Regel, sondern vielmehr die Tatsache, daß sich das Lexikon möglicherweise prinzipiell den expliziten Anweisungen für durchzuführende formale Operationen von IP-Regeln entzieht“ (Köpcke 2000, 167). Den Grund hierfür beschreibt Köpcke so: „Das liegt zum einen daran, daß sich im Lexikon zu fast jeder Regel Ausnahmen finden lassen, die dann vom Sprecher als sprachliche Einzeltatsachen zu speichern wären, zum anderen tendieren lexikalische Einträge dazu, sich aufgrund spezifischer semantischer und/oder ausdrucksseitiger Gemeinsamkeiten innerhalb größerer Klassen zu Subklassen zusammenzuschließen. Auch diese Subklassen sind meistens in ihrem morphologischen Verhalten nicht vollständig einheitlich. [...] Das Konzept der Regel wird offensichtlich diesem Teilbereich der innersprachlichen Organisation nicht gerecht“ (Köpcke 2000, 167).

Diese Einschätzung macht die Grenzen und Schwächen bei der Beschreibung des Pluralsystems in den Vorgängerarbeiten Köpckes, angefangen bei Rettig über Augst bis zu Wegener deutlich: Sie alle sind dem Item-and-Process-Ansatz verpflichtet und führen, obwohl kontinuierlich mehr und feinere Beschreibungsgrößen berücksichtigt werden, letztendlich immer zu einem System von Regeln und Ausnahmen mit seinen harten Übergängen, das der innersprachlichen Organisation der Pluralbildung nicht gerecht wird. Obwohl Augst schon früh festgestellt hatte, „daß es kein absolut festgefügtes Pluralsystem im Deutschen gibt“ (Augst 1975, 60), führte dies nicht zu einem systematisch veränderten Beschreibungsmodell der Pluralbildung. Doch durch die „expliziten Anweisungen für durchzuführende formale Operationen von IP-Regeln“ (Köpcke 2000, 167) ist der beschreibende Zugriff auf das nominale Lexikon gar nicht möglich, da es „in vielen Bereichen entlang von Prototypen organisiert ist“ (Köpcke 2000, 167). Dies ist ein entscheidendes Argument dafür, bei einer Beschreibung des Pluralsystems der deutschen Substantive den Prototypen-Ansatz zu favorisieren.

Köpcke gibt anhand der schwachen Maskulina ein Beispiel dafür, wie die Anordnung der unterschiedlichen Kategorien auf einer entsprechenden Prototypenskala aussehen könnte:

Prototypikalitätsskala für die schwachen Maskulina (Köpcke 2000, 158):

prototypisch schwach → stark

mehrsilbig unbet. vor bet. Silbe Penultimabet. [+menschl.]	Penultimabet. ausl. Schwa [+menschl.]	Penultimabet. ausl. Schwa [+belebt]	monosyll. [+menschl.]	monosyll. [+belebt]	monosyll. [-belebt]
Beispiel: *Matrose*	*Kurde*	*Falke*	*Fürst*	*Bär*	*Stein*

Die Skala macht deutlich, dass Köpckes Einteilungskriterien einerseits auf phonologischen Beschreibungsparametern beruhen, andererseits durch semantische Faktoren wie [± menschlich] oder [± belebt] bestimmt werden. Er sieht diese Einteilungskriterien durch sein im Folgenden genauer beschriebenes Experiment mit Fantasiewörtern bestätigt.

2.3 Das „Prototypen-Experiment" mit Kunstwörtern bei Köpcke

Auf der Suche nach der geeigneten morphologischen Beschreibungsmöglichkeit für das Deklinationsverhalten der Nomina kommt Köpcke (2000, 167) zu dem Schluss, dass Item-and-Process-Regeln „nur sehr unzureichend" als Beschreibungsmodell geeignet sind. Einer Beschreibung der innersprachlichen Organisation des nominalen Lexikons angemessener ist die Prototypentheorie. Die Kategorisierung einer Prototypenskala erfolgt bei Köpcke nach phonologischen und semantischen Kriterien (vgl. Kap. 2.2). Mit dem Ziel, die Hypothese zu überprüfen, „daß sich die Deklinationsklassenzuweisung zu `neuen´ Nomina vor dem Hintergrund prototypentheoretischer Annahmen erklären läßt" (Köpcke 2000, 159), die bei Köpcke immer auch semantisch gesteuert werden, führt er folgendes Experiment durch:

Er legt 31 Anfängerstudenten der Germanistik insgesamt 37 Kunstwörter mit dem Ziel vor, „den Gen.Sg. und Nom.Pl. zu bilden" (Köpcke 2000, 159). Im Folgenden werden die Ergebnisse zum Plural fokussiert. Die Kunstwörter „entsprachen den phonotaktischen Mustern der deutschen Gegenwartssprache" (Köpcke 2000, 159). In seinem Experiment legt Köpcke den Probanden eine Bedeutung zu jedem „Wort" vor, z.B.: *der Troche: Bezeichnung für einen Menschen mit ironisch-zynischer Geisteshaltung* oder *der Grettel: Im Freien geschichteter größerer Haufen Stroh, Heu, Torf* usw. Köpcke ordnet dabei Bedeutungen so zu, dass sich eine semantische Unterscheidung der „Wörter" von [+menschlich] über [+belebt] bis hin zu [-belebt] ergibt. Als phonologische

Kriterien der Fantasiewörter sind zum Beispiel eine Endung auf Schwa oder die Monosyllabizität charakteristisch.

Die Probanden sollten sich vorstellen, „Mitarbeiter der Dudenredaktion zu sein. Von den `neuen´ Nomina war ihnen nur das Genus und die Bedeutung bekannt. [...] Ihre Aufgabe war es, die verschrifteten Nomina um die Gen.Sg.- und Nom.Pl.-Endung zu ergänzen“ (Köpcke 2000 159f.). Allerdings lag den Testpersonen nicht nur die „verschriftete“ Version vor; „wegen der spezifischen Akzentmuster der prototypisch schwachen Maskulina“ (Köpcke 2000, 160) wurden die Kunstwörter den Probanden auch vorgelesen.

Bei älteren Experimenten mit Kunstwörtern[5] wurde durchgängig kritisiert, dass solche Fantasiewörter zum Teil relativ große Ähnlichkeit mit real existierenden Wörtern haben und dass die Ergebnisse von Versuchspersonen zu stark von Analogieprozessen beeinflusst sein könnten. Köpcke versucht diesen Einwand so weit wie möglich zu entkräften: „Ein denkbarer Einwand gegen die Validität der Ergebnisse könnte sein, daß sich die Vpn bei ihren Entscheidungen durch Analogiebildungen zu realen Wörtern leiten ließen [...]. Um diesem unerwünschten Effekt so weit wie möglich entgegenzuwirken, wurde ein Vortest mit einer anderen Gruppe von 29 Erstsemesterstudenten durchgeführt. Sinn dieses Tests war, für das Experiment Kunstwörter mit einem möglichst breiten Assoziationsspektrum zu finden“ (Köpcke 2000, 160). Ein Fantasiewort wurde immer dann von der Liste für den eigentlichen Test gestrichen, wenn dazu „mehr als fünf identische Assoziationen auftraten“ (Köpcke 2000, 160). Es verbleiben 37 Kunstwörter, deren Assoziationsspektrum sich als angemessen breit ergeben hatte. Von diesen wertet Köpcke schließlich 29 „Wörter“ aus (21 Maskulina und 8 Feminina), da es ihm insbesondere um die Prototypenmerkmale dieser Genera geht. Zu den Neutra schreibt er: „Ich möchte darauf hinweisen, daß es unter den Testitems auch acht Neutra gab. Hierdurch sollte lediglich sichergestellt werden, daß alle drei Genera einigermaßen gleichgewichtig vertreten waren“ (Köpcke 2000, Fn.4). Die Kunstwörter teilt Köpcke (2000, 160) nach folgenden Kriterien ein:[6]

Gruppe (1): starke und schwache Maskulina
- (1a) Prototyp für schwache Maskulina: *Truntáke, Schettose*
- (1b) Schwa, [+menschlich]: *Sponke, Troche, Zirfe*
- (1c) Schwa, [+belebt]: *Kniche, Stisse, Schnache*
- (1d) monosyllabisch, [+menschlich]: *Knirf, Knatt, Schlass*

5 Z.B. Köpcke 1987 (v.a. S. 27ff.).

6 Für eine vollständige Liste der Kunstwörter, die auch die jeweiligen „Bedeutungen“ der Items enthalten, s. Köpcke 2000, 168f.

(1e) monosyllabisch, [+belebt]: *Sier, Sperf, Knauck*
(1f) monosyllabisch, [-belebt]: *Trilch, Grolch, Knoff*

Gruppe (2): Maskulina mit spezifischen Endungen
(2a) *-or:* „Bei der Endung *-or* [...] handelt es sich im Deutschen überwiegend um Personenbezeichnungen“ (Köpcke 2000, 160): *Tréikor, Frátor*
(2b) *-el/-er:* „Maskulina auf *-el/-er* [...] werden fast ausschließlich stark dekliniert“ (Köpcke 2000, 160): *Grettel, Fletter*

Gruppe (3): Feminina
(3a) Muster [#_K], kein umlautfähiger Stammvokal: *Schirr, Zehr*
(3b) Muster [#_K], umlautfähiger Stammvokal: *Taff, Blahr*
(3c) Muster [#_Kt], umlautfähiger Stammvokal: *Bracht, Pruft*
(3d) Muster [#_KKt], umlautfähiger Stammvokal: *Barst, Schunst*

Die prozentualen Ergebnisse des Experiments von Köpcke (2000, 161) sind in der folgenden Übersicht zusammengestellt:

	N	-(e)n	(U)-e	(U)-ø	-s	(U)-er	Vorhersage
1) Maskulina							
a) Prototyp für schwache Maskulina	62	90%		6%		3%	-(e)n
b) Schwa, [+menschl.]	93	61%		34%		4%	-(e)n
c) Schwa, [+belebt]	93	49%		49%		1%	-(e)n
d) monosyll., [+menschl.]	93	39%	55%	1%	3%	2%	-(e)n/-e
e) monosyll., [+belebt]	93	30%	70%				(-(e)n)/-e
f) monosyll., [-belebt]	93	9%	89%	2%			-e
2) Maskulina mit spezifischen Endungen							
a) ´-or	62	73%	24%			3%	-en
b) -el/-er	62	27%		71%		1%	-ø
3) Feminina							
a) [#_K] kein umlautf. Stammvokal	62	79%	14%	7%			-en
b) [#_K] umlautfähiger Stammvokal	62	74%	21%	5%			-en
c) [#_Kt] umlautfähiger Stammvokal	62	66%	27%	5%			-en
d) [#_KKt] umlautfähiger Stammvokal	62	32%	61%	8%			-en/U+-e

Im Gegensatz zu den früheren Experimenten, in denen Versuchspersonen „nur auf der Grundlage ausdrucksseitiger Merkmale Pluralmarkierungen zu Kunstwörtern“ (Köpcke 2000, 162) zuweisen sollten, interpretiert der Autor die Ergebnisse des neuesten Experiments als Beleg dafür, dass die Entscheidung zugunsten eines morphologischen Merkmals (hier: Zuweisung eines Pluralmorphems) stark von inhaltlichen Kriterien geleitet wird: „Daß die Kenntnis der Bedeutung für die Entscheidungen der Vpn wichtig war, läßt sich leicht an den Ergebnissen für die Testitems der Gruppen (1a) bis (1f) ablesen, denn ganz offensichtlich spielt der Belebtheitsfaktor für die Auswahl der Markierung *-(e)n* zur Kennzeichnung [...] des Nom.Pl. eine entscheidende Rolle. In dem Maße, wie dieses semantische Merkmal von [+menschlich] über [+belebt] zu [-belebt] verändert wird, sinkt jeweils auch der Anteil der *-(e)n*-Zuweisungen kontinuierlich ab, und zwar bei der Pluralbildung zugunsten von (U) + -ø, sofern das jeweilige Testitem auf Schwa auslautet, und zugunsten von (U) + *-e*, sofern ein monosyllabisches Testitem vorliegt“ (Köpcke 2000, 162f.).

Für Köpcke sind diese Ergebnisse in zweierlei Hinsicht signifikant. Sie sprechen zum einen deutlich gegen die Item-and-Process-Analyse und für die Prototypen-Theorie: „Offensichtlich gilt weder uneingeschränkt, daß Maskulina, deren Stammform auf Schwa endet, ihren Plural mit *-(e)n* bilden, noch daß endungslose, also etwa monosyllabische Maskulina den Plural mit *-e* bilden. [...] Die Verwendung von *-(e)n* unter den experimentellen Bedingungen nimmt genau in dem Maße ab, wie die Testitems weniger Charakteristika für die schwache Deklination aufweisen. Während sich beim Prototyp nahezu alle Vpn für *-(e)n* entscheiden, nehmen mit zunehmender Entfernung vom Prototyp auch Übergangsprozesse von schwacher zu starker Deklination zu“ und schließlich: „Mit anderen Worten: Für das Verhalten der Vpn bei den Items der Gruppen (a) bis (c) gibt es im Realwortschatz keine Grundlage. Abermals liegen hiermit also Daten vor, die durch IP-Modelle nicht zu erklären sind“ (Köpcke 2000, 163).

Zum anderen sind die Ergebnisse für Köpcke ein deutlicher Beleg dafür, dass im Rahmen der Prototypen-Theorie semantische Kriterien ausschlaggebend sind für die Kategorisierungen: „Gruppe (c) unterscheidet sich von Gruppe (b) nur dadurch, daß das Merkmal [+menschlich] durch [+belebt] ersetzt wurde. Entsprechend gilt für (d) das Merkmal [+menschlich], für (e) [+belebt] und für (f) [-belebt]. Offensichtlich führt die Rückführung des Belebtheitsfaktors zu einem kontinuierlichen Abrücken von *-(e)n* als Pluralmarkierung“ (Köpcke 2000, 163). Köpcke geht davon aus, dass es immer „spezifische Form-Bedeutungsbündel“ (Köpcke 2000, 164) sind, nach denen Wörter oder Wortformen zu den Kategorien zusammenzufassen sind, die dem Prototyp in unterschiedlichen Graduierungen entweder besonders nahe kommen oder sich von ihm entfernen. Diese Kategorien konstituieren sich durch Schemata und Köpcke stellt in Anlehnung an Bybee (1985) zwischen Schemata und Prototypen folgende Relation her: „Es wird angenommen, daß sich die Schemata um Prototypen gruppieren" (Köpcke 2000, 164). Solche Gruppierungsmuster sind auf Prototypenskalen linear darstellbar, wobei sich der Übergang von einem Merkmalbündel zum anderen „allmählich und nicht abrupt vollzieht" (Köpcke 2000, 166). Köpcke schließt diesen Teil seiner Ausführungen, indem er unterstreicht, dass seines Erachtens die Zuweisung eines bestimmten Pluralmporphems nicht nur durch eine Analyse der ausdrucksseitigen Gestalt erfolgt, sondern untrennbar mit der Bedeutungsseite verbunden ist.

Diese Interpretation der Ergebnisse halte ich aufgrund eines von mir mit dem gleichen Korpus wie bei Köpcke durchgeführten Experiments im Hinblick auf die Beschreibung der Pluralbildung für zu weitgehend. Meine Ergebnisse weisen für die Kategorisierung um Prototypen herum auf eine Unabhängigkeit von semantischen Kriterien hin. Im Folgenden wird dieses Experiment beschrieben.

2.4 Ein neues „Prototypen-Experiment" mit Kunstwörtern

Köpcke hatte bei seinem Experiment den Probanden Kunstwörter vorgelegt, bei denen Genus und Bedeutung vorgegeben waren. Die erzielten Ergebnisse ließen eine deutliche Kategoriebildung bei den unterschiedlichen Kunstwörtern zu. Dies war für Köpcke der Beleg dafür, dass die innersprachliche Organisation des nominalen Lexikons (hier in Bezug auf die Pluralbildung) mit ihren weichen, graduellen Übergängen von einer Gruppe zur nächsten durch charakteristische Form-Bedeutungsbündel bestimmt werde.

Ausgangspunkt meines Experiments war angesichts der von Köpcke gezogenen Schlüsse die Überlegung, dass Köpcke nicht von einer semantischen Bezugsgröße ausgehen könne, solange das Experiment nicht auch ohne Vorgabe der Bedeutung durchgeführt worden sei. Denn erst wenn diese Art von Gegenprobe zu Ergebnissen führen würde, die keine den Köpckeschen Ergebnissen vergleichbaren Kategorisierungen zulassen würden, wäre das die Bestätigung dafür, dass semantische Faktoren bei der Kategorisierung des nominalen Lexikons im Hinblick auf die Pluralbildung tatsächlich von Bedeutung sind. Sollten aber die Ergebnisse, die bei einer Experiment-Variante ohne Vorgabe der Bedeutung erzielt würden, in signifikanter Weise mit Köpckes Ergebnissen vergleichbar sein, dann wäre dies ein Beleg dafür, dass semantische Faktoren bei der Kategorisierung der Pluralia keine primäre Rolle spielen. Das würde Köpckes Annahme einer `psychologischen Realität´ in Bezug auf das Pluralsystem des standarddeutschen Lexikons, zumindest in der Tragweite, wie Köpcke sie annimmt, widerlegen.

Ziel meines Experiments war es herauszufinden, ob für die Gruppenbildung um Prototypen herum und für die Beschreibung der Prototypen selbst semantische Faktoren berücksichtigt werden müssen oder nicht. Dazu wurde folgendes Experiment durchgeführt: Die Zahl der Testpersonen wurde erhöht (Köpcke: 31, Frey: 95), um eine größere Zuverlässigkeit der Ergebnisse zu gewährleisten. Die Gruppe der Probanden setzte sich zusammen aus: 75 Germanistikstudenten/-tinnen im Alter zwischen 20 und 25 Jahren; 16 von ihnen hatten eine andere Muttersprache als Deutsch. Hinzu kam eine Gruppe von 20 Gymnasiasten im Alter zwischen 13 und 15 Jahren, von denen 6 Teilnehmer Deutsch nicht als Muttersprache hatten. Den 95 Tpn wurden die 29 Fantasiewörter aus Köpckes Korpus in alphabetischer Reihenfolge unter Angabe des Genus vorgelegt. Der über Sinn und Ziel des Experiments informierte Kursleiter las den Probanden das jeweilige „Wort" vor und die Probanden hatten die Aufgabe, zu jedem Item die Pluralform einzutragen, die sie diesem „Wort" geben würden. Die Tpn waren darüber informiert, dass es sich um Fantasiewörter handelt, die ihrer Form nach im Deutschen zwar möglich seien, real aber nicht existierten.[7]

Bei der Darstellung der Ergebnisse wurde die Übersichtsform von Köpcke aus Gründen der besseren Vergleichbarkeit beibehalten, die Gruppenaufteilung wurde aber insofern modifiziert, als nicht das phonologische und semantische Kriterium einer Gruppe genannt werden, sondern das jeweilige Kunstwort selbst, da von der Anlage des Experiments her keine Bedeutungsvorgaben oder graduellen Bedeutungsabstufungen existierten. Die Ergebnisse beziehen sich auf eine Auswertung der Probandengruppe als Ganzes, da sich bis auf die im Folgenden kurz genannten peripheren Besonderheiten keine gruppenspezifischen Unterschiede ergeben hatten.[8]

Auffälligkeiten bei den unterschiedlichen Alters- und Muttersprachengruppen ergaben sich nur in wenigen peripheren Bereichen:

- Die Zahl der ungültigen Stimmen bei den Deutsch muttersprachigen Probanden zwischen 20 und 25 Jahren liegt bei etwa 2%, bei den Nicht-Deutschmuttersprachlern liegt er bei 5%. Erstaunlicherweise zeigt sich in der Gruppe der 13- bis 15-Jährigen deutscher Muttersprache mit 6,5% der höchste Anteil an Fantasiepluralformen. Bei den Kindern und Jugendlichen dieser Probandengruppe scheint sich also das real existierende morphologi-

7 Die Informationen, Anweisungen und die alphabetische Wortliste, die die Tpn bekamen, finden sich im Anhang „Probandenblatt".

8 Eine genaue Auszählung für die unterschiedlichen Gruppen findet sich im Anhang „Probanden-Ergebnisse".

sche System der nominalen Pluralbildung im Deutschen noch nicht so stark manifestiert zu haben wie in der Gruppe der älteren Teilnehmer.

- Die ausländischen Probanden zeigen in jeder Altersgruppe eine stärkere Tendenz zu umgelauteten Pluralformen als die Deutsch Muttersprachigen, selbst wenn sie damit Pluralia bilden, die real im Nominativ Plural nicht existieren (z.B. *en-Plural plus Umlaut: *Schnächen, Schünsten* u.a.). Für diese Probandengruppe scheint der Umlaut die deutlichste Pluralmarkierung im Deutschen.
- Den s-Plural verwenden die ausländischen Probanden ausschließlich bei „Wörtern", die für sie nicht deutsch klingen (*Frator, Treikor)*, während die Probanden mit deutscher Muttersprache auch bei solchen Kunstwörtern überwiegend andere Pluralformen bilden (*Fratoren, Fratorn, Fratore, Treiköre* u.ä.). Überhaupt wird der s-Plural bei den deutschen Tpn nur sehr sporadisch eingesetzt.
- Bei den ausländischen Probanden ist bei der Verwendung des unmarkierten Plurals ein etwas höherer Anteil festzustellen als bei den Deutsch Muttersprachigen.

Als ganz allgemeine individuelle Tendenz durch alle Gruppen hindurch ist festzustellen, dass persönliche Vorlieben im ganzen Korpus durchgehalten werden. Wenn eine Tpn z.B. erU-Plural präferiert, dann setzt sie diese Pluralbildung ein, sooft es ihr möglich erscheint. Gleiches gilt für den Umlautplural und den unmarkierten Plural. Die Tpn, die sich z.B. für *Brächter* als Pluralform von *Bracht* entscheidet, bildet mit hoher Wahrscheinlichkeit auch *Grölcher* (zu *Grolch*) oder *Knätter* (zu *Knatt*) usw.

Neben diesen peripheren Besonderheiten ergaben sich im Experiment die im Folgenden dargestellten Ergebnisse. In die Auswertung aufgenommen wurden nur die gültigen Stimmen, ungültige Formen, z.B. nicht existierende Fantasiepluralia oder unleserliche Eintragungen, blieben bei der Erstellung der Ergebnisübersicht unberücksichtigt. Ich beginne mit der Vergleichsliste zum Experiment Köpckes (s. S. 34: "Prozentuale Verteilung").

Für Köpcke waren die Abstufungen bei den Prozentwerten in den Gruppen (1a) bis (1f) von signifikanter Bedeutung, denn damit hatte er den Einfluss des Bedeutungskriteriums nachgewiesen. Nun liefert allerdings das von mir durchgeführte Experiment gerade bei diesen signifikanten Gruppen eine erstaunliche Übereinstimmung mit den prozentualen Abstufungen Köpckes, obgleich es ohne jeden semantischen Bezug durchgeführt wurde. Die kontinuierliche prozentuale Abnahme bei den *-(e)n*-Bildungen, für die nach Köpcke das semantische Kriterium von [+menschlich] über [+belebt] bis zu [-belebt] der ausschlaggebende Grund ist, zeigt sich auch bei den Ergebnissen, bei denen die Probanden nichts

Prozentuale Verteilung der Kunstwörter auf Pluralformen im Experiment von Frey:

	N	-(e)n	(U)-e	(U)-ø	-s	(U)-er	Vorhersage
1) Maskulina							
a) *Truntake, Schettose*	185	97%	1%	2%			*-(e)n*
b) *Sponke, Troche, Zirfe*	275	86%		13%	1%		*-(e)n*
c) *Kniche, Stisse, Schnache*	274	75%		24%	1%		*-(e)n*
d) *Knirf, Knatt, Schlass*	272	25%	66%	1%	2%	6%	*(U)-e*
e) *Knauck, Ster, Sperf*	279	23%	69%	3%	2%	2%	*(U)-e*
f) *Grolch, Knoff, Trilch*	280	6%	87%	2%	4%	1%	*(U)-e*
2) Maskulina mit spezifischen Endungen							
a) *Frator, Treikor*	185	83%	9%	4%	4%		*-en*
b) *Fletter, Grettel*	176	36%		62%	2%		*-o*
3) Feminina							
a) *Schirr, Zehr*	183	57%	33%	6%	2%	2%	*-en*
b) *Blahr, Taff*	178	45%	44%	3%	5%	3%	*-en (U)-e*
c) *Bracht, Pruft*	182	41%	55%	3%		1%	*-en (U)-e*
d) *Barst, Schunst*	185	27%	68%	4%		1%	*-en (U)-e*

über die Bedeutung eines „Worts" wussten. Die folgende Grafik 1 (s. S. 35) macht das deutlich.

Eine kontinuierliche Abnahme des prozentualen Anteils in den Gruppen (1a) bis (1f) zeigen sowohl die „semantikhaltigen" Ergebnisse Köpckes als auch die nach rein phonologischen Kriterien ermittelten Ergebnisse bei Frey. Dass sich die Prozentwerte im Einzelnen teilweise mehr, teilweise weniger unterscheiden, führe ich auf die sehr viel größere Probandenzahl im Experiment von Frey (95 Tpn) gegenüber der Anzahl bei Köpcke zurück (31 Tpn). Eine Half-split-Gegenprobe zeigt nämlich, wie stark die Höhe der Probandenzahl einzelne Ergebnisse bei einem Fantasiewort-Experiment beeinflussen kann. Ich habe aus der Gesamtmenge meiner Probanden einen Kurs mit 20 Deutsch muttersprachigen Teilnehmern herausgenommen. Die prozentualen Ergebnisse differieren bei so wenigen Probanden z.T. erheblich gegenüber den Ergebnissen bei der fast

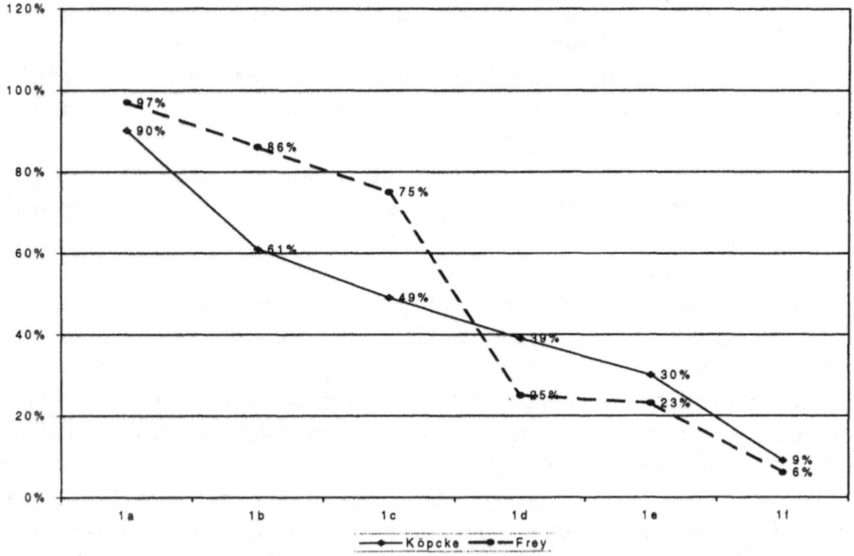

Grafik 1: Prozentuale Verteilung der Maskulina mit (e)n-Plural in den „semantischen" Gruppen (1a) bis (1f) in den Experimenten von Köpcke und Frey

vierfachen Tpn-Zahl, und zwar genau in den Gruppen, bei denen sich im Gesamtergebnis die prozentualen Anteile zwischen Köpcke und Frey am stärksten unterscheiden:

Gruppe (1b): Köpcke - 61%
Frey (1) mit 95 Probanden – 86%
Frey (2) mit 20 Probanden – 79%
Die beiden Gruppen mit mehr oder weniger Probanden differieren also um 7%, wobei die kleinere Probandengruppe in ihren Ergebnissen dem prozentualen Anteil bei Köpcke näher kommt als die größere Gruppe. Das ist ein Indiz dafür, dass die Höhe der Probandenanzahl prozentuale Ergebnisse relativ stark beeinflussen kann.

Gruppe (1c): Köpcke – 49%
Frey (1) mit 95 Probanden – 75%
Frey (2) mit 20 Probanden – 67%
Auch hier das gleiche Bild: Die Höhe der Tpn-Zahl beeinflusst das prozentuale Ergebnis relativ stark (Unterschied zwischen Frey (1) und Frey (2) immerhin 8%), wobei wiederum das Ergebnis der

kleineren Gruppe näher am Köpcke Ergebnis liegt als das der größeren Gruppe.

Als wichtigstes Ergebnis in beiden Experimenten kann zunächst festgehalten werden, dass eine signifikante prozentuale Abnahme des Anteils von *-(e)n*-Pluralia sowohl im semantikorientierten Versuchsaufbau bei Köpcke auftritt als auch in den ohne jeden semantischen Bezug ermittelten Ergebnissen bei Frey. Dies spricht gegen die Annahme Köpckes, dass Plural-Kategorisierungen auf einer Prototypenskala nur anhand von spezifischen Form-Bedeutungsbündelungen angemessen beschreibbar sind.

Wichtiger noch als diese Übereinstimmung in der prozentualen Abnahme des *-(e)*n-Plurals in den Gruppen (1a) bis (1f) ist die relativ gute Übereinstimmung der Einzelergebnisse von Köpcke und Frey in den Gruppen (1d) bis (1f). Köpcke sieht in der prozentualen Graduierung gerade dieser Gruppen das stärkste Argument für die von ihm angenommene Relevanz des semantischen Faktors, da in diesen Gruppen außer der Monosyllabizität kein weiteres auffälliges phonologisches Kennzeichen vorliegt, das bestimmte Pluraltypen begünstigen könnte. Die Übereinstimmungen mit den in meinem Experiment erzielten Ergebnissen, bei denen semantische Faktoren keine Rolle spielten, schwächen Köpckes Argumentation erheblich. Die grafische Darstellung macht die Nähe der Ergebnisse deutlich:

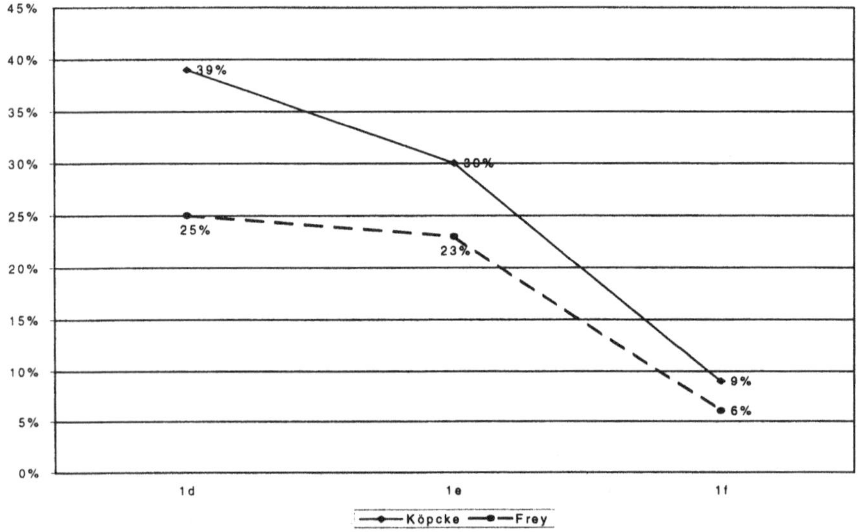

Grafik 2: Auszug aus der prozentualen Verteilung der Maskulina mit (e)n-Plural in den „semantischen" Gruppen (1d), (1e) und (1f) in den Experimenten von Köpcke und Frey

Berücksichtigt man, dass auch hier durch die Probandenanzahl die prozentualen Werte noch um einige Prozentpunkte nach oben oder unten verschoben werden können, ist das Maß an Übereinstimmung zwischen beiden Ergebnissen signifikant. Dies ist ein Hinweis darauf, dass es über die Monosyllabizität hinaus bestimmte, von semantischen Faktoren unabhängige phonologische Kriterien geben muss, die das Verhalten der Probanden bei der Zuteilung eines Pluralmorphems beeinflussen und die in den Kunstwörtern der Gruppen (1d) bis (1f) vorliegen. Sehen wir uns die von Köpcke gebildeten Gruppen darauf hin genauer an.

- Gruppe (1d): *Knirf, Knatt, Schlass*
- Gruppe (1e): *Knauck, Sier, Sperf*
- Gruppe (1f): *Grolch, Knoff, Trilch*

Gruppe (1d): *Knirf, Knatt, Schlass*

Ein phonologisches Merkmal, das bei allen drei Belegen auftritt, ist der dentale Bildungsort des Auslautkonsonanten. /-f/, /t/ und /s/ werden unter Beteiligung der Zähne gebildet. In Gruppe (1e) weisen nur zwei Belege dieses Merkmal auf, in Gruppe (1f) nur ein Beleg. Darüber hinaus haben zwei Belege aus Gruppe (1d) als Nukleus /a/, der in Gruppe (1e) nur einmal und in Gruppe (1f) gar nicht auftritt. Kombiniert man die beiden Merkmale, dann zeigt sich, dass zwei Belege aus Gruppe (1d) auf Dental enden und Nukleus /a/ vorliegt. Eine entsprechende Merkmalkombination findet sich in den anderen Gruppen nicht. Für Gruppe (1d) lässt sich also unabhängig von semantischen Faktoren ein prototypisches Merkmalbündel nachweisen, das aus den Faktoren [+dentaler Bildungsort] + [Nukleus /a/] besteht.

Gruppe (1e): *Knauck, Sier, Sperf*

In Gruppe (1e) weisen zwei Belege dentalen Endrandkonsonanten auf *(Sier, Sperf)*. Außerdem haben zwei Belege einen gespannten Nukleus (*Knauck, Sier*). Nun gibt es entweder die Möglichkeit, das Merkmalbündel [gespannter Nukleus] + [nicht dentaler Endrandkonsonant] als prototypisch anzugeben (*Knauck*), denn eine solche Merkmalkombination liegt in den anderen Gruppen nicht vor. Andererseits ist es auch möglich, das Merkmalbündel [gespannter Nukleus] + [nicht umlautfähig] als prototypisch relevant aufzuführen (*Sier*), denn auch diese Merkmalkombination liegt in den anderen Gruppen nicht vor.[9]

---

9 Das erste Merkmalbündel bietet sich eher an, da mit den Kennzeichen [+umlautfähig] und [-umlautfähig] im Material Köpckes nur schwer zu arbeiten ist, weil er bei seinen Ergebnissen die Pluralgruppen e-Plural und eU-Plural als eine Gruppe zusammenfasst. Ich halte dies für problematisch, da nicht alle umlautfähigen Maskulina im Realkorpus auch tatsächlich eU-Plural bilden. D.h. auch in Bezug auf eine

Gruppe (1f): *Grolch, Knoff, Trilch*

In zwei der drei Belege ist der Auslautkonsonant nicht-dental gebildet (*Grolch, Trilch*). In der Gruppe (1d) gibt es gar keinen solchen Beleg, in der Gruppe (1e) lediglich einen. Beide Belege haben ungespannten Nukleus. Die Merkmalkombination [-dentaler Bildungsort] + [-gespannter Nukleus] liegt in keiner anderen Gruppe vor. Unabhängig von diesen Kriterien könnte es sich auch bei der Bildungsart des/der Endrandkonsonanten um das prototypische Merkmal handeln. Alle drei Belege der Gruppe (1f) enden auf frikativ gebildete Konsonanten, in den Gruppen (1d) und (1e) sind es jeweils nur zwei Belege. Kombiniert man auch diesen Faktor mit der Nukleusqualität, dann ergibt sich, dass zwei Belege in Gruppe (1f) die Merkmale [+frikativer Konsonant] + [-gespannter Nukleus] aufweisen, in den Gruppen (1d) und (1e) gibt es jeweils nur einen solchen Beleg. D.h. es ist auch für die letzte Gruppe nachweisbar, dass ein phonologisches Merkmalbündel vorliegt, das prototypisch relevant sein könnte für die in dieser Gruppe überwiegend auftretende Pluralform.

Gehen wir vor diesem Hintergrund noch einmal zurück zu den Maskulina der Gruppen (1a) bis (1c). Alle Maskulina dieser Gruppen enden auf Reduktionsvokal /ə/ und sind dadurch für n-Plural prädestiniert. Allerdings zeigt sich von (1a) bis (1c) eine kontinuierliche Abnahme des prozentualen Anteils im n-Plural. Wieder argumentiert Köpcke so, dass diese Abnahme in erster Linie durch semantische Faktoren zu begründen sei, und zwar durch die Kennzeichen [+menschlich] oder [+belebt]. Darüber hinaus liegen in Gruppe (1a) an phonologischen Merkmalen nur die Mehrsilbigkeit plus /ə/ vor und in den Gruppen (1b) und (1c) nur die Endung auf /ə/. Doch auch für diese Gruppen sind meines Erachtens noch andere phonologische Charakteristika ausschlaggebend, die die Pluralzuweisung der Probanden möglicherweise beeinflusst haben:[10]

- Gruppe (1a): *Truntake, Schettose*
- Gruppe (1b): *Sponke, Troche, Zirfe*
- Gruppe (1c): *Kniche, Stisse, Schnache*

Gruppe (1a): *Truntake, Schettose*

Vor den reduzierten Endsilben /-kə/ und /-sə/ steht jeweils eine offene Silbe mit gespanntem Vokal /a/, /o/. Diese Merkmalkombination liegt in keinem anderen Kunstwort der übrigen Gruppen vor.

---

semantische Argumentation hätte Köpcke nachweisen müssen, welche semantischen Kriterien es sind, die im einen Fall Umlautbildung im e-Plural auslösen, im anderen aber nicht.

10 Übrigens haben mehrere Probanden angemerkt, dass das Genus dieser „Wörter“ auf /ə/ ungewöhnlich sei. Sie sollten nicht Maskulina, sondern eigentlich Feminina sein.

Gruppe (1b): *Sponke, Troche, Zirfe*

Zwei Belege haben einen ungespannten /o/-Nukleus, der in keiner anderen Gruppe vorkommt. Die beiden Belege *Sponke* und *Zirfe* haben jeweils eine geschlossene erste Silbe, die in Gruppe (1a) völlig fehlt und in Gruppe (1c) nur bei einem Beleg vorhanden ist. Bei beiden genannten Faktoren könnte es sich somit um das prototypische Merkmal handeln.

Gruppe (1c): *Kniche, Stisse, Schnache*

Zwei Belege haben ungespannten /i/-Nukleus, der in Gruppe (1a) nicht und in (1b) nur einmal vorkommt. Zwei der Belege haben vor dem reduzierten /ə/ den nicht dental gebildeten Laut /ç/ oder /x/. Auch hier könnte es sich um prototypische Merkmale handeln.

Aus dieser kleinen Zusammenstellung wird ersichtlich, dass für jede Gruppe von Kunstwörtern, die von Köpcke nach semantischen Kriterien zusammengestellt worden ist, prototypische phonologische Merkmale geltend gemacht werden können, durch die sich die prozentuale Abstufung im Ergebnis beim (e)n-Plural ergeben haben kann. Es ist anzunehmen, dass diese Faktoren die Pluralbildung bei meinen Probanden ebenso beeinflusst haben, wie bei Köpcke die semantischen Kriterien. Da sowohl die Ergebnisse von Köpcke als auch diejenigen von Frey in signifikanter Weise übereinstimmen, ist zu schließen, dass semantische Kriterien für die Ermittlung von Pluralbildungsregularitäten verzichtbar sind und dass Köpckes Form-Bedeutungsbündel auf reine Formbündel reduziert werden können, ohne dabei an Validität für die Pluralbildung zu verlieren. Als relevante Formmerkmale bei den „Maskulina“ sind im Kunstwortexperiment von Frey Faktoren wie der Bildungsort und die Bildungsart des Auslautkonsonanten und die Qualität des Nukleus besonders hervorgetreten.

Inwieweit die Bildung des Plurals im Reallexikon der standarddeutschen Substantive durch die genannten Faktoren beeinflusst wird oder darüber hinausgehend die Frage, welchen der Einzelfaktoren oder Merkmalbündeln mehr Einfluss zukommt, kann natürlich nicht anhand von fünf Fantasiewörtern entschieden werden. Jedoch sind die erzielten Ergebnisse ein deutliches Indiz dafür, dass bei den Untersuchungen zur Pluralbildung Faktoren wie Nukleusqualität oder Bildungsort und -art der am Endrand beteiligten Konsonanten zumindest bei den Maskulina berücksichtigt werden müssen.

Exkurs: Qualität des Nukleus /a/

In einem Detailbereich lassen die Kunstwort-Ergebnisse eine interessante Vermutung aufkommen, auf die ich bei den Analysen des Reallexikons noch genauer zu sprechen kommen werde. Gemeint ist die Zuordnung eines Qualitätskriteriums zum Phonem /a/. Während in der einschlägigen Literatur weitgehend Einigkeit darüber besteht, dass zwischen dem Quantitäts- und Qualitätskriterium bei Vokalen ein Zusammenhang derart besteht, dass lange Vokale gespannt sind, kurze dagegen ungespannt, herrscht im speziellen Fall des Phonems /a/ Unsicherheit. Diese geht teilweise soweit, langem und kurzem /a/ Qualitätsunterschiede ganz abzusprechen, zum Teil wird /a/ aber auch gänzlich dem System der übrigen Vokale zugeordnet, zum Teil wird eine umgekehrte Zuordnung vorgenommen: Kurzes *a* ist gespannt, langes *a* ist ungespannt. Betrachtet man dieses Problem unter dem Gesichtspunkt der Pluralbildung, scheint vieles für die letztgenannte Annahme zu sprechen. Das zeigt sich an dem oben aufgeführten kleinen Korpus der /a/-haltigen Maskulina: *Knatt* und *Schlass; Knauck* soll hier aufgrund seines diphthongischen Nukleus nicht mit in die Betrachtung einbezogen werden, weil ich eine direkte Vergleichbarkeit mit den Nuklei der anderen Beispiele gewährleisten will und diese sind monophthongisch (*Grolch, Knoff*). Betrachtet man nur die Ergebnisse bei *Knatt* und *Schlass*, ergeben sich im Experiment von Frey folgende prozentualen Verteilungen auf die Pluraltypen:

	N	-(e)n	(U)-e	(U)-ø	-s	(U)-er
Knatt, Schlass	144	29%	58% davon U+e: 45% davon -e: 55%	1%	1%	10% davon U+er: 60% davon -er: 40%

Diese Ergebnisse werden nun mit den Items verglichen, die mit Sicherheit einen umlautfähigen ungespannten Nukleus enthalten, nämlich *Grolch* und *Knoff*.

	N	-(e)n	(U)-e	(U)-ø	-s	(U)-er
Grolch, Knoff	152	6%	90% davon U+e: 31% davon -e: 69%	0,5%	3%	0,5%

Der sehr viel größere Anteil von *Grolch* und *Knoff* gegenüber *Knatt* und *Schlass* am (U)-e-Plural hat verschiedene Ursachen. Darauf werde ich im Folgenden eingehen. Hier interessiert zunächst nur die Aussage der beiden Tabellen hinsichtlich der Qualität der Nuklei. In den Fällen, in denen der Nukleus sicher ungespannt ist (*Grolch, Knoff*) ist der Anteil am umgelauteten e-Plural mit 31% sehr viel geringer als bei den Beispielen *Knatt* und *Schlass* mit 45%. Noch deutlicher ist die Gegenüberstellung im (U)-er-Plural: Während dieser Pluraltyp bei den Items mit ungespanntem Nukleus überhaupt nicht ins Gewicht fällt, nehmen bei den /a/-haltigen Items immerhin noch 10% diesen Plural, wobei 60% davon mit Umlaut gebildet werden.

Diese Ergebnisse lassen dreierlei Schlüsse zu: Erstens kann es sich hinsichtlich der Qualität von /a/ nicht um dieselbe handeln wie bei den /o/-haltigen Items, dafür liegen die umgelauteten und nicht umgelauteten Anteile im e-Plural zu weit auseinander. Da es sich bei /o/ aber um einen ungespannten Vokal ([ɔ]) handelt, spricht die Analyse dafür, für kurzes /a/ von einem gespannten Laut auszugehen. Zweitens kann aus dem Ergebnis gefolgert werden, dass die Qualität des Nukleus Einfluss hat auf die Umlautbildung im Plural, wobei gespannte Vokale eher zum Umlaut tendieren als ungespannte. Und drittens kann ganz allgemein gefolgert werden, dass das Qualitätskriterium für die Pluralbildung relevant ist und nicht das Quantitätskriterium, denn hinsichtlich der Quantität sind die Nuklei in den genannten vier Items identisch: alle sind kurz. Wäre das Quantitätskriterium maßgeblich für die Pluralbildung, dürften sich keine solchen Unterschiede in den prozentualen Ergebnissen zeigen.

In den Gruppen (2) „Maskulina mit spezifischen Endungen" und (3) „Feminina" zeigen sich, was die prozentualen Abstufungen bei den Anteilen mit -(e)n-Plural betrifft, ebenfalls deutliche Übereinstimmungen in den Ergebnissen von Köpcke und Frey, was bei den Feminina am wenigsten überrascht, da diese auch bei Köpcke nur nach phonologischen Kriterien (Umlautfähigkeit des Stammvokals und Anzahl der am Endrand beteiligten Konsonanten) kategorisiert werden. Hier die Grafik:

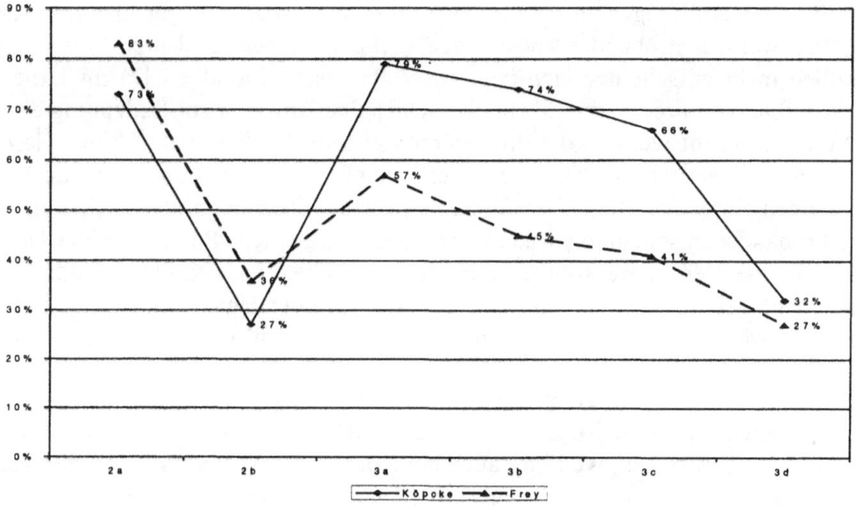

Grafik 3: Prozentuale Verteilung der Maskulina (mit spezifischen Endungen) und Feminina auf die „semantischen" Gruppen (2a), (2b) und (3a) bis (3d) in den Experimenten von Köpcke und Frey

Das Entscheidende ist auch hier wiederum nicht der einzelne Prozentwert, dieser kann sich durch die Höhe der Probandenanzahl um mehrere Prozentpunkte verändern, sondern es ist die signifikante Übereinstimmung im Steigen und Fallen der Kurven. Diese Übereinstimmung ist ein deutlicher Beleg dafür, dass die innersprachliche Organisation des nominalen Lexikons auch in diesen Teilbereichen nicht aufgrund von Form-Bedeutungsbündeln erfolgt, sondern allein aufgrund phonologischer Kriterien. Diese Vermutung wird bis ins Detail bestätigt. Hierzu ein Beispiel aus Köpckes Gruppe (2a), die aus den beiden Items *Treikor* und *Frator* besteht.

Treikor[11] zeichnet sich in Köpckes Korpus durch das semantische Kriterium [Werkzeug] (also: [-belebt]) aus, während *Frator*[12] das semantische Merkmal [+menschlich] zugewiesen bekommt. Bei *Treikor* entscheiden sich nur 65% von Köpckes Probanden für den en-Plural, während sich bei *Frator* immerhin 81% für diesen Pluraltyp entscheiden. Für Köpcke ist dies ein deutliches Indiz für die Relevanz semantischer Faktoren bei der morphologischen Markierung von Wörtern. Dass dieser Schluss nicht haltbar ist, zeigt der Blick auf die prozentuale Verteilung des en-Plurals bei *Treikor* und *Frator* im Experiment von Frey: Auch hier entscheidet sich eine wesentlich geringere Anzahl der Probanden bei *Treikor* für den en-Plural als bei *Frator.* 76% der abgegebenen Stimmen entfallen auf *Treikoren,* ebenfalls 81% wie bei Köpcke entfallen auf *Fratoren.* Auch bei diesem kleinen Ausschnitt des Korpus stimmen die wesentlichen Aussagen der Prozentverteilungen in beiden Experimenten erstaunlich gut überein: Wesentlich weniger Probanden entscheiden sich bei *Treikor* für den en-Plural, wesentlich mehr entscheiden sich bei *Frator* für diesen Pluraltyp. Da im Experimentaufbau von Frey anders als bei Köpcke keine Angaben zur Bedeutung eines „Worts" gemacht werden, die Probanden vielmehr deutlich darauf hingewiesen werden, dass es sich um Fantasiewörter handelt, belegt auch dieses kleine Beispiel noch einmal deutlich, dass das semantische Kriterium bei der Erklärung für die Probandenentscheidungen keine primäre Rolle spielt. Phonologische Ursachen für die Verteilung könnten z.B. die unterschiedliche Nukleusstruktur der Stammsilbe sein ([ai̯] gespannt, [a:] ungespannt) oder Unterschiede im Silbengewicht, wenn man /a/ als kurz und gespannt annimmt ([trai̯-] schwere Silbe, [fra-] leichte Silbe).

Dass die Probandenentscheidung im Kunstwortexperiment unabhängig von semantischen Kriterien ist, wird noch einmal durch einen Vergleich bei den Feminina unterstrichen, weil hier auch bei Köpcke die Kategorisierung nur nach

11 „Bezeichnung für ein längs zur Pflugrichtung angebrachtes Teil am unteren Ende des Pfluges" (Köpcke 2000, 168).

12 „Bezeichnung für den Vorsitzenden einer turkmenischen Kolchose" (Köpcke 2000, 168).

phonologischen Kriterien vorgenommen wird, und zwar nach der Umlautfähigkeit des Stammvokals und entsprechend den Endrandstrukturen [#_K], [#_Kt] und [#_KKt]. Die Ergebnisse bei Köpcke und Frey stimmen relativ gut überein, sofern es die prozentualen Abstufungen innerhalb der jeweiligen Reihen betrifft. Der -(e)n-Plural nimmt kontinuierlich ab, je mehr Konsonanten im Endrand des Items stehen; parallel dazu nimmt der Anteil des (U)-e-Plurals kontinuierlich zu. Köpcke fasst zusammen: „Vielmehr ist zu beobachten, daß sich die Vpn in dem Maße, wie sich die untersuchte Struktur dem Prototyp für die starken Feminina annähert, immer häufiger für die Pluralbildung mit *(Umlaut) + -e* entscheiden“ (Köpcke 2000, 166). Das heißt also, je mehr Konsonanten sich im Endrand des Items befinden, desto größer ist die Tendenz weg vom -(e)n-Plural hin zum (U)-e-Plural. Die Anzahl der am Endrand beteiligten Konsonanten muss also auch bei einer Analyse des Reallexikons berücksichtigt werden. Allerdings zeigt sich ein frappierender Unterschied zwischen den Ergebnissen von Köpcke und Frey, wenn man die (e)n- und (U)e-Kurven zueinander in Relation setzt, der darauf hindeutet, dass ein einzelner Endrandkonsonant keinesfalls ein so hinreichender Grund für die Zuweisung eines bestimmten Pluralformans ist, wie dies durch die Ergebnisse von Köpcke nahegelegt wird. Hier zunächst die Grafik:

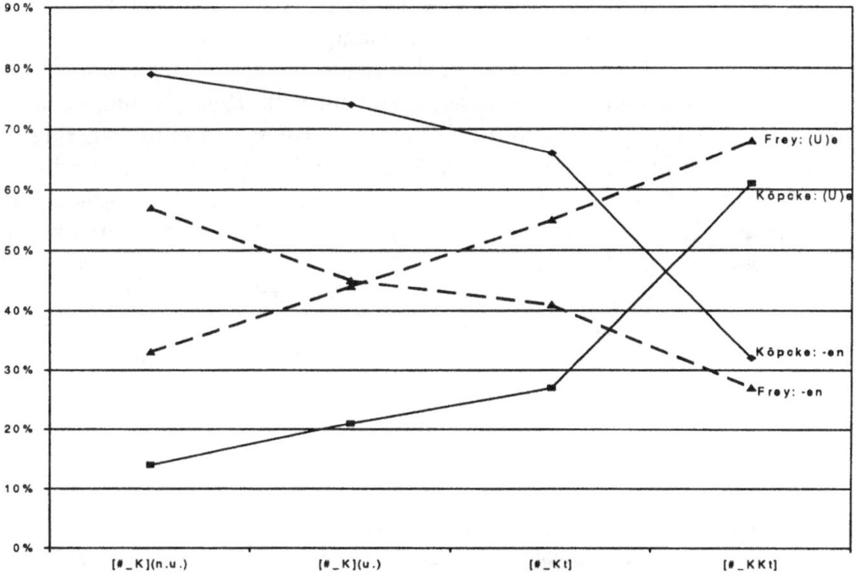

Grafik 4: Prozentualer Anteil der Feminina mit spezifischen Endungen im en- und (U)e-Plural in den Experimenten von Köpcke und Frey

Die Tendenzen stimmen überein, sofern es die Gruppen auf [#_K] und nicht umlautfähigen Stammvokal ([#_K](n.u.)) sowie die Gruppen [#_Kt] und [#_KKt] (jeweils mit umlautfähigem Stammvokal) betrifft: Die Tendenz zum (U)e-Plural nimmt in dem Maße zu, wie die Anzahl der Endrandkonsonanten steigt.

Ein eklatanter Unterschied zwischen den Ergebnissen von Köpcke und Frey zeigt sich bei einem Reihenvergleich der Feminina in der Gruppe [#_K] mit umlautfähigem Stammvokal, wie er so bei den Maskulina weder bei der Gruppe 1 noch 2 auftritt: Bei Köpcke entscheiden sich eindeutig mehr Probanden für den (e)n-Plural, sofern nur ein Konsonant im Endrand steht, bei Frey sind die Anteile für den (e)n- und (U)e-Plural in dieser Gruppe nahezu identisch. Es wurde bereits darauf hingewiesen, dass es durch die wesentlich höhere Probandenzahl bei Frey in den Ergebnissen zur Verschiebung um einige Prozentpunkte kommen kann, doch dies kann bei einem so gravierenden Unterschied kein hinreichender Erklärungsgrund sein. Allerdings gehe ich davon aus, dass entsprechend der größeren Probandengruppe die Ergebnisse in meinem Experiment etwas zuverlässiger sind als die bei Köpcke. Die genauen Ursachen für die Ergebnis-Unterschiede in dieser Gruppe sind nicht zu rekonstruieren, weil Köpckes Material nicht weiter differenziert ist, d.h. es kann zum Beispiel nicht überprüft werden, wie viel Anteile im (U)e-Plural auf die umgelautete Version entfallen und wie viele auf die nicht umgelautete. Darüber hinaus sind auch keine Relationen herzustellen, ob evtl. ein Zusammenhang zur Qualität des Nukleus (gespannt/ungespannt) besteht, weil die beiden Items in dieser Gruppe (*Blahr, Taff*) von Köpcke diesbezüglich keine Eindeutigkeit zulassen: *Blahr* hat ungespannten Nukleus, *Taff* hat gespannten; *Blahr* hat einen Konsonanten mit der geringsten Konsonantischen Stärke im Endrand, während der Frikativ in *Taff* immerhin einen Stärkewert von 4 besitzt und damit relativ weit oben auf der KS-Skala rangiert. Angesichts der vielen in dieser Gruppe vermischten Charakteristika, die alle Einfluss auf die Pluralmarkierung haben können, ist die Unsicherheit der Probanden bei der Zuteilung von (e)n- oder (U)e-Plural, wie sie durch die Ergebnisse von Frey nahegelegt wird, gut zu verstehen. Wenn diese Faktoren (Nukleusqualität, KS-Wert des Endrandkonsonanten) die Pluralbildung zugunsten von (e)n- oder (U)e-Plural beeinflussen, kann für eine Itemgruppe, in der alle Faktoren gleichzeitig vorliegen, nichts anderes herauskommen, als ein nahezu identischer Anteil in beiden Pluraltypen.[13]

---

13 Die Ergebnisse bei Köpcke in diesem Segment kann ich aufgrund meiner eigenen Auszählungen nicht nachvollziehen. Ich habe allerdings die Vermutung, dass Köpcke falsche Pluralformen mit in seine Zählungen einbezieht. Aus meinen Erhebungen geht hervor, dass eine ganze Reihe von Probanden *enU-Plural bildet, der real nicht existiert. Ich habe diese Pluralform im regulären Material nicht mitgezählt,

Wie die eindeutigen Verteilungen bei Köpcke zustande kommen, muss als offene Frage stehen bleiben und durch eine sehr viel größere Zahl von Items im Reallexikon erst noch überprüft werden. Sollten die Ergebnisse im Experiment von Köpcke richtig sein, dann müsste auch im nominalen Reallexikon die Verteilung bei Feminina mit umlautfähigem Stammvokal und der Endrandstruktur [#_K] so eindeutig zugunsten des (e)n-Plurals ausfallen, dass eine weitere Analyse dieser Gruppe gar nicht nötig ist. Sollte die Verteilung allerdings eher mit den Ergebnissen im Kunstwort-Experiment von Frey vergleichbar sein, so ist daraus zu schließen, dass bei [#_K]-Strukturen die Feststellung, dass ein einziger Konsonant im Endrand steht, keinesfalls ausreichend ist, um eine bestimmte Pluralform zu präferieren.[14] Andere Faktoren wie Nukleusqualität und Konsonantische Stärke des Endrandkonsonanten werden in dem Maße als Einflussgrößen wichtig, wie die Anzahl der am Endrand beteiligten Konsonanten nicht mehr aussagekräftig ist. Dies ist vor allem dann der Fall, wenn nur ein einziger Konsonant im Endrand steht.

Ich fasse die Ergebnisse zusammen: Köpcke konnte mit seinem Experiment, bei dem 31 Tpn zu einem Korpus von vorerprobten Kunstwörtern den Plural bilden sollten, nachweisen, dass die Prototypentheorie ein angemesseneres Beschreibungsinstrument für die Organisation des Lexikons darstellt als es das Item-and-Process-Modell ist. Die Prototypentheorie geht davon aus, dass sich aufgrund bestimmter struktureller Schemata zu Kategorien geordnete Teile des (nominalen) Lexikons um bestimmte Prototypen herum anordnen. Die Anordnung erfolgt skalar, die Übergänge sind fließend. Einen entscheidenden Faktor für prototypische Kategorisierungen sieht Köpcke in der einem Wort zugewiesenen Bedeutung. In einem zweiten Experiment, das mit Köpckes Textkorpus, allerdings ohne jeden Bezug zur Bedeutungsebene durchgeführt wurde, konnte nachgewiesen werden, dass es nicht primär semantische Faktoren sein können, die die Kategorisierung des nominalen Lexikons im Hinblick auf die Pluralbildung beeinflussen, sondern phonologische.

Aus den in den vorangegangenen Kapiteln geschilderten Experimenten können für die folgenden Untersuchungen wichtige Schlüsse gezogen werden:

1. Eine Analyse der Pluralbildungen der standarddeutschen Substantive sollte nicht länger dem Item-and-Process-Modell verpflichtet sein, da dieser Ansatz der innersprachlichen Organisation in diesem Teilbereich nicht gerecht wird. Der Grund hierfür liegt, wie Köpcke nachweisen konnte, nicht in der

---

sondern unter „falsche Pluralia" gerechnet. Es könnte sein, dass durch Einbeziehung solcher Formen das unglaublich hohe prozentuale Ergebnis für en-Plural bei [#_K] in der Aufstellung Köpckes zustande kommt.

14 Ich darf hier vorwegnehmen, dass die Analysen in Kap. 5.3 meiner Arbeit genau diese Vermutung bestätigen.

„zu grob geschnitzten Regel" (Köpcke 2000, 167), sondern in der Tatsache, dass sich das Lexikon „prinzipiell den expliziten Anweisungen für durchzuführende formale Operationen von IP-Regeln entzieht" (Köpcke 2000, 167).
2. Ein besseres Beschreibungsmodell liefert die Prototypentheorie, da „das Lexikon in vielen Bereichen entlang von Prototypen organisiert ist" (Köpcke 2000, 167). Eine adäquate Beschreibung des Pluralsystems der deutschen Standardsprache kann also nur unter Berücksichtigung der Prototypentheorie erfolgen.
3. Im Rahmen der Prototypentheorie geht Köpcke von bestimmten Form-Bedeutungsbündeln aus, nach denen sich die Subklassen formieren und um den Prototyp gruppieren. Ich konnte in einem an das Köpcke-Experiment adaptierten Experimentvariante nachweisen, dass Kategorisierungen für die Pluralbildung ohne semantisches Merkmal auskommen und allein aufgrund verfeinerter phonologischer Beschreibungsmuster möglich sind. Als relevante Kategorisierungsfaktoren haben sich die Monosyllabizität, die Qualität des Nukleus, die Stärke und Anzahl des/der am Endrand beteiligten Konsonanten und teilweise auch die Silbenstruktur der durch das antretende Pluralmorphem entstehenden Endsilbe erwiesen.

In den folgenden Untersuchungen am Reallexikon soll im Rahmen des Prototypen-Ansatzes und unter Berücksichtigung phonologischer Merkmalbündel das Pluralsystem der deutschen Standardsprache angemessen beschrieben werden. Zunächst wird der Aufbau der zugrunde liegenden Datenbanken des Reallexikons beschrieben (Kap. 3) und es werden die nötigen phonologischen Grundlagen geklärt (Kap. 4).

3 Die Datenbanken[15]

Die Ziele der vorliegenden Arbeit sind bereits dargestellt worden. Es soll in erster Linie die prototypische Systematik der Pluralbildung beschrieben werden, um darauf basierend eine didaktische Konzeption für den DaF-Unterricht zu entwickeln. Dabei spielen die aktuellen Möglichkeiten der Datenverarbeitung eine entscheidende Rolle.

Durch die rasche Entwicklung der elektronischen Datenverarbeitung stehen heute schnellere Auswertungsmöglichkeiten von Datenbanken und umfangreichere Verknüpfungen von Datenabfragen zur Verfügung als z.B. zu Augsts oder Mugdans Zeiten. Für die Datenbank, auf der diese Arbeit basiert, wurden 7421 Substantive erfasst und jeweils mit einem Katalog von 31 verschiedenen Merkmalen versehen. Diese Datenmenge und die Abfragemöglichkeiten sind damit größer als in den Vorgängerarbeiten. Die erfassten Merkmale, wie z.B. Nukleusqualität, Endrandstrukturen usw. können in beliebigen Kombinationen verknüpft und abgefragt werden. Die Datenbanken wurden im Datenverarbeitungsprogramm Paradox erstellt. Die Abfragen wurden in Paradox, z.T. auch in Access vorgenommen. Die grafische Umsetzung der Tabellen erfolgte in Excel. Dass solche technischen Möglichkeiten präzisere Auswertungen von immer größeren Datenmengen zulassen als Berechnungen mit „Rechenschieber und Logarithmentafel" (Mugdan 1977, 10) muss nicht weiter begründet werden.

Im Hinblick auf die Evaluierung von didaktischen Konzeptionen ist es bislang keine Selbstverständlichkeit, dass diese anhand einer „breiten Basis von Daten" gewonnen werden: „Dominant sind in Deutschland im Bereich Fremdsprachenerwerb und -vermittlung jedoch immer noch spekulative Beiträge zu gerade im Trend liegender (sic!) Modewörter, die z.T. Altes neu suggerieren, die unzureichend definiert sind und deren unterrichtliche Umsetzung ohne angemessene empirische Überprüfung vorschnell empfohlen wird" (Henrici 2000, 145). Diesem Trend wird in den vorliegenden Untersuchungen dadurch begegnet, dass für den didaktischen Teil ausschließlich solche Daten verwendet werden, die sich aus der umfangreichen Datenbank ableiten lassen.

15 Die Datenbanken, auf denen diese Arbeit basiert, stehen auf einem elektronischen Datenträger (CD-ROM) zur Verfügung. Dieser ist über die Verfasserin zu beziehen.

3.1 Welche Datenbanken liegen zugrunde?

Die Hauptdatenbank, auf der die Analysen dieser Arbeit beruhen und aus der die Grafiken generiert wurden, umfasst 7421 Eintragungen. Unter „Eintragung“ ist das Lemma, die Wortform im Nominativ Singular und die Wortform im Nominativ Plural zu verstehen. In dieser Datenbank sind die Simplizia des Standarddeutschen nahezu vollständig erfasst. Als Grundlage für die Datenbank wurde der gesamte Substantivwortschatz berücksichtigt, wie er im “Wörterbuch der deutschen Sprache”[16] mit seinen ca. 120.000 Eintragungen belegt wird. Die Anzahl der Substantive im Standarddeutschen beläuft sich auf etwa 66% des Gesamtwortschatzes, die “zum größten Teil Wortbildungen, also nicht Simplizia” (Duden 1989, §684) sind, während die Zahl der Simplizia “wenige tausend” (Duden 1989, §684) beträgt. Die Datenbank enthält auch alle Lemmata des österreichischen und Schweizer Standards, wie sie für die Grundstufenprüfung in Deutsch als Fremdsprache relevant sind, z.B. *Fisole, Paradeiser, Velo, Harrass* usw. Dieser Wortschatz ist festgelegt in der sog. „Lernzielbroschüre“ für die Abschlussprüfung der Grundstufe in Deutsch-als-Fremdsprache (sog. „Zertifikat Deutsch“), auf die an geeigneter Stelle noch näher einzugehen ist. Derivate und Komposita sind in exemplarischer Anzahl berücksichtigt.[17]

Bei allen Wortformen sind 31 Eigenschaften einzeln oder in Kombination abfragbar. Diese Eigenschaften sind im Kapitel 3.2 genauer beschrieben. Weitere, punktuell für die Analysen benötigte Datenmengen (z.B.: die 1000 frequentesten Nomen o.ä.) wurden jeweils ad hoc aus diesen Datenbanken generiert.

3.2 Der Aufbau der Datenbanken

Die Datenmenge der Datenbanken wurde für die Analysen der vorliegenden Arbeit nach 31 verschiedenen Kriterien in unterschiedlichsten Kombinationen abgefragt. Die zur Verfügung stehenden Kriterien sind in alphabetischer Reihenfolge:

---

16 Duden 1989; die Zuweisung der Pluralformen nehme ich – wie Köpcke (1993, 129: „Für die [...] Zuweisungen der Pluralmarkierungen (wurde) wiederum der Duden zugrunde gelegt.“) – ebenfalls nach dem Duden vor.

17 Diese Gruppe umfasst 53 Eintragungen, wie sie für den sog. Grundstufenwortschatz im Deutsch-als-Fremdsprache-Unterricht relevant sind.

Eigenschaften Position 1 bis 4

„Eigenschaften" ist eine ergänzende Angabe, mit der die am Endrand beteiligten Konsonanten möglichst eindeutig beschrieben werden sollen, und zwar hinsichtlich ihrer Artikulationseigenschaften:

- labial, labiodental ([m, f, p])
- alveodental, alveolar ([n, ʃ])
- velar ([ŋ, x, k])

Hinzu kommt bei den „Eigenschaften" der Endrandkonsonanz die genauere Charakterisierung der Affrikaten als:

- bilabial ([pf])
- alveodental ([ts, tʃ])

Endrandstruktur

Mit diesem Kriterium ist abfragbar, welche Endrandstruktur[18] ein Lemma hat:

- unbesetzt (d.h.: leerer Endrand; kein Konsonant im Endrand)
- mit einem Konsonanten besetzt
- mit zwei Konsonanten besetzt
- mit drei Konsonanten besetzt
- mit vier Konsonanten besetzt

Die Endrand- oder Kodastruktur eines Lemmas wird nach phonologischen, nicht nach orthografischen Kriterien erfasst.

Form

In dieser Spalte ist die Wortform angegeben (Singularform oder Pluralform).

Form numerisch

Bei diesem Kriterium wird jeder Wortform ein numerischer Wert zugewiesen, mit dem die Form im Hinblick auf den Numerus beschrieben wird, und zwar als:

- eindeutige Singularform
- eindeutige Pluralform
- Singular- und Pluralform sind identisch (z.B. *das/die Abenteuer*)

18 Für eine genaue Definition von „Endrand" s. Kap. 4.1.

- nicht eindeutige Pluralform (z.B. *Abiture*: Plural oder Dativ Singular?, *Alibis*: Plural oder Genitiv Singular?, *Nachbarn*: Plural oder Gen./Dat./Akk. Sg.?)

Genus

Abfragbar ist maskulin (m), feminin (f), neutrum (n).[19] Lemmata, die mit unterschiedlichem Genus auftreten können (mit oder ohne semantische Änderung), sind in der Datenbank vollständig erfasst.

Grundwortschatz

- Erfasst wird in dieser Kategorie, ob ein Substantiv zu dem für die Grundstufe relevanten Wortschatz eines DaF-Lerners gehört oder nicht (vgl. dazu Kap. 6).

Konsonantische Stärke Position 1 bis 4

Mit dieser Kategrie wird angegeben, welche konsonantischen Stärkewerte die am Endrand beteiligten Konsonanten haben. Dafür wurde die universell gültige Skala zur Einteilung von Sprachlauten nach ihren konsonantischen Stärkewerten, wie sie in Kap. 4.1 dieser Arbeit vorgestellt wird, auf die deutsche Standardsprache hin spezifiziert.

Lemma

Eingetragen ist das Lemma der jeweiligen Wortform. Lemma und Nominativ-Singular-Form sind identisch.

Lemma-Endung numerisch

Mit diesem Kriterium ist der Endungstyp eines Lemmas abfragbar. Es werden folgende Endungstypen unterschieden:
- Reduktionsvokal
- Vollvokal oder Diphthong
- ein oder mehrere Konsonanten

---

19 Für eine Berücksichtigung des Genuskriteriums spricht, „daß unter den Substantiven mit konsonantischem Wortauslaut die Maskulina und Neutra i.a. den (e)-Plural, die Feminina aber den (e)n-Plural wählen“ (Wegener 1995, 20).

Monosyllabizität

Auch der syllabische Umfang eines Lemmas hat nach gängiger Vermutung Einfluss auf dessen Pluralbildung, wobei insbesondere die Monosyllabizität eine Rolle spielt. Die Monosyllabizität wird in diesem Kriterium erfasst.

Nukleus numerisch

Mit diesem Kriterium wird der Nukleus-Vokal des Lemmas beschrieben. Folgende Eigenschaften des Nukleus sind erfasst worden:

- Reduktionsvokal
- Vollvokal
- Diphthong[20]
- Sonstige[21]

Nukleus-Diphthong Struktur

Sofern der Nukleus des Lemmas aus einem Diphthong besteht, wird mit diesem Kriterium dessen Struktur genauer beschrieben.[22]

Nukleusqualität

Der dem Pluralmorphem vorangehende Silbennukleus wird qualitativ genauer erfasst nach den Kriterien:

- gespannt
- ungespannt

Nukleusquantität

Der dem Pluralmorphem vorangehende Silbennukleus wird quantitativ genauer erfasst nach den Kriterien:

---

20 Eisenberg (1998, 96) fasst zumindest den Abglitt des Diphthongs als gespannt auf. Die Qualität der Diphthonge wird mit dem Kriterium „Nukleus-Diphthong Struktur" genauer erfasst.

21 Hierher gehören z.B. nasalierte Vokale in französischen Fremdwörtern oder bestimmte Diphthonge englischer Fremdwörter, die nicht zum standarddeutschen phonologischen System gehören.

22 Ich rechne auch den Abglitt des Diphthongs als zum Nukleus gehörig. Diese Interpretation belegen Analysen der metrischen Phonologie, nach denen Diphthonge nur als Ganzes assonanzfähig sind.

- kurz
- lang
- reduziert[23]

Ohne Pluralfrequenz

Hier werden die Wortformen erfasst, zu deren Pluralform gemäß dem Augsburger Korpus (s.u. „Wortfrequenz“) kein Frequenzwert vorliegt, d.h. die Pluralform (Nom. Pl.) wird so selten verwendet, dass sie in einem Textkorpus von 50 Mio. Wörtern nicht auftritt.

Ohne Singularfrequenz

Hier werden die Wortformen erfasst, zu deren Singularform gemäß dem Augsburger Korpus kein Frequenzwert vorliegt, d.h. die Singularform (Nom. Sg.) wird so selten verwendet, dass sie in einem Textkorpus von 50 Mio. Wörtern nicht auftritt.

Pluralfrequenz höher als Singularfrequenz

Mit diesem Kriterium werden solche Pluralwortformen erfasst, deren Frequenzwert höher oder in einigen Fällen gleich der Singularfrequenz ist, d.h. es werden die Wörter gekennzeichnet, bei denen der Plural häufiger oder wenigstens genauso häufig wie der Singular verwendet wird.

Für eine Kennzeichnung in dieser Spalte habe ich nur die Frequenzen der eindeutigen Pluralformen mit denen der eindeutigen Singularformen verglichen. Es haben 542 Pluralformen eine höhere Frequenz als die Singularform, d.h. immerhin ca. ein Drittel aller eindeutigen Pluralformen wird häufiger verwendet als die zugehörige Singularform.

Pluraltyp

Mit diesem Kriterium wird die Form der Pluralbildung abfragbar. Ich gehe nach morphologischen Kriterien von neun Möglichkeiten der Pluralbildung aus, acht markierte, eine unmarkierte:[24]

---

23 Zwar mischen sich bei „r“ (reduziert) quantitative mit qualitativen Kriterien, doch reicht für die Auswertung der Reduktionslaute das Kriterium „kurz“ alleine nicht aus.

24 Eine grundsätzliche Diskussion der Frage, warum das Deutsche gerade die im Folgenden genannten Möglichkeiten der Pluralbildung wählt und weshalb vor allem die

- suffigierend: /ə/, /n/, /ən/, /ər/, /s/
- qualitätsändernd: Umlaut
- kombinierend (suffigierend + qualitätsändernd): /ə/+Umlaut, /ər/+Umlaut
- unmarkiert: x (Nullplural; Ø-Plural)

Der Einfachheit halber und im Hinblick auf eine Didaktisierung werden für diese Pluralmorpheme im weiteren Verlauf der Arbeit nicht die phonetischen, sondern die lateinischen Buchstaben verwendet: e-Plural, n-Plural, en-Plural, er-Plural, s-Plural, U-Plural, eU-Plural, erU-Plural und x-Plural. Alle genannten Pluraltypen sind in der Datenbank zusätzlich über einen bestimmten numerischen Wert abfragbar.

Position 1 bis Position 4

Dies ist die Kennzeichnung für ein Kriterium, mit dem die Qualität der am Endrand beteiligten Konsonanten erfasst wird:

- plosiv
- frikativ
- nasal
- liquid

Anhand solcher Beschreibungskriterien kann z.B. abgefragt werden, ob/welche Konsonanten und Konsonantenkombinationen bestimmte Pluraltypen bevorzugen.

Umlautfähigkeit des Nukleus

Abfragbar ist in diesem Kriterium die Umlautfähigkeit des Nukleus, nicht die tatsächliche Umlautung im Plural. Erfasst wird die Umlautfähigkeit bei denjenigen Lemmata, die eine Pluralform aufweisen, die mit oder ohne Umlaut gebildet werden kann (e- oder eU-Plural, er- oder erU-Plural, x- oder U-Plural). Häufig lauten Nuklei (z.B. Maskulina mit e-Plural) trotz Umlautfähigkeit im Plural nicht um. Dafür sollen Ursachen gefunden werden, d.h. es wird tatsächliche Umlautung zur Umlautfähigkeit in Beziehung gesetzt.

---

suffigierenden produktiv sind, wird in der vorliegenden Arbeit nicht geführt. Die Ursache hierfür sieht etwa Eisenberg in der „ausgeprägten Fußstruktur“ (Eisenberg 1998, 129) des Deutschen. Dabei ist der Trochäus „der am stärksten grammatikalisierte Fuß im Deutschen, er spielt sowohl in der Flexions- als auch der Derivationsmorphologie eine bedeutende Rolle“ (Eisenberg 1998, 128). Bei der Pluralbildung wird primär versucht, die Fußstruktur zu erreichen oder zu erhalten, weshalb z.B. Singularia auf /ər/ ihren Plural nicht suffigierend, sondern – wenn überhaupt – durch Änderung der Nukleusqualität bilden, während v.a. Monosyllabler suffigieren.

In diesem Kriterium ist zu jeder Wortform ihre relative Verwendungshäufigkeit angegeben, also die Token-Frequenz, wie sie Heringer anhand eines Textkorpus von 50 Mio. Wörtern („Augsburger Korpus") erfasst hat. In allen Arbeiten, in denen bislang das Kriterium Tokenhäufigkeit berücksichtigt wurde (Rettig, Schluroff, Mugdan, Köpcke) wird dieser Frequenzwert anhand eines relativ kleinen Textkorpus (ein oder mehrere ausgewählte Texte) ermittelt, sofern überhaupt nachvollziehbar ist, worauf sich die Zählungen beziehen. Durch die Größe des Augsburger Korpus gewinnen die Frequenzwerte ein hohes Maß an Objektivität. Besonders häufiges oder seltenes Auftreten einer Wortform kann unabhängig von einem bestimmten Ausgangstext oder einer bestimmten Textsorte als objektive Bezugsgröße angesehen werden. Angaben zur Verwendungshäufigkeit sind zum Beispiel im Hinblick auf eine Didaktisierung von besonderer Bedeutung, da es für einen Deutschlernenden wichtiger ist, den Plural von *Tisch* oder *Haus* richtig bilden zu können als von *Abschrot* oder *Klapf*, weil *Tisch* und *Haus* im (produktiven und rezeptiven) kommunikativen Gebrauch des Lerners häufiger vorkommen als die beiden letztgenannten.

3.3 Anmerkungen zum Aufbau der Datenbanken

Pluralmarker sind Phoneme. Die Pluralformantien /ə/, /ən/, /n/, /ər/ und /s/ werden als Phoneme aufgefasst, d.h. auch /ə/ hat phonemischen Charakter. Ich schließe mich hier Mugdan an: „Manche Beschreibungen des Deutschen nehmen ein Phonem /ə/ an, andere unterscheiden nicht zwischen /ə/ und /ɛ/ und fassen [ə] als Realisierung von /ɛ/ in unbetonter Stellung auf. Mir scheint die erste Lösung wegen der besonderen Eigenschaften von /ə/ (gerade auch in der Substantivflexion) günstiger" (Mugdan 1977, 82f.). Ebenso zieht Mugdan das /ər/-Phonem dem a-Schwa vor und geht auch von einem /ən/-Phonem aus, „weil sich dadurch manche Regelmäßigkeiten im Sprachbau leichter darstellen lassen und /ə/ seine besondere Stellung behält" (Mugdan 1977, 83). Für diese Auffassung ist nicht etwa „die hypothetische Hochlautung oder gar das Schriftbild (ausschlaggebend), sondern vielmehr der Sprachbau: Phoneme sind nach meinem [Mugdan] Verständnis abstrakte Einheiten der sprachlichen Form, die durchaus keine eineindeutige Entsprechung in der Substanz haben müssen" (Mugdan 1977, 83).

Der Nullplural wird als unmarkierter Plural gewertet, nicht als Plural mit Ø-Suffigierung. Das heißt der unmarkierte Plural ist ein „bare plural", also unmarkiert und nicht mittels Null-Morphem gebildet.

Neun Formen der Pluralbildung. In der einschlägigen Literatur finden sich unterschiedliche Angaben zur Menge der für das Deutsche relevanten Pluralformantien (vgl. Kap. 2.1), je nachdem, welche Pluralmarker zu wie vielen Haupt- und Nebengruppen zusammengefasst werden. Köpcke (1993) geht zum Beispiel von acht Pluralallomorphen aus. Er schließt en- und n-Plural zu einer Gruppe *-(e)n* zusammen, „weil das Schwa dieses Allomorphs immer unter exakt voraussagbaren phonologischen Bedingungen getilgt wird" (Köpcke 1993, 36, Fn.11). Bettelhäuser (1976) geht ebenso wie Mugdan (1977) von neun Allomorphen aus, Wegener (1995) von fünf. Da die Erklärung der unterschiedlichen Pluralbildungen im Deutschen nicht durch eine rein quantitativ reduzierte Systematik erleichtert wird, behalte ich für die vorliegende Arbeit eine strukturelle Einteilung nach neun Bildungsmöglichkeiten bei: e-, en-, eU-, er-, erU, U- und s-Plural sowie den unmarkierten Plural („x-Plural").

Vollvokal im Auslaut. Problematisch sind hinsichtlich des Beschreibungskriteriums für den Nukleus die auf Vollvokal endenden Lemmata (*Auto, Mofa, Pizza, Zulu* usw.), die bevorzugt mit s-, teilweise auch mit en-Plural auftreten. Wenn es sich um Fremdwörter handelt, so ist der Vokal in der Ausgangssprache meist halblang; der Vokal ist gespannt. Allerdings belegen phonetische Messungen, dass ein Charakteristikum der Eindeutschung solcher Wörter die Längung des wortfinalen Vokals ist. In den Datenbanken werden solchen Auslautvokalen deshalb die Beschreibungsgrößen „lang" und „gespannt" zugewiesen. Eine Ausnahme bildet [a:], das ungespannt ist (dazu v.a. Kap. 4.2).

Reduzierter Vokal im Auslaut. Ergänzt werden die Kategorien zur Nukleus-Charakterisierung (gespannt/ungespannt und lang/kurz) durch das Kriterium „reduziert" für den Reduktionsvokal. „Reduziert" bedeutet eine Mischung von Quantitätsmerkmal (kurz) und Qualitätsmerkmal (stark zurückgenommene Klangqualität). Dies ist der sprachlichen Realität am angemessensten.

Reimstrukturen mit Reduktionsvokal. Bei der Erfassung von Einzelcharakteristika der Lemmata wie z.B. Endrand- oder Reimstrukturen für die Datenbank liegt deren Phonemstruktur, nicht deren allophonische Realisation zugrunde.[25] Dies bedeutet, dass ein Lemma wie *Ruder* als /ru:dər/ erfasst wird, d.h. die der Auswertung zugrunde liegende Reimstruktur ist in diesem Fall: Reduktionsvokal (e-Schwa) plus Liquid (*r*) und nicht die allophonische Realisation von /ər/, nämlich a-Schwa [ɐ].

Für alle Lemmata, deren Endrand aus e-Schwa plus Liquid/Nasal besteht, könnte diese Form der Erfassung zunächst als nicht adäquat betrachtet werden, worauf Eisenberg hinweist: „Die Annahme solcher phonologischer Formen ist für viele Zwecke gut geeignet und insofern macht es Sinn, mit Schwa als dem

25 Für eine phonologische Definition von „Endrand" und „Reim" s. Kap. 4.1.

einzigen nicht betonbaren Vokal zu operieren. Für eine umfassendere Beschreibung der Lautstruktur von Wortformen ist diese Sicht aber unzureichend, insbesondere was die Repräsentation von /ər/ betrifft. Eine Form wie /ludər/ ist nicht einmal als Explizitlautung realistisch, sondern stellt allenfalls eine an der Schreibung orientierte Überlautung dar" (Eisenberg 1998, 97). Doch dies beschreibt nicht die überwiegende phonologische Realität in diesen Fällen, wie Bemerkungen Eisenbergs in Bezug auf Königs Ausspracheatlas belegen: „Im Artikulationsmodus des Ausspracheatlas von König kommen aber überraschend viele Artikulationen mit Schwa und sogar mit [ər] vor" (Eisenberg 1998, 126). Eine Erfassung und Analyse der Lemmastruktur in der Datenbank gemäß der phonologischen Form ist also in diesen Fällen (auch phonetisch) durchaus gerechtfertigt.

Die Affrikaten. Die biphonematische oder monophonematische Interpretation der Affrikaten im Standarddeutschen ist ein offenes Thema in der Phonologie. So liest man zum Beispiel bei Wiese: „Für das Deutsche werden im Allgemeinen zwei Affrikaten angegeben, nämlich /ts/ und /pf/. Affrikaten (also Verbindungen von Verschlusslaut und annähernd homorganischem Frikativ) stellen ein klassisches Problem für die Phonologie des Deutschen wie die vieler anderer Sprachen dar, weil sie mono- oder biphonemisch gewertet werden können. Es gibt nun aber scheinbar gültige Argumente für die eine wie für die andere Lösung, weshalb auch beide Lösungen in der Literatur vertreten werden" (Wiese 1988, 60f.). Wiese selbst schlägt in Bezug auf sein Silbenmodell ({CCVCC}) eine elegante Lösung vor: „Die **zwei** Segmente [der Affrikate] sind mit **einer** C-Position assoziiert. Die Segmentschicht beschreibt ohne Probleme die artikulatorischen Eigenschaften, während die Tatsache, daß sich die zwei Segmente phonotaktisch wie ein Konsonant verhalten, ausschließlich auf der CV-Schicht abgebildet wird" (Wiese 1988, 61). In den vorliegenden Datenbanken sind Affrikaten nur dann von Interesse, wenn sie im Endrand eines Lemmas stehen. Sie werden im Hinblick auf eine einfache Auswertung und Vergleichsmöglichkeit der Endränder segmentiell gewertet, z.B. *Arzt:* 4 Konsonanten am Endrand beteiligt; Liquid (/r/), Plosiv und Frikativ (/t/+/s/), Plosiv (/t/). Da für die in dieser Arbeit vorgenommenen Auswertungen die phonematische Interpretation der Affrikaten nur von untergeordneter Bedeutung ist, muss keine Entscheidung zugunsten der einen oder anderen phonemischen Interpretation getroffen werden.

Grundwortschatz. Ein für den Aufbau der Datenbanken wichtiges Kriterium ist die Zugehörigkeit eines Substantivs zum Grundwortschatz. Bislang ist „Grundwortschatz" allerdings keine wohldefinierte Menge. Bei Mugdan (1977) umfasst er 957 Wörter, Augst (1979) geht von rund 700 Wörtern aus. Wegera schreibt dazu: „Die Grundwortschatzbezogenheit hängt mehr oder weniger von dem zugrundegelegten Grundwortschatz ab" (Wegera 1997, 66) und etwas später: „Die Auswahl eines bestimmten Grundwortschatzes bereitet jedoch Schwierigkeiten. Für das Deutsche existieren über 80 verschiedene GWS, und es erscheint töricht, diesen noch einen weiteren hinzufügen zu wollen“ (Wegera 1997, 71). Und auch Bittner spricht von der `Problematik der Feststellung des GWS´ (Bittner 1994, 68). Wegera (1997) nimmt für seine Genusuntersuchung die Schnittmenge aus den 80 GWS und kommt auf 1025 Substantive.

Das entspricht annähernd der Menge an Lemmas, die dem GWS in der vorliegenden Arbeit (1001 Vrk.) zugrunde liegt. Dies ist nicht weiter überraschend, denn eine der Grundlagen Wegeras war die Wortschatzliste zum alten „ZDaF“ („Zertifikat Deutsch als Fremdsprache“). Ich selbst verwende für mein GWS-Korpus die Wortschatzliste zum neuen „Zertifikat Deutsch“,[26] die der alten Liste in weiten Teilen entspricht. Neu an dieser Liste sind die Sammlungen österreichischer (*Matura, Knödel* u.a.) oder schweizerdeutscher Substantive (*Velo, Harass* u.a.), die dem regionalen Standard entsprechen, ebenso wie einige Substantive aus dem Bereich des Computers (*Maus, Tastatur* o.ä.). Die wichtigsten Lemmata aus diesen Zusatzlisten wurden in meinen GWS aufgenommen. Da die Vermittlung der Pluralbildung überwiegend im Grundstufenbereich erfolgt und bis zum Abschluss der Grundstufe (das sind ca. 400 Unterrichtseinheiten, à 45 min.) rezeptiv und produktiv beherrscht werden sollte, kommt dem relevanten Grundstufenwortschatz besondere Aufmerksamkeit zu in einer Arbeit, die sich auch mit den Möglichkeiten einer Didaktisierung der linguistischen Befunde befasst.

26 Dieses Zertifikat stellt die Abschlussprüfung der Grundstufe Deutsch als Fremdsprache dar. Es ersetzt seit Januar 2000 weltweit die alte „Zertifikat Deutsch als Fremdsprache“-Prüfung und ist in Kooperation entstanden zwischen dem Goethe-Institut, der Weiterbildungs-Testsysteme GmbH (Nachfolgeorganisation für Prüfungen des Deutschen Volkshochschulverbands), dem Österreichischen Sprachdiplom Deutsch, Wien, und der Eidgenössischen Konferenz der Kantonalen Erziehungsdirektoren, vertreten durch die Universität Fribourg.

4 Phonologische Grundlagen

Die Ergebnisse aus den Experimenten mit Kunstwörtern (vgl. v.a. Kap. 2.4) lassen den Schluss zu, dass die konsonantische Stärke von Endrandkonsonanten, Artikulationsort und -art dieses Konsonanten, Nukleusqualitäten, allgemeine Silbenbauprinzipien und die Silbenanzahl eines Worts relevante Bezugsgrößen für prototypische Merkmalbündel von Pluraltypen darstellen. Es ist notwendig, diese Beschreibungsgrößen mit eindeutigen phonologischen Inhalten zu füllen, um für die Analysen des Reallexikons eine einheitliche und klar definierte Bezugsbasis zur Verfügung zu haben. Fehlt eine solche Beschreibungsbasis, kann es zu Interpretationsproblemen bei den Analysen des Materials kommen.[27] Näher einzugehen ist vor allem auf das Konzept der Silbe und der konsonantischen Stärke, da beide in der Forschung nicht unumstritten sind.

4.1 Das Konzept der Silbe und der konsonantischen Stärke

In den Experimenten mit den Fantasiewörtern (vgl. v.a. Kap. 2.4) hat sich angedeutet, dass allgemeine Regeln des Silbenbaus und das Konzept der konsonantischen Stärke zu den relevanten Beschreibungsgrößen für die Pluralbildung gehören. Allerdings sind solche phonologischen Konzepte nicht unumstritten, weil sie nur schwer messbar sind und ihnen möglicherweise gar keine phonetische Realität zukommt. Größtes Problem ist zum Beispiel die genaue Festlegung von Silbengrenzen, die anhand phonetischer Messungen nicht möglich ist, was zum Teil zur gänzlichen Ablehnung der Silbe als Beschreibungsgröße führt. Besonders deutlich wird diese Problematik an Beispielen wie *extra* oder *Probstai,* in denen die Lage der Silbengrenze nicht feststellbar ist ([pro:p.stai̯]? [pro:ps.tai̯]? [pro:.bstai̯]?). Eisenberg beschreibt die Situation: „Da die Silbengrenze kein einheitliches phonetisches Korrelat hat, ist ihre Lage nicht einfach empirisch feststellbar. Die Lage der Silbengrenze ist häufig umstritten und Gegenstand weitreichender theoretischer Erörterung" (Eisenberg et al. 1992, IX).

Die Phonologie reagiert auf diese Problematik unterschiedlich. Zum einen versucht sie sich von der reellen Existenz der Silbe unabhängig zu machen, indem sie Silben als abstrakte mentale Objekte verstanden wissen will, „die sich

27 So vor allem bei Engelen (vgl. Kap. 2.1).

jedem unmittelbar beobachtenden Zugang verschließen“ (Vennemann et al. 1982, 32). Allerdings gelingt ihr dies nicht ganz, da konzeptionelle Aussagen zum Silbenbau oder zum Silbenkontakt auf Beobachtungen zur Sonorität von Lauten beruhen; und bei diesen wiederum handelt es sich um phonetische Phänomene: „Wenngleich in der phonologischen Literatur die Silbe eine erklärtermaßen phonologische Einheit ist und prinzipiell externer Evidenz nicht bedarf, so scheinen die Beziehungen zur lautsprachlichen Wirklichkeit offenbar nicht ganz unwichtig zu sein. Zumindest legen Konzepte wie die sog. `Sonoritätshierarchie´ Entscheidungen hinsichtlich der Silbischkeit (Nuklearität) von Segmenten und der Abgrenzung von Silben enge Bezüge zu phonetischen Phänomenen nahe“ (Heike 1992, 3). Durch diesen Bezug zur Phonetik gerät die phonologische Argumentation in einen Zirkel: „Hier liegt [...] eine Zirkularität der Argumentation vor: Einerseits wird behauptet, die Sonoritätshierarchie steuere die phonotaktischen Gegebenheiten, und andererseits werden die Beobachtungen an der Phonotaktitk als Basis für die Formulierung des Sonoritätskonzepts angenommen“ (Heike 1992, 9).

Eine andere Möglichkeit der phonetischen Messbarkeitsproblematik von Silben zu begegnen, sieht die Phonologie in jüngerer Forschung in einer gänzlichen Abkehr von der Silbenphonologie und in einer Zuwendung zur Silbenschnittphonologie, in der „der Begriff der Silbe nicht als Grundbegriff vorkommt“ (Vennemann 1994, 8). Lautliche Äußerungen werden nicht mehr als Abfolgen von Silben verstanden, sondern als Folgen von Crescendi und Decrescendi. Beschreibungsgröße der Laute und Lautabfolgen ist deren Zugehörigkeit zum Crescendo oder Decrescendo, nicht deren Position innerhalb der Silbe. Damit gibt es in der neuen Theorie „keine Verpflichtung, alle Sprachlaute der wortphonologischen Sprachlautfolge eindeutig an eine Silbe [...] zu binden“ (Vennemann 1994, 12). Phonetische Messungen zeigen aber, dass auch dieser Ansatz nicht unproblematisch ist: „Diese [Probleme] bestehen z.B. darin, daß eine scharfe Silbengrenze [...] nicht angenommen werden kann. Die vokalische Übergangsbewegung wie z.B. in *Lia* gibt keinerlei Handhabe für irgendeine Segmentation, auch dann nicht, wenn sie während einer zusätzlichen Konstriktion erfolgt (wie in *Lisa*)“ (Heike 1992, 22f.) und: „Die subjektiv gut nachvollziehbare Feststellung, daß der einen Kurzvokal `abschneidende´ Konsonant (`fester Anschluß´) auf jeden Fall [...] zur vorhergehenden Silbe gehört, nach Langvokalen (`loser Anschluß´) der Folgekonsonant jedoch zur nächsten Silbe [...], scheint durch entsprechende artikulatorische Bewegungen nicht nachweisbar zu sein“ (Heike 1992, 22f.).

Die Beispiele legen nahe, dass die Phonologie immer dann an ihre Grenzen zu kommen scheint, wenn sie sich von phonetisch messbaren Realitäten gänzlich unabhängig machen möchte. Allerdings bleibt die Tatsache bestehen, dass

Pluralbildungsmöglichkeiten mit Hilfe phonologischer Parameter relativ gut erklärt und beschrieben werden können. So scheint es z.B. einen direkten Zusammenhang zwischen der Höhe der konsonantischen Stärke des Endrandkonsonanten bei den Feminina und der auftretenden Pluralform zu geben. Ich werde dies in Kapitel 5 noch genauer darstellen. Auch in anderen Bereichen greift das phonologische Silbenkonzept als Beschreibungsbasis recht gut. Wiese widmet zum Beispiel ein ganzes Buch dem Ziel „zu zeigen, daß eine silbenbezogene Phonologie in weitgehendem Ausmaß in der Lage ist, zentrale und teilweise klassische Probleme aus der Phonologie dieser Sprache zu lösen oder mindestens klarer zu formulieren" (Wiese 1988, 58). Es muss also eine Möglichkeit gefunden werden, die Vorteile phonologischer Bezugsgrößen für die Beschreibung von Pluralregularitäten zu nützen, ohne in den beschriebenen phonologischen Problembereich von Zirkelschlüssen oder phonetisch nicht nachweisbaren Analysen zu kommen. Ich sehe eine solche Möglichkeit darin, von phonetisch messbaren Größen als phonologischer Beschreibungsbasis auszugehen und die nötigen nicht messbaren Detailinformationen aus distributionellen Analysen des Reallexikons zu gewinnen.

Auf der Suche nach phonetisch messbaren Bezugsgrößen, die als phonologische Beschreibungsparameter verwertbar sind, ist die Ausgangslage positiver als vermutet: „Die akustische Gestalt von Silben und Silbenfolgen, wie sie [...] zum Konzept der Sonoritätsskala geführt hat, ergibt sich natürlich bzw. automatisch aus dem Zusammenhang von artikulatorischer Geometrie und Signalamplitude des erzeugten Signals. [...] Zusammenfassend kann man sagen, daß die Silbe sich im [...] lautsprachlichen Produktionsprozeß mit dem zeitlichen Erstrekkungsbereich (ko-)artikulativer Steuerungsprozesse deckt [...], daß sie aber entgegen einer diskret-segmentalen Vorstellung keine scharfen Grenzen hat" (Heike 1992, 26). Die Silbe an sich hat also eine phonetische Grundlage und die Konzeption einer Sonoritätsskala beruht ebenfalls auf messbaren Einheiten. Diese Feststellung ist für die Analyse des Pluralsystems von Bedeutung, da Sonoritätswerte darin eine wichtige Rolle spielen. Die festgestellte Nicht-Messbarkeit von exakten Silbengrenzen stört die Analysen nicht, da sie auslaut- und nukleusorientiert sind.

Die Konzeption einer Sonoritätsskala beginnt sehr früh in der sprachwissenschaftlichen Forschung. Bereits Sievers und Jespersen benützten den Grad der Öffnung der Sprechorgane bei der Produktion von Lauten als lautliches Einteilungskriterium. Durch die Sonorität werden die Kombinationsmöglichkeiten der Laute innerhalb einer Silbe restringiert: „Bei der Betrachtung der Segmentkombinationen innerhalb von Silben stellte man schon früh [...] Zusammenhänge zwischen Anordnung und phonetischen Eigenschaften der Segmente fest, die man mit dem Konzept der Sonoritätshierarchie beschreibt" (Heike 1992, 5).

Ähnlich auch Wiese: „Es ist häufig beobachtet worden (siehe für das Deutsche z.B. Vennemann (1982:284f.), ansonsten Kiparsky (1979) und Selkirk (1984)), daß die Kombinationsbeschränkungen von Lauten in einer Silbe weitgehend durch eine Sonoritätshierarchie festgelegt sind" (Wiese 1988, 90). In Relation zum Öffnungsgrad eines Lautes kann dessen Grad an Verschlussstärke oder konsonantischer Stärke gesetzt werden, „wobei größte konsonantische Stärke einem Sonoritätsminimum entspricht" (Vater 1992, 104). Der Terminus der „konsonantischen Stärke" (KS) wird vor allem in der jüngeren sprachwissenschaftlichen Forschung (Murray, Vennemann, Lutz, Frey) verwendet. Je nach dem Grad ihrer konsonantischen Stärke lassen sich Sprachlaute in Gruppen zusammenfassen und auf einer linearen Skala anordnen. Die Zuteilung eines KS-Werts zu einer bestimmten Gruppe von Lauten hat universelle Gültigkeit, die lautliche Feinabstufung kann sprachspezifischen Variationen unterliegen. Die Grobeinteilung der KS-Werte, die mit phonetischen Sonoritätsbefunden korrelieren, lässt sich in folgender Skala darstellen:

Skala zur Einteilung von Sprachlauten

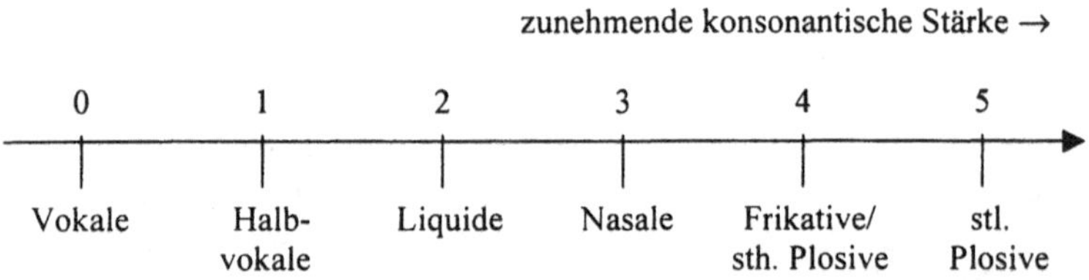

Die Skala zeigt, dass z.B. Vokale einen sehr niedrigen KS-Wert haben, während Plosive am stärksten sind. Nasale wiederum sind stärker als Liquide, stimmlose Laute haben einen höheren KS-Wert als stimmhafte und so weiter. Anordnungen und Kombinations-beschränkungen von Lauten innerhalb der Silbe können mit Hilfe dieser Stärkeskala beschrieben werden. Universell haben Laute mit sehr geringer konsonantischer Stärke (insbesondere die Vokale) die Tendenz, den Nukleus oder Kern einer Silbe zu bilden, während Laute mit höherer konsonantischer Stärke bevorzugt im Silbenrand stehen. Der Silbenrand vor dem Nukleus wird als Anfangsrand oder Kopf einer Silbe bezeichnet, der Silbenrand nach dem Nukleus als Endrand oder Koda.[28] Nukleus und Endrand bilden zusammen den Reim einer Silbe. Hier ein Beispiel:

28 Das ist der Teil eines Worts, der Engelen (vgl. Kap. 2.1) so große Schwierigkeiten bereitet hatte. Seine schwankenden Auslaut-Definitionen hatten zu unsauberen Analysen bei der Pluralbeschreibung geführt.

Tal: [t] - [a:] - [l]
Anfangsrand Nukleus Endrand
stl. Plosiv Vokal Liquid
Reim

Hinsichtlich der Strukturierung der Silbenbauteile begnügt sich die Phonologie seit dem Ende der siebziger Jahre nicht mehr mit der reinen linearen Segmentierung der Lautkette (Chomsky/Halle 1986), sondern nimmt deren hierarchische Struktur an. In der nichtlinearen Phonologie „nehmen die meisten Silbenphonologen heute an, daß die Silbe hierarchisch gegliedert ist" (Eisenberg et al. 1992, Vorwort). Die Silbenbestandteile werden wie folgt strukturiert:

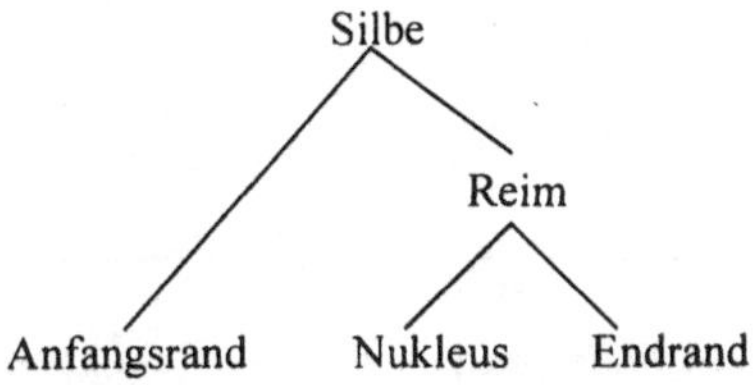

Sind Anfangs- und/oder Endrand einer Silbe mit mehr als einem Konsonanten besetzt, so gilt für die interne Anordnung der Konsonanten innerhalb des Silbenrands, dass die konsonantische Stärke der Laute möglichst steil und monoton zum Nukleus hin fällt. Entsprechend steigt der Sonoritätsgrad der Laute zum Nukleus hin monoton an und erreicht dort seinen Gipfel. Wiese beschreibt dies so: „Die Segmente in einer Silbe müssen offenbar so angeordnet sein, daß der Gipfel der Sonorität in der Silbe auf dem silbischen Segment liegt [...], und daß die Sonorität zu beiden Silbenrändern monoton abnimmt" (Wiese 1988, 91). Anders ausgedrückt heißt dies, dass der konsonantische Stärkewert im Rand am höchsten ist und zum Nukleus hin monoton abnimmt. Dazu das Beispiel „*bläst*" (s. S. 64: Grafik 8).

Anfangs- und Endrand des Beispiels sind mit je zwei Konsonanten besetzt. Der Anfangsrand [bl-] ist hinsichtlich seiner KS-Struktur sehr gut. Die KS von [b] fällt zu [l] ohne Unterbrechung monoton und steil zum Nukleus hin ab. Ein Anfangsrand *[lb-] wäre demgegenüber sehr schlecht, weil die KS seiner Sprachlaute zuerst gering ist, dann zu [b] hin steigt, um schließlich wieder zum Nukleus hin zu fallen. Die konsonantischen Stärkewerte im Endrand fallen von [t] zu [s] ebenfalls monoton, allerdings nicht so steil wie im Anfangsrand ab.

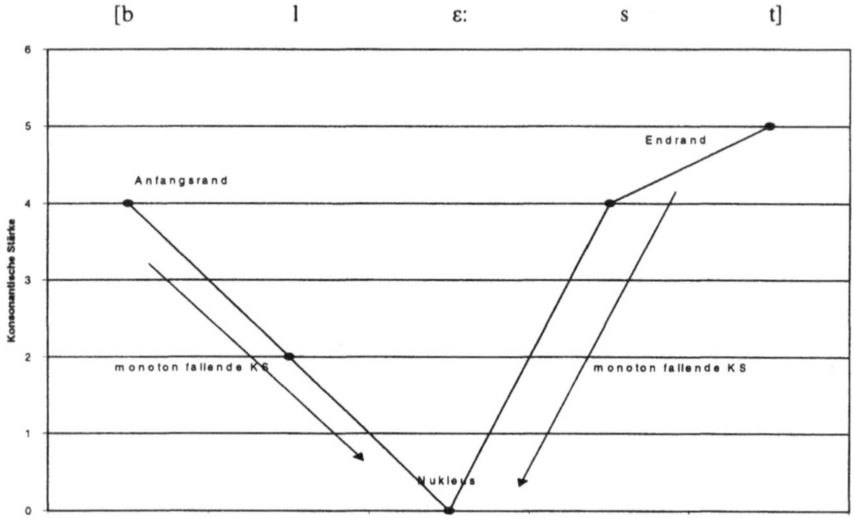

Grafik 8: KS-Struktur des Beispiels „bläst".

Unterbrechungen in der Monotonie sind im Deutschen sehr stark restringiert. Im Anfangsrand kommen sie fast nur bei [ʃ]-Verbindungen (*Straße, Stufe* usw.) vor, im Endrand sind sie nur bei Affrikaten (*pf, ts*) üblich. Wenn im Anfangs- oder Endrand die Monotonie unterbrochen wird, entstehen sog. Appendices. Im Anfangsrand handelt es sich um sog. Präpendices, im Endrand um Suppendices. Die Beispiele „*Topf*" (s. Grafik 9a) und „*Stab*" (s. Grafik 9b) illustrieren das.

Eine genauere Stärkeeinteilung innerhalb der Konsonantengruppen ist der KS-Skala nicht zu entnehmen und hier scheint auch die phonetische Messbarkeit an ihre Grenzen zu kommen: „Vorläufige Versuche mit dem Kölner Artikulationsmodell ergeben zwar einen direkten Zusammenhang zwischen Konstriktion und Schallintensität, zeigen jedoch auch, wie problematisch die Festlegung eines Konstriktionsgrades ist. Der auditive Eindruck [...] wird innerhalb eines Konstriktionsbereichs erzielt" (Heike 1992, 6f.) und etwas weiter: „Man kann also feststellen, daß im groben durchaus ein natürlicher akusto-genetischer Zusammenhang zwischen Konstriktionsgrad und abgestrahlter Schallenergie besteht, eine differenzierte Skalierung (ist) jedoch sehr problematisch" (Heike 1992, 6f). Ähnlich auch Eisenberg: „Sonorität, die in der neueren phonologischen Literatur ein für den Bau der Silbe entscheidendes Merkmal darstellt, läßt sich, wie instrumentelle Untersuchungen am Kölner Institut für Phonetik ergaben, nicht so differenziert skalieren, wie es zur Stützung phonotaktischer Verhältnisse in der Silbe notwendig wäre" (Eisenberg et al. 1992, VIII).

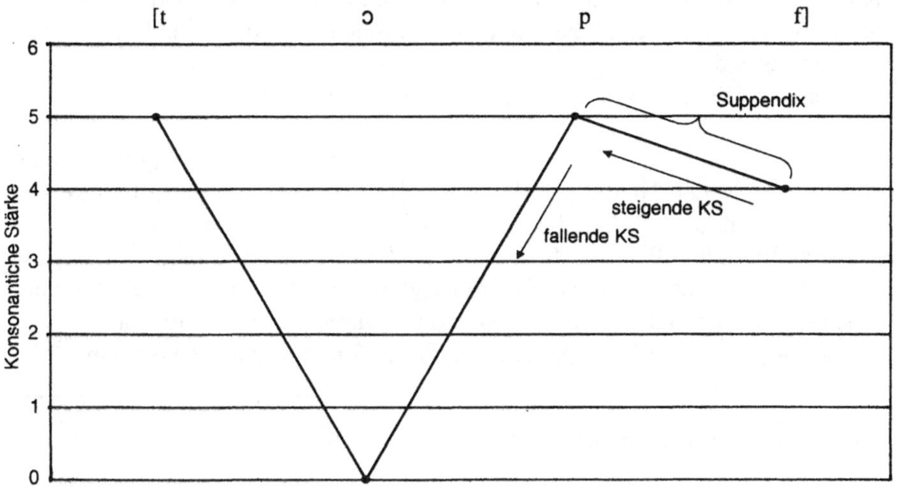

Grafik 9a: KS-Struktur des Beispiels „Topf“

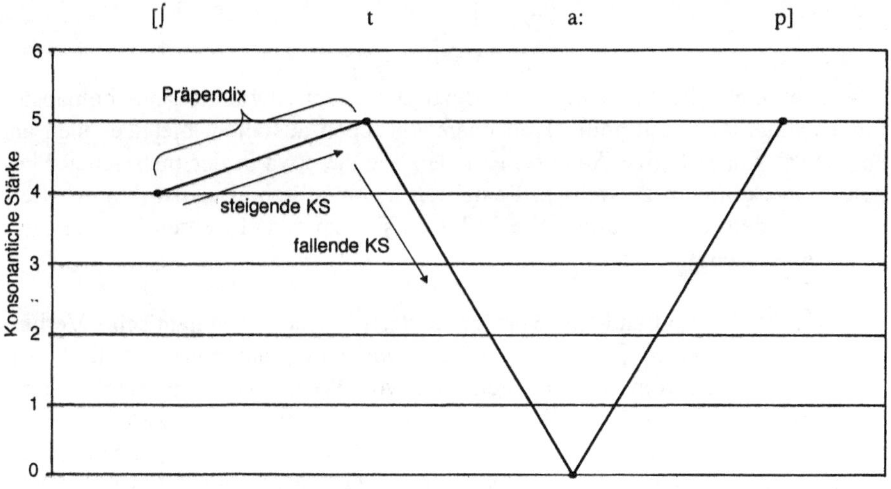

Grafik 9b: KS-Struktur des Beispiels „ Stab“

Demgegenüber liegt es natürlich auf der Hand, dass die Analysen zum deutschen Pluralsystem umso präziser werden, je differenzierter und genauer die Aussagen zur konsonantischen Stärke der Endrand-Konsonanten sind, da diese

darstellen. Sofern es sich um geschlossene Endränder handelt, sind also Feinabstufungen von KS-Werten bei Liquiden, Nasalen, Frikativen und stimmlosen Plosiven besonders wichtig.

Weniger relevant sind in diesem Zusammenhang die folgenden drei Lautgruppen:

- die Halbvokale, da diese im Deutschen entweder nur als Abglitt in einem diphthongischen Nukleus vorkommen ([i̯], [u̯]) oder ausschließlich im Anlaut (z.B. in *ja*);[29] für Analysen des Endrands sind sie nicht relevant.
- die stimmhaften Plosive, da diese im Endrand nicht vorkommen. In der Silbenkoda werden stimmhafte Plosive aufgrund der Auslautverhärtung stimmlos. Für Endrandanalysen sind die stimmlosen Plosive relevant.

Die folgenden vier Lautgruppen sind für die Endrandanalysen relevant:

endrandrelevante Lautgruppen:

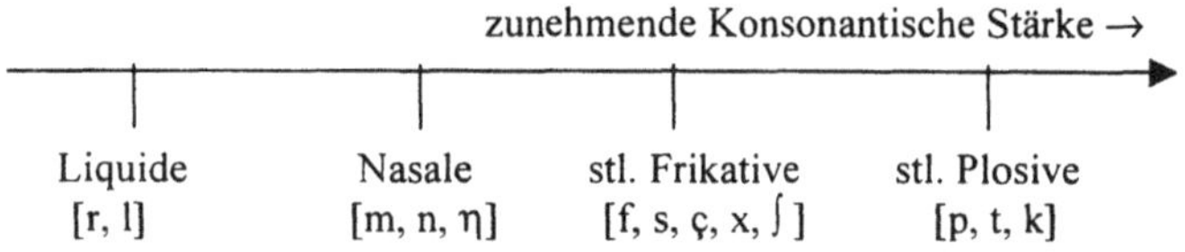

Da phonetische Messungen als Bezugsbasis für pluralrelevante Feinabstufungen innerhalb bestimmter Konsonantengruppen ausfallen, bietet es sich an, phonetisch unabhängige Analysemethoden wie sie etwa in der metrischen Phonologie vorkommen zu wählen. Feinabstufungen sollten also distributionell ermittelt werden. Unter diesem Aspekt lassen sich zu den einzelnen Gruppen folgende Aussagen machen:

1. Liquide: Im Endrand des Standarddeutschen sind konsonantische Verbindungen der Form [-rl] (*Kerl, Karl, Quirl* usw.) durchaus üblich. *[-lr]-Verbindungen kommen hingegen nicht vor. Wenn man diese Beobachtung in Bezug setzt zur Feststellung, dass die konsonantische Stärke im Endrand monoton fallend ist, kann man schließen, dass die KS von [r] geringer ist als diejenige von [l]. Teilt man [r] als schwächstem Konsonanten einen KS-Wert von 1 zu, dann erhält [l] den KS-Wert 2.[30]

29 Genauer dazu Eisenberg 1998, 116.

30 Es war ursprünglich daran gedacht, die Feinabstufung so vorzunehmen, dass die Laute einer Gruppe bei der numerischen Kennzeichnung innerhalb der Datenbank die gleiche Zahl vor dem Komma erhalten, also z.B. [r]=1, [l]=1,5. Allerdings stellte

2. Bei den Nasalen ist distributionell keine Feinabstufung zu ermitteln. Sie bleiben in einer Gruppe und erhalten den KS-Wert 3.
3. Stimmlose Frikative: Auch hier ermöglichen universelle Aussagen zu präferierten Silbenstrukturen feinere Abstufungen. Beispiele wie *fischst, duschst* usw.[31] sind ein Hinweis darauf, dass die KS von [s] höher ist als diejenige von [ʃ]. Endränder der Struktur *[-sʃt] kommen im Standarddeutschen dagegen nicht vor. Formen der 2. P. Sg. sind übrigens auch geeignet, um zu belegen, dass alle anderen stl. Frikative eine geringere KS haben als [s]: [-fst] (*greifst, kaufst* usw.) ist möglich, *[-sft] dagegen nicht. Ebenso möglich ist [-xst] (*machst, lachst* usw.) oder [-çst] *(riechst, kriechst* usw.), nicht möglich sind *[-sxt] oder *[-sçt]. Hinsichtlich ihrer KS-Werte gehören [x, ç, ʃ, f] zu einer anderen Gruppe als [s]. Erstgenannte erhalten deshalb den Wert 4, [s] bekommt den KS-Wert 5.
4. Stimmlose Plosive: [t] hat einen höheren KS-Wert als [p] und [k], was durch Endränder der Form [-pt] (*klappt, kippt* usw.) oder [-kt] (*liegt* [li:kt], *knackt* usw.) belegt wird. Endränder mit einer Abfolge *[-tp] oder *[-tk] kommen nicht vor. Das bestätigt die Ausgangshypothese. [k] und [p] erhalten deshalb den KS-Wert 6, [t] erhält den höchsten Wert 7.

Anhand dieser distributionellen Analyse lässt sich folgende Feinabstufung der KS-Skala vornehmen:

Feinabstufung der endrandrelevanten Lautgruppen:

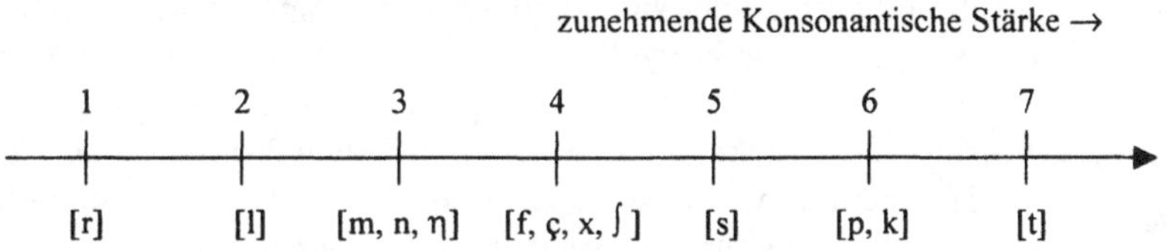

In den Analysen der Datenbanken fasse ich die Gruppen 1 und 2 als Konsonanten mit „geringer KS“ zusammen, die Gruppen 3 und 4 als „mittlere KS“ und die Gruppen 5, 6 und 7 als „hohe KS“:

es sich für die Datenverarbeitung in Paradox und Excel als besser heraus, wenn die KS-Abstände zwischen allen Konsonanten als gleich groß definiert werden.

31 Es handelt sich bei solchen Endrandstrukturen nicht um Suppendices, da die einschlägigen Laute die gleiche Bildungsart aufweisen.

1	2	3	4	5	6	7
[r]	[l]	[m, n, ŋ]	[f, ç, x, ʃ]	[s]	[p, k]	[t]
„geringe KS”		„mittlere KS”		„hohe KS“		

Die in der verfeinerten KS-Skala ermittelten Werte sind den Endrandkonsonanten in der Datenbank zugeordnet worden. Es wird sich zeigen, dass entsprechend dieser Feinabstufungen sowie der Gruppenzugehörigkeit zur „geringen“, „mittleren“ oder „hohen“ KS interessante Bezüge zum Pluralverhalten des Reallexikons herzustellen sind.

Einen sehr wichtigen Einfluss auf die Pluralbildung hat auch die Qualität des Silbennukleus. Dieser soll im Folgenden genauer betrachtet werden.

4.2 Qualität und Quantität der Vokale

Bereits bei den Experimenten mit Kunstwörtern (vgl. Kap. 2.4) war nachzuweisen, dass neben der Auslautkonsonanz auch die Struktur des Nukleus für die Pluralbestimmung eine Rolle spielt. Auf der Suche nach einem geeigneten Beschreibungskriterium für den Nukleus, stellt sich die Frage, welches der beiden Kriterien, Qualität oder Quantität, für die Pluralbildung relevant ist. Wiese spricht in diesem Zusammenhang von einem „der umstrittenen Probleme in der Phonologie des Deutschen“ (Wiese 1988, 63). Er lehnt das Qualitäts-Kriterium schließlich ganz ab und entscheidet sich zugunsten von Länge/Kürze. Auch Eisenberg spricht davon, dass „die Frage [...] so schwer zu beantworten (ist), weil im Deutschen lange Vokale in der Regel gespannt und kurze ungespannt sind“ (Eisenberg 1998, 69). Er entscheidet sich schließlich wie Wurzel (1981) und Vennemann (1982) zugunsten des Qualitätskriteriums und macht „Gespanntheit zur Grundlage der Systematisierung“ (Eisenberg 1998, 94f.). Die Ursachen dafür sieht Eisenberg bereits im Übergang vom Mittelhochdeutschen zum Neuhochdeutschen (vgl. auch Vennemann 1995): „Häufig findet sich als Lehrmeinung, lang/kurz sei mit dem Übergang zum Frühneuhochdeutschen durch gespannt/ungespannt ersetzt gewesen“ (Eisenberg 1998, 128) und „unter den vielen Argumenten, die zur Entscheidung dieser Frage ins Feld geführt werden, gilt als das stärkste, dass in mehrsilbigen Formen gespannte Vokale auch kurz sein können oder kurz sein müssen. [...] Ein Langvokal ergibt sich nach dieser Auffassung dann, wenn ein gespannter Vokal betont ist. Gespanntheit ist die Basis für Länge und nicht umgekehrt“ (Eisenberg 1998, 95). Für die Gespanntheit als pluralrelevantes Kriterium sprechen sowohl die Analysen im Kunstwort-

Experiment (Kap. 2.4) als auch die Untersuchungen des Reallexikons hinsichtlich der Nukleusstruktur (vgl. Kap. 5.2.1).

Allerdings ist das Kriterium Gespanntheit/Ungespanntheit nicht unumstritten, da ein qualitativer Unterschied phonetisch kaum messbar ist. Kloeke beschreibt die Situation: „Das Merkmal `gespannt´, das Sievers (1901: 98-101) in der 5. Auflage seines Handbuchs einführte, ist bis heute umstritten, weil es dafür keine Vergleichsmöglichkeiten mit physikalischen Werten gibt“ (Kloeke 1982, 6). Und er fragt, „ob das üblicherweise benutzte Merkmal `gespannt´ genügend motiviert ist, oder aber durch eine andere Klassifizierung ersetzt werden muß“ (Kloeke 1982, 4ff.). Er schränkt allerdings selbst kurz darauf unter Bezugnahme auf Jørgensen (1969b) ein: „Es gibt indessen wohl einige empirische phonetische Anhaltspunkte für die Gültigkeit des fraglichen Merkmals. Die sogenannten `gespannten´ Vokale liegen in der Formantebene im allgemeinen weiter auseinander als ihre `ungespannten´ Gegenstücke. [...] Außerdem läßt sich die propriozeptiv erschlossene Unterscheidung zwischen gespannten und ungespannten Vokalen, die der geübte Ohrenphonetiker Sievers einmal machte, auch bei ungeübten Versuchspersonen feststellen, welche Ähnlichkeitsurteile abgeben müssen“ (Kloeke 1982, 8). Kloeke fasst schließlich zusammen: „Mag sich das Attribut `gespannt´ phonetisch schwer definieren lassen, es erweist sich phonologisch als konstante Eigenschaft“ (Kloeke 1982, 8). Ich werde an mehreren Stellen der vorliegenden Arbeit zeigen, dass die Nukleusqualität Einfluss auf die Pluralbildung hat und für die Beschreibung der Pluralsystematik ein zuverlässiges Kriterium ist. Das Kriterium Länge/Kürze erweist sich hingegen als nicht relevant.

Eine Korrelation zwischen Länge und Gespanntheit besteht unter Akzent insofern, als hier gespannt = lang und ungespannt = kurz angesetzt wird. [32] Wiese spricht von einer „Beschränkung der Assoziation von Vokalen [...], wonach lange Vokale als gespannte, kurze als ungespannte Laute realisiert werden“ (Wiese 1988, 72). Dies entspricht auch der Auffassung „in der traditionellen deutschen Phonetik“ (Wiese 1988, 64). Eisenberg geht „in den Basispositionen“ ebenfalls von dieser Korrelation aus: „In den Basispositionen geht ja im allgemeinen Länge mit Gespanntheit und Kürze mit Ungespanntheit zusammen“ (Eisenberg 1998, 94f.). Er macht allerdings eine wesentliche Einschränkung: „Die Beispiele [...] weisen durchweg lange Vokale auf und bis auf die als lang markierten [ɛ:] und [a:] gelten sie außerdem als gespannt“ (Eisenberg 1998, 94). Er unterscheidet also in Basisposition (d.h. unter Akzent) lange gespannte und lange ungespannte Vokale.

32 In nicht akzentragender Position können Vokale ungespannt oder gespannt realisiert werden, je nach Silbenschnitt (ungespannt bei scharfem Schnitt, gespannt bei sanftem Schnitt) – dazu im Folgenden genauer.

Sonderfall /a/

Eisenberg (1998, 94) geht davon aus, dass [a:] im Gegensatz zu allen anderen langen Vokalen „in der Basisposition“ nicht gespannt ist.[33] Dies ist eine wichtige Feststellung, die sich durch meine Analysen vor allem in den umstrittensten Fällen der Pluralbildung[34] bestätigen lässt. Und noch etwas kommt hinzu: Die Pluralbildung in diesen Fällen macht systematischen Sinn, wenn man nicht nur von [a:] = ungespannt ausgeht, sondern wenn man überhaupt einen qualitativen Unterschied der allophonischen Realisation von /a/ annimmt, und zwar derart, dass gilt: [a:] = ungespannt und [ă] = gespannt. Für einen solchen Unterschied spricht, dass sich die Belege mit [ă]-Nukleus präferiert so verhalten wie diejenigen mit anderem gespanntem Nukleus. Diejenigen mit [a:]-Nukleus fügen sich dagegen gut in das Schema der Belege mit ungespanntem Nukleus ein. Die Pluralsystematik würde also für die Auffassung Wurzels (1981) sprechen, dass /a/ in *Bahn* ungespannt ist, /a/ in *Bann* dagegen gespannt. Zugleich spricht der Pluralbefund gegen die Meinung Kloekes (1982), kurzes /a/ sei ungespannt und langes /a/ sei gespannt. Sie spricht auch gegen Wieses (1988) Meinung, dass „es für /a/ keinen Gespanntheitsunterschied gibt“ (Wiese 1988, 64). Wiese geht sogar soweit, das Kriterium Gespanntheit/Ungespanntheit als Einteilungsprinzip völlig zugunsten von Länge/Kürze aufgegeben, weil er eine qualitative Kategorisierung von /a/ und /ɛ/ für nicht nachweisbar hält. Bestimmte Prinzipien der Pluralbildung sprechen allerdings für einen Qualitätsunterschied, weil sich diese Formen der Pluralbildung dann besser als systematisch beschreiben lassen als unter der Annahme von Länge und Kürze als Bezugsgrößen (vgl. Kap. 5). Wie noch zu zeigen sein wird, spricht die Pluralbildung in den einschlägigen Fällen nicht für die Aufgabe des Qualitätskriteriums als Beschreibungsgröße, wohl aber für die Aufgabe der Redundanzaussage zur Länge standarddeutscher Vokale: Länge geht nicht automatisch einher mit Gespanntheit unter Akzent. Länge kann auch, zumindest nach Indizienlage der Pluralsystematik, mit Ungespanntheit und Akzent korrelieren. Länge ist ein möglicher Beschreibungsparameter, Gespanntheit ein anderer, aber kein übergeordneter.

Vennemann geht nicht nur von einer Relation zwischen Länge und Gespanntheit (unter Akzent) aus, sondern auch von einer Relation zwischen Gespanntheit und Silbenschnitt: „Die Verbindung des Gipfelsprachlauts sowohl mit dem Crescendo als auch mit dem Decrescendo stellt definitionsgemäß den sanften Schnitt dar, der mit Gespanntheit des Gipfelvokals und weiteren phoneti-

33 Allerdings hält er selbst diese Trennung nicht genau ein und spricht in *nah* (mit [a:]) von ungespanntem /a/ (Eisenberg 1998, 94), während er – ohne Erklärung - *(das) Maß* als [mɑ:s] transkribiert, also mit langem gespannten /a/ (Eisenberg 1998, 97).

34 z.B. Maskulina mit Umlaut im e-Plural.

schen Eigenschaften (z.B. Gedehntheit unter Akzent) einhergeht“ (Vennemann 1994, 9). Ähnlich auch Eisenberg: „Außerdem lassen sich auf diese Weise [mittels des Silbenschnitts] alle hier vorkommenden Silben problemlos kategorisieren. Silben mit gespanntem Vokal sind sanft, alle anderen sind scharf geschnitten“ (Eisenberg 1998, 131). Als Beispiele der „Distinktivität von Gespanntheit“ gibt er an: *Bahn – Bann, Schrot – Schrott, Höhle – Hölle* und *Hüte – Hütte* (Eisenberg 1998, 131). Da *Bahn, Schrot, Höhle* und *Hüte* die Beispiele mit den sanft geschnittenen Silben sind, enthalten diese nach Eisenberg alle gespannten Vokal. Also müsste [a:] in *Bahn* gespannt sein; damit widerspricht er allerdings seiner eigenen Aussage, dass [a:] und [ɛ:] in Basisposition ungespannt sei (Eisenberg 1998, 94). Eine Gleichsetzung von Gespanntheit und sanftem Schnitt führt im Fall von /a/-haltigen Nuklei[35] also zu folgendem Problem:

Beispiel: *Magen* /'ma:gən/

- /a:/ gehört sowohl zum Crescendo also auch zum Decrescendo, d.h. es liegt sanfter Schnitt vor.
- Sanftheit des Schnitts heißt zugleich Gespanntheit des Gipfelvokals.
- /a:/ müsste demnach gespannt sein, doch das ist es nicht, wie sich an Untersuchungen zur Pluralbildung zeigen lässt (vgl. Kap. 5).

Eine permanente Gleichsetzung des sanften Schnitts mit der Gespanntheit des Gipfelvokals ist also problematisch und der Ausdruck „einhergehen“ in Vennemanns Definition ist mindestens missverständlich. Sinnvoller wäre es, sanften Schnitt und Vokallänge in Beziehung zu setzen. Das ist auch dann möglich, wenn für das Standarddeutsche angenommen wird, dass es keine Quantitätssprache mehr ist, sondern eine gewichtssensitive Akzentsprache.[36] Quantitätsunterschiede im Vokalsystem bestehen nach wie vor, auch wenn sie in unakzentuierten Fällen nicht mehr distinktiv sind. Die geschilderte /a/-Aporie träte also nicht auf, wenn die Regel besagen würde, dass Länge des Gipfelsprachlauts mit sanftem Schnitt einhergeht. Das mag zwar mit radikalen Ansichten[37] nicht in Übereinstimmung zu bringen sein, ist aber unter sprachhistorischem Aspekt durchaus legitim: „Wenn dann die Quantitätsopposition in Vokalen und Konsonanten verloren geht, werden die Schnitteigenschaften phonologisch relevant. Es entsteht die Silbenschnittopposition“ (Vennemann 1994, 25). Wenn Silbenschnittoppositionen die Nachfolge von Quantitätsoppositionen antreten, kann es

35 Entspricht den „Gipfelsprachlauten“ in der Terminologie der Silbenschnittphonologie.

36 So z.B. Vennemann 1995, v.a. S. 190

37 Z.B. Vennemann, nach dessen Auffassung es im „Standarddeutschen keine Quantität gibt“ (Vennemann 1994, 14).

durchaus sein, dass sich Spuren des Alten (Quantität) im Neuen (Silbenschnitt) finden und eine Relation zwischen beidem besteht.

Der Vollständigkeit halber sei hier noch kurz ein Blick auf /a/ in nicht akzentragender Position geworfen. /a/ kann in Nicht-Basispositionen sowohl gespannt als auch ungespannt sein. Becker (1996, 5)[38] leitet dies aus dem Silbenschnitt ab. Eisenberg fasst zusammen: „Becker [...] stellt fest, dass der Vokal in unbetonten Silben gespannt sei, wenn die Silbe offen ist. Andernfalls ist er ungespannt. Das ist offenbar so zu verstehen, dass in bestimmten Fällen sowohl das eine wie das andere der Fall sein kann“ (Eisenberg 1998, 132). Es folgt dann als Beispiel *Magnet*: „Die erste (unbetonte) Silbe wird mit gespanntem oder mit ungespanntem Vokal artikuliert. Im ersten Fall ist sie offen ([ma.gne:t]), im zweiten ist sie geschlossen mit entstimmtem Obstruenten ([mak.ne:t])“ (Eisenberg 1998, 132). Die Interpretation von /a/ in nicht akzentuierten Silben spielt allerdings für die Systematisierung der Pluralbildung keine Rolle.

Mit dem in den vorangehenden Kapiteln Gesagten sind die Grundlagen für die Pluralanalysen des nominalen Reallexikons vorgegeben. Der Rückblick in Kap. 2.1 hatte gezeigt, dass zu kleine Textkorpora und zu grobe Beschreibungsparamter viele Fragen bezüglich der Pluralsystematik unbeantwortet ließen. Eine wichtige Voraussetzung für verlässliche Analysen sind eine hinreichend große Datenbank und Abfragemöglichkeiten möglichst vieler Parameter sowie deren sinnvolle Kombinationen. Köpcke hatte gezeigt, dass ein Beschreibungsmodell im Sinne der Item-and-Process-Theorie die innersprachliche Wirklichkeit für den nominalen Lexikonausschnitt nicht angemessen beschreiben kann. Der Grund dafür liegt in der Anordnung des Lexikons um Prototypen herum, durch die es den Anweisungen von IP-Regeln entzogen wird. Eine angemessene Beschreibung des standarddeutschen Pluralsystems sollte im Rahmen der Prototypentheorie versucht werden. Als relevante Beschreibungsgrößen deuteten sich in den Experimenten mit Kunstwörtern die Auslautkonsonanz, Artikulationsort und -art des Endkonsonanten, die Nukleusqualität, die Wortstruktur und das Genus an. Das für Köpcke ausschlaggebende semantische Kriterium erwies sich im Experiment von Frey allerdings als peripher. Im Folgenden werden nun die 7421 nominalen Eintragungen der Datenbank mit dem Ziel untersucht, Prototypen und Prototypikalitätsskalen der Pluralbildung zu ermitteln.

38 Vgl. auch Reis 1974.

5 Prototypenorientierte Regeln der Pluralbildung

In Kapitel 2.2 wurde bereits darauf hingewiesen, dass eine Beschreibung des Pluralsystems im Rahmen des Item-and-Process-Modells die innersprachliche Organisation in diesem Lexikonausschnitt möglicherweise gar nicht genau trifft. Köpcke hatte unter anderem an der Pluralbildung der schwachen Maskulina (vgl. Kap. 2.3) gezeigt, dass die Beschreibung des Plurals mittels prototypischer Merkmale dem sprachlichen System angemessener ist. Im Folgenden will ich deshalb versuchen, die Pluralbildung des nominalen Lexikons im Rahmen der Prototypentheorie zu beschreiben. Als Beschreibungsparameter werde ich diejenigen Bezugsgrößen berücksichtigen, die sich in einem Experiment mit Kunstwörtern (vgl. Kap. 2.4) als relevant erwiesen haben: Genus, Wortstruktur, Endrandstruktur und Nukleusqualität.

5.1 Die drei Genera und ihre Pluralbildung: Überblick

Für eine erste Grobeinteilung der Pluralbildungen des nominalen Reallexikons soll zunächst das Genus als Einteilungskriterium verwendet werden. Und dies aus verschiedenen Gründen: In der einschlägigen Literatur (vgl. Kap. 2.1) wird bereits an Beobachtungen von weniger umfangreichen Korpora ein Zusammenhang zwischen Genus und Pluralbildung nahegelegt, und zwar insofern, als bestimmte Genera bestimmte Pluraltypen bevorzugen.

Eine erste Abfrage basiert auf den 4341 Substantiven im Nominativ Singular, wie sie die Hauptdatenbank enthält. Abfragekriterien sind Genus und Pluralbildung. Es ergibt sich das in Grafik 10 (s. S. 74) zusammengestellte Bild.
Die Zusammenstellung macht verschiedene Zusammenhänge zwischen Genera und Pluraltypen deutlich:

1. Der n- und en-Plural wird von Feminina dominiert. Diese beiden Pluraltypen sind, sofern nur die Anzahl der Belege berücksichtigt wird (Type-Frequenz), die einzig relevanten Pluralsorten für Feminina.
2. Der e- und s-Plural sowie der unmarkierte Plural (x-Plural) wird von Maskulina und Neutra dominiert.
3. Der eU-Plural ist eine Domäne der Maskulina. Neutra kommen mit diesem Pluraltyp bis auf eine einzige Ausnahme (*Floß/Flöße*) nicht vor. Ebenso ist

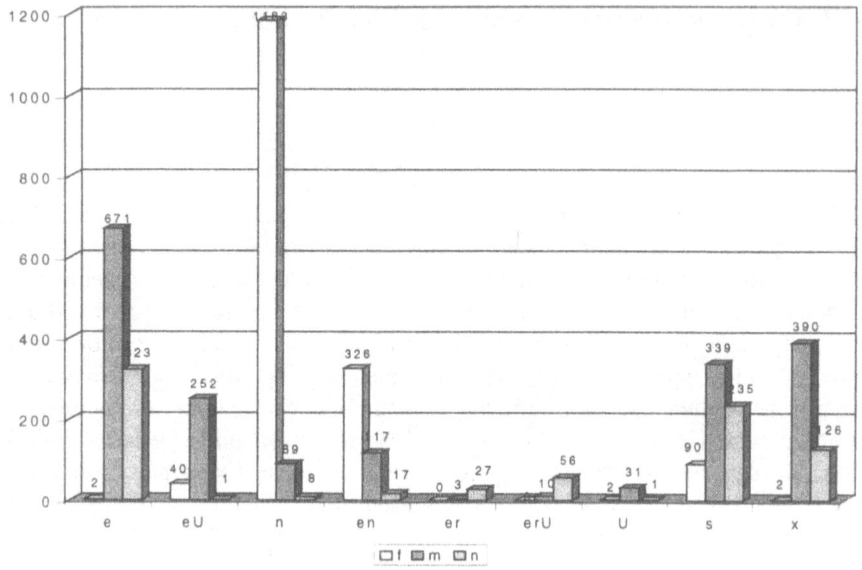

Grafik 10: Anteile der Feminina, Maskulina und Neutra in den verschiedenen Pluraltypen

der U-Plural eine Domäne der Maskulina, Neutra kommen ebenfalls bis auf eine Ausnahme (*Kloster/Klöster*) mit diesem Plural nicht vor.

4. Der er- und erU-Plural ist eine Domäne der Neutra, der Anteil der Maskulina ist sehr gering.

Aufgrund der hohen Zahl von Type-Vorkommen der Maskulina und Neutra in den Pluraltypen e-, s- und x-Plural gegenüber den von Feminina dominierten Typen n- und en-Plural, findet sich in der jüngeren Literatur (z.B. Wegener 1995) der Vorschlag, die Beschreibung des Pluralsystems durch eine Reduktion auf die von Feminina und Nicht-Feminina dominierten Pluraltypen zu vereinfachen. Ich halte eine solche Vereinfachung für nicht angemessen. Zum einen existieren mit dem eU-, U-, er- und erU-Plural durchaus Pluraltypen, die entweder von Maskulina oder von Neutra dominiert werden, nicht aber von beiden zusammen. Zum anderen würde eine solche Vereinfachung nur einen Aspekt von „Wichtigkeit" für bestimmte Pluraltypen berücksichtigen, nämlich den der Typefrequenz. Unter zusätzlicher Berücksichtigung der Verwendungshäufigkeit eines Lemmas (Tokenfrequenz) zeigt sich, welch hohen Grad an Wichtigkeit gerade die Wörter haben, die er-, erU- oder U-Plural bilden. Der Vergleich zwischen Vorkommenshäufigkeit und durchschnittlicher Verwendungshäufigkeit der Lemmata und ihrer Pluralbildung in der folgenden Grafik 11 macht dies deutlich.

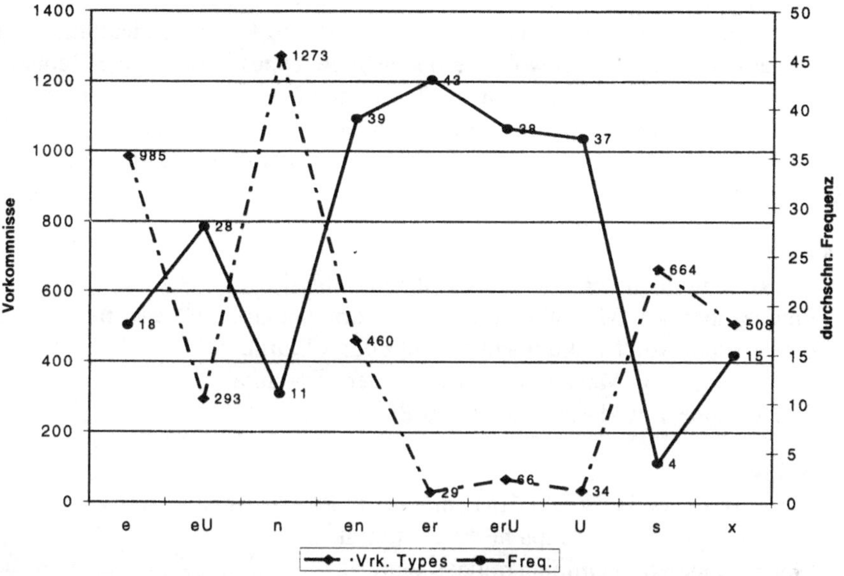

Grafik 11: Vorkommnisse (Types) und deren durchschnittliche Verwendungshäufigkeit (Tokens)

Auffällig hinsichtlich ihrer Verwendungshäufigkeit sind die kleinen Gruppen mit er-, erU- oder U-Plural. Unter diesem Aspekt sind also gerade diejenigen Pluraltypen von herausragender Bedeutung, die aufgrund der Typeanzahl nicht ins Gewicht fallen würden. Ein vergleichbares Bild zeigt sich auch bei den verhältnismäßig wenigen Maskulina, die im e-Plural Umlaut aufweisen. Auch dieser Gruppe kommt aufgrund der hohen Verwendungshäufigkeit der Belege besondere Wichtigkeit zu. In Bezug auf die Tokenhäufigkeit sind sogar die Substantive, die im e-Plural zusätzlich Umlaut aufweisen, wesentlich wichtiger als diejenigen, die reinen e-Plural haben.

Hinsichtlich der Pluralbildung besteht also offensichtlich eine umgekehrte Proportionalität zwischen Typefrequenz (Vorkommenshäufigkeit) und Tokenfrequenz (Verwendungshäufigkeit). Diejenigen Pluraltypen, die aufgrund einer relativ geringen Typeanzahl eher unwichtig sind, erlangen aufgrund der hohen Verwendungshäufigkeit ihrer Lemmata ganz besondere Bedeutung. Lediglich im unmarkierten Plural halten sich die Menge der Types und deren Tokenfrequenz annähernd die Waage. Ich werde auf eine genauere Analyse dieses Verhältnisses von Type- und Tokenfrequenzen in den folgenden Kapiteln zu sprechen kommen. Hier ist festzuhalten, dass es unter Berücksichtigung beider Frequenzparameter keinen Pluraltyp gibt, der wichtiger oder unwichtiger ist als ein anderer. D.h. auch, dass gerade die Pluraltypen, die entweder nur von Maskulina oder nur von Neutra dominiert werden, von signifikanter Bedeutung in der Sprachverwendung sind, obwohl sie nur wenige Types haben. Eine Reduktion des Genuskriteriums als relevantem Beschreibungsparameter auf „Feminina“ und „Nicht-Feminina“ wird der sprachlichen Realität nicht gerecht.

Aufgrund des bisher Gesagten kann für die Pluralbildung Folgendes festgehalten werden:

Maskulina:
- Maskulina bilden überwiegend e- oder eU-Plural.
- Eine Gruppe von Maskulina bildet den Plural unmarkiert[39] oder mit Umlaut.
- Eine Gruppe von Maskulina bildet en- oder n-Plural.
- Eine Gruppe von Maskulina bildet er- oder erU-Plural.
- Eine Gruppe von Maskulina bildet s-Plural.

Feminina:
- Die überwiegende Anzahl der Feminina bildet n- oder en-Plural.
- Eine Gruppe von Feminina bildet eU-Plural.
- Eine Gruppe von Feminina bildet s-Plural.

Neutra:
- Neutra bilden überwiegend e-Plural.
- Eine Gruppe von Neutra bildet er- oder erU-Plural.
- Eine Gruppe von Neutra bildet unmarkierten Plural.
- Eine Gruppe von Neutra bildet en- oder n-Plural.
- Eine Gruppe von Neutra bildet s-Plural.

Diese erste Pluralbilanz wirft eine Menge Fragen auf:
- Wann bilden Feminina n-Plural und wann bilden sie en-Plural?
- Was sind das für Feminina, die eU-Plural bilden? Warum bilden sie nicht n- oder en-Plural?
- Was sind das für Feminina, die s-Plural bilden? Warum bilden sie nicht den n- oder en-Plural?
- Wie sehen die Prototypikalitätsskalen für das Pluralverhalten der Feminina aus?
- Wann bilden Maskulina und Neutra e-Plural? Wodurch sind sie gekennzeichnet?
- Was sind das für Maskulina, die den e-Plural zusätzlich mit Umlaut bilden?

---

39 Wobei sich „unmarkiert“ nur auf die morphologische Markierung des Lemmas und nicht auf den Artikel bezieht.

- Wann bilden Maskulina und Neutra unmarkierten Plural? Was unterscheidet sie von den Maskulina und Neutra, die e-Plural bilden?
- Was sind das für Maskulina, die ihren Plural nur mit Umlaut bilden?
- Wann bilden Maskulina und Neutra s-Plural anstelle von e- oder x-Plural?
- Was sind das für Maskulina und Neutra, die n- oder en-Plural bilden? Warum bilden sie nicht e-, x- oder s-Plural?
- Was sind das für Neutra, die er-Plural bilden? Wodurch unterscheiden sie sich von den Neutra der anderen Pluralgruppen?
- Was sind das für Neutra, die den er-Plural zusätzlich mit Umlaut bilden?
- Wie sehen die Prototypikalitätsskalen für das Pluralverhalten von Maskulina und Neutra aus?

In den folgenden Kapiteln soll eine Antwort auf diese Fragen gefunden werden. Ich werde dabei nach der generischen Einteilung vorgehen, nachdem sich diese als relevant für die Pluralsystematik erwiesen hat. Der s-Plural wird zuletzt, und zwar genusübergreifend, behandelt, da er der einzige überwiegend nicht phonemisch motivierte Pluraltyp ist. Die Reihenfolge der untersuchten Genera und ihrer Pluralbildung richtet sich nach der Vorkommenshäufigkeit der jeweiligen Belege. Da die meisten Belege maskulines Genus haben, werde ich mit dieser Gruppe beginnen, gefolgt von den Feminina und den Neutra.

Bei den Untersuchungen der Pluralbildungen der einzelnen Genera werden die verschiedenen Pluraltypen aus Gründen der Übersichtlichkeit in folgende Gruppen eingeteilt:

- e-Gruppe: e- und eU-Plural
- n-Gruppe: n- und en-Plural
- x-Gruppe: x-Plural (unmarkierter Plural) und U-Plural
- er-Gruppe: er- und erU-Plural

Für diese Einteilung mache ich überwiegend phonologische Gründe geltend. Es werden jeweils diejenigen Pluraltypen zu einer Gruppe zusammengefasst, die von Lemmata mit identischer Endrandstruktur gebildet werden können. Ein Beispiel: Maskulina, die auf Konsonant(en) enden, bilden e- oder eU-Plural. Diese beiden Pluraltypen bilden deshalb eine Gruppe. Maskulina, die auf eine Reduktionsilbe enden, haben unmarkierten oder Umlaut-Plural. Auch diese beiden Puraltypen werden deshalb als eine Gruppe zusammengefasst usw.[40]

---

40 Ich weise darauf hin, dass ich diese Gruppeneinteilung aus Gründen der Übersichtlichkeit und Einheitlichkeit auch in den wenigen Fällen beibehalte, in denen sich aufgrund des genannten Einteilungskriteriums evtl. auch andere Gruppenbildungen anbieten würden (z.B. bei den Feminina mit en-/eU-Plural - vgl. Kap. 5.3.2). Die Gruppeneinteilung ist dann nicht phonologisch motiviert, sondern als Setzung zu betrachten.

5.2 Die Maskulina

Die Maskulina nehmen mit 1902 Vorkommnissen 44% des nominalen Gesamtlexikons ein und stehen damit hinsichtlich ihrer Typefrequenz an erster Stelle. Es folgen die Feminina mit 1645 Vorkommnissen (38%) und die Neutra mit 794 Belegen (18%). Betrachten wir zunächst nur die Vorkommenshäufigkeit, so ergibt sich für die Maskulina folgende Verteilung auf die unterschiedlichen Pluraltypen:

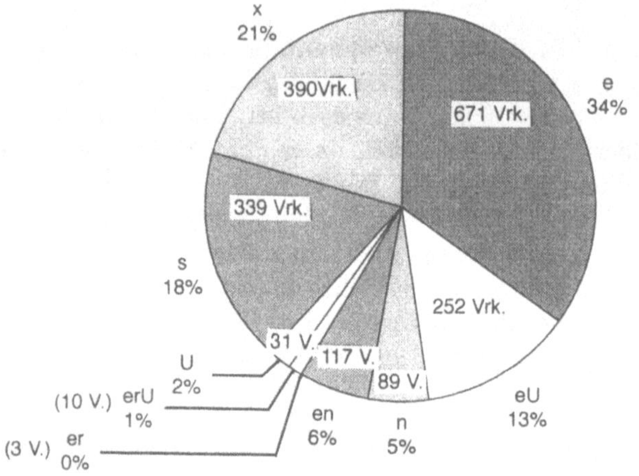

Grafik 12: Anteile der Maskulina an den verschiedenen Pluraltypen.

Die wichtigste Pluralgruppe für die Maskulina ist die e-Gruppe, zu der ich die Pluraltypen e-Plural und eU-Plural rechne. Diese Gruppe wird gefolgt von der x-Gruppe, bestehend aus unmarkiertem Plural (x-Plural) und U-Plural. Auf den s-Plural entfällt ein relativ hoher prozentualer Anteil.[41] Kleinere Anteile finden sich in der n-Gruppe, zu der ich en- und n-Plural zusammenfasse, sowie in der er-Gruppe, die aus den Pluraltypen er-Plural und erU-Plural besteht.

Hinsichtlich der Vorkommenshäufigkeit sind die Pluraltypen er-, erU- und U-Plural für die Maskulina eine wenig relevante Größe, doch zeigt ein Blick auf die durchschnittliche Verwendungsfrequenz deren Wichtigkeit für die weiteren Untersuchungen:

41 Vgl. Kapitel 5.5.

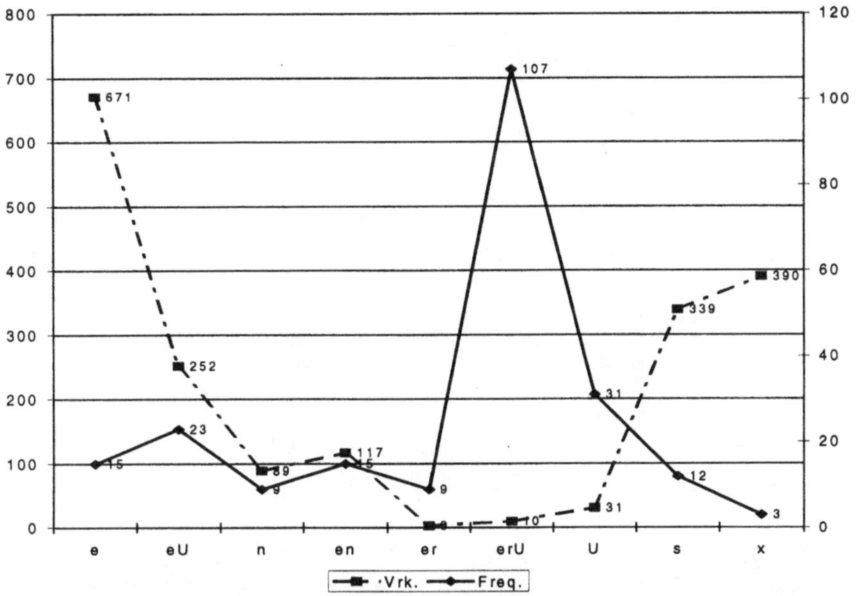

Grafik 13: Vorkommnisse der Maskulina und deren durchschnittliche Frequenz in den verschiedenen Pluraltypen

Wie schon beim Gesamtüberblick (vgl. Grafik 11) zeigt sich auch bei den Maskulina die umgekehrte Proportionalität zwischen Typehäufigkeit und durchschnittlicher Verwendungsfrequenz der Lemmata. Die aufgrund ihrer Typeanzahl wenig interessanten Pluraltypen erU- und U- sind in Bezug auf die Tokenfrequenz der Lemmata außerordentlich wichtig. Hingegen sind der e- und x-Plural von der Verwendungsfrequenz her weniger interessant, als es die Zahl seiner Belege vermuten lässt. Jeder Pluraltyp ist bezüglich einer der beiden Häufigkeitsparameter von Bedeutung und muss vor allem mit Blick auf die spätere Didaktisierung einer genauen Analyse unterzogen werden.

In allen einschlägigen Arbeiten (Kap. 2.1) und in den Kunstwort-Experimenten (Kapp. 2.3 und 2.4) wurde neben dem Genus als lexikalischem Merkmal vor allem die Endrandstruktur als phonologisches Merkmal ins Zentrum der Untersuchungen gestellt. In Grafik 14 (s. S. 80) ist dargestellt, wie sich die Maskulina im Hinblick auf ihre Endrandstrukturen auf die verschiedenen Pluralgruppen verteilen.

Maskulina mit konsonantisch geschlossenem Endrand bilden überwiegend einen Plural aus der e-Gruppe, also e-Plural oder eU-Plural. Ein kleinerer Bestand tritt mit einem Plural der n- oder er-Gruppe auf. Die Untersuchung proto-

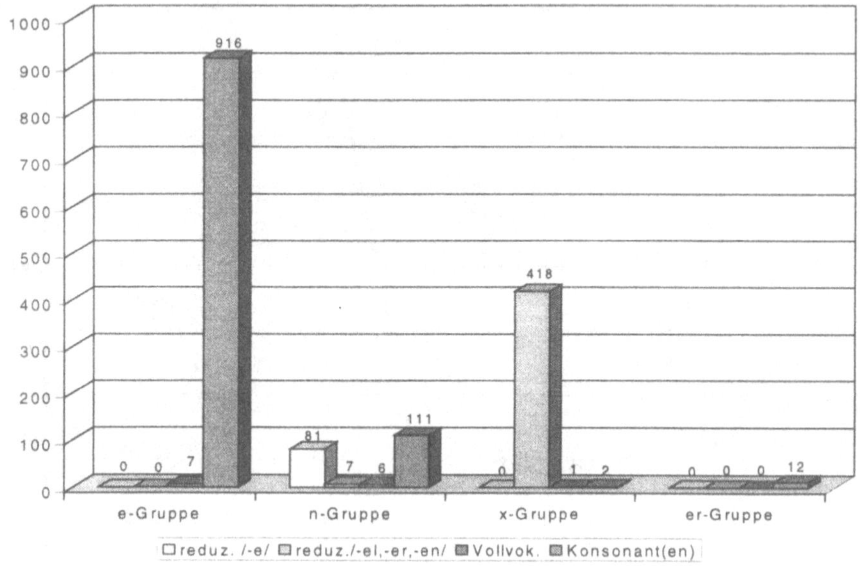

Grafik 14: Endrandstrukturen in den verschiedenen Pluralgruppen bei Maskulina

typischer Merkmalbündel für die Pluralbildung bei Maskulina mit konsonantischem Endrand muss sich auf diese Pluralgruppen konzentrieren. Die x-Pluralgruppe wird von Maskulina dominiert, die auf eine Reduktionssilbe (/-ər, -əl, -ən/) enden. Bis auf wenige Belege mit dieser Endrandstruktur in der n-Gruppe treten in anderen Gruppen keine weiteren Vorkommnisse auf. Maskulina mit Endung /-ə/ haben ausschließlich n-Plural.

Die Zusammenstellung belegt, dass es bei den Untersuchungen prototypischer Strukturmerkmale für die verschiedenen Pluraltypen relativ gut möglich ist, gruppeninterne Analysen vorzunehmen. Die Endrandeigenschaften treten so spezifisch in jeweils einer bestimmten Gruppe auf, dass die Erstellung von Prototypenskalen weitgehend innerhalb einer Pluralgruppe erfolgen kann. Ausnahmen hierzu bilden die Maskulina mit konsonantisch geschlossenem Endrand, deren große Menge zwar in der e-Gruppe vertreten ist, aber mit einer kleineren Anzahl auch in der n- und er-Gruppe. Darüber hinaus sind kleine Bestände mit vollvokalischer Endung in der e- und n-Gruppe vertreten, so dass endgültige Angaben auf einer Prototypenskala erst nach diesen Vergleichen möglich sind. Im Großen und Ganzen sind aber relativ zuverlässige prototypische Aussagen bereits innerhalb der jeweiligen Pluralgruppe zu erzielen. Sehen wir uns im Folgenden die e-Gruppe genauer an, weil die weitaus meisten Maskulina eine Pluralform aus dieser Gruppe bilden.

5.2.1 *Maskulina: Die e-Gruppe*

Zur e-Pluralgruppe rechne ich zwei Pluraltypen: e-Plural und eU-Plural. 671 Maskulina werden mit e-Plural und 252 Maskulina mit eU-Plural gebildet. Insgesamt umfasst die Gruppe 923 Belege und nimmt damit im Gesamtkorpus von 1902 Maskulina einen Anteil von 49% ein. Fast die Hälfte aller Maskulina gehört also zu dieser Pluralgruppe. Die Pluralgruppe selbst wird deutlich von den Maskulina dominiert. Neutra kommen bis auf eine Ausnahme nur mit e-Plural vor, Feminina nur mit eU-Plural. Hier die Zusammenstellung im Überblick.

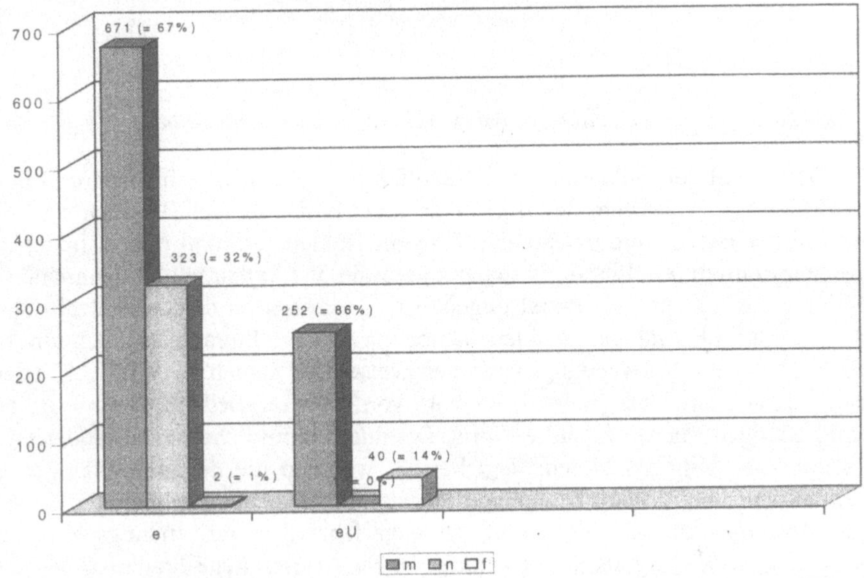

Grafik 15: Anteil der Maskulina, Neutra und Feminina in der e-Pluralgruppe (e-Plural, eU-Plural)

Der e- und eU-Plural ist eine Domäne der Maskulina. In der Grafik fällt ein wesentlicher Unterschied zwischen den Maskulina und den anderen Genera auf: Nur die Maskulina kommen in signifikanter Anzahl sowohl im e- als auch im eU-Plural vor, während die Feminina dieser Pluralgruppe nur mit eU- und die Neutra nur mit e-Plural vorkommen. Daraus ist zu schließen, dass alle Feminina, die einen umlautfähigen Nukleus haben, in der e-Gruppe auch tatsächlich umlauten und eU-Plural bilden. Die Neutra dagegen lauten nie um, sondern bilden durchgängig e-Plural. Es stellt sich die Frage, wie die Verteilung bei den Maskulina ist. Lauten auch hier alle Umlautfähigen um, oder kommen solche Lemmata auch mit e-Plural vor? Die Anteile der umlautfähigen und nicht-umlautfähigen Maskulina im e-Plural verteilen sich wie folgt:

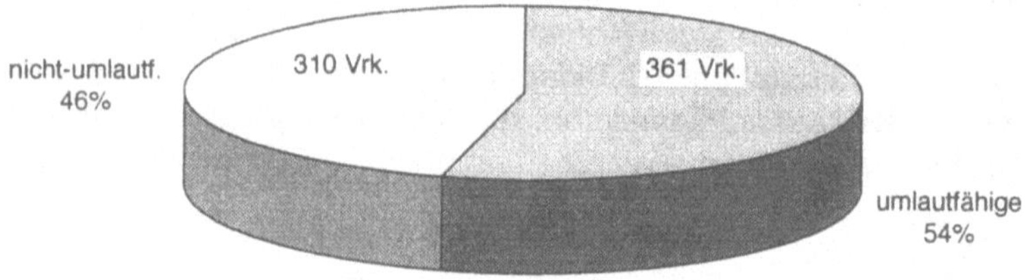

Grafik 16: Anteil der umlautfähigen Belege bei den Maskulina mit e-Plural

Der Anteil der umlautfähigen Maskulina im e-Plural ist sehr hoch und liegt mit 54% sogar noch über dem Anteil der nicht umlautfähigen. Insgesamt ist die Anzahl der Belege, die trotz umlautfähigem Nukleus e-Plural bilden, höher als die Belegzahl im eU-Plural. Es stehen immerhin 361 umlautfähige Lemmata mit e-Plural nur 252 mit eU-Plural gegenüber. Gemessen an der Gesamtzahl aller Belege mit umlautfähigem Nukleus lauten nur 41% im Plural tatsächlich um. Im Hinblick auf die Verwendungshäufigkeit weisen die Zahlen aus Grafik 13 allerdings darauf hin, dass die eU-Lemmata von größerer Bedeutung sind als die umlautfähigen Maskulina mit e-Plural. Die durchschnittliche Tokenfrequenz der Belege, die eU-Plural bilden, liegt bei 23, während die der umlautfähigen e-Lemmata nur bei 12 liegt. Derjenige Pluraltyp also, der hinsichtlich der Anzahl der Maskulina deutlich dominiert, ist angesichts der Verwendungshäufigkeit weit weniger wichtig als der eU-Pluraltyp. Eine wesentliche Frage ist, welches die Kriterien sind, die bei einem umlautfähigen Maskulinum im einen Fall eU-Plural auslösen, während im anderen Fall der nicht umgelautete e-Plural gebildet wird.

In der Literatur wird schon in den frühesten einschlägigen Arbeiten angenommen, dass der eU-Plural nicht prognostizierbar sei, und daran hat sich bis in die jüngste Zeit nichts geändert. So schreibt z.B. Augst 1975: „Ist beim e-Plural der Kernsilbenvokal umlautfähig, so kann man nicht vorhersagen, ob Umlaut eintritt“ (Augst 1975, 43). Köpcke fasst noch 1994 die Forschungssituation wie folgt zusammen: „Im allgemeinen wird in der einschlägigen Literatur zur deutschen Pluralmorphologie davon ausgegangen, daß die Umlautung des Stammvokals bei der Pluralbildung monosyllabischer Maskulina, sofern sie ihren Plural mit dem primären Pluralkennzeichen *-e* bilden, nicht prognostizierbar ist“ (Köpcke 1994, 81). Köpcke selbst vermutet „eine Korrelation zwischen außermorphologischen Faktoren und der Wahl zwischen modifizierender plus suffigierender (Umlaut plus *-e*) oder nur suffigierender Markierung des Plurals (*-e*) monosyllabischer Maskulina" (Köpcke 1994, 82). Je nach Zusammentreffen bestimmter semantischer Kriterien werden prototypische Kategorien für den eU-Plural ermittelt und zueinander in Relation gesetzt. Anhand verschiedener Auszählungen in seinem Korpus kommt er im Wesentlichen zu folgenden Ergebnissen:

- „Eine Auszählung aller monosyllabischer Maskulina ..., die Entitäten der belebten Welt bezeichnen, belegt, daß die Distribution der beiden Pluralmarkierungen entlang eines Kontinuums erfolgt, dem eine anthropozentrische Weltsicht zugrunde liegt" und er nimmt eine Bedeutung an „der anthropozentrischen Weltsicht für die Verwendung von Umlaut + *e* bei Bezeichnungen für die *belebte Welt*" (Köpcke 1994, 83). Er kommt anhand dieser Beobachtung zu dem Schluss, „daß es eine allmähliche Verschiebung weg von der Verwendung der Pluralmarkierung Umlaut + *e* hin zur Verwendung von *-e* gibt, und zwar genau in dem Maße, wie man sich von Bezeichnungen für Lebewesen mit menschenähnlichen Charakteristika hin zu Bezeichnungen von Lebewesen bewegt, die kaum noch Charakteristika mit den Menschen teilen" (Köpcke 1994, 84).
- Als nächstes stellt Köpcke „ein anderes Kontinuum" fest, „bei dem es um Körperteile von Menschen und Tieren einerseits und Teile von Pflanzen andererseits geht" (Köpcke 1994, 84). Er kommt zu dem Schluss, dass die Verwendung des Umlauts wiederum mit „einer anthropozentrischen Sichtweise" korreliere: „Der Umlaut taucht vorzugsweise bei Körperteilbezeichnungen von Menschen und Tieren auf, nicht jedoch bei Teilbezeichnungen von Pflanzen" (Köpcke 1994, 84).

Diese Analysen haben einen wesentlichen Nachteil: Sie sind didaktisch sehr schwer vermittelbar, da die korrekte Pluralbildung von einer exzellenten Vokabelkenntnis abhängig wäre. Neben dem didaktischen gibt es auch einen linguistischen Grund, einen anderen Weg der Erklärung des eU-Plurals einzuschlagen: Die Ergebnisse aus den Kunstwort-Experimenten bei Frey (vgl. Kap. 2.4) belegen, dass Kategorisierungen auf einer Prototypikalitätsskala unabhängig von semantischen Faktoren ermittelt werden können, ohne dabei an Validität zu verlieren. Ich will deshalb im Folgenden versuchen, die Prognostizierbarkeit des eU-Plurals mithilfe von geeigneten phonologischen Merkmalbündeln nachzuweisen. Es wird sich zeigen, dass deren Treffsicherheit diejenige der semantischen Kriterienbündelungen sogar übersteigt. Fangen wir wieder mit den Endrandstrukturen an und sehen uns diese für die e-Pluralgruppe im Einzelnen an.

Hinsichtlich der Anzahl der Endrandkonsonanten ergibt sich bei den umlautfähigen Maskulina im e- und eU-Plural folgendes Bild:

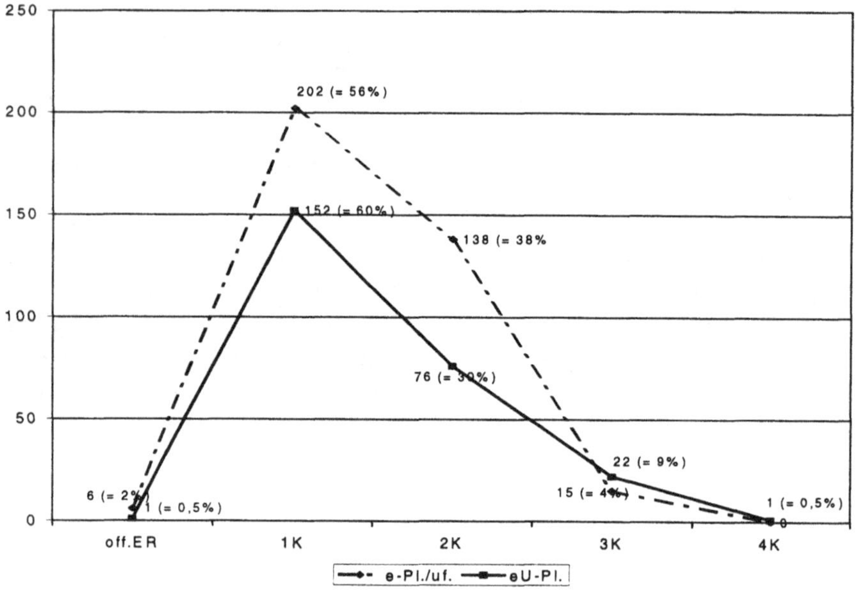

Grafik 17: Endrandstrukturen bei den umlautfähigen Maskulina im e- und eU-Plural

Anhand der Grafik sind verschiedene Aussagen möglich:

- Offener Endrand kommt sehr viel häufiger bei den Belegen mit e-Plural als bei jenen mit eU-Plural vor. Es stehen immerhin sechs Belege mit e-Plural nur einem Beleg mit eU-Plural gegenüber, der noch dazu eine sehr niedrige Verwendungsfrequenz hat (*Floh*, FW 0,40). Daraus kann für den Moment allerdings noch nichts über die Prototypikalität des Merkmals /-V/ zugunsten des e-Plural ausgesagt werden, denn es gibt annähernd die gleiche Zahl von Belegen mit dem gleichen Merkmal und en-Plural, darunter so frequente Lemmata wie *See* (FW 41,36). Erst im Vergleich mit diesen Belegen lässt sich das Strukturmerkmal /-V/ auf der Prototypenskala einordnen. Ich komme deshalb auf diese Belege bei den en-Pluralia (vgl. Kap. 5.2.3) noch einmal zurück.
- Maskulina, die einen oder zwei Konsonanten im Endrand haben, kommen häufiger im e- als im eU-Plural vor. Allerdings ist die Anzahl der Belege, die bei gleicher Endrandstruktur eU-Plural bilden, ebenfalls sehr hoch. Zieht man das prozentuale Verhältnis der Belegzahlen mit in die Betrachtung ein, dann bilden immerhin 56% der Maskulina mit /-VK/-Struktur und 30% der-

jenigen mit /-VKK/-Struktur ihren Plural mit *-e* plus Umlaut. Bei den Lemmata mit /-VK/- und /-VKK/-Struktur sagt also die Anzahl der Konsonanten im Endrand noch nicht viel darüber aus, welcher Pluraltyp zu erwarten ist. Für die Belege mit diesen Strukturmerkmalen muss nach anderen signifikanten Kriterien gesucht werden, die deren Pluralbildung eindeutiger prognostizierbar machen.

- Drei- und Vierfachkonsonanz kommt häufiger im eU-Plural als im e-Plural vor. Daraus ist zu schließen, dass ein sehr intensiv besetzter Endrand (drei und mehr Konsonanten) Umlautbildung begünstigt. 23 Belegen mit 3 bis 4 Endrandkonsonanten und eU-Plural stehen nur 15 Belege mit e-Plural gegenüber. Ansonsten treten so intensiv besetzte Endränder mit keinem anderen Pluraltyp auf. Gerechnet an der Gesamtzahl dieser Belege ergibt sich eine Wahrscheinlichkeitsquote von 61% für das Eintreten des eU-Plurals. Daraus ist zu schließen, dass die Struktur /-VKKK(K)/ ein prototypisches Merkmal für Maskulina mit eU-Plural ist. Doch es muss genauer untersucht werden, ob sich evtl. bei solchen Endrändern durch die Kombination mit anderen Kriterien eine noch höhere Trefferquote erzielen lässt.

Hinsichtlich der Anzahl der Endrandkonsonanten lässt nur die Struktur /-VKKK(K)/ bereits relativ sichere Aussagen über das Eintreten des eU-Plurals zu. Bei Lemmata mit /-VK/- oder /-VKK/-Struktur ist die Situation schwieriger zu beurteilen, da aufgrund der Zahl der Endrandkonsonanten keine Aussagen darüber gemacht werden können, welcher Pluraltyp mit der größeren Wahrscheinlichkeit eintritt. Auch sind abschließende Vergleiche mit der n-Gruppe nötig, denn auch mit en-Plural treten einige Maskulina auf, die konsonantischen Endrand haben (vgl. Kap. 5.2.3). Insbesondere für diese beiden Endrandstrukturen sind zusätzliche phonologische Kriterien besonders wichtig, um die Pluralbildung prognostizierbarer zu machen. Für die Ermittlung eines prototypischen Merkmalbündels zugunsten des einen oder des anderen Pluraltyps sind genauere Analysen nötig. Beginnen wir mit den Belegen, die einen Einzelkonsonanten im Endrand haben und versuchen zunächst für diese Gruppe, prototypische Merkmale für den eU-Plural zu finden.

Struktur /-VK/

Für die Ermittlung prototypischer Charakteristika sind verschiedene Schritte nötig. Zunächst ist zu ermitteln, welches die signifikanten phonologischen Merkmale sind, die für das prototypische Merkmalbündel des eU-Plurals Relevanz haben. Es bieten sich verschiedene Faktoren an, bei denen die Ergebnisse der Kunstwort-Experimente vermuten lassen, dass sie Einfluss auf die Pluralbildung haben. Das sind Kriterien wie der Bildungsort des Endrandkonsonanten oder die

Qualität des Nukleus oder auch die Monosyllabizität. Natürlich kann anhand eines solchen Experiments nicht unbedingt davon ausgegangen werden, dass diese Kriterien bei der Pluralbildung des Reallexikons ebenfalls relevant sind. Eine solche Überprüfung muss erst vorgenommen werden. Darüber hinaus muss geprüft werden, ob durch eine Kombination einschlägiger Kriterien die Prognostizierbarkeit des eU-Plurals erhöht wird und in welcher Weise. Nur so ist es schließlich möglich, das gesamte prototypische Merkmalbündel zu ermitteln.

Merkmal Endrandstrukturen

In der folgenden Grafik werden die -(V)K-Belege mit umlautfähigem Vokal und e-Plural und die Belege mit eU-Plural in den verschiedenen Endrandgruppen nebeneinander gestellt, und zwar sowohl mit ihren absoluten als auch den prozentualen Werten.

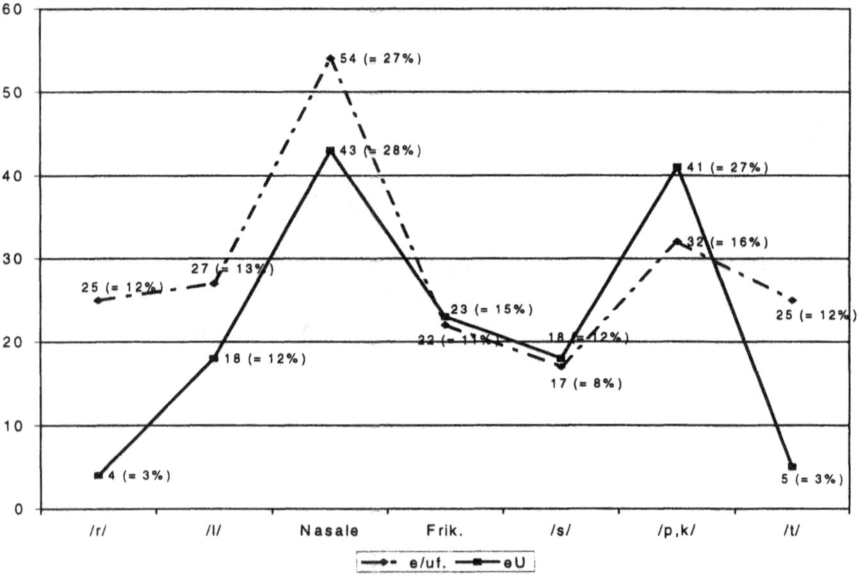

Grafik 18: Absoluter und prozentualer Anteil der umlautfähigen Maskulina mit e-Plural und eU-Plural in den verschiedenen Endrandgruppen (1 Endrandkonsonant)

In der Grafik ist die Anzahl der (umlautfähigen) Belege mit e-Plural (202 Vrk.) oder eU-Plural (152 Vrk.) unter Berücksichtigung des Endrandkonsonanten festgehalten. Auf der x-Achse befinden sich die Gruppen der konsonantischen Stärke unter Angabe der jeweiligen Vertreter. Die Gruppen sind dabei gemäß der KS-Skala angeordnet, die in Kap. 4.1 für die Anordnung der standarddeutschen Laute und Lautgruppen ermittelt wurde. Den konsonantischen Stärkewert 1 hat /r/, einen KS-Wert von 2 hat /l/ usw. bis hinauf zum KS-Wert 7, den /t/ hat. Die Gruppen mit den KS-Werten 3 und 4 umfassen mehrere Laute: KS 3 haben die Nasale (/m, n, ŋ/), KS 4 die stimmlosen Frikative (/f, x, ʃ/).

Aus der Grafik werden verschiedene Tendenzen, aber auch Probleme ersichtlich:

- In den Gruppen mit /r/, /l/ und Nasal als Endrandkonsonant überwiegen die Belege mit e-Plural. Dies ist möglicherweise ein Hinweis darauf, dass Lemmata, die einen Konsonanten mit geringer konsonantischer Stärke im Endrand haben, prototypisch für e-Plural sind. Doch diese Annahme passt nicht zu den vielen Belegen auf /t/, die ebenfalls e-Plural bilden.
- Die Belege mit eU-Plural überwiegen in den Gruppen mit einem Endrandkonsonanten, dessen konsonantische Stärke höher ist als die der Liquiden und Nasale. Auch hierzu bildet /t/ wieder eine Ausnahme. Die Anzahl der Belege mit en-Plural überwiegt deutlich.

Die Datenlage in der KS-Gruppe 7, also beim Endrandkonsonanten /t/, passt demnach am wenigsten zu der Annahme, dass die Pluralbildung in der e-Gruppe bei Lemmata mit einem Endrandkonsonanten möglicherweise von der konsonantischen Stärke dieses Lauts beeinflusst wird. Allerdings liefert sie zugleich Hinweise für eine andere Hypothese: Die vielen Belege auf /t/ und en-Plural sprechen für die Annahme, dass die Pluralbildung bei den Maskulina nicht vom konsonantischen Stärkewert des Endrandkonsonanten, sondern von seinem Artikulationsort beeinflusst wird. Und hierin sind sowohl /t/ als auch /r/ und /l/ vergleichbar: Sie haben alle dentalen oder zumindest alveodentalen Bildungsort, d.h. die Zähne sind maßgeblich an deren Produktion beteiligt.

Überprüfen wir diese Hypothese und wenden uns zunächst der Nasalgruppe zu. In dieser Gruppe müssten sich Unterschiede in der Vorkommenshäufigkeit bei e- und eU-Plural ergeben, wenn der Bildungsort ein relevantes Kriterium für die Pluralbildung ist. Die Nasalgruppe umfasst drei Laute: /n, m, ŋ/. Nur der Laut /n/ hat (alveo)dentalen Bildungsort, /m/ und /ŋ/ dagegen nicht. Wenn ein nicht-dentaler Bildungsort für eU-Plural prototypisch ist und dentaler Bildungsort für e-Plural, dann müssten sich entsprechende Unterschiede in den Belegzahlen der Pluraltypen zeigen. Insgesamt stehen 54 Belege mit nicht umlautendem e-Plural 43 Belege mit eU-Plural in der Nasalgruppe gegenüber. Für diese Belege ergibt sich folgende Zusammenstellung:

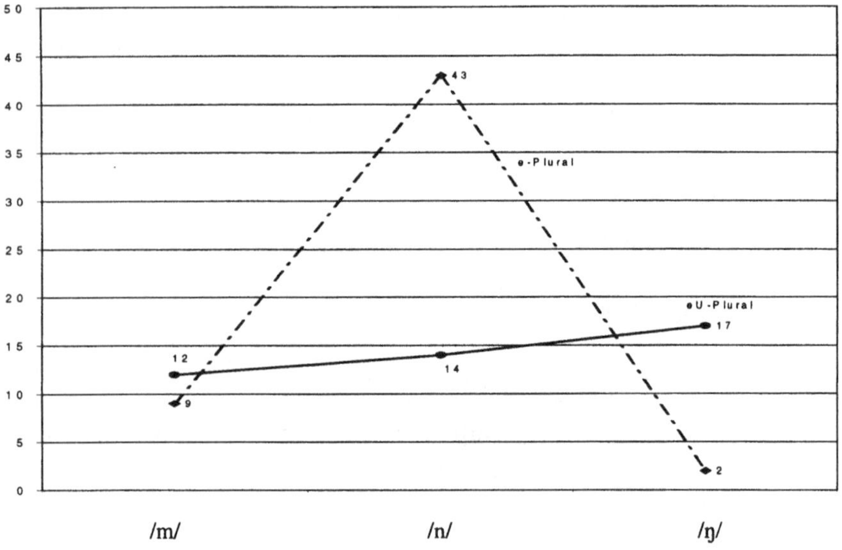

Grafik 19: Verteilung der Belege mit e- und eU-Plural in der Nasalgruppe

Die Verteilung der Belege macht deutlich, dass Maskulina, die auf /n/ enden, im e-Plural überwiegend nicht umlauten, während diejenigen auf /ŋ/ eher zum Umlaut tendieren. Belege, die auf bilabialen Nasal enden, tendieren leicht zum Umlaut; in dieser Gruppe ist die Verteilung aber nicht so deutlich wie bei der Endung /n/ oder /ŋ/. Auffallend ist auch der Unterschied der Linienform. Während die Belege mit eU-Plural eine kontinuierliche, leicht steigende Linie bilden, spiegeln sich die e-Belege in einer diskontinuierlichen, bei /n/ deutlich dominierten Linie wider. Dies bestätigt die Hypothese, dass der Artikulationssort des Endrandkonsonanten bei den Maskulina die Pluralbildung beeinflusst, und zwar derart, dass nicht-dentale Laute prototypisch sind für eU-Plural.

Bei der Gruppe der Frikative /f, x, ʃ, s/ im Endrand müsste zumindest bei /f/ nachweisbar sein, dass es mehr Belege mit en- als mit eU-Plural gibt, denn dieser Laut hat mit Sicherheit dentalen Bildungsort. Für /s/ ist alveodentaler Bildungsort nicht mit absoluter Sicherheit anzunehmen, es handelt sich eher um einen „analogen Parameter“ (Eisenberg 1998, 55), der von umgebenden Lauten beeinflusst wird. Es lassen sich die in Grafik 20 (s. S. 89) zusammengestellten Tendenzen erkennen.

Lemmata, die auf den (labio)dental gebildeten Laut /f/ enden, bilden überwiegend e-Plural. Demgegenüber tendieren Belege auf /ʃ/ oder /x/ zum eU-Plural. Bei /s/ ist die Beleglage indifferent (17 vs. 18 Belege), was die Feststellung bestätigt, dass /s/ nicht immer dentalen Bildungsort haben muss. Fokussieren wir deshalb für den Moment nur /f, ʃ, x/. Vergleicht man deren Tendenzen mit denjenigen in der Nasalgruppe, so zeigt sich, dass Endrandkonsonanten, die einen dentalen Bildungsort haben, weniger umlautbegünstigend sind als solche mit velarem oder alveolarem Bildungsort. Sowohl /n/ bei den Nasalen als auch /f/ bei den Frikativen werden unter dentaler Beteiligung gebildet. In beiden Fällen tritt der Plural überwiegend ohne Umlaut auf. /ʃ/ und /x/ sowie /m/ und /ŋ/, die alle ohne dentale Beteiligung produziert werden, sind umlautbegünstigend. Dies bestätigt auch bei den Frikativen die Hypothese, dass nicht-dentaler Bildungsort des Endrandkonsonanten prototypisch ist für eU-Plural. Damit erklärt sich auch die Dominanz des e-Plurals bei den Belegen auf /t/. Trotz der hohen KS von /t/ wirkt sich der Faktor „dentaler Bildungsort" umlauthemmend aus. Der Bildungsort ist demnach ein für die Pluralbildung der Maskulina wichtigerer Faktor als die konsonantische Stärke.

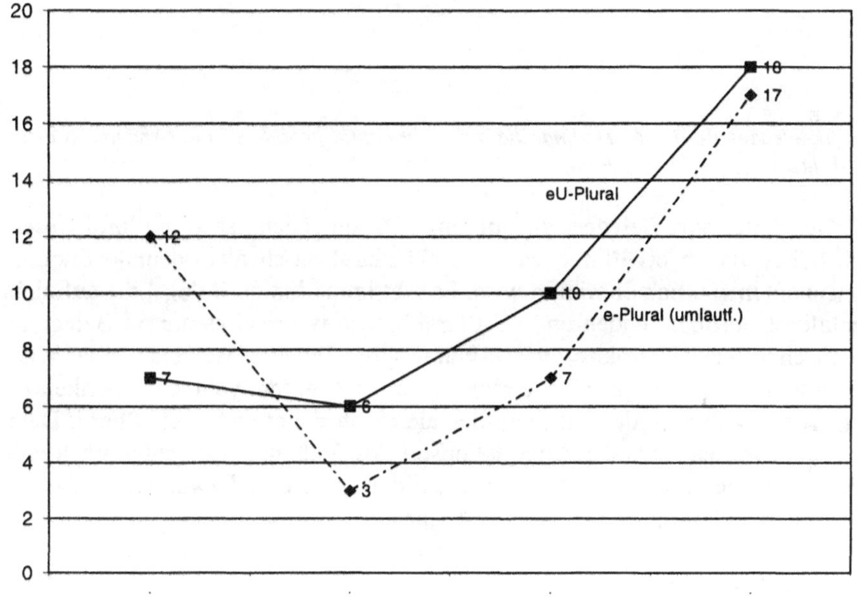

Grafik 20: Verteilung der Belege mit e- und eU-Plural in der Frikativgruppe

Sehen wir uns nun das gesamte Material der Maskulina mit einem Endrandkonsonanten auf die Hypothese hin an, dass ein nicht-dentaler Bildungsort eU-Plural begünstigt. Eine Abfrage der Datenbank unter dem Aspekt des dentalen und nicht-dentalen Bildungsorts ergibt folgende Zusammenstellung:

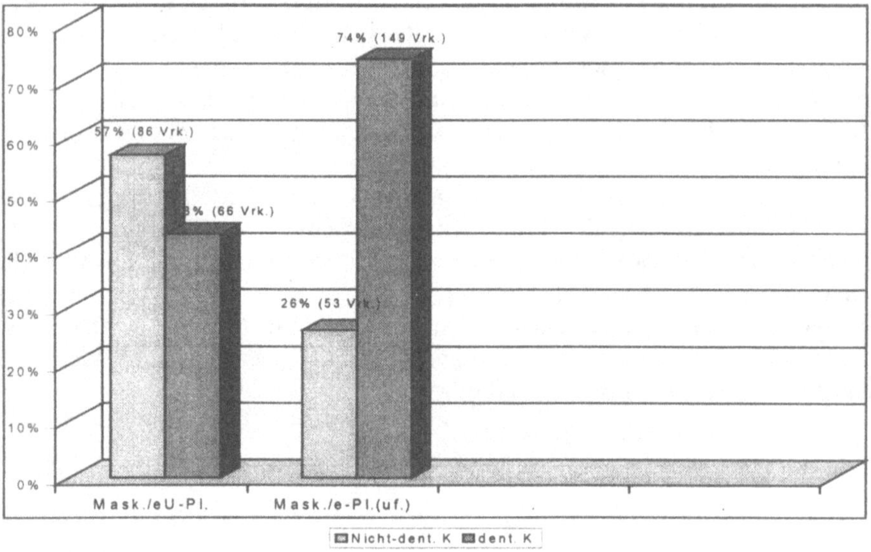

Grafik 21: Anteile der Maskulina, die auf nicht-dental gebildeten Laut enden, im e- und eU-Plural

Der Anteil von Belegen, die auf einen Dental enden, ist im e-Plural wesentlich höher als im eU-Plural, während eU-Plural durch nicht-dentale Endrandkonsonanten deutlich dominiert wird. Es gibt immerhin 86 Belege, die auf nicht-dentalen Konsonant enden und eU-Plural haben, während es nur 53 Belege mit identischer Auslautstruktur und e-Plural gibt. Daraus lässt sich eine Wahrscheinlichkeitsquote von 62% errechnen; mit 62%-iger Wahrscheinlichkeit bildet ein Maskulinum, das auf nicht-dentalen Konsonant endet, eU-Plural. Damit ist nachgewiesen, dass der Artikulationsort des Endrandkonsonanten im Reallexikon eine wichtige Rolle bei der Pluralbildung spielt, und zwar derart, dass ein nicht-dentaler Bildungsort eU-Plural begünstigt.

Merkmal Nukleusqualität

Wieder geben die Ergebnisse aus Kunstwort-Experimenten einen Hinweis darauf, dass auch die Qualität des Stammsilbennukleus einen Einfluss auf die Pluralbildung haben könnte. Überprüfen wir auch das am Reallexikon bei den Maskulina mit einem Endrandkonsonanten. Es ergibt sich folgende Zusammenstellung:

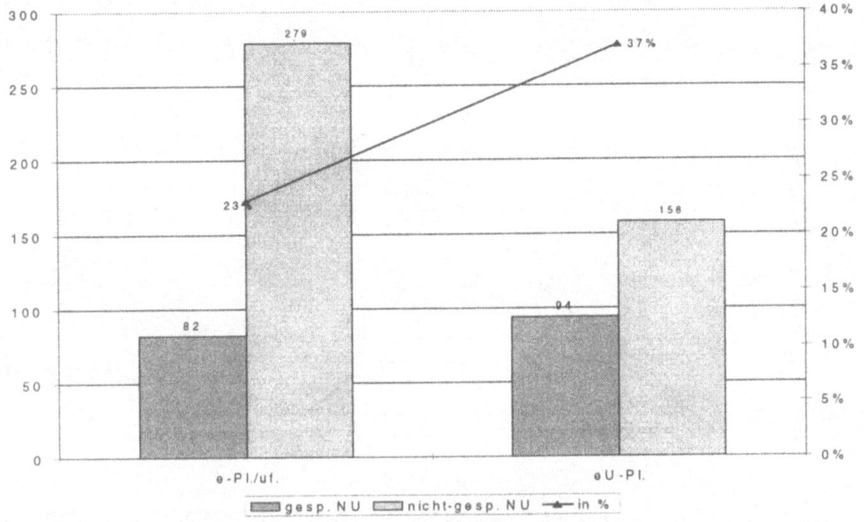

Grafik 22: Anteil der Maskulina mit gespanntem Nukleus im e- und eU-Plural

Der Anteil der Maskulina mit gespanntem Nukleus ist im eU-Plural größer als im e-Plural. Den 82 Belegen mit e-Plural stehen immerhin 94 Belege mit eU-Plural gegenüber. Mit e-Plural werden nur 17% der Maskulina gebildet, die einen Endrandkonsonanten haben und gespannten Nukleus, mit eU-Plural sind es dagegen 37%. Gerechnet an den Belegen mit gespanntem Nukleus ergibt sich damit eine Wahrscheinlichkeitsquote von 53% zugunsten des eU-Plurals. Mit 53%-iger Wahrscheinlichkeit bildet ein Maskulinum eU-Plural, wenn es mit einem Konsonanten endet und gespannten Nukleus hat. Damit kann auch das Kriterium der Nukleusqualität als pluralrelevant eingestuft werden, und zwar derart, dass gespannter Nukleus eU-Plural begünstigt.

Sehen wir uns die Nuklei hinsichtlich ihres Bildungsorts und der Bildungsart nun noch etwas genauer an. Es ergibt sich die in Grafik 23 (s. S. 92) vorgelegte Zusammenstellung.

Eine relativ deutliche Dominanz des eU-Plurals zeigt sich bei den Belegen, die /au/ im Nukleus haben. Sehr viele Belege gibt es auch mit /a/-Nukleus, allerdings sowohl im e- als auch im eU-Plural. Es war aber in der Untersuchung zum Spannungsgrad des Nukleus bereits zu sehen, dass gespannte Vokale prototypisch für eU-Plural sind. Es liegt deshalb die Vermutung nahe, dass bei zusätzlicher Berücksichtigung des Faktors `gespannt´ deutlichere Tendenzen bei den /a/-Nuklei zu erkennen sein könnten. In Grafik 24 (s. S. 92) sind die Vorkommnisse mit gespanntem Nukleus zusammengestellt.

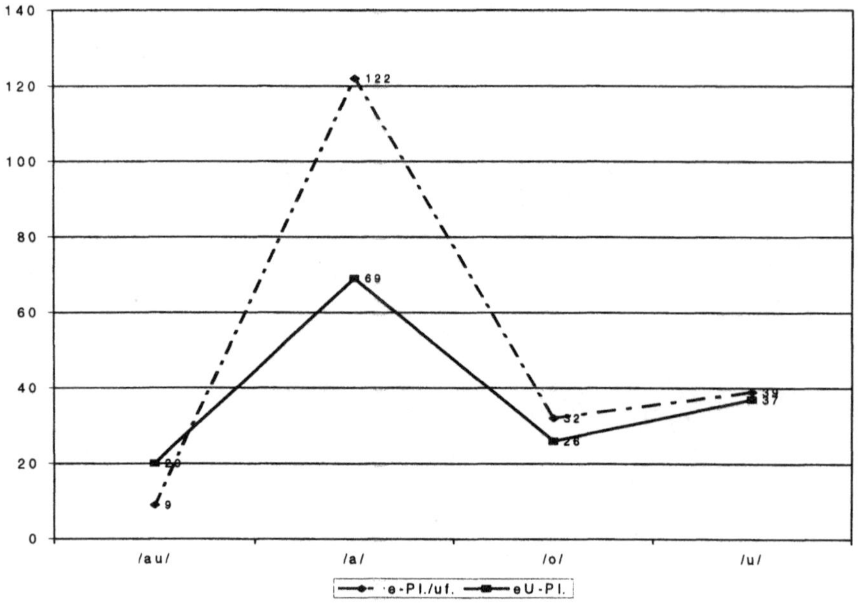

Grafik 23: Nuklei bei den Maskulina mit e- oder eU-Plural (ein Endrandkonsonant)

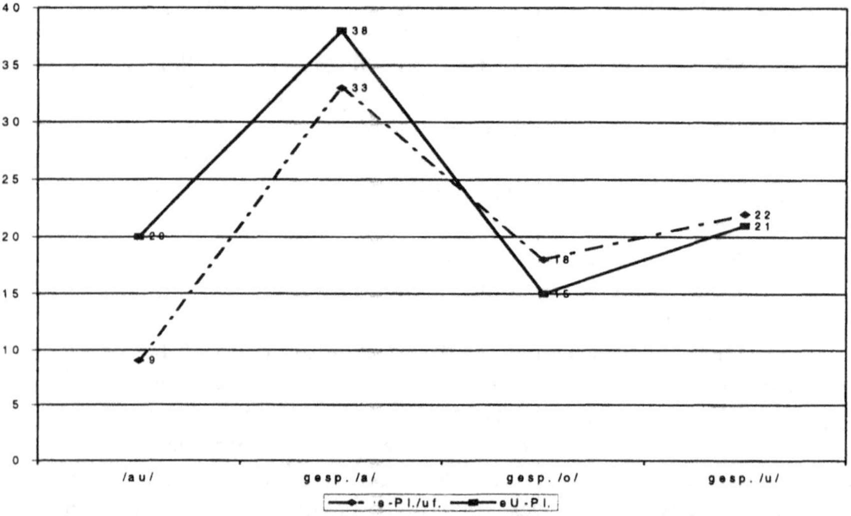

Grafik 24: Gespannte Nuklei bei Maskulina mit e- und eU-Plural (ein Endrandkonsonant)

Grafik 24 zeigt eine deutliche Dominanz von Maskulina mit gespanntem /a/-haltigen[42] Nukleus im eU-Plural, während /o:/ und /u:/ prototypisch für e-Plural sind. Gerechnet an allen Belegen mit /a/-haltigem Nukleus ergibt sich eine Wahrscheinlichkeitsquote von 58% zugunsten des eU-Plurals.

Exkurs: Sonderfall /a/

An dieser Stelle ist es nötig, noch einmal auf die Belege mit /a/-haltigem Nukleus einzugehen, für die in den vorangegangenen Analysen der Nukleusstruktur die Auffassung zugrunde liegt, dass langes /a:/ ungespannt und kurzes /ă/ gespannt ist. Dies ist nicht unumstritten (vgl. Kap. 4.2) und es besteht nach wie vor in der Literatur Uneinigkeit über die qualitative Bestimmung der unterschiedlichen quantitativen Realisationen von /a/. Es lassen sich im Wesentlichen folgende Standpunkte festhalten:

- Zwischen langem /a:/ und kurzem /ă/ lassen sich keine Qualitätsunterschiede feststellen (z.B. Wiese 1988). Folge: Nur das Quantitätskriterium Länge/Kürze ist relevant, weil das Qualitätskriterium bei /a/ zu unzuverlässig ist.
- In Basisposition[43] korreliert Länge mit Gespanntheit und Kürze mit Ungespanntheit. Problem: /a:/ müsste ebenfalls als gespannt angenommen werden (dagegen z.B. Eisenberg 1998, 94, und Wurzel 1981 – vgl. auch Kap. 4.2).

Bestimmte Regelmäßigkeiten in der Pluralbildung weisen aber darauf hin, dass von einem phonologischen Qualitätsunterschied bei /a/ auszugehen ist, und zwar derart, dass /a:/ = ungespannt und /ă/ = gespannt ist. Sehen wir uns als Beispiel dafür das Material der Maskulina mit einem Endrandkonsonanten unter diesem Aspekt an. Das relevante Korpus besteht wieder aus den umlautfähigen Maskulina mit e-Plural und denjenigen mit eU-Plural. Diese lassen den direkten Vergleich zwischen e- und eU-Plural zu, weil sie in beiden Pluralgruppen bei den Maskulina mit Struktur /-VK/ in signifikanter Anzahl vertreten sind.

Für den Versuchsaufbau werden zunächst alle /a/-Nuklei aus dem relevanten Material herausgenommen. Es bleiben die Belege mit /o/ und /u/ im Nukleus zur Auswertung übrig.[44] Für diese ergibt sich folgende Zusammenstellung:

Nukleus /o/ oder /u/:

e-Plural:	30 Vrk. gespannt - 31 Vrk. ungespannt:	49% gesp. - 51% ungesp.
eU-Plural:	36 Vrk. gespannt - 27 Vrk. ungespannt:	57% gesp. - 43% ungesp.

42 Die Bezeichnung '/a/-haltig' umfasst auch den Diphthong /au/.
43 D.h. unter Akzent, vgl. Kap. 4.2.
44 Den Diphthong /au/ beziehe ich nicht in diese Analyse mit ein, da er zwar als Gesamtes gespannt ist, der /a/-haltige Kern ist in seiner Qualität aber umstritten.

Die internen Vergleiche entsprechen hier genau den Erwartungen: Prozentual und auch absolut haben die gespannten Nuklei in der eU-Gruppe den höheren Anteil. 57% der Maskulina mit einem Endrandkonsonanten und gespanntem Nukleus bilden eU-Plural, während es nur 49% mit e-Plural sind. Erwartungsgemäß ist der Anteil der ungespannten Nuklei mit 51% in der e-Gruppe höher als in der eU-Gruppe mit 43%. Die Analysen bei /o/- und /u/-haltigen Nuklei führen zu dem Schluss, dass gespannte Stammvokale Umlautbildung im e-Plural positiv beeinflussen.

Betrachten wir nun auch die /a/-haltigen Nuklei. Zunächst darf hier, anders als bei /o/ und /u/, keine Einteilung in gespannt/ungespannt vorgenommen werden, denn es muss überprüft werden, ob eine solche Einteilung möglich ist und, falls ja, welcher /a/-Laut welche Qualität zugeschrieben bekommen muss. Es ergibt sich wieder am Beispiel der Maskulina mit einem Endrandkonsonanten folgende Zusammenstellung:

Nukleus /a/:

e-Plural: 89 Vrk. mit /a:/ - 33 Vrk. mit /ă/: 73% /a:/ - 27% /ă/
eU-Plural: 31 Vrk. mit /a:/ - 38 Vrk. mit /ă/: 45% /a:/ - 55% /ă/

Nun bieten sich für die Analyse unterschiedliche Szenarien an :

1. Es wird davon ausgegangen, dass z.B. Wiese Recht hat, und für /a/ kein Qualitätsunterschied nachgewiesen werden kann. Dann bleiben die qualitativen Zählungen so, wie wir sie für /o/ und /u/ ermittelt haben. An der Einschätzung, dass gespannte Vokale Umlautbildung im e-Plural begünstigen, ändert sich nichts.
2. Es wird davon ausgegangen, dass das qualitative Verhalten von /a:/ und /ă/ mit demjenigen der anderen langen und kurzen Vokale korreliert, also /a:/ = gespannt, /ă/ = ungespannt.
   Folge: Das genannte prozentuale Verhältnis zwischen den Vorkommnissen mit langem vs. kurzem /a/ würde folgendem Verhältnis von gespanntem vs. ungespanntem /a/ entsprechen:
   e-Plural: 73% gespanntes /a:/ - 27% ungespanntes /ă/
   eU-Plural: 45% gespanntes /a:/ - 55% ungespanntes /ă/
   Diese Zusammenstellung würde allerdings den bislang erzielten Tendenzen völlig widersprechen: Im e-Plural läge der prozentuale Anteil der gespannten Nuklei mit 73% sehr viel höher als derjenige im eU-Plural mit 45%, während der Anteil der ungespannten Nuklei mit 27% im e-Plural sehr viel geringer wäre als derjenige im eU-Plural (55%). Eine solche Einteilung würde den Ergebnissen direkt widersprechen, die durch Untersuchungen an denje-

nigen Nuklei bereits nachgewiesen wurden, die sicher als gespannt (/o:, u:/) und ungespannt (/ɔ, u/) einzustufen sind.

3. Die qualitative Einteilung von /a/ wird anders vorgenommen. Wenn /a:/ = ungespannt und /ă/ = gespannt angesetzt wird, dann stimmen die prozentualen Ergebnisse bei den /a/-haltigen Nuklei mit denjenigen bei /o/ und /u/ überein:
   e-Plural: 73% ungespanntes /a:/ - 27% gespanntes /ă/
   eU-Plural: 45% ungespanntes /a:/ - 55% gespanntes /ă/

Geht man von dem in Nr. 3 genannten Szenario aus, dann liegt liegt der prozentuale Anteil des gespannten /a/-Nukleus im eU-Plural erwartungsgemäß höher als im e-Plural, während beim ungespannten Nukleus umgekehrte Proportionen vorliegen: Der prozentuale Anteil an Belegen mit ungespanntem /a/-Nukleus ist im e-Plural höher als im eU-Plural. Unter der genannten Voraussetzung, dass /a:/ = ungespannt und /ă/ = gespannt ist, fügen sich die /a/-haltigen Nukleusbelege gut in das Schema der anderen Lemmata ein. Damit kann anhand von Regelmäßigkeiten in der Pluralbildung belegt werden, dass zum einen qualitative Unterschiede für /a/ angenommen werden müssen, und dass /a:/ qualitativ ungespannt ist, während /ă/ als gespannt anzunehmen ist.

Nun könnte allerdings eingewendet werden, dass bei diesen Nuklei nicht die Qualität relevant ist, sondern die Quantität. Hinsichtlich Länge und Kürze ergibt sich bei den Maskulina mit einem Endrandkonsonanten folgende Zusammenstellung:

Nukleus lang oder kurz:

e-Plural: 65 Vrk. kurz - 137 Vrk. lang: 32% kurz - 68% lang

eU-Plural: 65 Vrk. kurz - 87 Vrk. lang : 43% kurz - 57% lang

Was kann daraus abgelesen werden? Dass jeweils erheblich weniger Belege mit Kurzvokal den einen oder anderen Plural bilden? Dass jeweils mehr Belege mit Langvokal den einen oder anderen Pluraltyp wählen? Anhand des Quantitätskriteriums ergibt sich, dass im e-Plural kurze Vokale weniger häufig vorkommen als Langvokale. Genau derselbe Schluss ergibt sich allerdings auch für die Belege mit eU-Plural. Dies ist ein deutlicher Hinweis darauf, dass das Quantitätskriterium für die Konstituierung prototypischer Merkmalbündel nicht von Bedeutung ist. Demgegenüber hat das Qualitätskriterium deutlichen Einfluss auf die Pluralbildung. Zusammenfassend ist festzustellen, dass die Befunde dafür sprechen, dass (1) Qualitätsunterschiede für die allophonische Realisation von /a/ angenommen werden müssen und dass (2) Gespanntheit/Ungespanntheit gegenüber Länge/Kürze als der relevante Faktor bei der Pluralbildung anzusehen ist.

Doch für diese Möglichkeit wurde bereits im vorangegangen Abschnitt gezeigt, dass weder für Länge noch Kürze in irgendeiner Weise eine Relevanz im

Hinblick auf die Pluralbildung nachgewiesen werden kann. Der Anteil von langen und kurzen Nuklei ist sowohl im e- als auch im eU-Plural annähernd gleich und lässt keine Schlüsse auf das Pluralverhalten eines Lemmas zu.

Merkmal Monosyllabizität

In der folgenden Grafik wird der Anteil der Monosyllabler bei den umlautfähigen Maskulina mit e-Plural und einem Endrandkonsonanten mit demjenigen bei den Maskulina mit eU-Plural und ebenfalls einem Endrandkonsonanten verglichen:

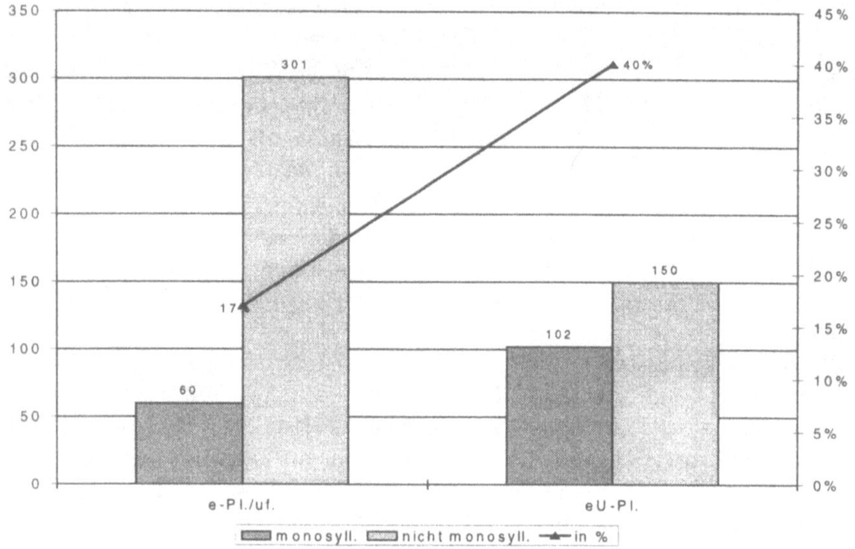

Grafik 25: Anteil der monosyllabischen Maskulina im e-Plural und eU-Plural

Mit eU-Plural treten wesentlich mehr Monsoyllabler auf als mit e-Plural. 102 Belegen mit eU-Plural stehen nur 60 Belege mit e-Plural gegenüber. Der prozentuale Anteil der Monosyllabler in jedem Pluraltyp ist noch deutlicher: Nur 17% der Monosyllabler bilden ihren Plural mit e-Plural, während es mit eU-Plural immerhin 40% sind. Gerechnet an der Zahl aller Monosyllabler in dieser Gruppe ergibt sich eine Trefferwahrscheinlichkeit von immerhin 63%. Mit 63%-iger Wahrscheinlichkeit bildet ein Maskulinum, das auf einen Konsonanten endet und monossyllabisch ist, eU-Plural. Daraus ist zu schließen, dass es sich auch beim Kriterium der Monosyllabizität um einen relevanten prototypischen Faktor für eU-Plural handelt.

Merkmalkombinationen

In den vorangegangenen Abschnitten wurde für die Kriterien Artikulationsort, Monosyllabizität und Nukleusqualität nachgewiesen, dass sie einen Einfluss auf die Pluralbildung der Maskulina mit Struktur /-VK/ haben. Prototypisch für eU-Plural sind nicht-dentaler Artikulationsort des Auslautkonsonanten, Einsilbigkeit und gespannter Nukleus. Es interessiert nun die Frage, ob eine Kombination der Merkmale zu einer erhöhten Trefferquote in der Prognostizierbarkeit des eU-Plurals führt als sie bei den Einzelkriterien festzustellen ist. Am Ende eines solchen Kombinationsvorgangs soll dann das prototypische Merkmalbündel für den eU-Plural stehen.

Zunächst muss festgestellt werden, welche Kombination am sinnvollsten ist. Bislang gibt die Prototypentheorie dafür keine genaue Vorgabe. Köpcke spricht z.B. nur von einer „systematischen Kombination" (Köpcke 2000, 157). Es bleibt aber offen, was das systematischste Vorgehen bei der Ermittlung einer prototypischen Struktur ist. Es ist anzunehmen, dass eine Kombination derjenigen Kriterien am sinnvollsten ist, die einzeln bereits relativ hohe Trefferquoten haben. Ich schlage deshalb vor, dass die Kombination von Faktoren in Abhängigkeit von deren Wahrscheinlichkeitsquoten geschieht, und werde die Probabilität eines solchen Vorgehens an geeigneter Stelle an einem Beispiel zeigen. Das erste Kombinationsbündel sollte auf den beiden Merkmalen mit der höchsten Prognosewahrscheinlichkeit zugunsten eines bestimmten Pluraltyps basieren. In unserem Fall sind das die Kriterien \`nicht-dentaler Artikulationsort´ (62%) und \`Monosyllabizität´ (63%). Eine weitere Kombination soll dann aus diesen beiden und dem dritten Merkmal mit der geringeren Trefferwahrscheinlichkeit bestehen, nämlich dem Kriterium \`gespannter, /a/-haltiger Nukleus´ (58%). Für die erste Zweierkombination ergibt sich die Zusammenstellung in Grafik 26 (s. S. 98).

Die Wahrscheinlichkeitsquote liegt beim Merkmal \`nicht-dentaler Konsonant´ bei 62%, beim Merkmal \`Monosyllabizität´ bei 63%. Wesentlich höher liegt diese Quote bei der Kombination beider Merkmale: Sie erhöht sich auf 66%. Die Kombination der beiden Merkmale mit der höchsten Trefferquote führt also zu einer weiteren Erhöhung der Zuverlässigkeit in der Prognose des eU-Plurals.

Sehen wir uns abschließend die zusätzliche Kombination mit dem Merkmal \`gespannter, /a/-haltiger Nukleus´an, wie sie in Grafik 27 (s. S. 98) zusammengestellt ist:

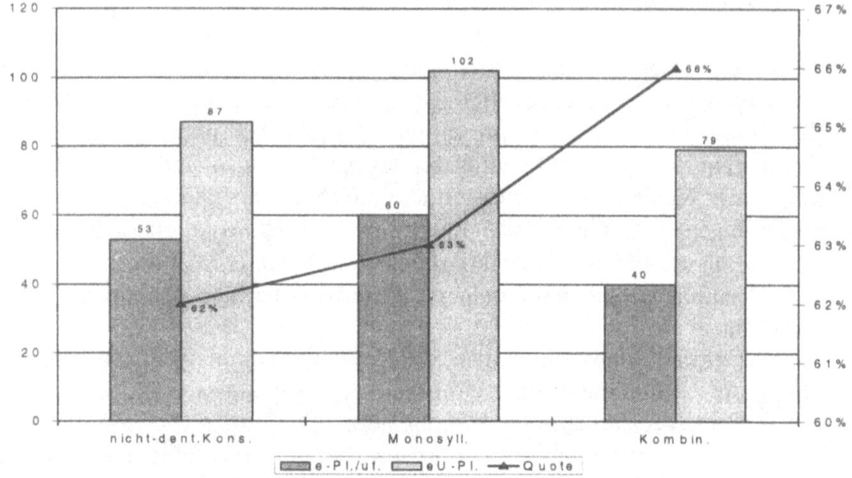

Grafik 26: Steigerung der Wahrscheinlichkeitsquote zugunsten eU-Plural bei zwei Merkmalen und deren Kombination

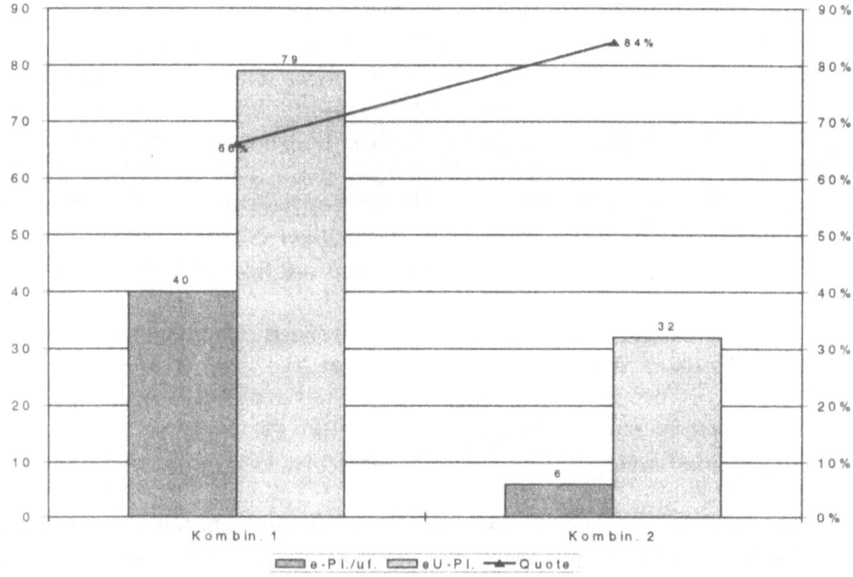

Kombination 1: nicht-dentaler Konsonant + Monosyllabizität
Kombination 2: Kombination 1 + gespannter, /a/-haltiger Nukleus

Grafik 27: Steigerung der Wahrscheinlichkeitsquote zugunsten eU-Plural bei Kombination von zwei und drei Merkmalen

Aus der nochmaligen Kombination mit dem Merkmal `gespannter, /a/-haltiger Nukleus´ ergibt sich schließlich eine gesteigerte Trefferquote von 84%. Mit 84%-iger Wahrscheinlichkeit tritt bei einem Maskulinum der Struktur /-VK/ eU-Plural auf, wenn das Maskulinum monsoyllabisch ist, auf nicht-dentalen Konsonant endet und einen gespannten, /a/-haltigen Nukleus hat.

Für die Maskulina mit einem Konsonanten im Endrand lässt sich abschließend folgendes prototypische Merkmalbündel erstellen:

prototypisch eU-Plural bei Maskulinum auf /-VK/: /-VK/K≠D/ + Monosyllabizität + gespannter, /a/-haltiger Nukleus

Struktur /-VKK/

Sehen wir uns nun die Belege mit zwei Endrandkonsonanten an. Es wurde bereits darauf hingewiesen, dass diese Gruppe noch genauer zu untersuchen ist, da relativ viele Belege mit zwei Endrandkonsonanten sowohl mit e- (138 Vrk.) als auch mit eU-Plural (76 Vrk.) auftreten. Hier sind zunächst die Analysen der Endrandstrukturen.

Merkmal Endrandstrukturen

Ein Vergleich zwischen den im e- und eU-Plural jeweils bevorzugten Konsonanten K_1 und K_2 soll weitere Aufschlüsse im Hinblick auf die prototypische Struktur bringen. Grafik 28 (s. S. 100) stellt die auf Position K_1 vorkommenden Konsonanten zusammen.

Die Grafik lässt hinsichtlich des ersten Konsonanten im Auslautcluster -K_1K_2 eine deutliche Tendenz erkennen: Wenn K_1 = /r/ oder /l/ ist, tritt mit großer Wahrscheinlichkeit e-Plural ohne Umlaut ein. Zwei prototypische Schemata für den e-Plural lauten /#_*r*K_2/ und /#_*l*K_2/. Relativ reliabel für die Prognostizierbarkeit des e-Plurals ist auch das Schema /#_*s*K_2/. Es spricht deutlicher als die Ergebnisse bei einem Endrandkonsonanten dafür, dass /s/ dentalen Bildungsort hat. Zumindest kommt es in den Belegen, die e-Plural bilden, in einer Umgebung vor, die dentalen Bildungsort bei /s/ begünstigen. Ein Blick auf die Belege zeigt, dass /s/ immer in einer Kombination mit /t/ als zweitem Konsonant auftritt. Da /t/ sehr deutlich (alveo)dentalen Bildungsort hat, beeinflusst dies auch den Artikulationsort von /s/ zugunsten eines dental gebildeten Lauts. Das bestätigt noch einmal die Hypothese, dass es der dentale oder nicht-dentale Bildungsort ist, der die Pluralbildung beeinflusst. Bei den auf /s/ auslautenden Belegen mit einem Endrandkonsonanten kommen in etwa gleich viele Lemmata mit e- und mit eU-Plural vor. Hier ist der Bildungsort von /s/ nicht eindeutig festgelegt, da es keinen Konsonanten in der Umgebung gibt, der /s/ eindeutig entweder als (alveo)dentalen oder alveolaren Laut beeinflussen würde. Dagegen ist in den Belegen mit zwei Endrandkonsonanten der Bildungsort von /s/ als (alveo)dental festgelegt, denn /s/ tritt nur in Verbindung mit dem Dental /t/ auf. Vor diesem Hintergrund erklärt sich, warum es in der Gruppe mit zwei Endrandkonsonanten und K_1 = /s/ mehr Belege gibt, die e-Plural bilden als solche, die eU-Plural haben. Das bestätigt noch einmal die Hypothese, dass nicht-dental gebildete Laute prototypisch für eU-Plural sind.

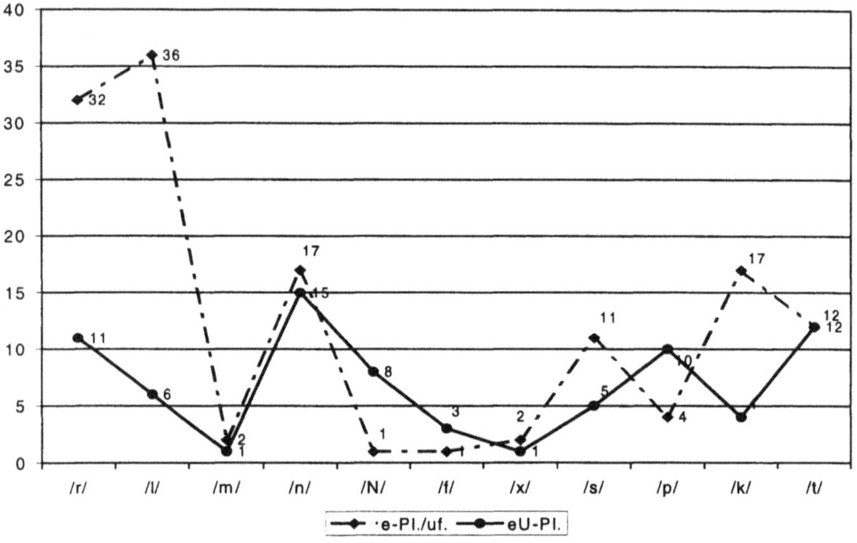

Grafik 28:[45] *Endrandkonsonant K_1 bei Maskulina mit Struktur -(V)K_1K_2*

Diese ersten Befunde stimmen mit den Ergebnissen überein, die bei Maskulina mit -(V)K-Struktur erzielt wurden: Konsonanten mit dentalem Artikulationsort tendieren zum e-Plural. Allerdings sprechen auch einige Beobachtungen gegen diese Verallgemeinerung, und zwar:

- Dentallaut /n/ tritt zwar etwas häufiger bei den Belegen mit e-Plural auf, es kommen aber auch relativ viele Belege mit eU-Plural vor.
- Dentallaut /f/ kommt häufiger in den eU-Belegen als in den e-Belegen vor.

45 Da phonetische Schriftzeichen des IPA in Excel für die Beschriftung der X-Achse nicht installiert werden können, gilt folgende Regelung: /N/ entspricht /ŋ/ (<ng>). Im Folgenden dann auch /S/ = /ʃ/ (<sch>).

- Nicht-dental gebildeter Laut /k/ kommt in signifikanter Menge mit e-Plural, nicht aber mit eU-Plural vor.

Ebenso sprechen bestimmte Befunde gegen die Annahme, dass ein Konsonant mit nicht-dentalem Bildungsort auf Position K_1 prototypisch für eU-Plural ist, wie das bei Maskulina mit einem einzigen Endrandkonsonanten der Fall war. Bei den Maskulina mit zwei Endrandkonsonanten lassen sich folgende Beobachtungen nicht mit einer solchen Annahme in Einklang bringen:

- Dentallaute /n/, /f/ und /t/ kommen relativ häufig in den Belegen mit eU-Plural auf Position K_1 vor.
- Nicht-dentales /k/ tritt dagegen fast nur in Belegen mit e-Plural auf.
- Auch mit dental gebildetem /r/ und /l/ gibt es noch relativ viele Belege, die eU-Plural haben.

Eine Verallgemeinerung, wie sie bei Maskulina mit einem Endrandkonsonanten möglich war, ist bei den Lemmata mit zwei Endrandkonsonanten relativ problematisch: Aufgrund der geschilderten Beobachtungen ist nicht zu schließen, dass es sich bei dem Kriterium `$K_1 \neq D$´ um ein Merkmal handelt, dass prototypische Relevanz für eU-Plural hat. Allerdings kann es auch nicht von vorne herein ausgeschlossen werden, da einige Tendenzen durchaus auch für eine solche Annahme sprechen. Vor einer endgültigen Aussagen müssen weitere Untersuchungen durchgeführt werden. Sehen wir uns deshalb die Analysen für K_2 an und versuchen dann, die Ergebnisse miteinander zu verbinden. Für -K_2 in den Konsonantenverbindungen -K_1K_2 ergeben sich die in Grafik 29 (s. S. 102) zusammengestellten Befunde.

Es bietet sich für eine Aussage über valide K_2-Kriterien, die eU-Plural bedingen, zunächst ziemlich wenig, denn die relativ intensive Ansammlung aller Belege im rechten Bereich der Grafik sagt noch nichts über bestimmte Pluralkriterien aus. Es spiegelt sich darin lediglich ein allgemeines Silbenbauprinzip. Dieses besagt (vgl. Kap. 4.1), dass die konsonantische Stärke in einem Endrandcluster -K_1K_2 möglichst monoton und steil zum Nukleus hin fallen sollte. Das ist gewährleistet, wenn die konsonantische Stärke von K_2 hoch und in jedem Fall höher als die von K_1 ist. Vor diesem Hintergrund sind die relativ hohen Anteile von /s/ oder /t/ auf Position K_2 in beiden Pluraltypen zu verstehen. Es kommt noch zusätzlich eine sprachhistorische Entwicklung hinzu, die zu einer starken Dominanz von Wörtern auf -K*s* und -K*t* im Deutschen geführt hat, während so gut wie kein Beleg auf -K*p* vorkommt.

Bleiben wir zunächst bei den Belegen mit K_2 = /t/, weil dies die vorkommensstärkste Gruppe für beide Pluraltypen ist. Es stehen 72 Belege mit e-Plural 26 Belegen mit eU-Plural gegenüber. Nur gemessen an diesen Vorkommensverhältnissen bedeutet das eine sehr geringe Trefferquote von 27% für eU-Plural. Ein Blick auf die Verwendungshäufigkeit dieser Belege zeigt, dass in der eU-

Gruppe wesentlich mehr hochfrequente Belege sind als in der e-Gruppe und dass darüber hinaus die restlichen Belege in der eU-Gruppe durchschnittlich eine viel höhere Verwendungshäufigkeit haben als diejenigen in der e-Gruppe. Um hier eine vergleichbare Bemessungsgrundlage zu haben, wird zunächst die durchschnittliche Verwendungsfrequenz der Belege mit eU- und mit e-Plural errechnet. Dann wird der höhere Wert dieser beiden Ergebnisse genommen und in jeder Gruppe werden diejenigen Belege miteinander verglichen, die diesen Wert erfüllen oder übersteigen.

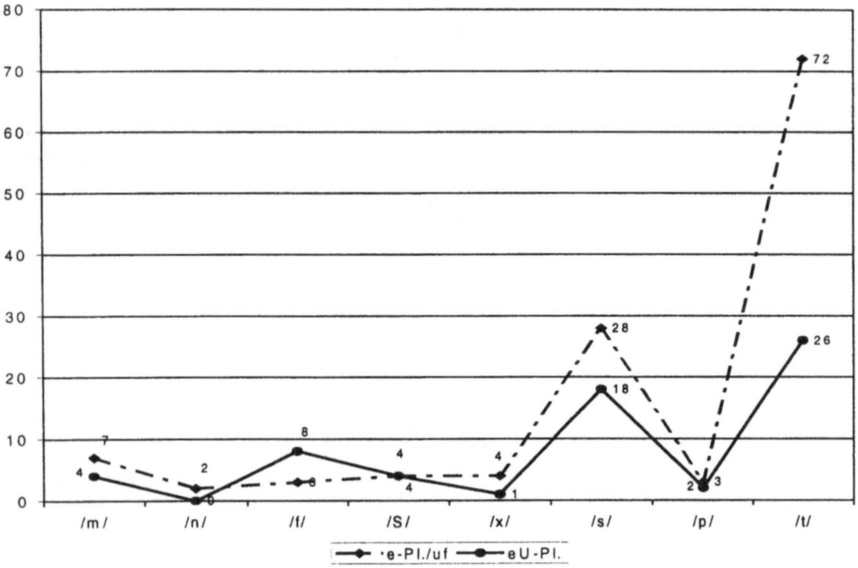

Grafik 29: Endrandkonsonant K_2 bei Maskulina mit Struktur -(V)K_1K_2

Es ergibt sich folgende Zusammenstellung: Die durchschnittliche Verwendungsfrequenz der Belege im eU-Plural liegt bei FW[46] 33, diejenige der Belege mit e-Plural bei FW 11. Im eU-Plural gibt es sieben Lemmata, die einen FW von 33 erfüllen oder übersteigen, im e-Plural sind es sechs Lemmata. Deren Frequenzwerte lassen sich wie folgt nebeneinander stellen:

46 FW = Frequenzwert

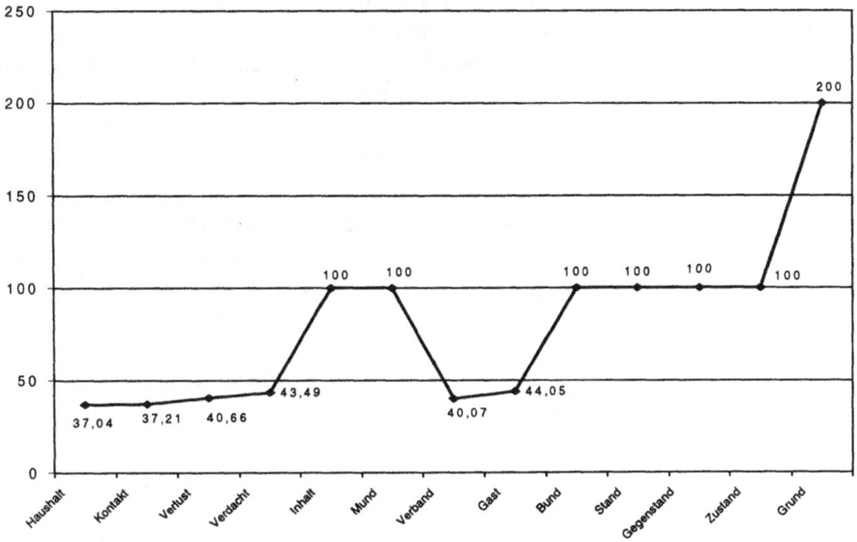

Grafik 30: Frequenz der Maskulina auf /-t/ im e- und eU-Plural (zwei Endrandkonsonanten)

Von den sechs Belegen mit e-Plural, die einen Mindestfrequenzwert von 33 erfüllen, gibt es zwei Lemmata, deren Höchstwert FW 100 ist. Von den sieben Belegen mit eU-Plural gibt es immerhin fünf Lemmata, die einen Höchstwert von 100 oder sogar darüber haben. Die beiden Belege mit e-Plural lauten: *Inhalt* und *Mund*. *Mund* kann nicht als echter e-Beleg gezählt werden, da er auch mit erU-Plural erscheint. Bleibt also nur *Inhalt*, dessen Frequenzwert im Plural aber nur bei 10,80 liegt, also wesentlich niedriger als im Singular. Die e-Pluralform ist nicht sehr frequent. Diesem Beleg stehen *Bund, Stand, Gegenstand, Zustand* und *Grund* mit eU-Plural gegenüber. *Bund* wird eliminiert, da es auch mit e-Plural auftritt. Von den verbleibenden vier Belegen sind immerhin drei auch hinsichtlich der Pluralfrequenz von Belang, nämlich *Zustand* (Pl.FW 21,46), *Gegenstand* (Pl.FW 28,80) und *Grund* (Pl.FW 100). Die Belege mit eU-Plural sind in Bezug auf die Verwendungshäufigkeit wesentlich wichtiger als der Beleg *Inhalt* mit e-Plural. Bezieht man den Faktor der Verwendungshäufigkeit in die Betrachtungen der Maskulina mit /-VKK/-Struktur ein, dann stehen drei eU-Belege auf /-t/ einem e-Beleg auf /-t/ gegenüber. Das ergibt eine Wahrscheinlichkeitsquote von 75%. Mit 75%-iger Wahrscheinlichkeit bildet ein hochfrequentes Maskulinum der Struktur `-VK_1K_2/K_2 = /t/´ eU-Plural. Unter Berücksichtigung des Faktors der Verwendungsfrequenz lässt sich also eine relativ valide Wahrscheinlichkeitsquote für ein bestimmtes Merkmalbündel ermitteln.

Doch es ergibt sich bei den Maskulina mit zwei Endrandkonsonanten noch ein anderes Merkmal, das auch unabhängig von der Verwendungshäufigkeit zu einer weitgehend validen Trefferquote führt und das sich bei den Untersuchungen von K_1 bereits angedeutet hatte. In Grafik 29 fallen relativ viele Belege mit K_2=/s/ auf. /s/ hat einen KS-Wert von 5, der für einen Konsonanten auf Position K_2 im Endrand relativ niedrig ist. Da im Hinblick auf universelle Silbenbaugesetze ein Laut mit relativ niedriger konsonantischer Stärke auf dieser Position an sich unüblich ist, liegt die Vermutung nahe, dass es sich bei diesen Endrand-Konstellationen um die dentale Affrikata /-ts/ handelt. Ein Blick in die Datenbank bestätigt diese Vermutung, allerdings nur für die Belege mit eU-Plural. Es ergibt sich folgende Zusammenstellung:

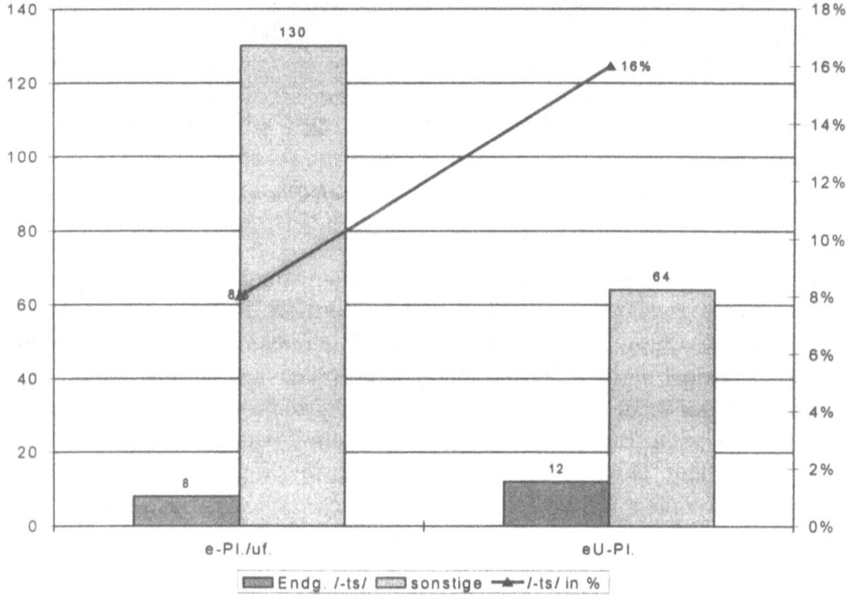

Grafik 31: Anteil der Maskulina auf /-ts/ im e- und eU-Plural (zwei Endrandkonsonanten)

Im e-Plural weisen lediglich acht von 138 Belegen die Endung /-ts/ auf, das entspricht 8%, während es im eU-Plural immerhin 12 von 76 Lemmata sind, das entspricht 16%. Daraus ergibt sich eine Wahrscheinlichkeitsquote von 60%. Mit 60%-iger Wahrscheinlichkeit bildet ein Maskulinum, das auf /-ts/ endet, eU-Plural.

Natürlich bietet es sich an, bei einer solchen Relevanz der Affrikata /-ts/ für die Pluralbildung auch einen Blick auf die bilabiale Affrikata /-pf/ zu werfen, um zu überprüfen, ob auch diese einen Einfluss auf die Pluralbildung hat, auch wenn die Zahl der Vorkommnisse für Maskulina mit K_2=/f/ in Grafik 29 nur wenig auffällig ist. Es zeigt sich, dass acht der 76 Lemmata mit eU-Plural und nur drei der 138 Belege mit e-Plural auf die bilabiale Affrikata enden. Die Wahrscheinlichkeitsquote liegt bei 73%, also noch wesentlich höher als diejenige bei der dentalen Affrikata /-ts/. Es ist dies ein deutlicher Hinweis darauf, dass das Merkmal 'Affrikata' unabhängig vom Bildungsort der Affrikate einen Einfluss auf die Pluralbildung hat.

Wenn man beide Affrikaten zusammennimmt, ergibt sich folgende Aufstellung:

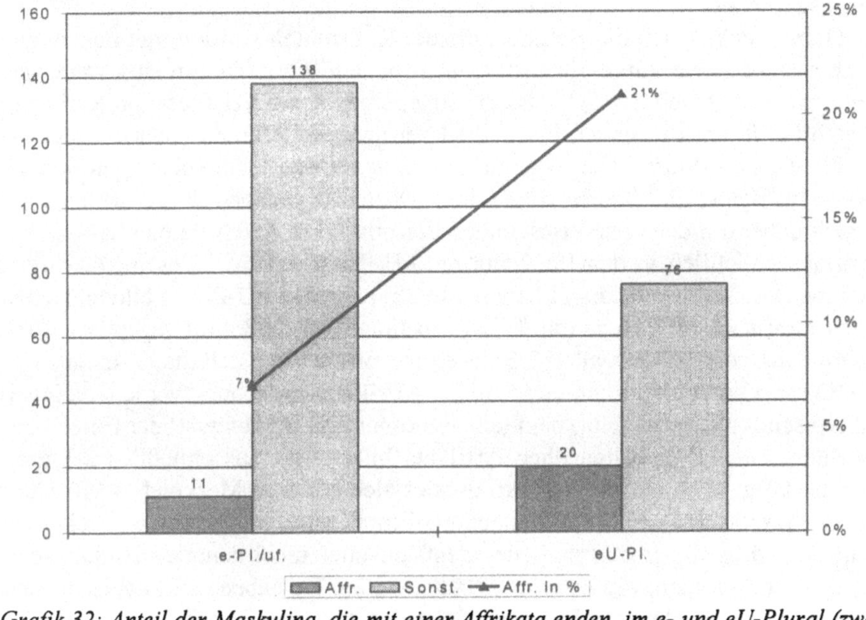

Grafik 32: Anteil der Maskulina, die mit einer Affrikata enden, im e- und eU-Plural (zwei Endrandkonsonanten)

Es ist sowohl der absolute als auch der prozentuale Anteil von Maskulina mit einer Affrikata im Endrand im eU-Plural sehr viel höher als derjenige im e-Plural. 21% aller Belege mit eU-Plural enden mit einer Affrikata, im e-Plural sind es lediglich 7%. Gerechnet an der Zahl der Belege mit Endrand-Affrikata ergibt sich eine Wahrscheinlichkeitsquote von 65%. Mit 65%-iger Wahrscheinlichkeit tritt bei einem Maskulinum der Struktur /-VKK/ eU-Plural ein, wenn es sich beim konsonantischen Endrandcluster um eine Affrikata handelt. Diese 65% stellen gegenüber der Quote von 60%, die für die dentale Affrikate /-ts/ ermittelt wurde, eine signifikante Steigerung dar. Allerdings liegen sie unter den

73%, die sich für /-pf/ ergeben hatten. Doch es kann die jeweilige Trefferquote natürlich nicht unabhängig von der Reichweite des Schemas gesehen werden, für die Überlegungen gültig sind, die Heringer (1995, 212) im Zusammenhang mit „Regeln" oder „Gesetzen" formuliert hatte. Als wichtigste Parameter für Regeln werden Reichweite, Validität und Stärke genannt, wobei Heringer der Reichweite die wichtigste Position gegenüber den anderen Parametern zumisst. Und hinsichtlich dieses Parameters stehen die acht Belege auf /-pf/ und eU-Plural den immerhin 20 Belegen und eU-Plural gegenüber, die sich aus dem allgemeineren Schema [#_Affr.] ergeben. Die Reichweite ist hier also wesentlich höher als beim Schema [#_*pf*] und die Validität ist mit 65% Trefferquote ebenfalls akzeptabel.

Damit decken sich die Befunde, die bei K_2 ermittelt wurden, mit denjenigen bei K_1: Bei K_1 war aufgefallen, dass /t/ in beiden Pluraltypen relativ stark vertreten ist. Es hat sich gezeigt, dass die Belege mit K_1=/t/ eU-Plural bilden, wenn es sich bei /t/ um den ersten Bestandteil der dentalen Affrikata handelt, ansonsten bilden sie e-Plural. Darüber hinaus waren bei den Untersuchungen von K_1 die vielen Belege mit K_1=/p/ aufgefallen. Auch hier ergaben die Analysen, dass es sich dabei um den ersten Bestandteil der bilabialen Affrikata handelt, die nahezu ausschließlich in den Lemmata mit eU-Plural auftritt. Diesen Maskulina, die eine Affrikata im Endrand haben und überwiegend eU-Plural bilden, stehen in der Grafik 28 die Belege mit /k/ auf Position K_1 und e-Plural gegenüber. Eine Überprüfung ergibt, dass alle 17 Belege eine Endrandkonstellation /-ks/ aufweisen. Diese Verbindung kann nicht zu den Affrikaten gerechnet werden, da ihnen ein typisches Merkmal fehlt, nämlich der homorgane Bildungsort der Einzelkonsonanten. Diese Maskulina ohne Affrikata bilden fast ausschließlich e-Plural. Dies bestätigt noch einmal indirekt, dass es sich bei dem Merkmal `+Affrikata´ um ein prototypisches Kriterium für eU-Plural handelt. Daraus ist weiter zu schließen, dass die Eigenschaft des dentalen oder nicht-dentalen Bildungsorts bei den Vorkommen, die /p/ oder /t/ auf Position K_1 haben, prototypisch nicht relevant ist. Die relevante Eigenschaft ist das Merkmal `+Affrikata´ mit einer Trefferquote von 65%.

Merkmal Nukleusqualität

Sehen wir uns noch das Kriterium der Nukleusqaulität an. Grafik 33 (s. S. 107) zeigt, wie viele Belege im e- und eU-Plural gespannten Nukleus haben. Der absolute Anteil der Maskulina mit gespanntem Nukleus ist im e-Plural höher als im eU-Plural. Allerdings ist der prozentuale Anteil dieser Lemmata mit 49% niedriger als derjenige im eU-Plural mit 64%. Die Wahrscheinlichkeitsquote liegt bei 42%. Mit 42%-iger Wahrscheinlichkeit tritt bei einem Maskulinum, das auf zwei Konsonanten endet und gespannten Nukleus hat, eU-Plural ein. Damit liegt diese Quote noch über derjenigen bei den Monosyllablern (41%) aber unter derjenigen des Kriteriums $K_1 \neq D$[47].

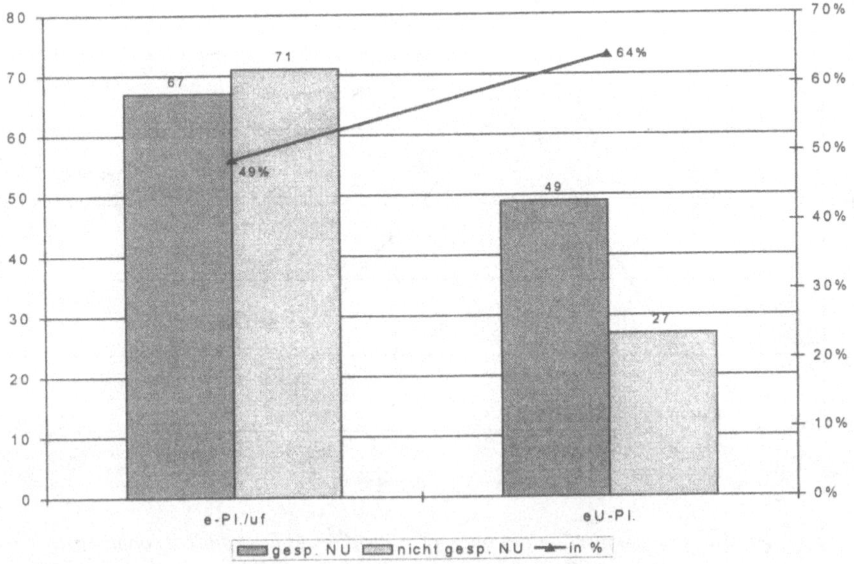

Grafik 33: Anteil der Maskulina mit gespanntem Nukleus im e- und eU-Plural (zwei Endrandkonsonanten)

Sehen wir uns auch hier die Nuklei etwas genauer an. Es ergibt die in Grafik 34 (s. S. 108) dargelegte Zusammenstellung. Die Grafik zeigt bei /a/-haltigem Nukleus wie bei den Maskulina mit einem Endrandkonsonanten relativ viele Belege mit eU-Plural. Allerdings gibt es deutlich mehr Belege mit diesem Nukleus und e-Plural. Der Blick auf den Spannungsgrad hilft in diesem Fall nicht weiter, denn anders als bei den Maskulina mit einem Endrandkonsonanten handelt es sich bei allen Belegen mit /a/-haltigem Nukleus gleichzeitig um gespanntes /a/. Die Trefferquote liegt unter Berücksichtigung aller Belege mit /a/-haltigem Nukleus bei 41% zugunsten des eU-Plurals. Eine zusätzliche Berücksichtigung des Bildungsorts und der Bildungsart des Nukleus (41%) bringt gegenüber der ausschließlichen Berücksichtigung des Kriteriums \`gespannter Nukleus′ (42%) also keine Steigerung der Wahrscheinlichkeitsquote. Das Merkmal \`/a/-haltiger Nukleus′ ist bei den Maskulina mit zwei Endrandkonsonanten redundant.

47 D = dental gebildeter Laut

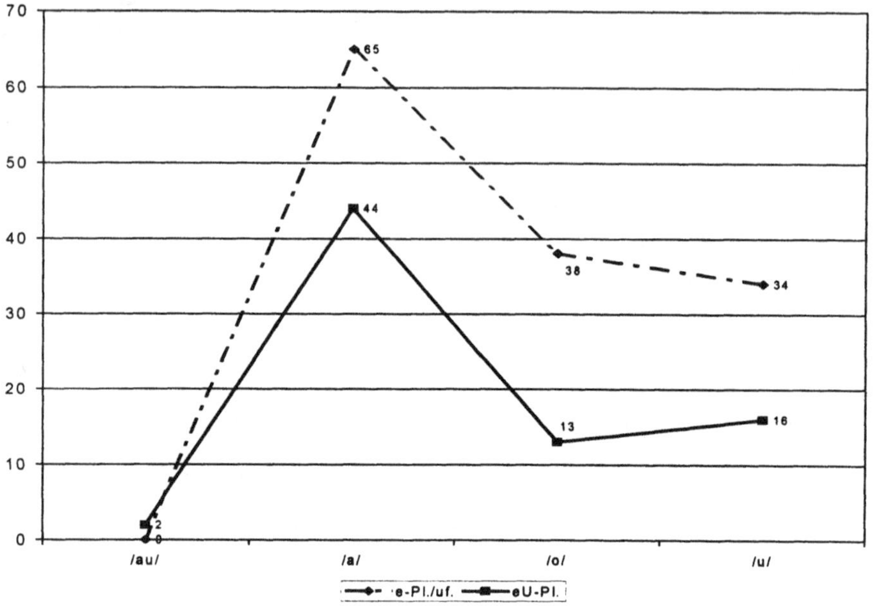

Grafik 34: Nuklei bei Maskulina mit e- oder eU-Plural (zwei Endrandkonsonanten)

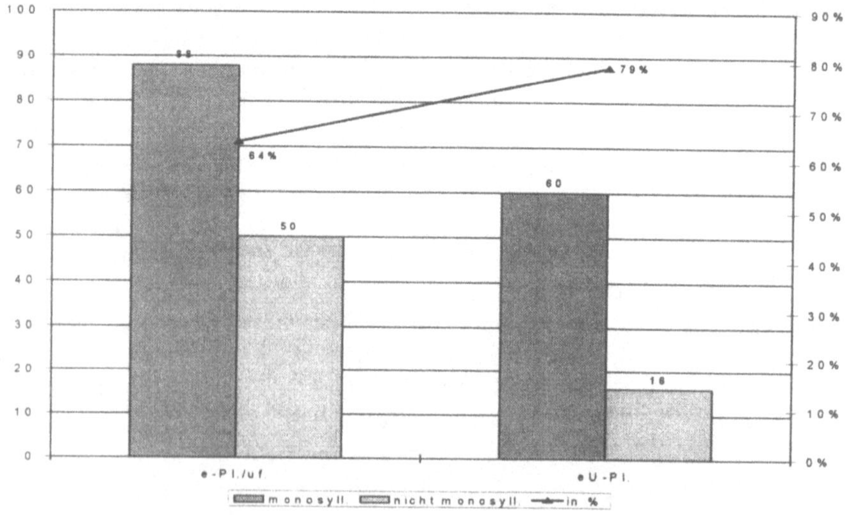

Grafik 35: Anteil der Monosyllabler im e- und eU-Plural (zwei Endrandskonsonanten)

Merkmal Monosyllabizität

Für alle Maskulina aus der e-Pluralgruppe mit Struktur /-VKK/ ergibt sich hinsichtlich des Kriteriums `Monosyllabizität´ die Zusammenstellung in Grafik 35 (s. S. 108). Der Anteil der Monosyllabler ist im e- und eU-Plural relativ hoch. Hinsichtlich der absoluten Zahlen sind die Monosyllabler mit e-Plural sogar häufiger als diejenigen mit eU-Plural. Allerdings entspricht die Anzahl der Monosyllabler immerhin 79% aller Maskulina mit eU-Plural und Struktur /-VKK/, während die Anzahl mit e-Plural nur 64% entspricht. Die Wahrscheinlichkeitsquote liegt bei 41%.

Merkmalkombinationen

Wenn wir die 65% Trefferquote des Kriteriums /+Affrikata/ mit den Quoten für Monosyllabizität (41%) und `gespannter Nukleus´ (42%) vergleichen, dann ergibt sich als erste Kombination: `Affrikata´ + `gespannter Nukleus´, die schließlich um eine Kombination + `Monosyllabizität´ erweitert werden kann, falls nötig. Es ergibt sich folgende Quotenübersicht:

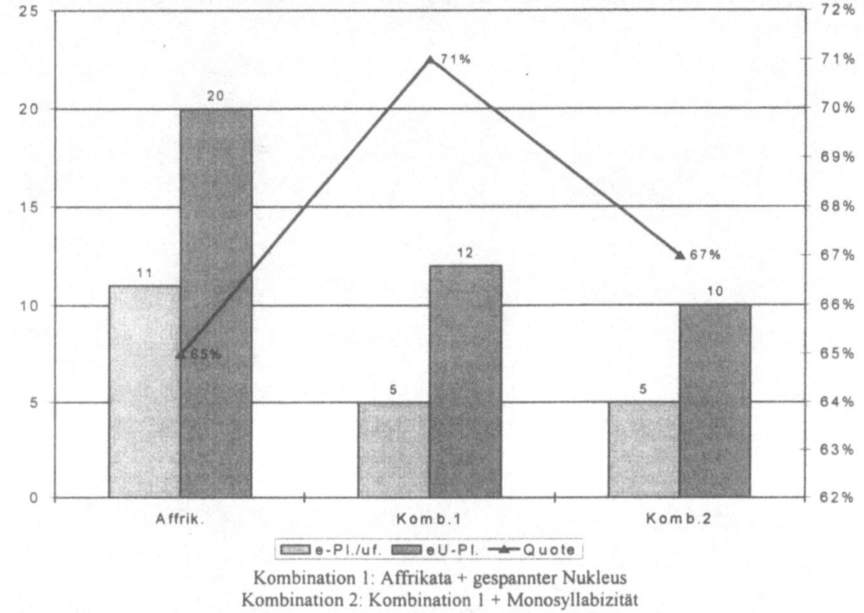

Kombination 1: Affrikata + gespannter Nukleus
Kombination 2: Kombination 1 + Monosyllabizität

Grafik 36: Einzelkriterium und Merkmalkombinationen bei Maskulina mit zwei Endrandkonsonanten

Die Trefferquote liegt beim Merkmalbündel `Affrikata' + `gespannter Nukleus' mit 71% an der Spitze der sonstigen Werte. Das Kriterium `Monosyllabizität' ist bei Maskulina mit zwei Endrandkonsonanten redundant, da sich unter Berücksichtigung dieses Faktors die Trefferquote nicht erhöht.

Ich möchte an dieser Stelle kurz darauf zurückkommen, weshalb das vorgeschlagene Kombinationsverfahren zur Ermittlung von Wahrscheinlichkeitsquoten und der daraus resultierenden prototypischen Merkmalbündel von ausschlaggebender Bedeutung sein kann. Als Vorgehen wurde vorgeschlagen, die Trefferquoten der Einzelkriterien zu ermitteln und dann in unterschiedlichen Kombinationsschritten jeweils die Merkmale mit den höchsten Quoten miteinander zu verbinden. Für die hier untersuchten Lemmata mit Struktur /-VKK/ hatte sich als Kombination 1 `Affrikata' + `gespannter Nukleus' ergeben, die dann mit `Monosyllabizität' in Kombination 2 verbunden wurde. Als Ergebnis stellte sich eine Trefferquote von 71% und die Redundanz des letztgenannten Merkmals heraus.

Geht man nun auf andere Weise vor, und zwar in Unabhängigkeit von der jeweiligen Höhe der Einzelmerkmale, so würden sich zum Beispiel folgende Kombinationen anbieten: `Monosyllabizität' + `gespannter Nukleus' als Kombination 1, als Kombination 2 käme noch /+Affrikata/ dazu. Es ergeben sich folgende Werte:

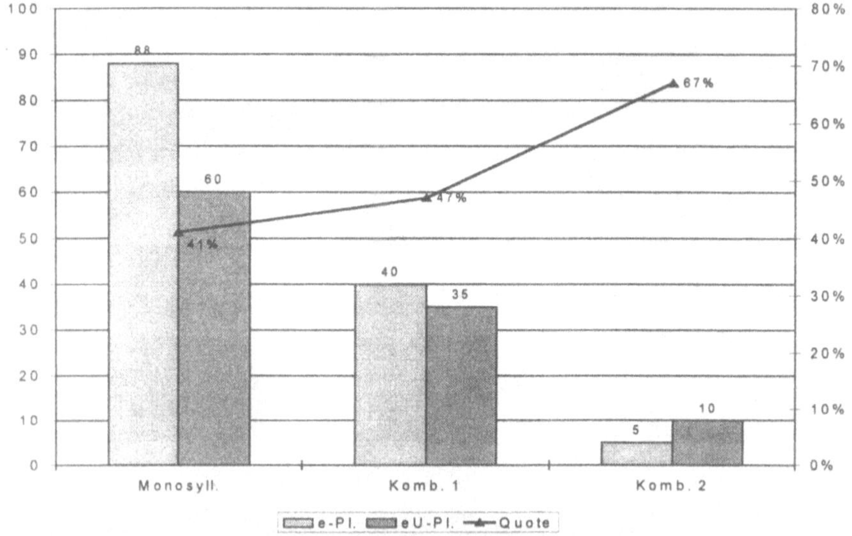

Kombination 1 = Monosyllabizität + gespannter Nukleus
Kombination 2 = Kombination 1 + Affrikata

Grafik 37: Anteile und Wahrscheinlichkeitsquote für eU-Plural bei den unterschiedlichen Merkmalbündeln (zwei Endrandkonsonanten)

Als Ausgangskriterium wird `Monosyllabizität´ genommen mit der niedrigsten Trefferquote aller drei Kriterien, nämlich 41%. Die erste Kombination umfasst `Monosyllabizität´ + `gespannter Nukleus´ (42%). Es ergibt sich eine 47%-ige Wahrscheinlichkeitsquote. In der letzten Kombination (Monosyllabizität + gespannter Nukleus + Affrikata) errechnet sich dann eine Quote von 67%. Es zeigen sich zwei wesentliche Nachteile gegenüber dem Alternativvorgehen, das aus einer Kombination der Kriterien mit den jeweils höchsten Einzelquoten besteht:

- Es wird nie eine Quote von 71% erreicht, weil nicht die richtigen Kriterien miteinander kombiniert werden.
- Die Redundanz des Kriteriums `Monosyllabizität´ lässt sich nicht feststellen.

Damit wird das weiter oben genannte Vorgehen als richtig bestätigt. Das dem Prototyp am nächsten kommende Merkmalbündel kann nur ermittelt werden, wenn diejenigen Einzelmerkmale miteinander kombiniert werden, die jeweils die höchsten Trefferquoten aufweisen.

Gehen wir noch einmal kurz zurück zu dem Merkmalbündel mit 71% Trefferquote (Affrikata + gespannter Nukleus). Ein Blick in die Datenbank zeigt, dass es sich bei den fünf Lemmata mit e-Plural, die Affrikata und gespannten Nukleus aufweisen, um Belege mit sehr niedriger Frequenz handelt: *Fratz* (FW 0,17), *Matz* (FW 0,63), *Schmatz* (FW 0,56), *Schwatz* (FW 0,23), *Uz* (FW 0,17), von denen bis auf *Schmatz* kein Beleg im Plural in der Datenbank nachgewiesen wird. Sie sind im Plural also so selten, dass sie unter 50 Mio. Textwörtern keine Rolle spielen. Im Gegensatz dazu erscheinen unter den 12 Belegen mit eU-Plural immerhin drei Lemmata, deren FW bei 100 oder höher liegt *(Satz, Gegensatz, Platz)* und zwei liegen noch um FW 10 *(Schatz, Parkplatz)*. Wenn man solche Betrachtungen mit in die Berechnung der Wahrscheinlichkeitsquote einbezieht, dann ergibt sich für Maskulina auf Affrikata plus gespanntem Nukleus über die bereits ermittelten 71% hinaus ein Wert von fast 100% zugunsten des eU-Plurals.

Zusammenfassend kann folgendes prototypische Merkmalbündel für die Maskulina mit zwei Endrandkonsonanten angegeben werden:

prototypisch eU-Plural bei Maskulinum auf /-VKK/: /-VAffrikata/ + gespannter Nukleus

Struktur /-VKKK(K)/

Merkmal Endrandstruktur

Aus der am Anfang des Kapitels aufgeführten Zusammenstellung (Grafik 17) geht hervor, dass es insgesamt 38 Maskulina gibt, die auf drei oder vier Konsonanten enden. Davon stehen 23 Belege mit 3 bis 4 Endrandkonsonanten und eU-Plural lediglich 15 Belegen mit e-Plural gegenüber. Drei- und Vierfachkonsonanz kommt also häufiger im eU-Plural als im e-Plural vor. Daraus ist zu schließen, dass ein sehr intensiv besetzter Endrand Umlautbildung begünstigt und prototypisch ist für eU-Plural. Gerechnet an der Gesamtzahl dieser Belege ergibt sich eine Wahrscheinlichkeitsquote von 61% für das Eintreten des eU-Plurals.

Da sich bei den Maskulina mit einem Endrandkonsonanten das Kriterium `-VK/K≠D´ als prototypisch relevant erwiesen hatte, sollen auch die Lemmata mit drei bis vier Endrandkonsonanten auf die Relevanz dieses Kriteriums hin untersucht werden. Von den 23 Belegen mit eU-Plural haben 10 auf Position K_1 einen nicht-dental gebildeten Konsonanten, während es bei den 15 Belegen mit e-Plural nur vier solcher Vorkommnisse gibt. Das ergibt eine Wahrscheinlichkeitsquote von 71%. Mit 71%-iger Wahrscheinlichkeit bildet ein Maskulinum der Struktur `-$VK_1K_2K_3(K_4)/K_1 \neq D$´ eU-Plural.

Köpcke (1994, 96) macht eine weitere Beobachtung, die sich auf die beiden letzten Konsonanten in einem Auslautcluster /-KKK(K)/ bezieht: Er stellt fest, dass vor allem solche Lemmata mit drei oder vier Endrandkonsonanten zum Umlaut tendieren, die das Schema /#__(K) + bilab.AFF/ aufweisen. Sehen wir uns das Material unter diesem Aspekt genauer an. Acht der insgesamt 23 Belege mit eU-Plural erfüllen dieses Schema und enden auf *-pf* (*Dampf, Kampf, Krampf, Kumpf, Rumpf, Schlumpf, Strumpf, Sumpf*). Das entspricht einem prozentualen Anteil von 35%. Auf die alveodentale Affrikata *-ts* enden nur fünf Belege (23%), die restlichen Belege verteilen sich auf sonstige konsonantische Endränder. In der Gruppe mit e-Plural gibt es nur einen von 15 Belegen, der das Schema aufweist: *Triumph*. Das entspricht knapp 7%. Das von Köpcke angenommene umlautbegünstigende Schema /#__(K) + bilab.AFF/ kann anhand meines Materials bestätigt werden. Gerechnet an der Gesamtzahl der Belege mit dem Schema /#__(K) + bilab.AFF/ ergibt sich eine Wahrscheinlichkeitsquote von 89%.

Angesichts des bei Struktur /-VKK/ Gesagten bietet es sich auch bei den Maskulina mit drei oder vier Endrandkonsonanten an, die dentale Affrikata auf ihre Pluralrelevanz hin zu überprüfen. Sechs Belege mit eU-Plural und fünf Belege mit e-Plural enden auf /-K*ts*/. Hinsichtlich deren Verwendungshäufigkeit ergibt sich folgende Zusammenstellung:

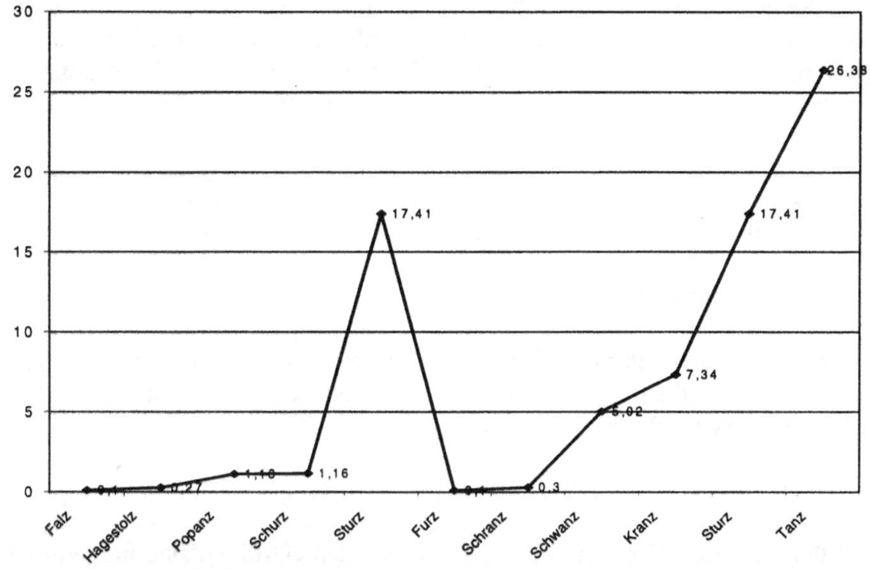

Grafik 38: Verwendungshäufigkeit der Maskulina mit Endung /-ts/ im e- und eU-Plural

Sturz ist der einzige Belege mit e-Plural, der eine signifikante Verwendungshäufigkeit aufweist, doch dieser Beleg kommt auch mit eU-Plural vor. Darüber hinaus erscheint die Pluralform *Sturze* im Material von 50 Mio. Textwörtern nicht, während *Stürze* immerhin noch eine FW von 0,73 hat. Relevant ist für dieses Lemma also nur der eU-Plural. Bei den restlichen vier Belegen mit e-Plural haben *Falz* und *Hagestolz* ebenfalls keine nachweisbare Pluralfrequenz, es bleiben nur *Popanz* und *Schurz*, deren Pluralfrequenz bei 0,13 und 0,20 liegt, d.h. im Plural treten diese Wörter nur sehr selten auf. Demgegenüber kommen die Belege mit eU-Plural mit Ausnahme von *Furz* und *Schurz* relativ häufig vor und es ist jeweils auch eine mehr oder weniger signifikante Pluralfrequenz nachweisbar. Unter Berücksichtigung der Verwendungshäufigkeit spricht also alles dafür, auch die dentale Affrikata in das prototypische Merkmalbündel für eU-Plural bei Maskulina mit drei Endrandkonsonanten aufzunehmen, da hinsichtlich der Pluralfrequenz nur vier Belege eine Rolle spielen, und die haben eU-Plural. Hinzu kommt ein weiteres wichtiges Argument: Das einzige umlautfähige Maskulinum, das auf vier Endrandkonsonanten endet, hat die dentale Affrikata auf Position K_2 und K_3, nämlich *Arzt*. Angesichts dieser Faktoren liegt die Trefferwahrscheinlichkeit eines Maskulinums auf /-VK*ts*(K)/ zugunsten des eU-Plurals bei nahezu 100%. Wenn wir diese Trefferquote mit derjenigen bei Struktur /-VK*pf*/ verbinden, so ist zumindestens so viel zu sagen, dass sich die

89% des letztgenannten Kriteriums definitiv nicht verringern, wenn das Merkmal in der Formulierung /-VKAffr.(K)/ verallgemeinert wird. Zählt man die Trefferquoten bei /VK*pf*/ und /VK*ts*/ zusammen, wobei bei /-VK*ts*/ das Kriterium der Verwendungshäufigkeit mit berücksichtigt wird, dann ergibt sich eine Quote von ca. 94% zugunsten des eU-Plurals.

Sehen wir uns nun andere Einzelfaktoren an, um durch geeignete Kombinationen schließlich zur höchstmöglichen Wahrscheinlichkeitsquote für den eU-Plural bei diesen Maskulina zu gelangen.

Merkmal Nukleusqualität

Von den 23 Belegen mit eU-Plural haben 13 gespannten Nukleus, bei den Maskulina mit e-Plural sind es nur 5 Belege. Die Wahrscheinlichkeitsquote liegt bei 72% zugunsten eU-Plural.

Merkmal Monosyllabizität

Von den 23 Belegen mit Struktur /-VKKK(K)/ und eU-Plural sind immerhin 22 Monosyllabler. Von den 15 Belegen mit e-Plural sind nur 10 Monosyllabler. Daraus ergibt sich eine Wahrscheinlichkeitsquote von 69% zugunsten des eU-Plural.

Merkmalkombinationen

Wenn wir uns wieder an den Trefferquoten der Einzelkriterien orientieren, dann lautet das erste Merkmalbündel für Maskulina, die drei bis vier Endrandkonsonanten haben: `/-VKAffr.(K)/´ (89%) + `gespannter Nukleus´ (72%). Dieses Bündel kann bei Bedarf noch mit den Kriterien `nicht-dentaler $K_1$´ (71%) und `Monosyllabizität´ (69%) kombiniert werden. In Grafik 39 (s. S. 115) ist dies im Vergleich zusammengestellt.

Die Kombination aus den beiden Merkmalen `gespannter Nukleus´ plus `Affrikata´ liefert eine 100%-ige Vorhersagbarkeit für eU-Plural. Eine weitere Kombination mit den Kriterien `$K_1 \neq D$´ und/oder `Monosyllabizität´ ist nicht nötig.

Zusammenfassend bleibt festzuhalten, dass sich drei oder mehr Konsonanten im Endrand eindeutig umlautbegünstigend auswirken. Berücksichtigt man darüber hinaus die Faktoren `Affrikata´ und `gespannter Nukleus´, dann erhöht sich die Wahrscheinlichkeitsquote für eU-Plural auf 100%.

Daraus ergibt sich folgendes prototypische Merkmalbündel für die Maskulina mit drei oder vier Endrandkonsonanten:

prototypisch eU-Plural für Maskulina mit /-VKKK(K)/: /-VKAffrikata(K)/ + gespannter Nukleus

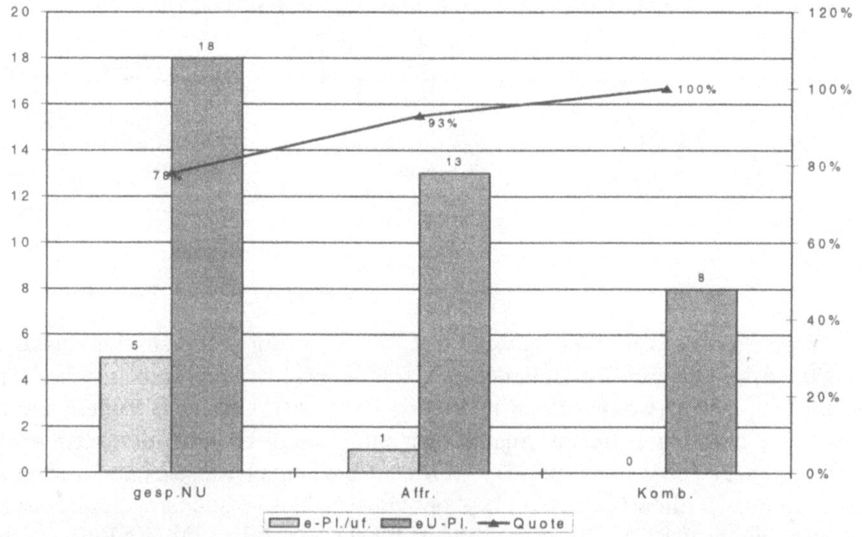

Grafik 39: Vorkommen und Wahrscheinlichkeitsquote für zwei Einzelkriterien und deren Kombination (drei bis vier Endrandkonsonanten)

Zusammenfassung für die Maskulina mit konsonantischem Endrand

Maskulina mit konsonantisch besztztem Endrand können sowohl mit e- als auch mit eU-Plural auftreten. Vergleicht man die in den vorangegangenen Abschnitten für die Endränder mit einem, zwei, drei oder vier Endrandkonsonanten ermittelten prototypischen Merkmalbündel miteinander, dann ergibt sich daraus eine Relationierung auf der Prototypenskala für alle konsonantisch endenden Maskulina. Diese Relationierung der Merkmalbündel ergibt sich aus deren jeweiliger Wahrscheinlichkeitsquote. Hier ist die Zusammenstellung.

- -VK: /-VK/K≠D/ + Monosyll. + gespannter, /a/-haltiger Nukleus: 84%
- -VKK: /-VAffrikata/ + gespannter Nukleus: 71%
- -VKKK(K): /-VKAffr.(K)/ + gespannter Nukleus: 100%

Die Merkmalkombination für Maskulina auf drei oder vier Konsonanten kommt also der prototypischen Struktur sehr nahe und wird sicher am rechten Ende der Skala platziert. Es folgt das Merkmalbündel für /-VK/ und das für /-VKK/. Es ergibt sich folgende Prototypenskala für die Maskulina mit konsonantisch geschlossenen Endrändern.

Prototypenskala für Maskulina mit konsonantischem Endrand

prototypisch
e-Plural ————————————————————————— eU-Plural

/-VAffr./ + gesp. NU	/-VK/K≠D/ + Monosyll. + gesp., /a/-halt. NU	/-VKAffr.(K)/ + gesp. NU
Satz	*Bach*	*Kampf, Arzt*

Diese Prototypikalitätsskala widerlegt Rettigs wenig optimistische Aussage, dass für das Auftreten des Umlautplurals zur Gänze „keine phonologische Verteilung angegeben werden (kann)“ (Rettig 1972, 29). Und auch Bettelhäusers Annahme, dass der „Umlaut solange den morphologisch determinierten Allomorphen zuzuordnen (ist), bis das Auftreten beziehungsweise Nicht-Auftreten des Umlauts in allen Fällen durch phonologische Distributionsregeln erfassbar ist“ (Bettelhäuser 1976, 50), ist zumindest für die Maskulina mit eU-Plural nicht zutreffend. Ebenso war Augst aufgrund der Tatsache, dass er nur Genus und Wortausgang als Bezugsgrößen angesetzt hatte, zu dem Schluss gekommen, die Entscheidung, ob im Maskulinum e- oder eU-Plural eintrete, sei „völlig offen“ (Augst 1995, 39). Unter Berücksichtigung der genannten phonologischen Bezugsgrößen ist eine Ermittlung von prototypischen Merkmal-Kategorien und deren Relationierung durchaus möglich. Die relativ hohen Wahrscheinlichkeitsquoten der phonologischen Merkmalbündel machen darüber hinaus deutlich, dass es unnötig ist, mit problematischen semantischen Bezugsgrößen zu arbeiten, wie sie von Köpcke etwa mit der „Anthropozentrik“ vorgeschlagen worden waren.

Exkurs: Rückblick auf die Kunstwort-Experimente

In den Kapiteln 2.3 und 2.4 wurden zwei Experimente mit Kunstwörtern vorgestellt. Köpcke hatte sein Experiment mit semantischen Vorgaben durchgeführt und die prozentualen Abstufungen beim (e)n- und (U)e-Plural auf semantischphonologische Bedeutungsbündel zurückgeführt. Ich selbst hatte in meinem Experiment mit dem Kusntwortkorpus Köpckes gearbeitet, allerdings auf jede semantische Vorgabe verzichtet. Die prozentualen Ergebnisse der Probandenentscheidungen in beiden Experimenten stimmten so signifikant überein, dass geschlossen werden konnte, dass es sich bei den semantischen Merkmalen nicht um primäre prototypische Faktoren handeln kann. Darüber hinaus konnte gezeigt werden, dass sich jede von Köpcke vorgegebene semantische Gruppe durch charakteristische phonologische Merkmale oder Merkmalbündel von den anderen Gruppen unterscheidet. Es wurde angenommen, dass die phonologischen Charakteristika für die Pluralbildung der Testpersonen verantwortlich waren.

Interessehalber habe ich die Pluralformen der Kunstwörter mit den prototypischen Merkmalbündeln verglichen, die im vorliegenden Kapitel für die Maskulina mit konsonantisch geschlossenen Endrändern ermittelt wurden. Die Hypothese war folgende: Wenn phonologische Merkmalbündel für die Pluralbildung ausschlaggebend sind, müsste bei den Kunstwörtern, die diese Merkmalbündel aufweisen, die prototypische Pluralform gewählt worden sein. Im Kunstwortkorpus von Köpcke treten folgende Maskulina mit geschlossenen Endrändern auf:

- 1 Konsonant: *Knatt, Schlass, Knauck, Sier, Knoff*
- 2 Konsonanten: *Knirf, Sperf, Grolch, Trilch*

Leider kommen bei Köpcke keine Kunstwörter mit drei oder vier Endrandkonsonanten vor, die dem Prototyp für eU-Plural am ähnlichsten sind. Für die entsprechende Auszählung der Ergebnisse wurden folgende Hypothesen zugrunde gelegt:

- 1 Konsonant: Das prototypische Merkmalbündel lautet `VK/K≠D´ + `gespannter, /a/-haltiger Nukleus´+ `Monosyllabizität´. Demzufolge müssten sich die Probanden bei *Knauck* wesentlich häufiger für den eU- als für den e-Plural entschieden haben, denn dieses Kunstwort weist alle prototypischen Merkmale auf. *Knatt* und *Schlass* müssten weniger eU-Pluralia aufweisen als *Knauck*, denn ihnen fehlt das erstgenannte Merkmal `VK/K≠D´. An letzter Stelle bei den Anteilen für eU-Plural müsste *Knoff* liegen, denn es weist keines der genannten Charakteristika auf. Die Probandenentscheidung müsste deutlich zugunsten des e-Plurals ausfallen.
- 2 Konsonanten: Es gibt nur einen einzigen Beleg mit umlautfähigem Nukleus: *Grolch*. Die prototypische Struktur für Maskulina mit eU-Plural lautet bei zwei Endrandkonsonanten `VAffr.´+ `gespannter Nukleus´. *Grolch* weist keines dieser Merkmale auf, d.h. die Probandenentscheidung müsste deutlich zugunsten des e-Plurals ausgefallen sein.

Hier ist die Zusammenstellung, die sich bei der entsprechenden Auszählung ergeben hat:[48]

	N	e-Pl.	eU-Pl.
Knauck	54	30%	70%
Knatt, Schlass	104	60%	40%
Knoff	56	80%	20%
Grolch	87	84%	16%

Die prozentuale Abstufung im e- und eU-Plural stimmt genau mit den Prognosen überein. Dem Beleg *Knauck* wird von den Testpersonen wesentlich häufiger eU- als e-Plural zugewiesen. Dieses Kunstwort weist alle Faktoren des prototypischen Merkmalbündels auf. Mit abnehmender Anzahl an prototypischen Charakteristika des eU-Plurals entscheiden sich die Probanden immer häufiger für den e-Plural. Besonders deutlich ist diese Tendenz beim Beleg mit zwei Endrandkonsonanten. Die für Maskulina mit geschlossenen Endrändern im Realkorpus ermittelten prototypischen Merkmale und Merkmalbündel werden also auch durch die Probandenentscheidungen bei den Kunstwörtern als primäre Einflussfaktoren für die Pluralbildung bestätigt.

5.2.2 Maskulina: Die x-Gruppe

Zur x-Pluralgruppe rechne ich zwei Pluraltypen: den unmarkierten Plural (x-Plural) und den Umlautplural (U-Plural). 390 Maskulina bilden ihren Plural unmarkiert, 31 Vorkommnisse haben Umlautplural. Das entspricht im Gesamtvolumen aller Maskulina 21% und 2%. Insgesamt besteht die von mir als Gruppe zusammengefasste Menge aus 421 Belegen, das entspricht 22% im Gesamtkorpus aller Maskulina.[49] Die Pluralgruppe selbst wird deutlich von den Maskulina dominiert. Neutra kommen bis auf eine Ausnahme nur im x-Plural vor, für Feminina gibt es in beiden Pluraltypen je zwei Belege. Hier die Zusammenstellung im Überblick:

48 Die Zusammenstellung erfolgt anhand meiner eigenen Probandenbefragung. Da Köpcke den e- und eU-Plural nicht voneinander trennt, können seine Ergebnisse nicht in diese Analyse mit einbezogen werden.

49 Ich werde im Folgenden noch begründen, weshalb ich x- und U-Plural zu einer Gruppe zusammenfasse.

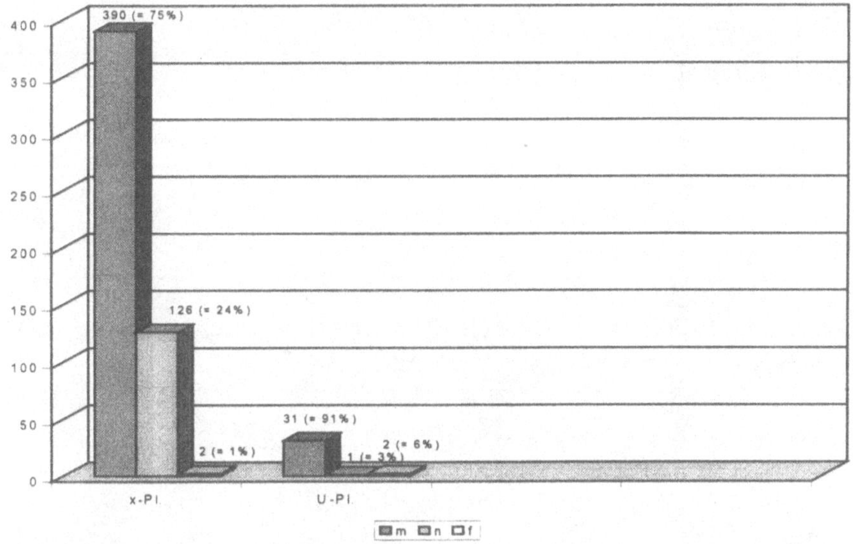

Grafik 47: Anteil der Maskulina, Neutra und Feminina in der x-Pluralgruppe (x-Plural, U-Plural)

Bleiben wir zunächst bei den Maskulina. Alle maskulinen Belege der x-Gruppe weisen sich durch ein morphologisches Charakteristikum aus: Sie enden (fast) durchgängig auf eine schwa-haltige Reduktionssilbe, und zwar auf /-ər/, /-əl/ oder /-ən/. Damit unterscheiden sie sich wesentlich von den Lemmata, die e- oder eU-Plural bilden. Kein einziges dieser Lemmata endet auf eine der genannten Reduktionssilben. Eine Endung auf /-ər/, /-əl/ oder /-ən/ ist also ein prototypisches Kennzeichen für die Maskulina der x-Gruppe. Die Grafik 40 (s. S. 120) stellt dies noch einmal im Überblick dar:

Das phonologische Kriterium der reduktionsvokalhaltigen Endung beschreibt die x-Pluralgruppe zu nahezu 100%. Die einzigen drei Ausnahmen, die nicht auf /-ər/, /-əl/ oder /-ən/ enden und dennoch x-Plural bilden, sind *Hintern, Pumps* und *Samurai.* Beim Lemma *Hintern* wird /-n/ mit Sicherheit auch als Pluralmarker verstanden, ähnlich wie /-s/ in *Pumps. Samurai* kann auch mit e- oder s-Plural auftreten. Alle drei Belege gehören hinsichtlich ihrer Verwendungshäufigkeit zum peripheren Wortschatzbereich. Ihre durchschnittliche Verwendungsfrequenz liegt bei einem Wert von 1,7.

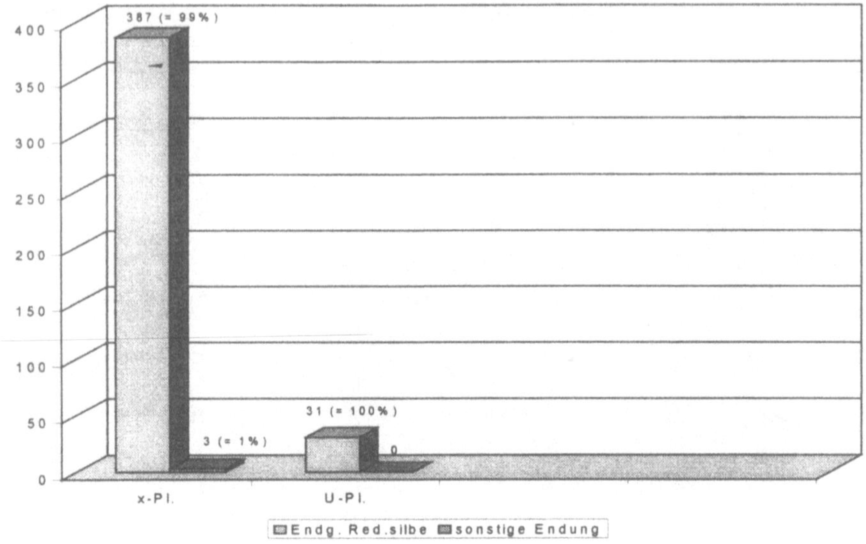

Grafik 40: Anteil der Maskulina, die auf Reduktionssilbe enden, im x- und U-Plural

Während die Zugehörigkeit eines Maskulinums zur x-Pluralgruppe anhand der Reduktionsendung relativ leicht zu prognostizieren ist, treten bei der internen Unterscheidung in der Gruppe Probleme auf. Von den 390 Maskulina mit x-Plural haben immerhin 174 Lemmata umlautfähigen Stammsilbenvokal, lauten aber dennoch im Plural nicht um. Das entspricht einem prozentualen Anteil von immerhin 45%. Wie aber unterscheiden sich diese trotz Umlautfähigkeit nicht-umlautenden Belege von jenen, die ihren Plural mit Umlaut bilden? Es ist zunächst relativ schwierig, geeignete phonologische Beschreibungskriterien für das Auftreten des x- oder U-Plurals zu bestimmen, da die für die Maskulina der e-Gruppe ermittelten Kriterien nicht in Frage kommen (vgl. Kap. 5.2.1):

- Monosyllabizität scheidet als umlautbegünstigendes Kriterium aus, da durch die phonologische Struktur der Belege in der x-Gruppe (Endung auf /-ər/, /-əl/ oder /-ən/) von Mehrsilbigkeit der Lemmata auszugehen ist.
- Die Kriterien „Anzahl der Endrandkonsonanten“ und „Artikulationsort/konsonantische Stärke des Endrandkonsonanten“ scheidet ebenfalls aus, da mit /-ər/, /-əl/ oder /-ən/ stets die gleiche Endung bei allen einschlägigen Belegen vorliegt.

Es bleibt das Kriterium der Nukleusqualität, doch auch hier zeigt eine Abfrage des Materials, dass dies kein umlautbeeinflussender Faktor in der x-Gruppe sein kann. Die prozentualen Unterschiede zwischen gespannten und ungespannten Nuklei in der Stammsilbe sind nicht signifikant. Es ergibt sich folgende Zusammenstellung:

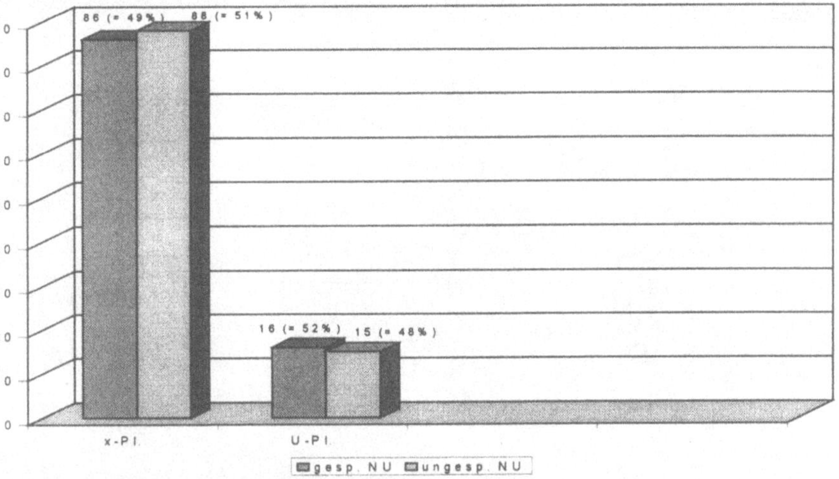

Grafik 41: Anteil der gespannten/nicht-gespannten Nuklei an den Maskulina mit x- und U-Plural

Die Anteile der gespannten und ungespannten Nuklei sind weitgehend ausgeglichen verteilt und können nicht das ausschlaggebende Kriterium für das Eintreten des Umlautplurals sein. Sollte es in der x-Gruppe also unumgänglich sein, semantische Kriterien zu berücksichtigen, die den x- oder U-Plural prognostizierbar machen, wie Köpcke es vorschlägt (Köpcke 1994)? Ich glaube nicht, denn es lässt sich ein relevantes phonologisches Kriterium ermitteln: die Struktur des Silbenkontakts, der der Reduktionsendung vorangeht. Die Zusammenstellungen hierzu finden sich in Grafik 42 (s. S. 122).

Bei den 31 Maskulina mit U-Plural fällt auf, dass in relativ vielen Belegen die der reduzierten Endsilbe vorangehende Silbe offen ist. Der Silbenkontakt hat die Struktur: -Vokal$^{\$}$Konsonant + Reduktionsvokal + Resonant (/-V.KəR/). Hier einige Beispiele: *Bruder* – /bru:.dər/, *Ofen* – /o:.fən/, *Hafen* - /ha:.fən/ usw. Immerhin weisen 23 der insgesamt 31 Belege diese Silbenkontaktstruktur auf, das entspricht 74%. Bei den Belegen mit x-Plural haben zwar auch 56 Vrk. diese Silbenkontaktstruktur, das entspricht allerdings nur 32% der Gesamtbelege mit x-Plural.

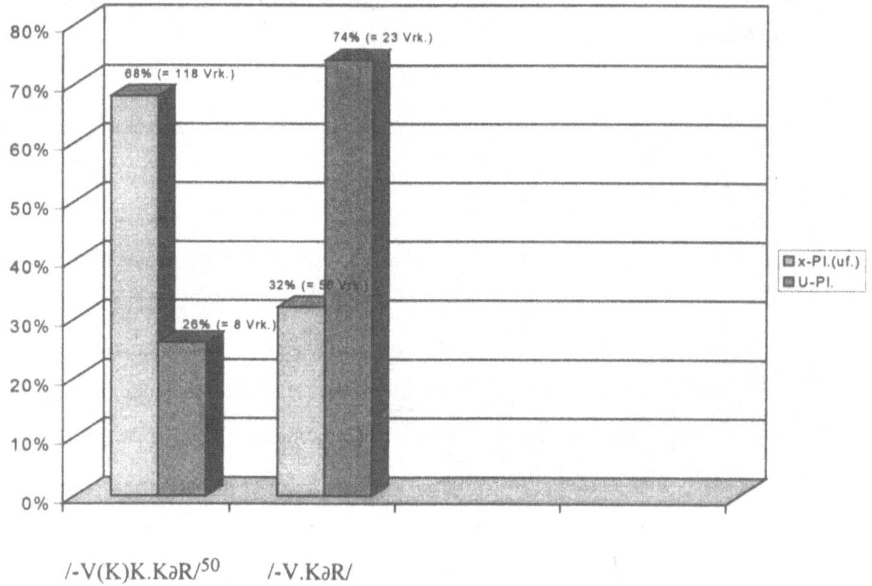

Grafik 42: Anteile der verschiedenen Silbenkontaktstrukturen im x- und U-Plural

Ein zusätzlicher Blick auf die Verwendungsfrequenz verstärkt darüber hinaus die Bedeutung der Belege mit U-Plural. Bereits in Grafik 13 wurde deutlich, dass die Lemmata mit U-Plural eine sehr viel höhere durchschnittliche Verwendungsfrequenz haben (FW 31) als diejenigen mit x-Plural (FW 3). Konkretisieren wir dies im Hinblick auf die Lemmata mit /-V.KəR/-Struktur. Es gibt 23 Lemmata mit dieser Struktur und dem als regelmäßig prognostizierten U-Plural sowie 56 Belege dieser Struktur und x-Plural. Der durchschnittliche Frequenzwert der 23 Lemmata mit U-Plural liegt bei 37, derjenige der 56 Belege mit x-Plural dagegen nur bei 11.

Dazu kommt ein weiterer deutlicher Unterschied: In der Gruppe der 23 Lemmata mit U-Plural liegen sechs Belege teilweise entscheidend über dem durchschnittlichen Frequenzwert von 37: *Boden, Bruder, Schaden, Vater, Vogel, Wagen* und weitere drei Lemmata haben immerhin noch einen Frequenzwert von ca. 20: *Bogen, (Flug)Hafen, Laden.* Demgegenüber finden sich unter den 56 Belegen mit x-Plural und /-V.KəR/-Struktur lediglich vier, die einen entsprechend hohen Frequenzwert aufweisen: *Bewohner, Computer, Rahmen* und *Wagen.* Dabei zählen *Bewohner, Computer* und *Wagen* nicht als echte Belege, denn

50 R = Resonant (Liquid oder Nasal)

Wagen erscheint häufiger mit U-Plural als mit x-Plural, *Bewohner* ist kein echtes Simplex, sondern gehört in den Bereich der Wortbildung, und *Computer* fällt als relevanter Beleg aus, da eine alternative Pluralform zu diesem Lemma sicher nicht der U-Plural, sondern allenfalls der s-Plural wäre. Damit bleibt *Rahmen* als einzige Ausnahme mit signifikanter Frequenz (FW 100) übrig, das trotz /-V.KəR/-Struktur nicht den prototypischen U-Plural, sondern x-Plural bildet.[51] Es bleibt bei den Simplizia also nur ein zählbares Beispiel, das eine Verwendungsfrequenz hat, die mit derjenigen verglichen werden kann, die bei Belegen mit /-V.KəR/-Struktur und U-Plural auftritt. Für den Umlautplural ist aus diesen Beobachtungen zu schließen, dass die Wahrscheinlichkeit, mit der ein frequentes Maskulinum der Struktur /-V.KəR/ U-Plural bildet, bei nahezu 100% liegt.

Sehen wir uns nun noch die Lemmata mit /-V(K)K.KəR/-Struktur an. 118 der insgesamt 174 Maskulina mit umlautfähigem Stammvokal und x-Plural haben vor der reduzierten Endsilbe eine durch Konsonant geschlossene Silbe. Das entspricht immerhin 68% dieser Maskulina. Hier einige Beispiele: *Anker* - /aŋ.kər/, *Balken* - /bal.kən/ usw. Zu geschlossenen ersten Silben zähle ich auch die Belege mit einem Silbengelenk oder solche, bei denen die Silbe durch den Abglitt eines Diphthongs geschlossen ist, zum Beispiel: *Brunnen* - /brun.nən/, *Dotter* - /dɔt.tər/ usw. sowie mit Diphthong *Daumen* - /da^{u}.mən/, *Haufen* - /ha^{u}.fən/ usw. Demgegenüber gibt es unter den 31 Belegen mit U-Plural lediglich acht Lemmata, bei denen die vorangehende Silbe ebenfalls durch Konsonant geschlossen ist; das entspricht einem prozentualen Anteil von 26%. Allerdings sind diese acht Belege wieder in Bezug auf ihre Verwendungshäufigkeit von Bedeutung. Die Gruppe besteht aus den Belegen *Acker, Apfel, Garten, Hammer, Kasten, Mangel, Mantel* und *Sattel.* Sie haben eine durchschnittliche Verwendungshäufigkeit von 17. Die Belege *Garten, Mangel* und *Mantel* liegen zum Teil weit über dem Durchschnittswert (z.B. *Garten* mit FW 43,79). Ich werde auf diese Frequenzbeobachtungen im Folgenden noch genauer zu sprechen kommen.

Es kann festgehalten werden, dass sich für die Belege mit der Silbenkontaktstruktur /-V(K)K.KəR/ (126 Vrk.) eine Wahrscheinlichkeitsquote von 94% für x-Plural ergibt; d.h. mit 94%-iger Wahrscheinlichkeit tritt trotz umlautfähigem Stammvokal unmarkierter Plural auf, wenn die der reduzierten Endsilbe vorangehende Silbe durch Konsonant geschlossen ist. Diese Aussage passt als Gegenpol gut zu der hohen Wahrscheinlichkeitsquote, die für /-V.KəR/-Struktur und

---

51 Allerdings muss auch der hohe Frequenzwert von *Rahmen* m.E. relativiert werden, da es im Augsburger Korpus nicht unterscheidbar ist, ob dieser Frequenzwert ausschließlich zur Form im Nominativ Plural gehört. Es fallen hier Frequenzwerte des Dat./Akk. Sg. und Nom./Gen./Dat./Akk. Pl. zusammen, die wesentlich zur Höhe der Durchschnittsfrequenz beitragen.

U-Plural ermittelt wurde. Daraus ergibt sich folgende Prototypikalitätsskala für die Maskulina der x-Pluralgruppe:

Prototypenskala für die Maskulina der x-Gruppe:

prototypisch x-Plural	U-Plural
Lemmastruktur /-V(K)K.KəR/	Lemmastruktur /-V.KəR/
Balken, Brunnen	*Vater, Bruder*

Kommen wir abschließend noch einmal auf die Frequenzbeobachtungen zurück. Es wurde bereits angesprochen, dass die Lemmata mit U-Plural eine sehr viel höhere durchschnittliche Verwendungsfrequenz aufweisen als diejenigen mit x-Plural. Darüber hinaus weisen solche Belege, die /-V(K)K.KəR/-Struktur haben und ihren Plural mit Umlaut bilden, ebenfalls eine relativ hohe Verwendungsfrequenz auf. Diese liegt durchschnittlich höher als diejenige der regelmäßigen Belege mit /-V(K)K.KəR/-Struktur und prototypischem x-Plural. Dies legt die Vermutung nahe, dass es einen Zusammenhang zwischen der Höhe der Verwendungsfrequenz und der Pluralbildung geben könnte, und zwar derart, dass Lemmata mit relativ hoher Frequenz weitgehend resistent sind gegenüber analogischen Ausgleichsprozessen zugunsten jener Pluralgruppen, die weniger markiert sind und sehr viel mehr Vorkommensbelege aufweisen. Die Lemmata mit /-V(K)K.KəR/-Struktur, für die eigentlich der x-Plural prototypisch ist, konservieren die markierte Pluralform mit Umlaut, wenn sie im Sprachgebrauch sehr häufig verwendet werden. Diese hohe Verwendungshäufigkeit macht sie resistent gegenüber einem analogischen Ausgleich hin zur unmarkierten Pluralform. Darüber hinaus bilden aber gerade solche Lemmata, die eine sehr niedrige Frequenz haben auch dann den unmarkierten x-Plural, wenn sie eine Struktur aufweisen, die eigentlich prototypisch für den U-Plural ist, nämlich /-V.KəR/. Sie werden also ins System der unmarkierten Pluralform eingegliedert, da diese hinsichtlich der Anzahl der Belege eine relativ große analogische Anziehungskraft ausübt.

Für diese Hypothese spricht eine weitere Beobachtung. In der Gruppe mit den acht Belegen, die trotz /-V(K)K.KəR/-Struktur ihren Plural nicht unmarkiert, sondern mit Umlaut bilden, fallen zwei Belege auf, die eine starke Tendenz zum unmarkierten Plural haben: *Hammer (zwei Hammer* neben *zwei Hämmer)* und

Kasten (zwei Kasten neben *zwei Kästen*)[52]. Erstaunlicherweise sind das gerade die beiden Belege, bei denen die Pluralform (*Hämmer, Kästen*) in der Gruppe der einschlägigen acht Lemmata die geringste Vorkommenshäufigkeit aufweist. Das ist ein weiterer Hinweis darauf, dass es einen Zusammenhang zwischen der Vorkommensfrequenz der Pluralform eines Lemmas und seiner Tendenz hin zur unmarkierten oder weniger markierten Pluralform gibt. Über den Zusammenhang zwischen Verwendungsfrequenz und einem analogischen Ausgleichsprozess zugunsten der weniger markierten Pluralform kann eine Hypothese aufgestellt werden:

Hypothese:
Eine markierte Pluralform tendiert umso mehr zur unmarkierten Pluralform, je niedriger die Verwendungsfrequenz des Lemmas ist.

Ich werde darauf an geeigneter Stelle noch einmal zu sprechen kommen (vgl. Kap. 5.2.4). Zusammenfassend bleibt festzuhalten, dass für die wenigen Belege mit U-Plural durchaus phonologische Faktoren auszumachen sind, die die Motiviertheit dieses Pluraltyps belegen. Es ist nicht angemessen, diese Belege als Ausnahmen zum regelmäßigen x-Plural zu betrachten, wie dies bislang in der einschlägigen Literatur der Fall ist. Es handelt sich zwar um „rudimentäre Bildungsweisen" (August 1975, 22), allerdings sind diese nicht einfach als Ausnahmen des Systems zu deklarieren: "Gerade im diachronischen Prozeß der Umwälzung vom Deklinations- zum Pluralsystem bleiben, synchron gesehen, rudimentäre Bildungsweisen übrig, die man dann auch klar als Ausnahmen deklarieren kann" (August 1975, 22). Wie haben gesehen, dass der Umlautplural eine phonologische Motivation hat, die mittels einer prototypischen Struktur /-V.KəR/ beschreibbar ist. Darüber hinaus wurde eine Hypothese über den Zusammenhang zwischen Verwendungsfrequenz und Pluralbildung formuliert. Untersuchungen der Belege mit U-Plural und ihrer Verwendungsfrequenz führten zur Annahme, dass hochfrequente Lemmata weitgehend resistent sind gegenüber analogischen Ausgleichsprozessen zugunsten der unmarkiert(er)en Pluralform, während solche Lemmata mit niedriger Verwendungshäufigkeit bereits in diese Pluralform übergetreten sind oder in einem Übergangsprozess begriffen sind.

---

52 In einem authentischen Gespräch konnte ich z.B. den Satz hören: *„Jetzt hat er schon zwei Briefkasten an seiner Haustür!"*, was vom Gesprächspartner als grammatisch wohlgeformt angenommen und im weiteren Gesprächsverlauf sogar wiederholt wurde.

5.2.3 Maskulina: Die n-Gruppe

Zur n-Gruppe rechne ich zwei Pluraltypen: n-Plural und en-Plural. Mit n-Plural werden 89 Maskulina gebildet, mit en-Plural 117. Insgesamt umfasst die n-Gruppe 296 Maskulina und nimmt im Gesamtkorpus aller 1902 Maskulina einen Anteil von knapp 16% ein. Die Pluralgruppe selbst wird nicht von den Maskulina, sondern von Feminina dominiert. Hier die Zusammenstellung im Überblick:

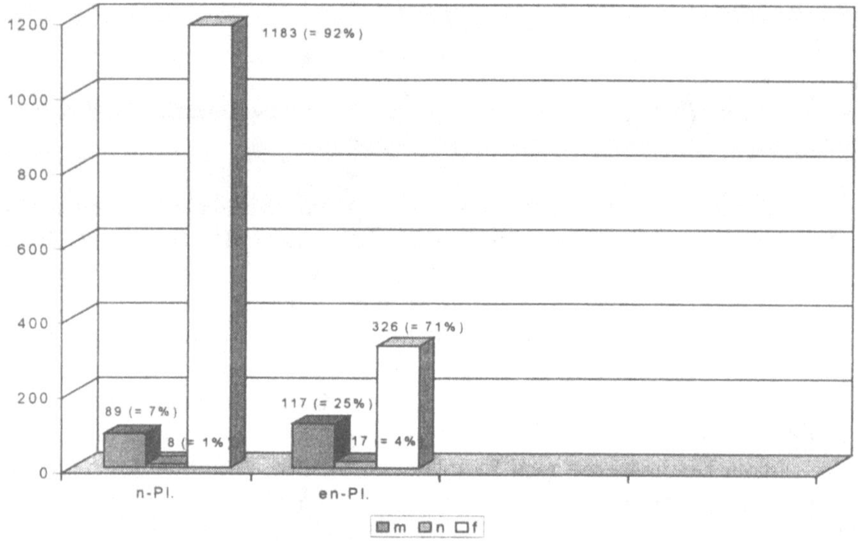

Grafik 43: Anteil der Maskulina, Neutra und Feminina in der n-Pluralgruppe (n-Plural, en-Plural)

Im Hinblick auf die Vorkommenshäufigkeit sind sowohl der n- als auch der en-Plural für die Maskulina nur von untergeordneter Bedeutung. Ein Blick auf die Verwendungsfreuqenz bestätig dies ebenfalls. Grafik 13 weist darauf hin, dass die durchschnittliche Verwendungshäufigkeit der Maskulina mit n-Plural bei einem FW von 9 liegt, diejenige der Maskulina mit en-Plural liegt etwas höher, nämlich bei einem FW von 15. Die durchschnittliche Verwendungsfrequenz der Belege mit en-Plural entspricht damit derjenigen mit e-Plural, die Frequenz der Belege mit n-Plural liegt weit darunter.

Für die Maskulina mit n-Plural lässt sich in Bezug auf die Endrandstruktur folgende Zusammenstellung geben:

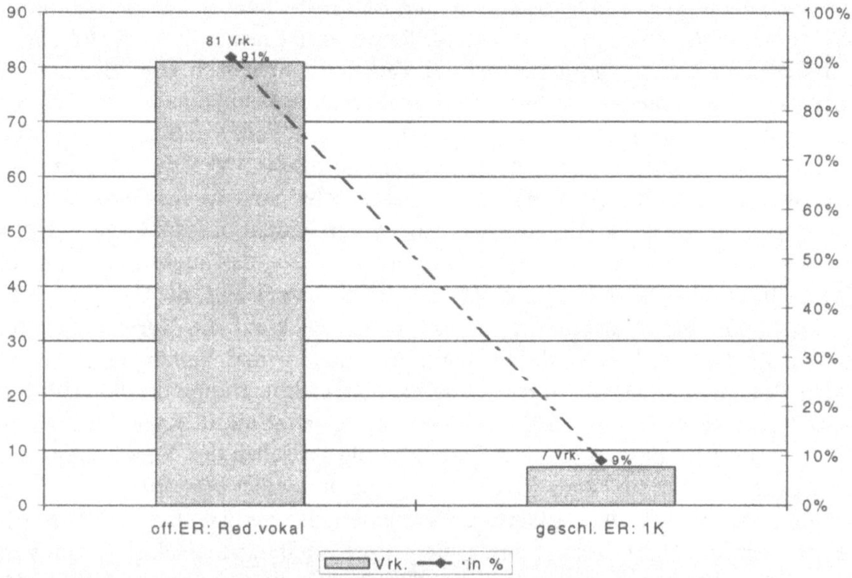

Grafik 44: Endrandstrukturen der Maskulina mit n-Plural

Es ist relativ leicht, ein phonologisches Kriterium zu benennen, das für diesen Pluraltyp prototypisch ist: Von den 89 einschlägigen Belegen enden 81 auf den Reduktionsvokal /-ə/, das entspricht einem prozentualen Anteil von 91%. Maskulina, die auf /-ə/ enden, sind also prototypisch für den n-Plural, während solche auf /-ər, -əl, -ən/ einen Plural aus der x-Gruppe präferieren und solche auf Konsonant(en) einen Plural aus der e-Gruppe.

Es gibt lediglich 7 Belege mit n-Plural, die auf einen Konsonant enden, und zwar: *Mogul, Muskel, Nachbar, Pantoffel, Satyr, Stachel, Vetter.* Die Belege *Mogul* und *Satyr* treten auch mit e-Plural auf, was dem prognostizierten Plural entspricht. Für Feminina dieser Struktur ist n-Plural regelmäßig. Bei den Maskulina zeigen sich in den genannten Belegen erste analogische Ausgleichstendenzen zum n-Plural. *Stachel* war im Mittelhochdeutschen auch als Femininum belegt[53], und hat beim Übertritt zu den Maskulina den n-Plural beibehalten. n-Plural ist bei den Feminina auch nach /-əl/ regelmäßig. *Muskel* ist eine sehr junge Entlehnung des 18. Jahrhunderts aus dem Lateinischen, das im Plural eine sehr viel höhere Verwendungsfrequenz (FW 7,14) hat als im Singular (FW 1,66). Die Tatsache, dass es sich um ein Fremdwort handelt, das seiner Struktur

53 Kluge/Seebold, 1995, S. 693.

nach auch noch jenen Belegen sehr ähnlich ist, die n-Plural bilden (Feminina auf /-əl/) ist gut als Motivation dieser Pluralbildung beim Maskulinum vorstellbar.

Es bleiben die Belege *Nachbar* und *Vetter*. Es stellt sich zum Beispiel die Frage, weshalb gerade *Vetter* n-Plural bildet, während ein semantisch verwandtes Lemma wie *Vater* unmarkierten Plural aufweist. *Vetter* enthält darüber hinaus auch noch die für unmarkierten Plural prototypische /-V(K)K.KəR/-Struktur. Auch hier hilft ein Blick in die Sprachgeschichte: Sowohl *Nachbar* als auch *Vetter* endeten noch im Mittelhochdeutschen auf Reduktionsvokal /-ə/: *nāchgebūre* und *vetere*, ganz in Gegensatz übrigens zu *Vater*, das auch in historischen Sprachstufen nie eine /-ə/-Endung aufwies (mhd. *vater*). Für alle auf /-ə/ endenden Lemmata aber ist n-Plural regelmäßig. Ein Blick auf die Verwendungsfrequenz zeigt darüber hinaus, dass es sich bei *Nachbar* und *Vetter* genau um die beiden Belege handelt, die in der genannten Ausnahmegruppe die höchste Frequenz haben (FW 9,07 und FW 15,08). Dies bestätigt die in Kap. 5.2.2 aufgestellte Hypothese, dass es einen Zusammenhang zwischen der Verwendungsfrequenz eines Wortes und seiner Resistenz gegenüber einer Änderung der Pluralbildung zugunsten der unmarkierteren Variante gibt. Für *Nachbar* und *Vetter* ist anzunehmen, dass die Reduktionsendung des Mittelhochdeutschen verantwortlich ist für n-Plural und nicht ein analogischer Ausgleichsprozess im Neuhochdeutschen zugunsten des n-Plural.

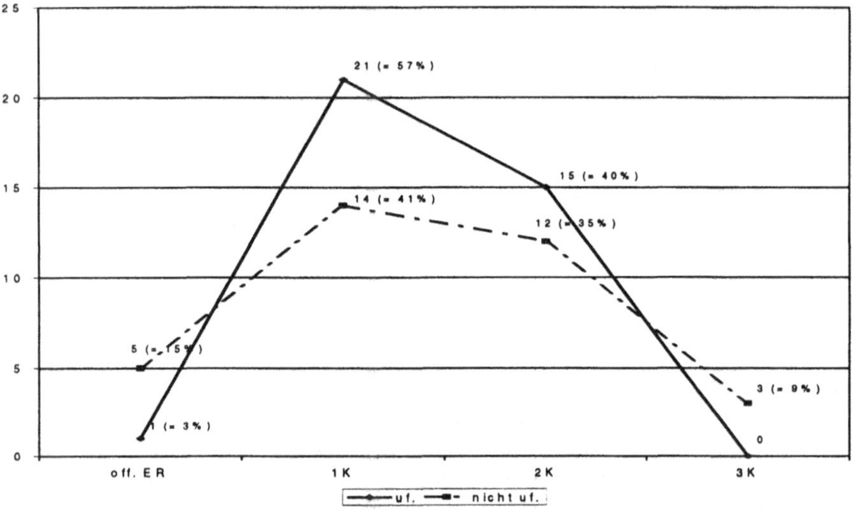

Grafik 45: Endrandstrukturen bei den umlautfähigen und nicht-umlautfähigen Maskulina mit en-Plural

Wenden wir uns nun den Belegen mit en-Plural zu. Aus Gründen der Übersichtlichkeit werden zunächst nur die Simplizia in der genannten Gruppe fokussiert, die Derivativa bleiben vorerst außer Acht. Es bleiben 71 Belege (von 117 Vrk.). Diese weisen ihrer Struktur nach alle Eigenschaften auf, die sie eigentlich für einen Pluraltyp aus der e-Gruppe prädestinieren würden. In Grafik 45 (s. S. 128) ist diese Beleglage zusammengestellt.

In Bezug auf die Anzahl der Endrandkonsonanten ist festzuhalten, dass die Belege der prototypischen Struktur für eU-Plural wenig entsprechen. Es gibt nur drei Belege, die drei Endrandkonsonanten aufweisen, doch diese sind nicht umlautfähig. Das Kriterium „Anzahl der Endrandkonsonanten" spricht also nicht für den eU-Plural, sondern eher für den e-Plural. Eine ähnliche Aussage ergibt sich für das Kriterium der Nukleusqualität: Nur 26 der 71 Belege haben gespannten Nukleus, d.h. es spricht auch diesbezüglich weniger für den eU- als für den e-Plural. Hinsichtlich der Monosyllabizität lässt sich relativ wenig sagen, denn 47 der 71 Belege sind Monosyllabler. Allerdings hat sich bei den Untersuchungen zum e- und eU-Plural bereits erwiesen, dass auch in der e-Pluralgruppe viele Monosyllabler vorkommen und dass dieses Kriterium in Bezug auf das Eintreten des eU-Plurals relativ wenig reliabel ist. Sehen wir uns noch das Kriterium des Artikulationsorts bei den Belegen mit e- und en-Plural an. Es ergibt sich folgendes Bild:

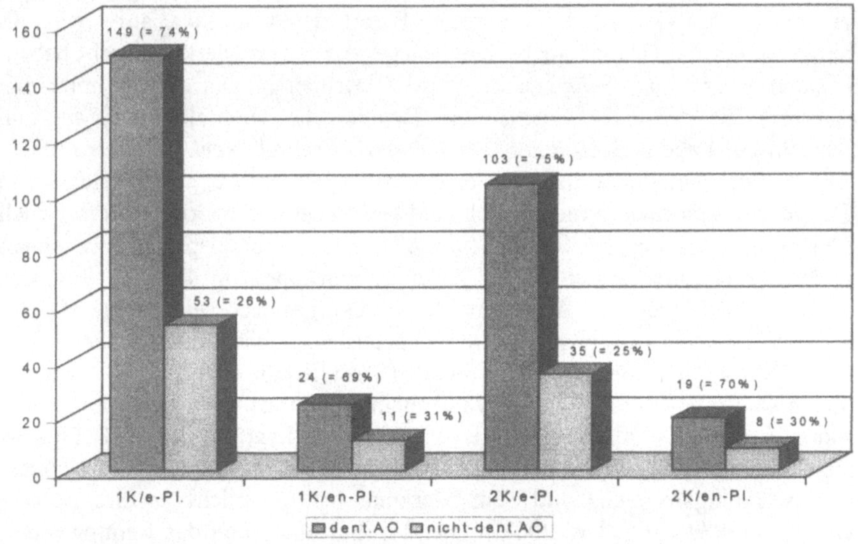

Grafik 46: Anteil der Belege mit dentalem und nicht-dentalem Artikulationsort des/der Endrandkonsonanten im en- und e-Plural

Wieder zeigen die Belege mit en-Plural prototypische Merkmale des e-Plurals: Die prozentualen Anteile der Lemmata, die einen Konsonanten mit dentalem Bildungsort in ihrem Endrand haben und en-Plural bilden, sind fast gleich groß wie diejenigen bei den Lemmata mit e-Plural. Dentaler Bildungsort und ein bis zwei Konsonanten im Endrand sind prototypisch für e-Plural. Im Gegensatz dazu weisen die Belege mit en-Plural die Merkmalbündel des eU-Plurals nicht oder kaum auf:

- /-VKAffr.(K)/ + gesp. Nukleus: kein Beleg mit en-Plural
- nicht-dentaler Endrandkonsonant + Monosyll. + gesp., /a/-haltiger Nukleus: kein Beleg mit en-Plural.
- Affrikata + gesp. Nukleus: 1 Beleg mit en-Plural: *Spatz.*

Insgesamt sind die Ausnahmen mit en- anstelle von eU-Plural also sehr gering, was die Validität und Reliabilität der evaluierten Merkmalbündel für eU-Plural bestätigt. Es stellt sich die Frage, welches die unterscheidenden Merkmale der Lemmata mit en-Plural im Gegensatz zu jenen mit e-Plural sind, nachdem die bisher vorliegenden Ergebnisse belegen, dass die Lemmata mit en-Plural die gleichen prototypischen Merkmale aufweisen wie diejenigen mit e-Plural.

Köpcke (1994 ff.) nimmt an, dass das semantische Kriterium entscheidend für den en- Plural ist. Seiner Meinung nach sind vor allem solche Belege für den en-Plural prototypisch, die das Merkmal [+menschlich] aufweisen. Ich halte dieses Kriterium nicht für valide genug, um als prototypenrelevant zu gelten. Es ist zwar richtig, dass viele der Belege mit en-Plural dieses Merkmal aufweisen, allerdings enthält die Gruppe auch viele Belege, die dieses Merkmal nicht haben, z.B. *Dorn, Fels, Nerv, Schmerz, Staat* usw. Darüber hinaus gibt es unter den Maskulina, die e-Plural bilden, viele Belege, die ebenfalls das Merkmal [+menschlich] haben: *Bräutigam, Dieb, Feind, Freund, Kerl, Knecht, Mönch, Schmied, Wirt, Zwerg* uva. Insgesamt zähle ich in der en-Gruppe 53 Belege (von 117), die das Merkmal [+menschlich] aufweisen, in der e-Gruppe komme ich auf 56 Belege mit diesem Merkmal (von 671 Vrk.). Das entspricht zwar einem internen prozentualen Anteil in der jeweiligen Gruppe von 45% vs. 8%, was evtl. das ausschlaggebende Argument für Köpcke gewesen sein mag. Hinsichtlich der Wahrscheinlichkeitsquote, die sich aus der Gesamtmenge der Belege mit dem Merkmal [+menschlich] errechnen lässt, ergibt sich ein Wert von lediglich 49% für en-Plural, d.h. die Wahrscheinlichkeit, dass ein Lemma mit dem Merkmal [+menschlich] tatsächlich en-Plural bildet, liegt nur bei 49%. Dies ist keine überzeugende Quote. Allerdings haben die beiden Lemmata mit der höchsten Verwendungsfrequenz und dem Merkmal [+menschlich] en-Plural: *Herr* (FW 400) und *Mensch* (FW 200).[54] Daneben hat aber auch das Lemma *Staat,*

54 Auch das Wort *Graf* hat einen sehr hohen FW, nämlich 100. Ich habe aber Zweifel an dieser Frequenz, da sie im Augsburger Korpus m.E. durch die sehr häufige Pres-

das dieses Merkmal gerade nicht aufweist und dennoch en-Plural bildet, einen sehr hohen Frequenzwert mit 200. Darüber hinaus gibt es auch unter den Belegen, die trotz des Merkmals [+menschlich] e-Plural und nicht en-Plural bilden, ein hochfrequentes Lemma, nämlich *Freund*, mit einem Frequenzwert von 100.

Eine Beobachtung bei den Derivativendungen spricht ebenfalls gegen Köpckes semantisches Kriterium. Einerseits gibt es zwar sehr viele Derivationsendungen in der en-Pluralgruppe, die Lemmata mit dem Merkmal [+menschlich] generieren, z.B. *-aut (Astronaut), -urg (Chirurg), -soph (Philosoph)* uva., andererseits treten zahlreiche derartige Derivativendungen in der e-Pluralgruppe ebenfalls auf, z.B. *-ar (Jubilar), -an (Kaplan), -ieur (Ingenieur), -ing (Liebling)* usw. Gerade in der en-Pluralgruppe gibt es aber auch Derivativa, die Lemmata generieren, die das Merkmal [+menschlich] nicht aufweisen. Einige Beispiele: *-at (Automat), -or (Motor), -isk (Obelisk), -ant (Diamant)*. Auch dieser Befund entkräftet das semantische Kriterium.

Sehen wir uns die 71 Belege mit en-Plural in Bezug auf ihre phonologische Struktur noch einmal genauer an. Da sind zunächst die Belege, die auf Vollvokal enden.

Struktur /-V/

Mit en-Plural werden insgesamt sieben Lemmata auf Vollvokal gebildet, zwei davon sind umlautfähig: *Bau, Pfau* und *Lakai, Leu, Papagei, See, Zeh*. Diese stehen den 10 Belegen auf Vollvokal gegenüber, die e-Plural bilden (vgl. Kap. 5.2.1), sechs davon sind umlautfähig: *Bau, Gau, Kabeljau, Schuh, Stau, Verhau* und *Brei, Hai, Schrei, Verleih*. Der Beleg *Bau* kann sowohl mit e-Plural (*Baue*) als auch mit en-Plural (*Bauten*) erscheinen. *Baue* ist allerdings eine so selten verwendete Form, dass sie im gesamten Frequenzkorpus, das immerhin 50 Mio. Textwörter berücksichtigt, nicht vorkommt. Die regelmäßige Form ist *Bauten* mit t-Epenthese, um Homophonie zur Wortform *bauen* zu vermeiden. *Pfau* geht auf mhd. *pfāwe* zurück, d.h. auf eine Form mit /-ə/-Endung und regelmäßigem n-Plural. Die Pluralform auf *-n* hat sich im Neuhochdeutschen erhalten, zumal sie als regelmäßig angesehn werden muss, analog zu den wesentlich häufigeren Feminina, z.B. *Frau/Frauen*. *Leu* erhält den regelmäßigen n-Plural von *Löwe*. Bei *Papagei* und *Lakai* handelt es sich um Lehnwörter aus dem Französischen (*Papagei* < *papegai* und *Lakai* < *laquais*). Ich nehme an, dass es sich beim en-Plural dieser Belege um eine Analogiebildung zu den häufigeren Feminina auf Vollvokal und en-Plural handelt. Es bleiben die beiden Belege *Zeh* und *See*. *Zeh* ist eine Variante zu *die Zehe* mit regelmäßigem n-Plural. *See/Seen* stellt syn-

---

se-Nennung des Familiennamens *Graf* im Zusammenhang mit der Tennisspielerin stehen dürfte und mit dem eigentlichen Lexikoneintrag nichts zu tun haben dürfte.

chron den einzigen echten Beleg für ein Maskulinum auf Vollvokal und en-Plural dar. Allerdings tritt noch im Mittelhochdeutschen *sēwe* häufig neben *sē* auf. Zu *sēwe* ist n-Plural regelmäßig. Es ist anzunehmen, dass sich diese ursprünglich regelmäßige Pluralform nach Haplologie von *-we* erhalten hat. Zusammenfassend ist zu sagen, dass es sich bei keinem Maskulinum auf Vollvokal und en-Plural um einen haltbaren Beleg dafür handelt, dass en-Plural bei diesem Genus nach Vollvokal überhaupt vorkommt. Es ist vielmehr anzunehmen, dass es sich entweder um einen sprachgeschichtlich regelmäßigen n-Plural nach /ə/ handelt oder um Analogiebildung zu den Feminina mit en-Plural. Ich werde auf diesen Aspekt in Kap. 5.6 noch einmal zurückkommen.

Sehen wir uns im Vergleich dazu noch die oben genannten Belege auf Vollvokal und e-Plural an. Zu *Bau* wurde bereits gesagt, dass *Bauten* die wesentlich häufigere Pluralform darstellt, die als Analogiebildung zu einem so hochfrequenten Femininum wie *Frau* anzusehen ist.[55] Bei den restlichen Vorkommnissen *Brei, Gau, Hai, Kabeljau, Schrei, Schuh, Stau, Verhau, Verleih* handelt es sich um echte Belege für Maskulina auf Vollvokal und e-Plural. Bis auf *Schrei* (FW 8,47) und *Schuh* (FW 6,98; Pluralfrequenz höher: 13,85) handelt es sich allerdings um Belege mit sehr niedrigen Verwendungshäufigkeiten. Die e-Pluralformen tauchen zu einigen Lemmata im Frequenzmaterial gar nicht auf. Es ist aus den Befunden zu schließen, dass Wörter auf Vollvokal tendenziell weniger mit maskulinem als mit femininem Genus gebildet werden. Die wenigen Maskulina auf Vollvokal bilden prototypisch e-Plural (vgl. Kap. 5.2.1), bei den Lemmata mit en-Plural handelt es sich um Analogiebildungen zu den Feminina.

Struktur /-VK(K)/

Es fällt auf, dass viele der Maskulina mit konsonantischem Endrand und en-Plural auch Alternativformen mit einer /-ə/-Endung haben, einige wechseln dabei zum femininen Genus: *Alb – Albe, Bub – Bube, Bursch – Bursche, Butz – Butze, Dorn – Dorne, Gesell – Geselle, Hirt – Hirte, Ochs – Ochse, Schneck – Schnecke, Vorfahr – Vorfahre, Zeh - Zehe* usw. Dieses Merkmal trifft auf insgesamt 22 der 71 Belege zu, das entspricht 31%. Für Lemmata, die auf /-ə/ enden, ist der n-Plural prototypisch. Der en-Plural, der bei diesen Maskulina mit konsonantischem Endrand auftritt, ist identisch mit einem prototypischen n-Plural der Varianten mit /-ə/-Endung. Dabei ist die Form mit /-ə/-Endung entweder eine sprachgeschichtlich ältere Variante, die bereits im Mittelhochdeutschen existierte (z.B. *Schnecke* < mhd. *snecke, snegge*), oder es handelt sich um Belege für

55 *Frau/Frauen* allerdings ohne t-Epenthese (**Frauten*), da keine Verwechslung mit einer anderen Wortform wie bei *Bau/*Bauen* möglich ist.

synchronen analogischen Ausgleich zugunsten der vorkommensintensiven Gruppe von Feminina mit n-Plural, z.B. *die Dorne* < *der Dorn* < mhd. *der dorn*.

Der relativ hohe Anteil von Belegen, die synchron mit und ohne /-ə/-Endung auftreten können, legt die Vermutung nahe, dass auch bei den anderen Belegen mit konsonantischem Endrand möglicherweise eine sprachhistorische /-ə/-Endung zugrunde liegt, die sich synchron im Pluralmorphem *-en* widerspiegelt. Sehen wir uns das einschlägige Material unter diesem Aspekt an. Eine entsprechende Überprüfung der verbleibenden 49 Belege, die synchron keine /-ə/-Variante mehr haben, ergibt folgenden Befund: Alle Belege, die zum Erbwortschatz gehören, haben im Mittelhochdeutschen /-ə/-Endung. Darunter sind auch alle Lemmata mit der höchsten Verwendungsfreuqenz dieser Gruppe: *Herr* (FW 400) – *herre, Mensch* (FW 100) – *mensche, Graf* (FW 100) – *grave, Schmerz* (FW 25,91) – *smerze, Fürst* (FW 14,65) – *vürste, Fink* (FW 5,71) – *vinke, Greif – grîve, Fels – velse, Narr – narre, Spatz – spatze, Strahl – strâle, Steinmetz – steinmetze, Schultheiß – schultheize* usw. Es bleiben einige Belege, die im 16. Jahrhundert aus dem Lateinischen oder Französischen entlehnt wurden: *Staat* < *status, Nerv* < *nervus, Prinz* < *prince*, *Depp* und niederdt. *Maat*. Insgesamt weisen 60 der 71 Belege im Standarddeutschen oder Mittelhochdeutschen das prototypische /-ə/ in der Endung auf. Das entspricht 85%. Die restlichen 11 Belege sind überwiegend spätere Entlehnungen, meist aus dem Lateinischen oder Französischen. Und gerade diese /-ə/-Endung stellt das prototypische Merkmal der Lemmata mit n-Plural dar, denn die Belege aus der e-Gruppe haben weder synchron eine Variante mit /-ə/-Endung, noch weisen die mittelhochdeutschen Formen eine solche Endung auf. Hier einige der frequentesten Belege als Beispiel: *Vater – vater, Bruder – bruoder, Feind – vîant, Freund – vriunt, Dieb – diep, Knecht – kneht; Sohn – sun, Arzt – arzât, Gast – gast, Fluss – vluz, Baum – boum, Fuß – fuoz* usw.

Diachron gesehen ist der en-Plural also nichts anderes als ein n-Plural, bei dem das *-e* im Lauf der Sprachentwicklung zum Neuhochdeutschen hin in einem Restrukturierungsprozess als Teil der Pluralendung (miss)verstanden wurde, nachdem es bei der Singularwortform apokopiert worden war. Im *-e* des en-Plurals erhält sich ortografisch eine Schwa-Endung der mittelhochdeutschen Singularform. Phonologisch unterscheidet sich eine n-Pluralform nicht von einer en-Pluralform. Der n-Plural zum Beispiel von *Knabe* hat phonologisch die Form /kna:.bn̩/ mit silbischem *n* am Ende und unterscheidet sich phonologisch nicht vom en-Plural zu *Bub*: /bu:bn̩/. Das *-n* muss aber weder im n- noch im en-Plural immer silbisch sein. Es kann auch im Endrand der Pluralsilbe stehen, was vor allem nach einem Konsonant mit geringer konsonantischer Stärke der Fall ist. Der n-Plural von *Geselle* /gə.zɛl.lən/ ist hinsichtlich der phonologischen Struktur der Pluralendung vergleichbar mit dem en-Plural von *Dorn* /dɔr.nən/.

Aus dem Gesagten ergibt sich eine prototypische Skala für die n-Gruppe, die lediglich ein einziges Prototypenmerkmal enthält. Dieses Merkmal erhält eine Unterteilung in eine synchrone und eine diachrone Gruppe:

Prototypenskala für die Maskulina der n-Gruppe:

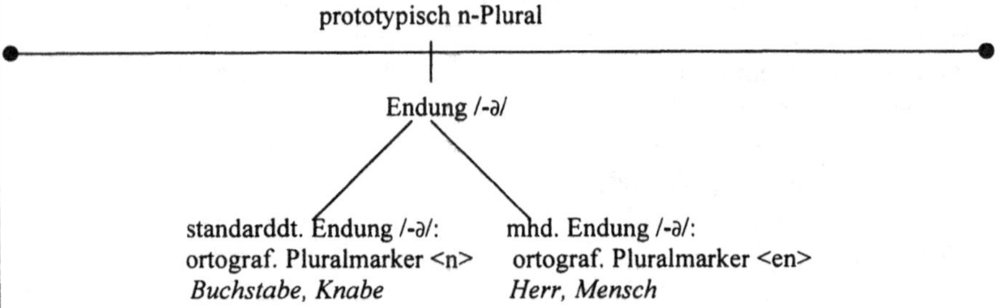

5.2.4 Maskulina: Die er-Gruppe

Zur er-Gruppe rechne ich zwei Pluraltypen: er-Plural und erU-Plural. Im gesamten Material kommen drei Maskulina mit er-Plural und neun mit erU-Plural vor. Insgesamt umfasst die Gruppe also lediglich 12 Belege und nimmt damit im Gesamtvolumen aller Maskulina (1902 Vrk.) einen prozentualen Anteil von nur 0,6% ein. Im krassen Gegensatz dazu steht die Verwendungsfrequenz, die insbesondere bei den Vorkommnissen mit erU-Plural deren außerordentliche Wichtigkeit zeigt. In der Zusammenstellung von Grafik 13 wird deutlich, dass die wenigen Maskulina mit erU-Plural die höchste Verwendungsfrequenz im gesamten Material haben mit einem FW von 107, der weit über jedem Durchschnitt liegt. Und sogar die wenigen Belege mit er-Plural haben mit FW 9 einen Frequenzwert, der immerhin noch über demjenigen der Belege mit x-Plural liegt (FW 3) und gleich hoch ist wie derjenige im n-Plural. Gerade die Maskulina mit erU-Plural sind also für die Sprachverwendung von ganz besonderer Wichtigkeit.

Die Belege mit erU-Plural lauten: *Geschmack, Gott, Mann, Mund, Ort, Rand, Strauch, Wald, Wurm;* diejenigen mit er-Plural lauten: *Leib, Scheit, Schi*. Es fällt auf, dass alle umlautfähigen Belege in der er-Gruppe auch tatsächlich umlauten. *Mund* und *Ort* kommen häufiger mit e-Plural als mit erU-Plural vor, können als echte Belege hier also nicht unbedingt gezählt werden. Es stellt sich die Frage, weshalb die verbleibenden Lemmata nicht einen der Pluraltypen bilden, die wesentlich mehr Vorkommnisse aufweisen und die für konsonantisch geschlossene Maskulina prototypisch sind, nämlich e- oder eU-Plural. en-Plural bietet sich nicht als Alternative an, da kein einziger der genannten Belege auf eine mittelhochdeutsche Form zurückgeht, die auf /-ə/ endet. Es handelt sich also um Maskulina, die auch in sprachhistorischen Belegen immer einen konsonantischen Endrand hatten und somit eigentlich prototypisch für e- oder eU-Plural sind. Die Lemmata behalten allerdings ihre sprachgeschichtlich sehr alte Form der Pluralbildung, nämlich er- oder erU-Plural. Ich werde auf eine mögliche phonologische Erklärung des er-/erU-Plurals bei den Neutra in Kapitel 5.4.3 genauer eingehen. Das bietet sich an, denn es gibt wesentlich mehr Neutra mit dieser Pluralform als Maskulina; die Pluralgruppe wird von den Neutra dominiert. Sollte es möglich sein, für diese Pluralgruppe phonologische Ursachen zu finden, dann nur anhand eines etwas umfangreicheren Belgematerials. Bei den wenigen Maskulina alleine würden solche Untersuchungen zu keinen validen Ergebnissen führen.

Die Ursache für die Konservierung der sehr alten Form der Pluralbildung liegt in der überdurchschnittlich hohen Verwendungsfrequenz der Belege. Der er- und erU-Plural gehören sprachgeschichtlich zu den ältesten Formen der Pluralmarkierung. Ihr hohes Alter erweist sich zum einen dadurch, dass sie längst nicht mehr produktiv sind. Zum anderen spricht auch ein phonologisches Argument für das hohe Alter dieser Form der Pluralbildung: Alle umlautfähigen Substantive dieser Gruppe lauten auch tatsächlich um, und zwar sowohl Maskulina als auch die häufigeren Neutra, auf die ich in Kap. 5.4 noch zu sprechen komme. Bei den Belegen muss es sich also um alten Erbwortschatz handeln, da Palatalisierung noch durchgängig greifen konnte. Das die Palatalisierung auslösende Suffix war *-ir(o)*, das sich als Pluralmarker aus einer alten Singularendung (Genitiv) entwickelt hatte. Das /-i/ löst aufgrund regressiver Assimilation Palatalisierung aus, die sich später auch im Schriftbild als Umlaut manifestiert. In Vorkommnissen wie *Mann/Männer, Gott/Götter, Leib/Leiber* usw. haben wir also einen Erbwortschatz vor uns, der bis ins Germanische zurückgeht und in dessen Pluralform sich eine der ältesten morphologischen Markierungen überhaupt erhalten hat.

Was die einschlägigen Belege darüber hinaus auszeichnet, ist deren hohe Verwendungsfrequenz. In der er-Pluralgruppe finden sich die Belege mit der höchsten Verwendungshäufigkeit im gesamten nominalen Lexikon des Standarddeutschen: *Mann* hat einen FW von 500, *Gott* folgt mit FW 200, *Wald* hat einen FW von 100. Und selbst die übrigen Belege wie *Geschmack* (FW 28,74), *Rand* (FW 26,28), *Leib* (FW 25,78) liegen noch höher als der Durchschnittswert der Belege fast aller anderen Pluralformen. Gerade in dieser hohen Verwendungshäufigkeit liegt der Grund dafür, weshalb diese Formen nicht in eine der vorkommensstärkeren Pluralgruppen übergetreten sind. In Kap. 5.2.2 habe ich in Bezug auf den x- und U-Plural darauf hingewiesen, dass es einen möglichen Zusammenhang zwischen analogischen Ausgleichstendenzen bei den Pluralformen und der Verwendungsfrequenz der Lemmata gibt, und zwar derart, dass Lemmata mit markierter Pluralform und niedriger Verwendungsfrequenz eher anfällig sind für einen analogischen Ausgleich mit den nicht oder wenig markierten Formen. Hingegen sind hochfrequente Lemmata und deren Pluralbildung weitgehend resistent gegenüber solchen Ausgleichsprozessen. Gerade die Belege mit er-/erU-Plural sind eine überzeugende Bestätigung dieser Hypothese. Aufgrund ihrer hohen Verwendungsfrequenz erweisen sie sich als völlig resistent gegenüber analogischen Ausgleichsprozessen hin zu den vorkommensintensiven Pluraltypen e- oder eU-Plural und bewahren ihre sprachhistorische Pluralform. Aufgrund dieser Befunde kann die bislang als Hypothese formulierte Annahme in Form eines Präferenzgesetzes formuliert werden.

Präferenzgesetz des analogischen Ausgleichs von Pluralformen
Eine markierte Pluralform tendiert umso mehr zur unmarkierten Pluralform, je niedriger die Verwendungsfrequenz des Lemmas ist.

Korollar
Eine markierte Pluralform ist umso resistenter gegenüber analogischen Ausgleichstendenzen hin zur unmarkierten Pluralform, je höher die Verwendungsfrequenz des Lemmas ist.

Es sind nun alle Möglichkeiten der Plurlabildung bei maskulinen Simplizia analysiert worden. Mit Ausnahme der wenigen Lemmata mit er- oder erU-Plural, für in Kap. 5.4.3 zusammen mit den Neutra behandelt werden, konnte für alle Pluralbildungen der Maskulina eine phonologische Motivation nachgewiesen werden. Diese phonologischen Ursachen wurden als prototypische Merkmale zugunsten einer Pluralform zusammengefasst und auf den jeweiligen Prototypenskalen zueinander in Relation gesetzt. Maßgebliches Kriterium hierfür war die Wahrscheinlichkeitsquote, mit der sich ein bestimmter Pluraltyp vorhersagen lässt, wenn ein Lemma die signifikanten Merkmale aufweist. Aus den einzelnen Prototypenskalen ergibt sich die zusammenfassende Skala für die Pluralbildung der Maskulina.

Prototypenskala für die Pluralbildung der Maskulina
prototypisch

(e)n-Pl.	x-Pl.	U-Pl.	e-Plural			eU-Plural
/-ə/	/-K.KəR/	/-.KəR/	/-V/	/-VAffr./ + gesp. NU	/-VK/K≠D/ + Monosyll. + gesp., /a/-halt. NU	/-VKAffr.(K)/ + gesp. NU
Hase	*Brunnen*	*Bruder*	*Schuh*	*Platz*	*Raum*	*Kampf*

5.2.5 Maskulina: Die Derivationsendungen

Im Hinblick auf die Derivationsendungen, die Maskulina generieren, sind die Pluralbildungen der e- und n-Gruppe interessant. Einer eingehenden Untersuchung bedürfen dabei solche Endungen, die e-/eU-Plural oder en-Plural bedingen, denn sie weisen auf den ersten Blick dieselben Strukturmerkmale auf: sie alle haben konsonantisch geschlossene Endränder. Es stellt sich die Frage, welches die prototypisch relevanten Faktoren sind, die für eine Gruppe dieser Suffixe e- oder eU-Plural auslösen, während sie für eine andere Gruppe en-Plural bedingen.

Die Gruppe von Derivativen mit einem Plural der x- oder er-Gruppe ist relativ gut überschaubar. Zum einen gibt es keine maskuline Derivationsendung, die einen Plural der er-Gruppe bedingen würde, und zum anderen weisen die wenigen Derivationsendungen, die x-Plural haben, durchgängig die als prototypisch ermittelten Strukturmerkmale auf.

Derivativa der x-Gruppe

Im Material zähle ich vier Derivativendungen, die Maskulina und unmarkierten Plural generieren: *-ier* (/-iər/) *(Kanadier), -iker (Satiriker),* Berufsbezeichnungen auf *-(l)er (Maler), -ner (Rentner).* Alle Derivativa entsprechen der als prototypisch ermittelten Struktur und enden mit einer Reduktionssilbe, hier /-ər/. Eine Alternativform mit Umlaut kommt bei den Belegen, die mit dem Derivativ /-ər/ gebildet werden, nicht vor. Deshalb tritt eine Pluralform **Mäler* nicht auf, während dieser Plural bei einem Simplex prototypisch ist, z.B. *Väter.*

Derivativa der e-Gruppe

Es gibt eine sehr umfangreiche Gruppe von maskulinen Derivationsendungen, die mit e-Plural gebildet werden. eU-Plural kommt nur bei zwei Derivativa (*-al, -or*) alternativ zum e-Plural vor. Ich zähle im Material insgesamt 19 Derivativa, die Maskulina generieren und e-Plural haben: *-al (General* mit Plural *Generale* oder *Generäle), -an (Turban), -än (Kapitän), -ar (Vikar), -är (Veterinär), -as (Atlas)*[56], *-at (Apparat), -bold (Raufbold), -ens (Dispens), -(i)eur (Ingenieur), -ier* (/i:r/) *(Passagier), -it (Kredit), -iv (Ablativ), -(l)ekt/-(sp)ekt (Dialekt), -ling (Lehrling), -log (Monolog), -ont (Diskont), -or (Tresor/Tresore*, aber *Tenor/ Tenöre*).

Die Struktur der Derivativa entspricht durchgängig der für e-Plural prototypischen Form: Sie enden auf einen oder zwei Konsonanten, wobei dieser Konsonant oder einer der Konsonanten dentalen Bildungsort aufweist. Die einzigen Ausnahmen hierzu sind *-ling* und *-log*. *-ling* hat allerdings keinen umlautfähigen Nukleus, käme also für eU-Plural ohnehin nicht in Frage. Als echte Ausnahme bleibt *-log*. Dieser sehr geringe Ausnahmeanteil spricht auch in Bezug auf die Derivativa für die hohe Validität des ermittelten prototypischen Merkmalbündels für e-Plural. Das parallele Auftreten von *-ore/-öre* ist möglicherweise ein weiteres Indiz für den Zusammenhang zwischen Verwendungshäufigkeit und Resistenz gegenüber einem analogischen Ausgleich hin zur unmarkierten Pluralvariante. Die Belege mit *-öre*-Plural haben sowohl im Singular als auch im Plural eine etwas höhere Verwendungshäufigkeit als die Belege mit *-ore*-Plural, z.B.: *Tresor* (FW 2,33)/*Tresore* (FW 0,20) vs. *Tenor* (FW 8,34)/*Tenöre* (FW 0,56). Das relativ häufige Auftreten von Berufsbezeichnungen auf *-al* könnte möglicherweise auch hier die Erklärung für das parallele Auftreten von *-ale/ -äle*-Plural sein: Der analogische Ausgleich zum e-Plural setzt sich erst allmählich durch, da die Pluralformen *Generäle, Admiräle* usw. relativ oft vorkommen.

Ein wesentliches Problem besteht in diesem Zusammenhang allerdings mit den Derivativa, die ebenfalls auf einen oder zwei Konsonanten mit dentalem Bildungsort enden, aber nicht e-, sondern en-Plural bilden. Sie sollen im Folgenden im Rahmen der n-Gruppe genauer untersucht werden.

Derivativa der n-Gruppe

Werfen wir abschließend noch einen Blick auf die Derivativendungen, die Maskulina generieren und mit einem Plural aus der n-Gruppe gebildet werden. Es

56 Auch mit Fremdplural *Atlanten* möglich. Das Augsburger Korpus weist weder zu *Atlasse* noch zu *Atlanten* einen Frequenzwert aus, d.h. beide Formen sind so selten, dass sie in einem Material, das 50 Mio. Textwörter erfasst, nicht auftreten.

gibt nur wenige, allerdings sehr produktive Derivationsendungen dieser Art. Ich zähle vier im Material, von denen drei auch homonyme Feminina generieren: *-e* für Herkunfts- und Zugehörigkeitsbezeichnungen (*der Beduine, der Azteke,* aber *der/die Deutsche*), *-ende* für substantivierte Partizipien I (*der/die Reisende, der/die Lesende), -te* für substantivierte Partizipien II (*der/die Erhörte, der/die Gelobte), -(l)oge (der Biologe, der Demagoge).* Alle einschlägigen Derivativa enden auf /-ə/ und entsprechen der als prototypisch ermittelten Form für n-Plural.

Ein wesentlich größeres Problem stellen die Derivationsendungen dar, die Maskulina generieren und en-Plural bilden, weil sie ihrer Struktur nach eigentlich prototypisch für e-Plural sind. Sie enden auf ein bis zwei Konsonanten, wobei dieser Konsonant oder einer der beiden meist einen dentalen Bildungsort aufweist. Ich zähle im Material 14 solcher Derivationsendungen: *-and (Doktorand), -ant (Demonstrant), -arch (Monarch), -at (Automat), -aut (Astronaut), -(i)ent (Patient), -graf (Fotograf), -isk (Obelisk), -ist* für die Berufsbezeichnung *(Dentist), -nom (Agronom), -it (Israelit), -oid (Asteroid), -(t)or (Motor), -urg (Chirurg).* Es wurde bereits auf die regelmäßigen, dem Prototyp entsprechenden Derivativa hingewiesen, die e-Plural bilden. In der Gegenüberstellung auf der folgenden Seite (s. S. 140) sind diese Befunde noch einmal zusammengefasst.

Es stellt sich die Frage, weshalb die in der linken Reihe genannten Derivativa e-Plural, die rechts genannten en-Plural bilden, obgleich die phonologische Struktur auch bei den Derivationsendungen in der rechten Spalte e-Plural erwarten ließe. Zunächst kann festgehalten werden, dass die Suffixe, die zum germanischen Erbwortschatz gehören (*-bold* und *-ling)* prototypischen e-Plural bilden. Darüber hinaus ist eine deutliche Tendenz festzustellen, dass Derivativa griechischen Ursprungs en-Plural bilden. Dazu gehören z.B. *-arch, -aut, -graf, -isk, -oid, -urg; -ist* ist hauptsächlich aus griechischen, aber auch aus lateinischen und französischen Entlehnungen ins Deutsche gekommen, *-nom* überwiegend aus griechischen, aber auch aus lateinischen Entlehnungen. Demgegenüber sind die meisten Derivationsendungen mit e-Plural aus französischen und/oder lateinischen Entlehnungen ins Deutsche gekommen. Die Ausnahmen zu dieser Regelmäßigkeit sind relativ gering. Die wichtigsten sind *-and/-ant/-ent*, das aus lateinischen *-andus*-Formen entlehnt wurde, aber dennoch en- und nicht e-Plural bildet. *-ekt*, das mit e-Plural auftritt, hat zwar griechischen Ursprung, kam aber wohl über lateinische Entlehnungen ins Deutsche. Für den größten Teil der Derivativa nicht-deutschen Ursprungs trifft die Prognose also zu, nach der Suffixe griechischen Ursprungs prototypisch für en-Plural sind, während solche französischen und lateinischen Ursprungs prototypisch für e-Plural sind.

Derivativa mit e-Plural	Derivativa mit en-Plural
-al *Dental, General*	
-an *Kaplan*	
-än *Kapitän*	
	-and/-ant/-ent *Doktorand*
-ar *Vikar*	
-är *Veterinär*	
	-arch *Monarch*
-as *Primas, Atlas*	
-at *Apparat*	-at *Automat*
	-aut *Astronaut*
-bold *Raufbold*	
-ens *Dispens*	
	-graf *Fotograf*
-(i)eur *Ingenieur*	
-ier *Passagier*	
	-isk *Obelisk*
	-ist *Dentist*
-it *Kredit*	-it *Favorit*
-iv *Ablativ*	
-ekt *Dialekt*	
-ling *Lehrling*	
-log *Katalog*	
	-nom *Ökonom*
	-oid *Asteroid*
-ont *Diskont*	
-or *Tresor, Tenor*	-(t)or *Motor, Tumor*
	-urg *Chirurg*

Es bleiben allerdings drei Derivationsendungen, die nicht durch Entlehnungen aus verschiedenen Sprachen zu erklären sind und die sowohl mit e- als auch mit en-Plural auftreten können: *-at (Apparat/Apparate* vs. *Akrobat/Akrobaten), -it (Kredit/Kredite* vs. *Favorit/Favoriten)* und *-or* (*Tresor/Tresore* vs. *Tumor/Tumoren*). Für die Lemmata auf *-or* lassen sich relativ leicht phonologische Ursachen erkennen, die das unterschiedliche Pluralverhalten erklären. Alle Belege mit der Pluralform *-ore* tragen im Singular den Akzent auf der *-or*-Silbe, während solche mit der Pluralform *-oren* im Singular auf der Silbe betont werden, die *-or* vorangeht. Hier einige Beispiele: *Tresór/Tresóre, Majór/Majóre, Matadór/Matadóre, Labradór/Labradóre* usw., demgegenüber aber *Proféssor/Professóren, Túmor/Tumóren, Zénsor/Zensóren, Asséssor/Assessóren* usw. Darüber hinaus bilden alle Belege auf *-tor* ausschließlich en-Plural und sie entsprechen ebenfalls dem prototypischen Akzentschema: *Kondítor/Konditóren, Léktor/Lektóren, Dóktor/Doktóren, Áutor/Autóren, Tútor/Tutoren* usw.

Derartige phonologische Ursachen lassen sich für die Bildungen auf *-it* und *-at* nicht ausmachen. Dennoch gibt es auch für diese Gruppen ein prototypisches Merkmal, wodurch das unterschiedliche Verhalten im Plural motiviert ist. Allerdings ist dieses Merkmal nicht phonologischer oder sprachhistorischer Natur, sondern semantisch bedingt. Alle Belege auf *-or*, die das Merkmal [+menschlich] tragen, sind prototypisch für den en-Plural, während alle Belege mit dem Merkmal [-menschlich] prototypisch für den e-Plural sind. Die Beispielliste ist vor allem für *-at*-Bildungen sehr lang. Das Merkmal [-menschlich] und prototypischen e-Plural weisen auf: *Aggregat, Hiat, Reservat, Zitat, Apparat, Diktat, Telefonat* usw., das Merkmal [+menschlich] und prototypischen en-Plural weisen auf: *Akrobat, Kandidat, Soldat, Stipendiat, Diplomat, Literat, Adressat* usw. Einzige Ausnahme hiezu ist *Automat*, das trotz des Merkmals [-menschlich] nicht e-, sondern en-Plural bildet. Abschließend einige Beispiele auf *-it,* dem Merkmal [+menschlich] und prototypischem en-Plural: *Favorit, Israelit, Bandit, Transvestit, Kosmopolit* usw.; demgegenüber bilden Belege mit dem Merkmal [-menschlich] e-Plural, z.B.: *Kredit, Zenit, Appetit, Fazit* u.a. Eine Ausnahme zu diesem prototypischen Schema stellen *Meteorit* und *Satellit* dar, die trotz des Merkmals [-menschlich] en- und nicht e-Plural bilden.

Hinsichtlich der Derivationsendungen, die Maskulina generieren und auf einen oder zwei Konsonanten enden, lässt sich zusammenfassend Folgendes sagen: Die Endungen, die zum deutschen Erbwortschatz gehören (*-ling, -bold*) sind prototypisch für e-Plural. Ebenso sind Derivativa, die auf französischen oder lateinischen Ursprung zurückgehen, prototypisch für e-Plural, während solche griechischen Ursprungs prototypisch für en-Plural sind. Für diejenigen Endungen, die sowohl mit e- als auch mit en-Plural auftreten, sind phonologische oder semantische Ursachen festzustellen. Phonologisch bedingt ist der Unterschied zwischen *-or/-ore-* und *-or/-oren*-Bildungen. e-Plural ist prototypisch für solche Lemmata, die im Singular auf der *-or*-Silbe betont werden, ansonsten tritt en-Plural ein. Für die Belege auf *-at* oder *-it* sind semantische Unterschiede feststellbar. Lemmata, die das Merkmal [+menschlich] aufweisen, sind prototypisch für den en-Plural, während solche mit dem Merkmal [-menschlich] prototypisch für den e-Plural sind.

Für die maskulinen Derivationsendungen mit e-, n- oder en-Plural muss eine eigene Prototypenskala erstellt werden, da sie sich nicht ausschließlich durch die für die Simplizia festgestellten prototypischen Schemata beschreiben lassen.

Prototypenskala für maskuline Derivationsendungen

prototypisch n-Plural	en-Plural	e-Plural
Derivativa auf /-ə/ *Biologe, Azteke*	• griechischer Ursprung • *-(')or/-oren* • *-at/-it* : [+menschl.] *Asteroid, Assessor, Akrobat, Israelit*	• dt. Erbwortschatz: *-ling,-bold* • frz. und/oder lat. Ursprung • *-ór/-oren* • *-at/-it*: [-menschl.] *Lehrling, Vikar, Ingenieur, Tresor, Telefonat, Kredit*

5.2.6 Zusammenfassung für die Maskulina

In den vorangegangenen Kapiteln 5.2.1 bis 5.2.4 wurden die Maskulina des standarddeutschen Nominallexikons und ihre Pluralbildung untersucht. Es konnte nachgewiesen werden, dass die verschiedenen Formen der Pluralbildung phonologisch motiviert sind. Darüber hinaus konnten prototypische Merkmalbündel für die einzelnen Pluralgruppen beschrieben und auf einer Prototypenskala relationiert werden

Als die prototypischen Merkmale für die e-Gruppe stellten sich bei Maskulina mit einem Endrandkonsonanten Monosyllabizität, Artikulationsort des Konsonanten und die Nukleusqualität sowie die Kombination dieser Merkmale heraus. Als das wichtigste Kriterium erwies sich der Artikulationsort des Konsonanten. Bei Maskulina mit zwei Endrandkonsonanten erwies sich das Merkmalbündel `Affrikata´ + `gespannter Nukleus´ als prototypisch, wobei die Affrikata das wichtigste Kennzeichen für eU-Plural ist. Bei Maskulina mit drei oder vier Endrandkonsonanten erwiesen sich ebenfalls eine Affrikata im Endrand und der gespannte Nukleus als prototypisch für eU-Plural. Prototypisch für die x-Gruppe sind reduzierte Endsilben der Form /-əl, -ər, -ən/; zusätzlich erweist sich das Merkmal der Silbenstruktur derjenigen Silbe, die der Reduktionssilbe vorangeht, als prototypisch für die x-Gruppe. Das prototypische Merkmal für die Maskulina der n-Gruppe ist die Endung auf Reduktionsvokal /-ə/. Es konnte gezeigt werden, dass auch die „Ausnahmen" dieser Gruppe insofern der prototypischen Struktur entsprechen, als sie noch im Mittelhochdeutschen eine /-ə/-Endung hatten.

Die Maskulina der er-Gruppe repräsentieren Teile des ältesten germanischen Erbwortschatzes und konservieren eine sprachgeschichtlich sehr alte, längst nicht mehr produktive Pluralform. Es konnte gezeigt werden, dass ein Zusammenhang zwischen der Verwendungsfrequenz dieser Lemmata und ihrer Pluralbildung besteht, und zwar derart, dass eine sehr hohe Verwendungshäufigkeit einhergeht mit der Resistenz gegenüber analogischen Ausgleichsprozessen zugunsten einer vorkommensintensiveren und weniger markierten Pluralform.

Darüber hinaus wurde deutlich, dass auch die Derivativendungen der jeweiligen Pluralgruppen die für die Simplizia ermittelten prototypischen phonologischen Merkmale aufweisen. Eine Ausnahme hierzu bilden die Derivativa, die mit en-Plural anstelle von e-Plural gebildet werden. Neben phonologischen und sprachhistorischen Faktoren konnten für sie Einflüsse der Sprache, aus der sie entlehnt wurden, sowie semantische Kriterien als prototypisch relevant geltend gemacht werden.

5.3 Die Feminina

Die Feminina nehmen mit 1645 Vorkommnissen 38% des nominalen Gesamtlexikons ein und stehen hinsichtlich ihrer Typevorkommen hinter den Maskulina an zweiter Stelle. Bezogen auf die Vorkommenshäufigkeit ergibt sich für die Feminina folgende Verteilung auf die verschiedenen Pluraltypen:

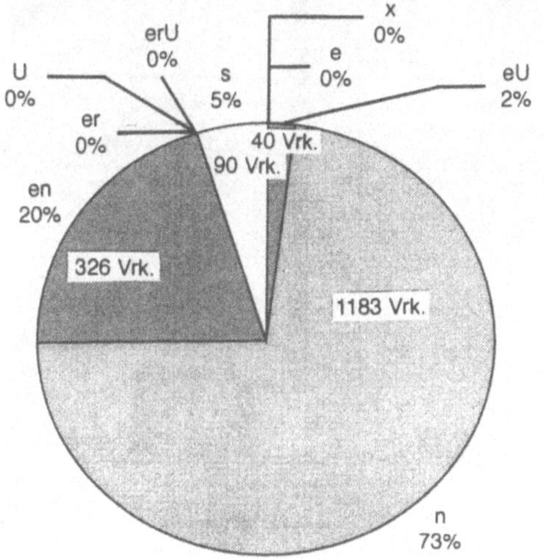

Grafik 48: Anteile der Feminina an den verschiedenen Pluraltypen

Die wichtigste Pluralgruppe für die Feminina ist die n-Gruppe, bestehend aus den Pluraltypen n-Plural und en-Plural. Es folgt der s-Plural, auf den ich in Kap.

5.5 gesondert eingehen werde, da es sich um einen überwiegend nicht phonemisch motivierten Pluraltyp handelt. In der e-Gruppe, die aus den Pluraltypen e-Plural und eU-Plural besteht, gibt es 40 Feminina mit eU-Plural, während nur zwei Belege e-Plural aufweisen. Dieser Befund bei den Simplizia mit e-Plural täuscht allerdings über die reelle Wichtigkeit dieses Pluraltyps bei den Feminina etwas hinweg, denn es gehören zwei Derivativa hierher, nämlich *-nis* und *-sal,* von denen zumindest *-nis* sehr hohe Produktivität besitzt. Ich werde auf beide noch zu sprechen kommen. In der x-Gruppe, zu der x- und U-Plural zusammengefasst werden, kommen die Feminina jeweils nur mit zwei Belegen vor. In der er-Gruppe (er-Plural und erU-Plural) sind keine Feminina vertreten. Die Feminina kommen also nur in zwei Pluralgruppen in relevanter Anzahl vor, nämlich in der n- und e-Gruppe.

Die Feminina verteilen sich im Hinblick auf ihre Endrand-Struktur in noch regelmäßigerer Weise als die Maskulina auf die verschiedenen Pluraltypen. Es ergibt sich folgende Zusammenstellung:

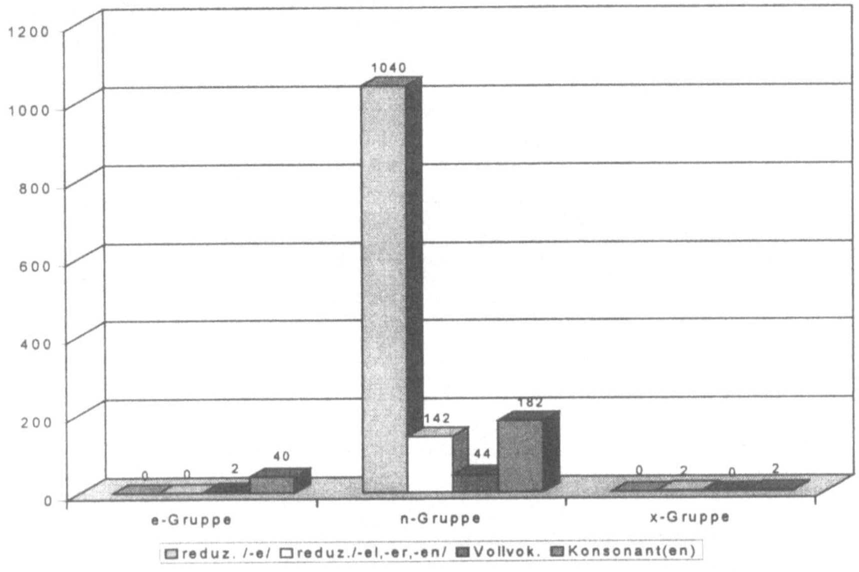

Grafik 49: Endrandstrukturen in den verschiedenen Pluralgruppen bei Feminina

Die Pluralbildung der Feminina spielt sich im Wesentlichen in der n-Gruppe ab. Alle Feminina mit reduzierten Endrändern gehören in diese Gruppe, darüber hinaus alle Belege auf Vollvokal. Konsonantisch geschlossene Feminina kommen in der n- und e-Pluralgruppe vor. Die Bestimmung prototypischer Merkmalbündel für Feminina auf Konsonant(en) muss diese beiden Pluralgruppen berücksichtigen, während die prototypische Merkmalbestimmung für Feminina mit anderen Endrändern auf die n-Gruppe beschränkt bleiben kann.

Hinsichtlich der Vorkommenshäufigkeit ist der eU-Plural für die Feminina relativ unwichtig, ganz im Gegensatz allerdings zur durchschnittlichen Verwendungshäufigkeit der mit diesem Plural gebildeten Lemmata. Extrem hoch ist die Verwendungsfrequenz bei den beiden Vorkommnissen mit U-Plural. In der folgenden Grafik ist die Vorkommens- und Verwendungshäufigkeit der Feminina in den verschiedenen Pluraltypen im Überblick zusammengestellt.

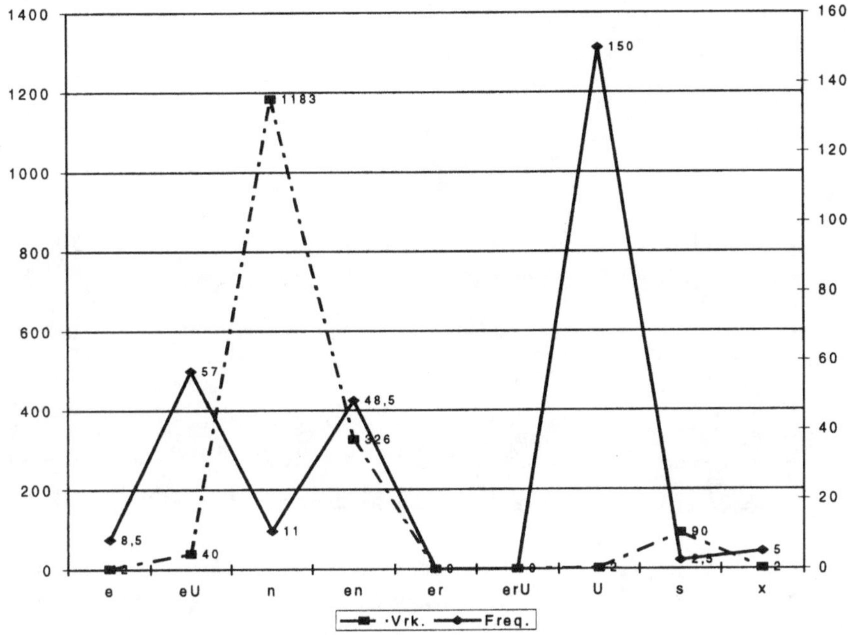

Grafik 50: Vorkommnisse der Feminina und deren durchschnittliche Frequenz in den verschiedenen Pluraltypen

Auch bei den Feminina zeigt sich das von den Maskulina her bekannte Bild: Vorkommenshäufigkeit und durchschnittliche Verwendungsfrequenz sind nahezu umgekehrt proportional verteilt. Die überdurchschnittlich vielen Belege mit n-Plural haben eine relativ geringe Verwendungshäufigkeit, während die wenigen Belege mit eU- und U-Plural eine extrem hohe Tokenfrequenz aufweisen. Jeder Pluraltyp ist also im Hinblick auf einen der beiden Frequenzparameter von hoher Wichtigkeit und muss detailliert untersucht werden.

5.3.1 Feminina: Die n-Gruppe

Zur n-Gruppe rechne ich zwei Pluraltypen: n-Plural und en-Plural. 1183 Feminina werden mit n-Plural und 326 mit en-Plural gebildet. Die Gruppe umfasst 1509 Belege und nimmt im Gesamtkorpus der Feminina (1645 Vrk.) einen prozentualen Anteil von 92% ein. Fast alle Feminina gehören also dieser Pluralgruppe an. Die Pluralgruppe selbst wird deutlich von den Feminina dominiert. Lediglich einige Maskulina und sehr wenige Neutra finden sich ebenfalls in dieser Gruppe. Hier ist die grafische Zusammenstellung:

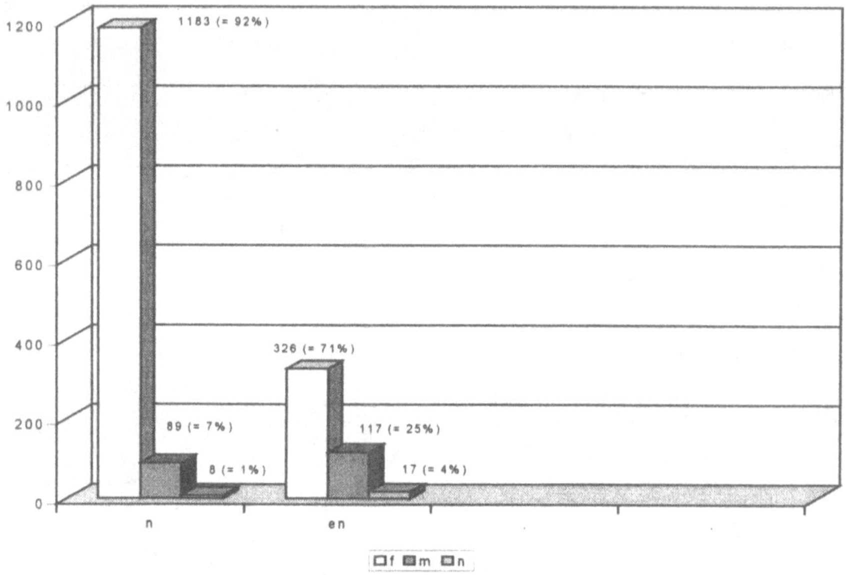

Grafik 51: Anteil der Feminina, Maskulina und Neutra in der (e)n-Pluralgruppe (n-Plural, en-Plural)

Im Hinblick auf mögliche prototypische Kategorisierungen für den n- und en-Plural der Feminina interessieren wieder relevante phonologische Faktoren, die die eine oder andere Pluralbildung bedingen. Sehen wir uns die einschlägigen Belege zunächst im Hinblick auf deren Endrandstruktur hin an, wie sie in Grafik 52 (s. S. 147) zusammengestellt sind.

Die Verteilung könnte überzeugender kaum sein: Alle Feminina, die auf Reduktionssilbe enden, bilden n-Plural, alle anderen, vor allem solche mit konsonantischem Endrand, bilden en-Plural. Auftretende Reduktionssilben sind /-ə, -ər, -əl/. 1040 Belege entfallen dabei auf /-ə/, 99 auf /-ər/ und die restlichen 43 auf

/-əl/. Prototypische Strukturen für Feminina mit n-Plural sind also: /-ə/, /-ər/ und /-əl/. /-ən/ kommt bei den Feminina im Standarddeutschen nicht vor, ist aber im bairisch-oberdeutschen Sprachraum häufig, wo standardsprachliche Feminina auf /-ə/ geschlossenen Endrand haben, z.B. stdt. *Nase* – bair. *Nasen* (Singular!), *Straße* – *Straßen*, die Form *Nocken* `langweilige, dumme Frau´ hat allerdings Eingang ins Lexikon gefunden.[57]

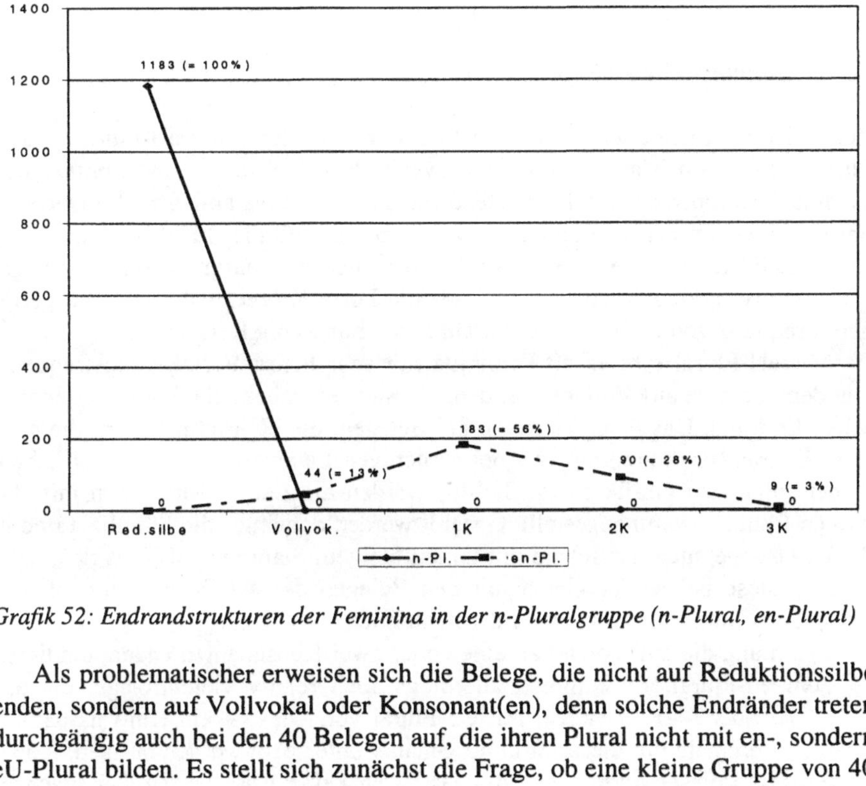

Grafik 52: Endrandstrukturen der Feminina in der n-Pluralgruppe (n-Plural, en-Plural)

Als problematischer erweisen sich die Belege, die nicht auf Reduktionssilbe enden, sondern auf Vollvokal oder Konsonant(en), denn solche Endränder treten durchgängig auch bei den 40 Belegen auf, die ihren Plural nicht mit en-, sondern eU-Plural bilden. Es stellt sich zunächst die Frage, ob eine kleine Gruppe von 40 Belegen überhaupt näher untersucht werden muss, wenn immerhin 326 Belege auf Vollvokal oder Konsonant(en) den erwarteten en-Plural bilden, was einem prozentualen Anteil von 89% entspricht. Doch ein Blick auf die Verwendungshäufigkeit zeigt, dass gerade den Belegen mit eU-Plural ganz besondere Bedeutung zukommt und dass es sich nicht um eine zu vernachlässigende Größe handelt. Der durchschnittliche Frequenzwert der Lemmata mit eU-Plural ist über-

57 Der Plural solcher Formen wird im Bairischen, zumindest im familiären Gebrauch, oft mit /-ər/ markiert: *Nasner, Nockner* u.a. (vgl. auch Kap. 5.3.3).

durchschnittlich hoch und liegt bei FW 57; derjenige der Belege mit en-Plural ist zwar auch noch relativ hoch, liegt aber wesentlich niedriger als der für eU-Belege, nämlich bei einem FW von 48,5 (vgl. Grafik 50). Es besteht also durchaus die Notwendigkeit, prototypische Merkmale zu beschreiben, die bei einem Lemma mit Vollvokal oder konsonantisch geschlossenem Endrand vorliegen, wenn es nicht en-, sondern eU-Plural bildet. Ich will mich diesem Problem im folgenden Kapitel genauer zuwenden.

5.3.2 Feminina: Die e-Gruppe

Zur e-Gruppe rechne ich die beiden Pluraltypen e-Plural und eU-Plural. Mit e-Plural gibt es im Material lediglich zwei Belege: *Erlaubnis* und *Sphinx*. Das Lemma *Erlaubnis* steht stellvertretend für die Derivativa auf *-nis*. Die Derivationsendungen werden in Kapitel 5.3.4 besprochen und hier für den Moment zurückgestellt. Es bleibt der Beleg *Sphinx,* der allerdings aufgrund seiner sehr geringen Verwendungsfrequenz von 1,83 (die Form *Sphinxe* hat eine noch geringere Frequenz von 0,10) für die Pluralbildung nur wenig Relevanz hat.

Mit eU-Plural gibt es 40 Feminina mit sehr hoher Verwendungsfrequenz, von denen einige auf Vollvokal enden, die meisten haben allerdings konsonantischen Endrand. Das heißt, es treten bei Belegen, die eU-Plural bilden, die gleichen Endrandstrukturen auf wie bei denjenigen Lemmata, die en-Plural haben. In der folgenden Grafik 53 (s. S. 149) werden die Endrandstrukturen mit eU- und en-Plural zusammengestellt. Gezählt werden dabei nur die Simplizia und in der en-Gruppe auch nur solche mit umlautfähigem Stammvokal (80 Vrk.), denn nur für diese ist der Vergleich mit den Belegen der eU-Gruppe sinnvoll (40 Vrk.). Die Grafik lässt folgende Interpretationen zu:

- Lemmata, die auf Vollvokal, einen oder zwei Konsonanten enden, tendieren zum en-Plural. Es kommen allerdings auch relativ viele Belege, die auf /-VK/ oder /-VKK/ enden, mit eU-Plural vor. Dies ist ein Hinweis darauf, dass Lemmata mit dieser Struktur genauer untersucht werden müssen. Allein aufgrund dieser Endrandstruktur lässt sich keine Aussage darüber machen, ob ein oder zwei Konsonanten prototypisch für en- oder eU-Plural sind.
- Lemmata, die auf drei Konsonanten enden, tendieren deutlich zum eU-Plural. Es kann die Hypothese erstellt werden, dass es sich bei /-VKKK/ um ein prototypisches Merkmal für eU-Plural handelt.

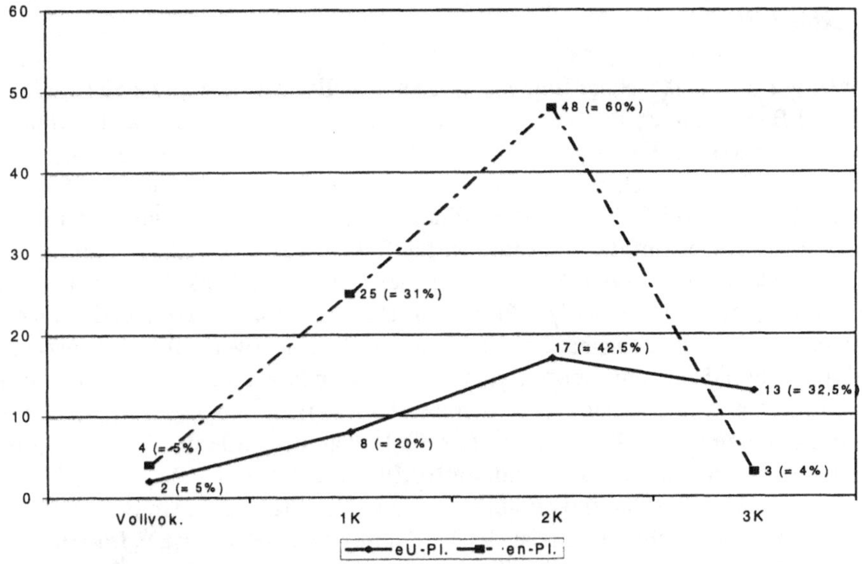

Grafik 53: Endrandstrukturen der Feminina mit eU- und en-Plural (absolut und in %)

Sehen wir uns die Belege im Einzelnen an, um die relevanten prototypischen Merkmalbündel zu ermitteln. Köpcke (2000, 159) nennt bestimmte Strukturmerkmale für eU-Plural, die er bei den genannten Endrandstrukturen für prototypisch hält. Im Gegensatz zu den Maskulina, bei denen er prototypische Kategorisierungen aufgrund semantischer Kriterien erzielt, beschreibt er prototypische Kategorien der Feminina ausschließlich anhand von phonologischen Faktoren. Mit jeweils abnehmender Prototypikalität von „starken" zu „schwachen"[58] Feminina ordnet er auf einer linearen Skala folgende Merkmalbündel an (2000, 159): hinterer umlautfähiger Stammvokal + [#_KKt] (*Kunst*), hinterer umlautfähiger Stammvokal + [#_Kt] (*Kraft*), hinterer umlautfähiger Stammvokal + [#_t] (*Naht*) und schließlich noch hinterer umlautfähiger Stammvokal [#_#] (*Kuh*), wobei er der letztgenannten Struktur die geringste Reliabilität im Hinblick auf das Eintreten von eU-Plural zuschreibt. Ziel der folgenden Untersuchungen soll es sein, die prototypischen Merkmalbündel für die Pluralbildung der Feminina anhand meines Materials zu ermitteln und diese dann auf die von Köpcke erzielten Ergebnisse hin zu überprüfen.

58 Die Relevanz der beiden Bezeichnungen soll hier nicht diskutiert werden; ich übernehme sie unkommentiert als Zitat aus Köpcke (2000, 159).

Struktur /-V/

Sehen wir uns zunächst die Belege an, die auf Vollvokal enden. Die vier umlautfähigen Belege mit en-Plural lauten *Frau, Sau, Schau, Unruh,* die beiden Belege mit eU-Plural sind *Kuh* und *Sau. Sau* zähle ich nicht als echten Beleg, da es sowohl mit eU- als auch mit en-Plural auftritt (*Säue* vs. fachsprachlich *Sauen*). Den zählbaren drei Belegen mit en-Plural steht also nur einer mit e-Plural gegenüber. In Bezug auf die Vorkommenshäufigkeit ergibt sich daraus eine Wahrscheinlichkeitsquote von 75%: Mit 75%-iger Wahrscheinlichkeit tritt bei einem Femininum der Struktur /-V/ en-Plural auf. Hinzu kommt unterstützend noch der Faktor der Verwendungshäufigkeit. *Kuh* hat eine Verwendungsfrequenz von 11,16, während das am meisten verwendete Lemma aus der en-Gruppe, *Frau,* eine Frequenz von 500 hat und zu den meist verwendeten Wörtern des standarddeutschen Nominallexikons gehört. Für die Belege der Struktur /-V/ passen also Befunde, die sich aus der Verwendungshäufigkeit ergeben, gut zu jenen, die sich aus der Vorkommenshäufigkeit ableiten lassen. Das führt zu dem Schluss, dass /-V/ ein prototypisches Merkmal der Feminina mit en-Plural ist.[59] Im Hinblick auf eine Prototypikalität für eU-Plural ist es mit einer Wahrscheinlichkeitsquote von 25% das schwächste Merkmal. Das stimmt mit Köpckes Feststellung überein, dass die Tendenz zum eU-Plural „bei einem Nomen des Typs *Kuh* ... nur ganz schwach nachzuweisen ist“ (Köpcke 2000, 159).

Es bleiben die Gruppen mit einem, zwei oder drei Konsonanten im Endrand. Betrachten wir zunächst die Struktur /-VK/.

Struktur /-VK/

Merkmal Endrandstrukturen

Hinsichtlich des im Endrand auftretenden Konsonanten ergeben sich für die Simplizia mit umlautfähigem Nukleus und en-Plural sowie denjenigen mit eU-Plural die in Grafik 54 (s. S. 151) vorgelegten Zusammenstellungen.

Es zeigt sich eine deutliche Tendenz, dass Lemmata, die auf einen Liquid enden, en-Plural bilden. Solche Belege kommen bis auf eine Ausnahme (*Schnur*) mit eU-Plural nicht vor. Die Anzahl der Belege auf /-m/ oder /-n/ ist zwar gering, da sie aber bei eU-Belegen überhaupt nicht auftreten, ist zu schließen, dass die Tendenz zum en-Plural nicht nur für Liquiden, sondern auch für

59 Würde man zusätzlich die Belege mit nicht-umlautfähigem Nukleus mit einbeziehen, dann stünden immerhin 44 Feminina auf Vollvokal und en-Plural nur einem Beleg mit eU-Plural gegenüber.

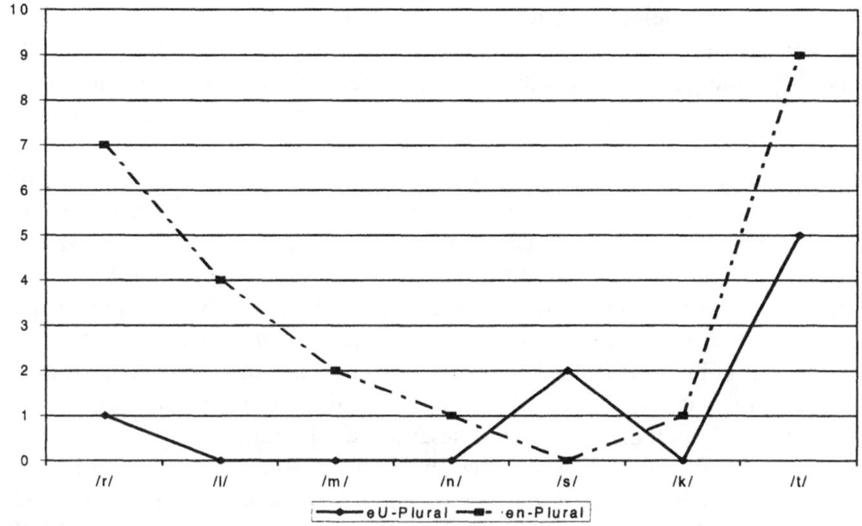

Grafik 54: Endrandkonsonanten der (umlautfähigen) femininen Simplizia mit -VK-Struktur im eU- und en-Plural

Nasale gilt, also für die gesamte Resonantengruppe. Daraus ergibt sich zunächst, dass es sich bei /-VL/ und /-VN/ um ein prototypisches Schema für en-Plural handelt. Das stimmt mit den Ergebnissen überein, die bei den Maskulina mit einem Konsonanten im Endrand ermittelt wurden. Bei den Maskulina führte diese Beobachtung dann weiter zu dem Ergebnis, dass alle Konsonanten mit nicht-(alveo)dentalem Bildungsort prototypisch für eU-Plural sind. Gegen eine derartige Verallgemeinerung bei den Feminina sprechen allerdings einige wichtige Faktoren:

- Es gibt relativ viele Belege mit /-t/ und eU-Plural. D.h. es gibt eine signifikante Anzahl von Belegen, die einen dental gebildeten Endkonsonanten haben und dennoch eU-Plural bilden.
- Darüber hinaus gibt es für (alveo)dentales /-s/ im Endrand nur Belege mit eU-Plural und keinen für en-Plural. Auch dies spricht gegen die Annahme, dass ein nicht-(alveo)dentaler Bildungsort prototypisch für eU-Plural ist.
- Und es gibt immerhin auch zwei Belege mit en-Plural, die auf /-m/ enden, d.h. keinen dentalen oder alveodentalen Endlaut haben. Dagegen gibt es mit eU-Plural keinen Beleg mit Endung /-m/.

Köpcke nimmt an, dass bei den Feminina, die auf einen Konsonant enden, /-t/ das prototypische Schema für eU-Plural ist. Allerdings stehen nur fünf Belege mit /-t/ und eU-Plural immerhin neun Belegen mit /-t/ und en-Plural gegenüber. Die Wahrscheinlichkeitsquote für das Eintreten des eU-Plurals bei Feminina, die auf /-t/ enden, liegt damit bei 36%.[60] Es stellt sich unter der Annahme, dass /-t/ prototypisch für eU-Plural ist, die Frage, weshalb es für /-s/ nur Belege mit eU-Plural und keinen mit en-Plural gibt. Es scheint ein wichtiger Faktor unberücksichtigt zu bleiben, wenn das prototypische Merkmalbündel für eU-Plural auf /-t/ beschränkt wird. Nimmt man dagegen an, dass alle Konsonanten im Endrand prototypisch für eU-Plural sind, die einen konsonantischen Stärkewert aufweisen, der höher als der von Liquiden und Nasalen ist, dann erhöhen sich die Wahrscheinlichkeitswerte wesentlich. Sieben Belegen mit eU-Plural stehen 10 Belege mit en-Plural gegenüber. Daraus ergibt sich eine Quote von gut 41% für eU-Plural. Dies ist auch ein Hinweis darauf, dass bei den Feminina, anders als bei den Maskulina, nicht der Bildungsort des Endrandkonsonanten für die Pluralbildung relevant ist, sondern dessen konsonantischer Stärkewert.

Sehen wir uns nun die sieben Belege mit eU-Plural und die 10 Belege mit en-Plural, die auf einen Konsonanten mit höherer konsonantische Stärke als 3 enden,[61] unter dem Aspekt ihrer Verwendungshäufigkeit genauer an. Die zehn Belege mit en-Plural lauten: *Wiek* (FW 0,07), *Brut* (FW 1,69), *Flut* (FW 14,32), *Glut* (FW 4,55), *Heimat* (FW 100), *Heirat* (FW 9,67), *Mahd* (FW 0,23), *Maut* (FW 0,17), *Nut* (FW 0,33) und *Tat* (FW 100). Die Belege mit eU-Plural lauten: *Braut* (FW 12,66), *Haut* (FW 40), *Not* (FW 49,57) , *(Innen)Stadt* (FW 400). Es fällt auf, dass die Verwendungsfrequenz der Belege auf /-t/ und mit eU-Plural zum Teil viel höher ist als die der en-Belege. In der en-Gruppe sind nur *Heimat* und *Tat* sehr häufig verwendete Wörter. *Heimat* wird im Plural allerdings so gut wie nie verwendet (*Heimaten* FW 0,10) und hat damit trotz seiner hohen Singularfrequenz fast kein Gewicht für den en-Plural. Es bleibt in der en-Gruppe nur

60 Köpcke (2000, 159) kommt bei seiner Zusammenstellung übrigens auf eine Quote von 50%. Ich nehme an, dass er dafür auch die nicht-umlautfähigen Belege mit en-Plural mitgerechnet hat, denn bei einer diesbezüglichen Überprüfung komme ich auch auf ungefähr diesen Prozentwert. Ich halte solche Vergleiche für nicht angemessen, denn prototypische Eigenschaften für eU-Plural können nur im Vergleich mit Lemmata ermittelt werden, die ebenfalls umlautfähig sind, aber en-Plural bilden. Es führt zu einer Verfälschung der Ergebnisse, wenn prototypische eU-Merkmale durch Vergleiche mit nicht-umlautfähigen Lemmata erzielt werden. Ich sehe eine mögliche Erklärung für das Vorgehen Köpckes darin, dass er bei den Maskulina Prototypenskalen aufgrund semantischer Merkmale ermittelt hatte und dafür immer alle Maskulina aus dem Korpus vergleichen konnte. Bei den Feminina geht aber auch Köpcke nur nach phonologischen Kriterien vor und da sind ausschließlich solche Beleggruppen miteinander vergleichbar und relevant, die in Bezug auf die Umlautfähigkeit des Nukleus das gleiche Kriterium aufweisen.

61 „3“ ist der konsonantische Stärkewert der Nasale, /l/ liegt bei 2, /r/ bei 1. Alle Konsonanten, deren konsonantische Stärkeeigenschaft also „>3“ lautet, sind stärker als Resonanten.

Tat als Beleg, der sowohl hinsichtlich der Singularfrequenz (100) als auch hinsichtlich seiner Pluralfrequenz (*Taten* FW 21,16) reliabel ist. In der eU-Gruppe haben immerhin drei Belege, *Haut, Not* und *Stadt*, eine so hohe Frequenz, dass ihnen im täglichen Sprachgebrauch z.T. sehr große Bedeutung zukommt. Allerdings erscheint der Plural von *Haut* (*Häute* FW 2,09) auch sehr selten und hat damit wenig Aussagekraft für den eU-Plural. Es bleiben *Stadt* und *Not* mit eU-Plural, die dem Beleg *Tat* mit en-Plural gegenüberstehen. Vergleicht man von diesen Belegen die Pluralfrequenzen, dann stehen sich *Städte* (FW 100), *Nöte* (5,22) und *Taten* (FW 21,16) gegenüber, d.h. es ist eigentlich nur die eU-Pluralform *Städte* im täglichen Sprachgebrauch von signifikanter Bedeutung. Berücksichtigt man also den Faktor der Verwendungsfrequenz als Bezugsgröße für die Bestimmung prototypischer Merkmale, dann ist zu schließen, dass es sich beim Merkmal `-VK/KS(K)>3´ um eine Struktur handelt, die prototypisch für eU-Plural ist und bei allen Lemmata vorliegt, die häufig verwendet werden und eU-Plural bilden.

Wenn von beiden Häufigkeitsfaktoren nur die Vorkommenshäufigkeit berücksichtigt wird, lässt sich eine Quote von 41% für das Eintreten des eU-Plural errechnen, wenn ein Lemma das Schema /-VK/KS(K)>3/ aufweist. Wird darüber hinaus auch das Kriterium der Verwendungshäufigkeit mit berücksichtigt, dann ergibt sich eine höhere Quote zugunsten des eU-Plural (ca. 75%). Das Schema /-VK/KS(K)>3/ ist also mit mindestens 41%-iger Wahrscheinlichkeit prototypisch für eU-Plural.

Merkmal Nukleusqualität

Hinsichtlich des Kriteriums `gespannter Nukleus´ ergibt sich für die Feminina mit en- oder eU-Plural die Zusammenstellung in Grafik 55 (s. S. 154).[62] Der prozentuale Anteil der Lemmata mit gespanntem Nukleus ist im eU-Plural mit 100% sehr viel höher als im en-Plural mit 52%. Die absoluten Zahlen sind dagegen nicht so deutlich: Es stehen den acht Belegen mit eU-Plural immerhin 22 Belege mit en-Plural gegenüber. Daraus ergibt sich eine Wahrscheinlichkeitsquote von 27% zugunsten des eU-Plurals.

Sehen wir uns die Nuklei hinsichtlich ihres Bildungsorts etwas genauer an. Es ergibt sich für gespannte und ungespannte Nuklei die Zusammenstellung in Grafik 56 (s. S. 154).

---

62 Es werden wieder umlautfähige Belege mit en-Plural und diejenigen mit eU-Plural verglichen, um eine einheitliche Vergleichsbasis zu gewährleisten

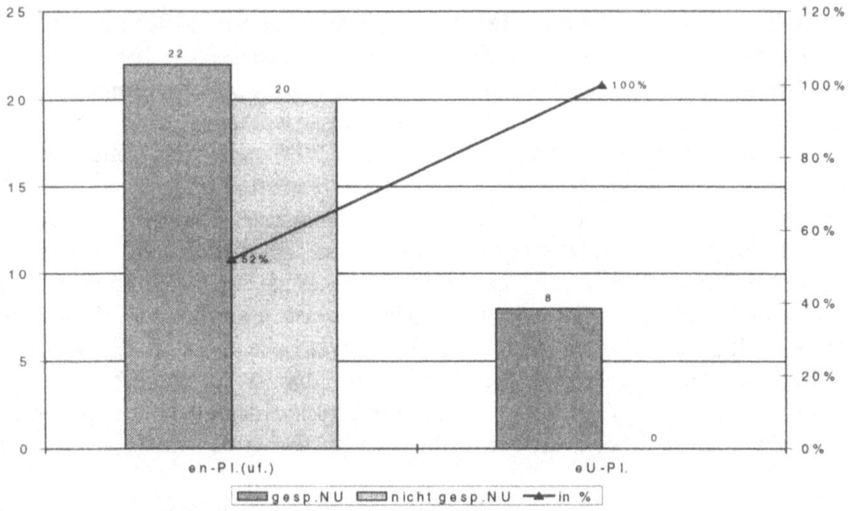

Grafik 55: Anteil der Feminina mit gespanntem Nukleus im en- und eU-Plural

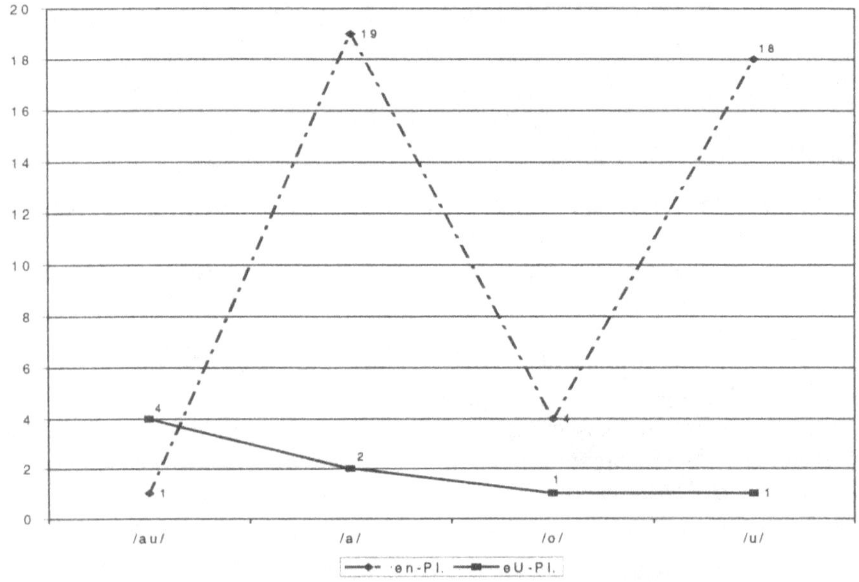

Grafik 56: Nuklei bei den Feminina mit en- oder eU-Plural (ein Endrandkonsonant)

Grafik 56 zeigt, dass ein /au/-Nukleus fast ausschließlich in den Belegen mit eU-Plural vorkommt. Das legt die Vermutung nahe, dass eventuell /a/-haltige Nuklei allgemein prototypisch für den eU-Plural sind. Dagegen sprechen aber zunächst die Belegzahlen bei /a/: 19 Lemmata mit en-Plural stehen nur zwei Belege mit eU-Plural gegenüber. Wenn wir diesen Befund allerdings mit dem Ergebnis aus Grafik 55 verbinden, das besagt, dass alle Belege mit eU-Plural gespannten Nukleus haben, könnte sich daraus möglicherweise eine signifikante Tendenz ableiten lassen. Hinsichtlich der gespannten Nuklei ergibt sich folgende Zusammenstellung:

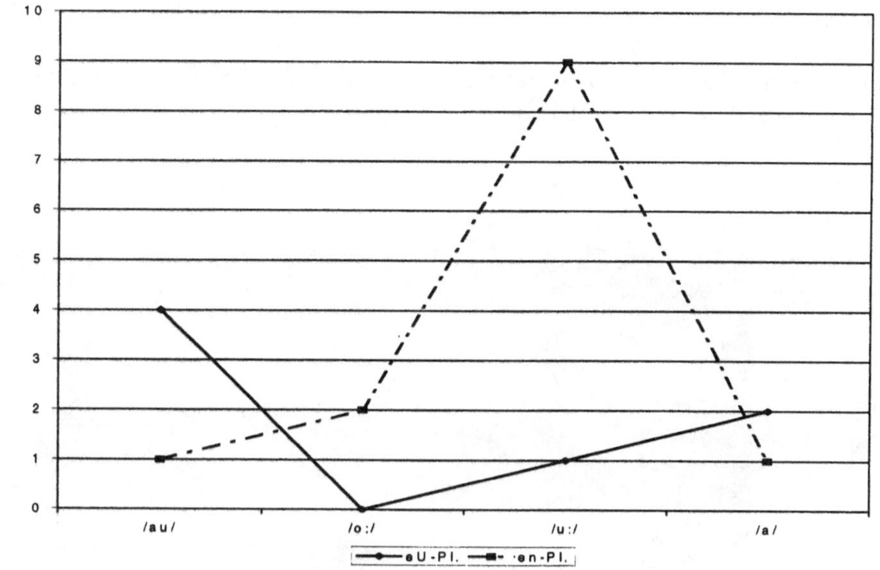

Grafik 57: Anteile der gespannten Nuklei bei Feminina mit eU- oder en-Plural (ein Endrandkonsonant)

Die Analyse zeigt, dass /a/-haltige Nuklei überwiegend in den Belegen mit eU-Plural auftreten, wenn das /a/ gespannt ist. Dagegen sind /o/- und /u/-Nuklei prototypisch für den en-Plural, und zwar unabhängig vom Spannungsgrad, denn sowohl Grafik 56 als auch Grafik 57 zeigen jeweils eine deutliche Tendenz zum en-Plural, wenn das Lemma /o/ oder /u/ im Nukleus hat. Von den insgesamt acht Belegen, die einen gespannten, /a/-haltigen Nukleus haben, bilden sechs eU-Plural und daraus ergibt sich eine Trefferwahrscheinlichkeit von immerhin 75%.

Sehen wir uns die einschlägigen Belege auch noch im Hinblick auf die Vorkommenshäufigkeit genauer an. Die Feminina mit gespanntem, /a/-haltigem Nukleus und eU-Plural lauten: *Braut* (FW 12,66), *Haut* (FW 40), *Laus* (FW

0,33), *Maus* (FW 9,33), *(Innen)Stadt* (FW 400); diesen stehen die Belege *Maut* (FW 0,17) und *Klamm* (FW 0,27) mit gespanntem, /a/-haltigen Nukleus und en-Plural gegenüber. Die Frequenzwerte von *Maut* und *Klamm* sind niedriger als der kleinste bei den eU-Belegen (*Laus* – 0,33). Die Pluralformen *Mauten* und *Klammen* kommen so selten vor, dass sie im Material, das immerhin 50 Mio. Textwörter berücksichtigt, gar nicht aufgeführt sind. Bezieht man den Frequenzwert mit in das Fazit ein, dann ist zu schließen, dass Feminina, die auf Konsonant enden und gespannten, /a/-haltigen Nukleus haben, mit fast 100%-iger Wahrscheinlichkeit eU-Plural bilden.

Merkmal Monosyllabizität

In Bezug auf die Monosyllabizität ergibt sich für die Feminina mit en- oder eU-Plural folgende Zusammenstellung:

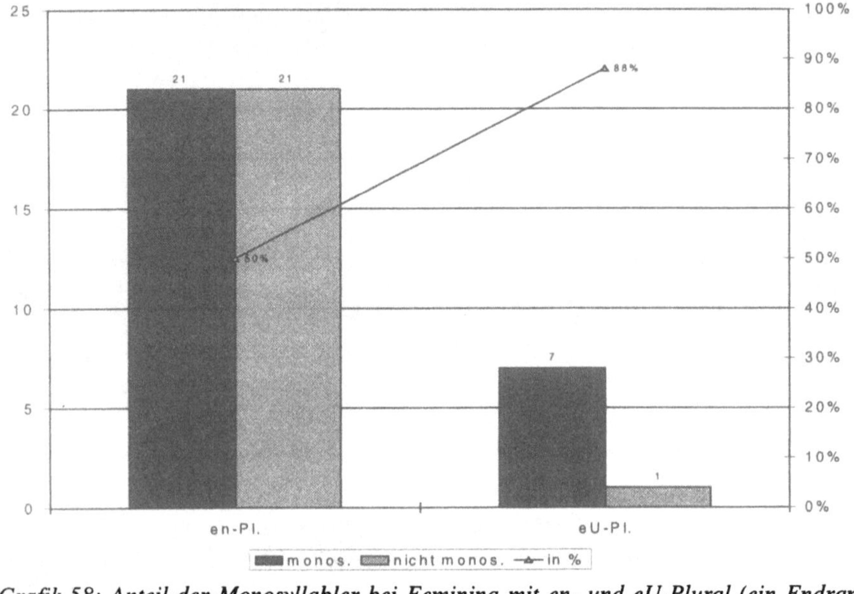

Grafik 58: Anteil der Monosyllabler bei Feminina mit en- und eU-Plural (ein Endrandkonsonant)

Der prozentuale Anteil der Monosyllabler ist mit 88% im eU-Plural wesentlich höher als mit 50% im en-Plural. Allerdings gibt es hinsichtlich der absoluten Zahlen 21 Monosyllabler mit en-Plural, aber nur sieben Monosyllabler mit eU-Plural. Daraus ergibt sich eine Wahrscheinlichkeitsquote von 25% für den eU-Plural.

Merkmalkombinationen

Sinnvolle, dem Prototyp möglichst nahe kommende Merkmalbündel sind durch die Kombination derjenigen Einzelkriterien zu ermitteln, die jeweils die höchste Trefferquote haben. Daraus ergibt sich für die Feminina mit einem Endrandkonsonanten zunächst die Kombination aus den Merkmalen `gespannter, /a/-haltiger Nukleus´ (75%) + `VK/K>3´ (41%). Daran kann sich schließlich die Kombination mit `Monosyllabizität´ (25%) anschließen. Es ergeben sich folgende Zusammenstellungen incl. Wahrscheinlichkeitsquoten:

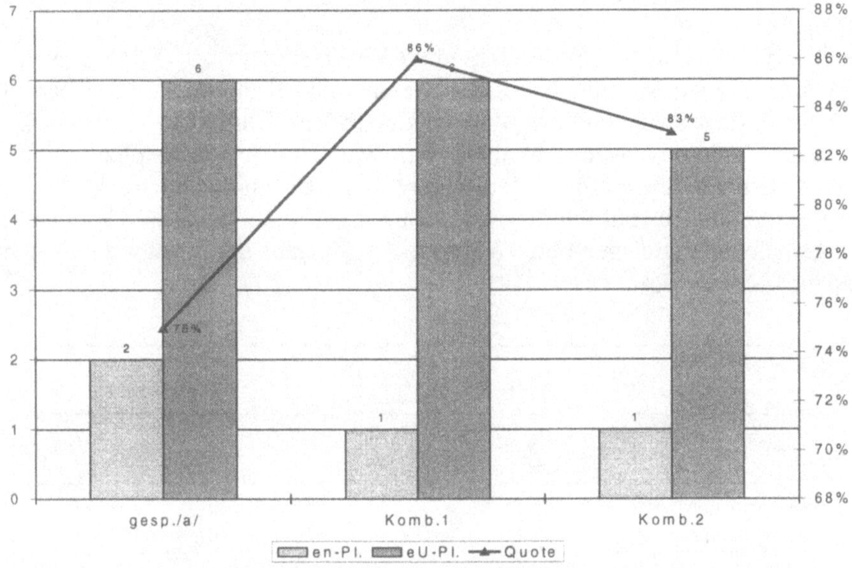

Kombination 1: gespannter, /a/-haltiger Nukleus + VK/K>3
Kombination 2: Kombination 1 + Monosyllabizität

Grafik 59: Wahrscheinlichkeitsquoten bei einem Einzelkriterium und zwei Kombinationen für Feminina mit en- oder eU-Plural (ein Endrandkonsonant)

Die höchste Wahrscheinlichkeitsquote von 86% zugunsten des eU-Plurals wird erzielt, wenn die beiden Kriterien `gespannter, /a/-haltiger Nukleus´ + `VK/K>3´ miteinander kombiniert werden. Eine weitere Kombination mit dem Kriterium `Monosyllabizität´ führt zu keiner weiteren Erhöhung der Trefferquote, d.h. das Kriterium `Monosyllabizität´ ist als prototypisches Merkmal für eU-Plural redundant.

Das prototypische Merkmalbündel für Feminina, die auf einen Konsonanten enden, lautet wie folgt:

prototypisch eU-Plural bei Feminina mit Struktur /-VK/: gespannter, /a/-haltiger Nukleus + /-VK/KS(K)>3/

Struktur /-VKK/

Merkmal Endrandstrukturen

Wenden wir uns nun den Belegen mit /-VKK/-Struktur zu. Köpcke nimmt [#_K*t*] als prototypische Struktur der Feminina mit eU-Plural an. Zur Überprüfung dieser Hypothese wird das Material zunächst im Hinblick auf den zweiten der beiden Endrandkonsonanten analysiert. 48 umlautfähigen Simplizia mit en-Plural stehen 17 Belege mit eU-Plural gegenüber. Davon ziehe ich *Bank, Gruft* und *Kluft* ab, die sowohl mit eU-, als auch mit en-Plural erscheinen können. In den verbleibenden Belegen treten folgende Konsonanten auf Position K_2 in einer Struktur /-VK_1K_2/ auf:

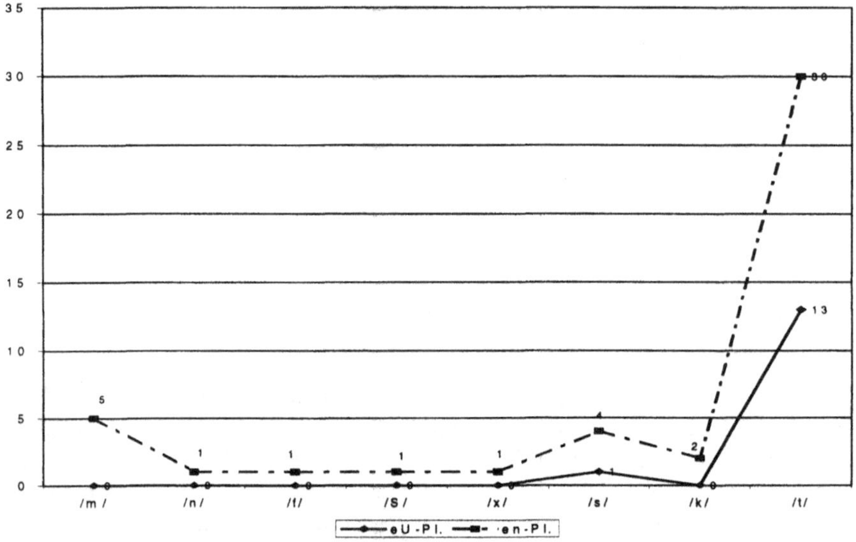

Grafik 60: Konsonanten auf Position K_2 bei den Feminina mit /-VK_1K_2/-Struktur im eU- und en-Plural

Bis auf einen Beleg (*Gans*) haben alle Feminina mit eU-Plural und /-VK_1K_2/-Struktur auf der Position K_2 den Laut /t/ (13 Vrk.), das entspricht 93%. Allerdings ist daraus noch nicht zu schließen, dass es sich bei /-VK*t*/ um eine prototypische Struktur für Feminina mit eU-Plural handelt, denn es weisen immerhin auch 30 Belege mit en-Plural genau diese Struktur auf, was bei einem Gesamtvolumen von 45 Vrk. immerhin auch 67% ausmacht. Gemessen an allen Belegen, die auf /t/ enden, ergibt sich eine Wahrscheinlichkeitsquote von 32% zugunsten des eU-Plurals; d.h. es ist im Hinblick auf eine Prototypikalität für Feminina mit /-VK*t*/-Struktur nicht mehr zu sagen, als dass mit 32%-iger Wahrscheinlichkeit eU-Plural auftritt. /-VK*t*/ scheint zunächst sowohl für den en- als auch für den eU-Plural prototypisch zu sein. Auch ergibt sich aus einer Berücksichtigung aller Konsonanten, deren konsonantische Stärke größer ist als die von Liquiden und Nasalen, keine signifikante Tendenz oder eine höhere Trefferquote zugunsten des eU-Plurals, wie dies bei den Feminina mit einem Endrandkonsonanten der Fall war. Der Endkonsonant in einer Abfolge von -VKK gibt relativ wenig Hinweise auf eine mögliche prototypische Struktur der Lemmata mit eU-Plural. Darüber hinaus ist die Vorkommenshäufigkeit von /-t/ als letztem Konsonant bei einer Aufeinanderfolge von zwei oder mehr Konsonanten im Endrand im Hinblick auf universelle Silbenbauprinzipien (Monotoniegesetz) völlig normal, da es sich bei /-t/ um den Konsonanten mit der höchsten konsonantischen Stärke überhaupt handelt (vgl. Kap. 4.1). Dieses ist also weder für en- noch für eU-Plural von prototypischer Relevanz.

Sehen wir uns im Vergleich dazu die Konsonanten an, die auf Position K_1 auftreten können. In Grafik 61 (s. S. 160) sind die Konsonanten zusammengestellt. Dabei werden bei den Simplizia mit en-Plural nur die umlautfähigen Belege berücksichtigt, um den direkten Vergleich mit eU-Plural zu gewährleisten. Die Belege *Bank, Gruft, Kluft* und *Sucht* zähle ich nicht mit, da sie sowohl mit en- als auch mit eU-Plural vorkommen können. Es bleiben 40 Belege mit en- und 14 mit eU-Plural.

Die Grafik zeigt bei den Liquiden die gleiche Tendenz wie bei den Belegen auf einen Endrandkonsonant. /r/ oder /l/ kommen auf Position K_1 nur in den Belegen vor, die en-Plural bilden. Im eU-Plural fehlen solche Lemmata. Allerdings sind nur Liquiden prototypisch für en-Plural, nicht aber Nasale. Darin unterscheiden sich die Ergebnisse bei /-VK/-Struktur von den hier fokussierten mit /-VKK/-Struktur. Wenn eine Struktur /-VK_1K_2/K_1=L/ prototypisch ist für den en-Plural, dann lässt sich daraus eine Hypothese ableiten, die besagt, dass alle /-VK_1K_2/-Strukturen für eU-Plural prototypisch sind, bei denen die konsonantische Stärke von K_1 größer ist als die der Liquiden, also: /-VK_1K_2/KS(K_1)>2/. Für diese Hypothese spricht die Verteilungskurve der Belege mit eU-Plural. Die eU-Belege haben /n/, /f/, /x/, /s/ oder /k/ auf Position K_1, also nur Konsonanten mit größerer konsonantischer Stärke als die der Liquiden. Gerechnet an den Belegen, die auf Position K_1 einen Konsonanten mit größerer konsonantischer Stärke als 2 haben, ergibt sich eine Wahrscheinlichkeitsquote von 38% für eU-Plural. Und diese Quote liegt immerhin höher, als diejenige, die sich anhand des von Köpcke angenommenen prototypischen Kriteriums /-K*t*/ mit 32% ergeben hatte. Auffallend sind unter diesen Belegen die Feminina mit /n/ oder /f/ auf Position K_1, denn das sind unter allen einschlägigen Lemmata diejenigen, bei denen eU-Plural dominiert. Der Eindruck relativert sich etwas, wenn man an das sehr produktive Derivationssuffix *-schaft* mit /-ft/ denkt, das en-Plural und nicht eU-Plural verlangt. Die Endung /-ft/ kann also durchaus auch für en-Plural prototypisch sein. Es bleiben die drei Belege auf /-nt/ mit eU-Plural: *Gans, Hand, Wand*, die einem Belege mit en-Plural gegenüberstehen, nämlich *Front*. Der Beleg *Hand* dominiert hinsichtlich seiner Verwendungshäufigkeit von 300, allerdings ist der Frequenzwert von *Front* mit 36,48 höher als die des zweiten Belegs in der eU-Gruppe, nämlich *Wand* mit einem FW von 35,25. Das Schlusslicht bildet *Gans* mit FW 1,83. Auch unter Berücksichtigung der Verwendungshäufigkeit ergibt sich also keine klare Dominanz zugunsten eines Pluraltyps bei solchen Feminina, für die gilt: K_1 = /n/ oder /f/.

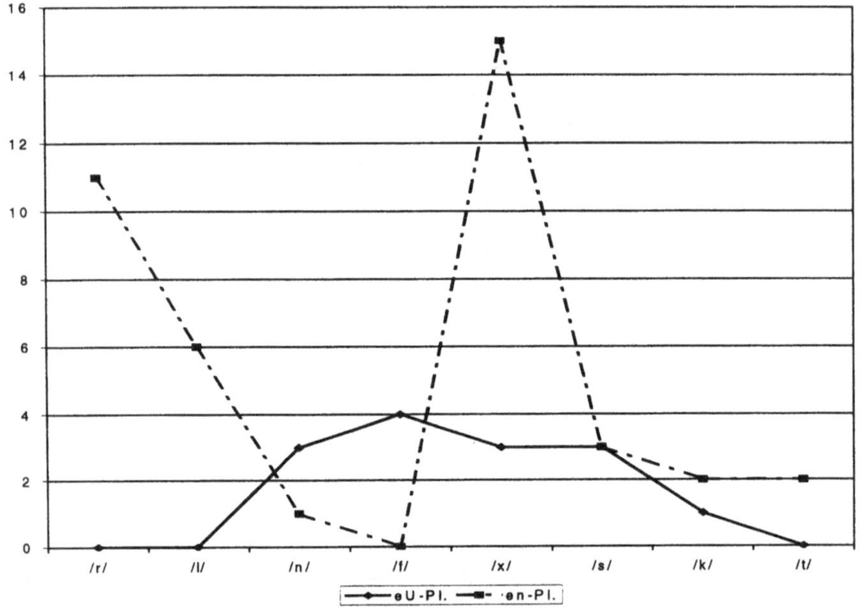

Grafik 61: K_1 bei Feminina der Struktur /-VK_1K_2/ im eU- und en-Plural

Als einziges annähernd reliables Kriterium zugunsten des eU-Plurals bleibt bislang nur die Struktur /-VK_1K_2/$KS(K_1)>2$/. Allerdings sprechen auch viele Argumente auf den ersten Blick gegen die Hypothese, dass /-VK_1K_2/$KS(K_1)>2$/ prototypisch für eU-Plural ist, und zwar:

- Es gibt zahlreiche Belege, die /x/ auf Position K_1 haben, jedoch nicht eU-, sondern en-Plural bilden.
- Es gibt mit /s/ auf Position K_1 sowohl drei Belege mit eU- als auch mit en-Plural.
- Es gibt für /t/ auf Position K_1 nur Belege mit en-Plural, aber keinen mit eU-Plural.

Bei den beiden Lemmata, die /t/ auf Position K_1 haben und en-Plural bilden, handelt es sich um *Hatz* und *Wutz*, die einen Frequenzwert von 0,96 bzw. 0,10 haben. Im Plural *Hatzen* oder *Wutzen* kommen sie so gut wie nie vor; beide Wortformen erscheinen in der Datenbank nicht, obgleich diese die Frequenzwerte von 50 Mio. Wortformen berücksichtigt. Die beiden Belege spielen also hinsichtlich der Pluralbildung keine Rolle. Bei den Belegen, die /s/ auf Position K_1 haben, handelt es sich um *Rast, Mast* und *Last* mit en-Plural und um *Lust, Brust* und *Faust* mit eU-Plural. Sehen wir uns auch dazu die Verwendungsfrequenz an:

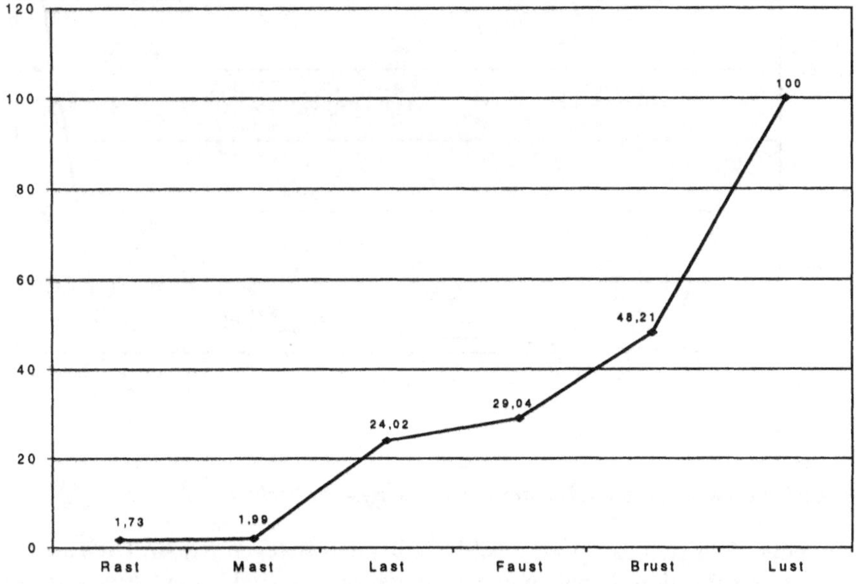

Grafik 62: Verwendungshäufigkeit der Belege mit K_1 = /s/

Es wird deutlich, dass unter Berücksichtigung des Faktors der Verwendungshäufigkeit eigentlich nur die Belege Bedeutung haben, die mit eU-Plural auftreten, nämlich *Faust, Brust* und *Lust*. Lediglich *Last,* das mit en-Plural auftritt, hat einen relevanten Frequenzwert, doch dieser liegt auch noch erheblich unter dem kleinsten der erU-Belege. Wenn man im Hinblick auf die Reliabilität eines prototypischen Merkmals auch das Kriterium der Verwendungshäufigkeit berücksichtigt, dann ist daraus zu schließen, dass K_1 = /s/ für eU-Plural prototypisch ist. Im Hinblick auf die Verwendungsfrequenz sprechen also die Belege mit K_1 = /s/ und en-Plural nicht gegen die eingangs aufgestellte Hypothese, dass /-VK_1K_2/KS(K_1)>2/ prototypisch ist für den eU-Plural.

Sehen wir uns vor diesem Hintergrund auch die Belege mit K_1 = /x/ an. 15 Belege mit en-Plural stehen drei Belege mit eU-Plural gegenüber. Die Lemmata mit en-Plural lauten: *Durchlaucht, Erlaucht, Andacht, Fracht, Jacht, Pacht, Schlacht, Tracht, Vollmacht, Flucht, Lucht, Schlucht, Wucht, Zucht.* Die drei Belege mit eU-Plural sind: *Macht, Nacht, Frucht.* Es ergibt sich folgende Fequenzkurve:

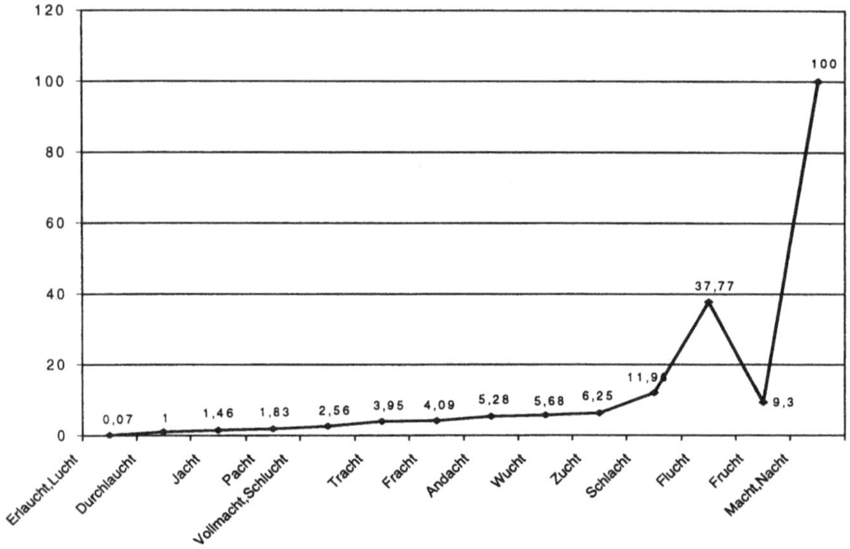

Grafik 63: Verwendungshäufigkeit der Belege mit K_1 *= /x/ (<ch>)*

Wieder zeigt sich das gleiche Bild wie bei den Belegen mit /s/. Die Lemmata, die /x/ auf Position K_1 haben und en-Plural bilden, sind bis auf *Flucht* in Bezug auf ihre Verwen-dungshäufigkeit nahezu ohne Belang. Demgegenüber gehören zwei der drei Belege mit eU-Plural zu den am häufigsten gebrauchten

Wörtern des Nominallexikons: *Nacht* und *Macht.* Das Bespiel *Frucht* mit seiner sehr niedrigen Verwendungsfrequenz scheint nicht ins Bild zu passen. Doch hier spielt ein anderer Faktor eine wichtige Rolle: *Frucht* gehört zu den relativ wenigen Belegen, die in der Pluralform wesentlich häufiger gebraucht werden, als in der Singularform. *Frucht* im Singular hat einen FW von 9,30, während *Früchte* einen FW von 15,51 hat. Auch diese Form mit eU-Plural wird also relativ häufig benützt. Ein ähnliches Bild, allerdings mit umgekehrter Wertigkeit, ergibt sich für das im Singular hochfrequente Lemma *Flucht.* Im Plural *Fluchten*[63] wird ihm im gesamten Material kein Frequenzwert zugewiesen. Dies kann verschiedene Ursachen haben. Entweder wird es im Sprachgebrauch so selten verwendet, dass es unter 50 Mio. Textwörtern nicht vorkommt. Oder es wird im Augsburger Korpus bei den Nomen nicht gezählt, weil eine falsche Lemmatisierung (zum Verb *fluch-*) vorliegt. Dagegen spricht aber, dass die Wortform *Flucht* als Nomen mit einem bestimmten Frequenzwert auftritt und nicht als verbale Wortform *flucht* verstanden wird. Geht man davon aus, dass *Fluchten* tatsächlich eine zu vernachlässigende Verwendungshäufigkeit hat, dann relativiert sich die Bedeutung dieses Belegs für den en-Plural erheblich. Berücksichtigt man auch bei den Belegen mit K_1 = /x/ das Kriterium der Verwendungsfrequenz und bestimmt danach, für welchen Pluraltyp diese Struktur prototypisch ist, dann erweist sich K_1 = /x/ als prototypisches Merkmal für eU-Plural. Dies bestätigt die Hypothese, dass alle Endrandstrukturen, bei denen K_1 kein Liquid ist, prototypisch für eU-Plural sind.

Wenn der Faktor der Verwendungsfrequenz in angemessener Weise in die Analysen mit einbezogen wird, dann bleiben von allen Belegen, die zu den problematischen Gruppen mit K_1 = /s/ oder /t/ oder /x/ gehören, nur folgende zählbare Lemmata übrig: *Lust, Brust, Faust, Nacht* und *Macht*[64] mit eU-Plural sowie *Last* und *Flucht* mit en-Plural. Auch die Anzahl der Belege spricht dann für die Hypothese, dass /-VK_1K_2/KS(K_1)>2/ ein prototypisches Schema für eU-Plural ist. Betrachtet man die Beleglage allerdings unabhängig von diesem Faktor, dann stehen 23 Lemmata mit der Struktur /-VK_1K_2/KS(K_1)>2/ und en-Plural lediglich 14 Belegen mit eU-Plural gegenüber. Das ergibt eine Wahrscheinlich-

63 Im Standarddeutschen Plural in der Bedeutung „Zimmerfluchten" (vs.: *Fluchtversuche*); mit eU-Plural dagegen *Ausflüchte.*

64 Wie groß der Einfluss der Verwendungsfrequenz bei diesen Feminina auf die Pluralbildung ist, zeigt das Beispiel *Macht* vs. *Vollmacht. Macht/Mächte* mit FW 100 ist resistent gegen einen analogischen Ausgleich mit den häufigeren Formen auf en-Plural. Die relativ junge Wortbildung *Vollmacht/Vollmachten* dagegen bildet eine Pluralform, die auch die große Anzahl von Feminina auf Konsonant hat, nämlich en-Plural.

keitsquote von 38%. Diese liegt immerhin sechs Prozentpunkte höher als die 36% für Köpckes Kriterium [#_K*t*].

Merkmal Nukleusqualität

Es ergibt sich folgende Zusammenstellung:

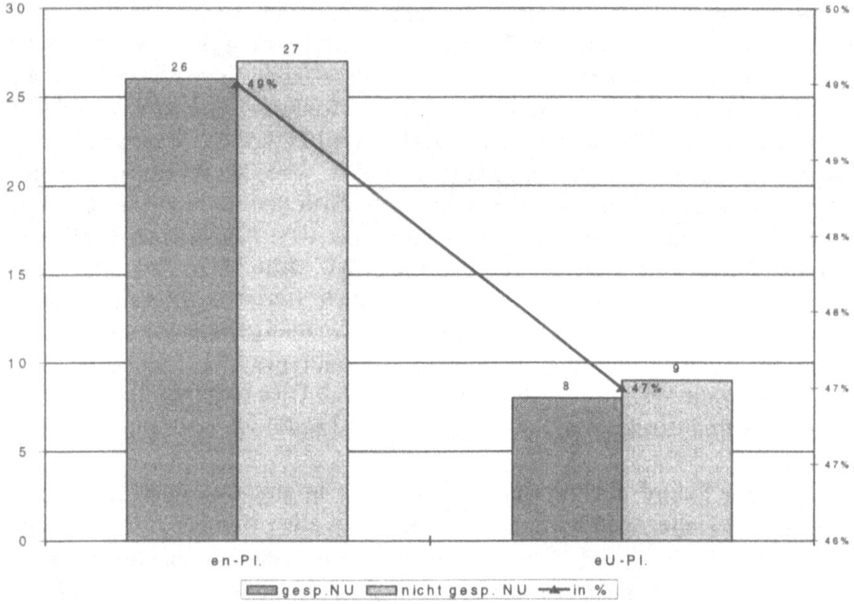

Grafik 64: Anteil der Feminina mit gespanntem Nukleus im en- und eU-Plural (zwei Endrandkonsonanten)

Die Grafik zeigt, dass weder der absolute noch der prozentuale Anteil der Belege mit gespanntem Nukleus im eU-Plural höher ist als im en-Plural. Bei den Feminina mit einem Endrandkonsonanten war zwar auch die Zahl der Vorkommnisse mit gespanntem Nukleus und eU-Plural kleiner als diejenige mit en-Plural, allerdings war der prozentuale Anteil im eU-Plural höher als im en-Plural. Dass bei den Feminina mit zwei Endrandkonsonanten keiner der beiden Werte im eU-Plural so hoch ist wie diejenigen im en-Plural ist ein Hinweis darauf, dass der Faktor der Nukleusqualität für die Konstituierung eines prototypischen Merkmalbündels keine Rolle spielt.

Sehen wir uns die Nukleusstruktur noch genauer an. Hier ist die Zusammenstellung:

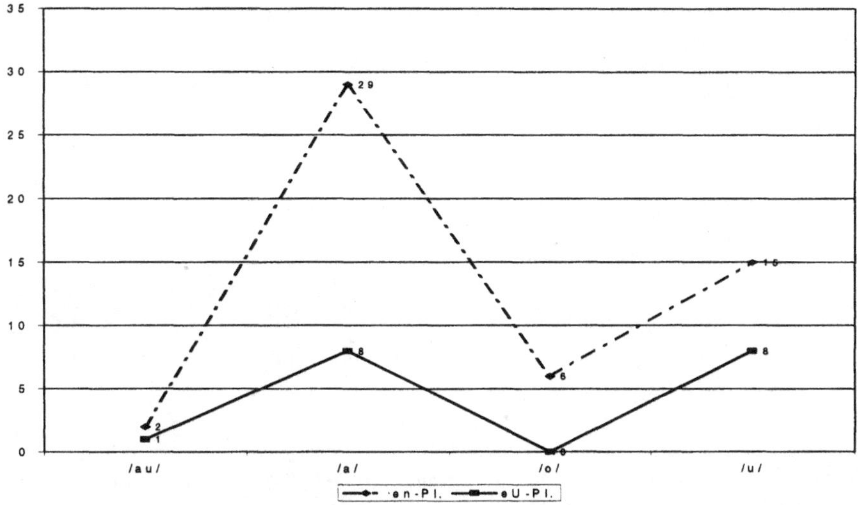

Grafik 65: Nuklei bei den Feminina mit en- oder eU-Plural (zwei Endrandkonsonanten)

Wieder zeigt sich ein Befund, der sich auch beim Kriterium 'gespannter Nukleus' ergeben hatte: Es gibt keinen Nukleus, der prototypisch wäre für eU-Plural. Tendenzen, wie sie für Feminina mit einem Endrandkonsonanten typisch waren, sind hier nicht zu erkennen: Weder /a/- noch /o/-haltige Nuklei tendieren stärker zum eU- als zum en-Plural. Im en-Plural dominieren /a/ und /u/ im Nukleus, der gleiche Befund gilt auch für die Belege mit eU-Plural. Es muss geschlossen werden, dass auch der Bildungsort und die Bildungsart des Nukleus keine Rolle spielen bei der Konstituierung des prototypischen Merkmalbündels für Feminina mit zwei Endrandkonsonanten und eU-Plural.

Merkmal Monosyllabizität

Hinsichtlich dieses Kriteriums ergibt sich die in Grafik 66 (s. S. 166) vorgenommene Zusammenstellung. Der prozentuale Anteil der Monosyllabler ist mit 94% im eU-Plural wesentlich höher als mit 72% im en-Plural. Allerdings gibt es hinsichtlich der absoluten Belegzahlen nur 16 Monosyllabler mit eU-Plural, aber 38 Monosyllabler mit en-Plural. Daraus ergibt sich eine Wahrscheinlichkeitsquote von knapp 30% für eU-Plural.

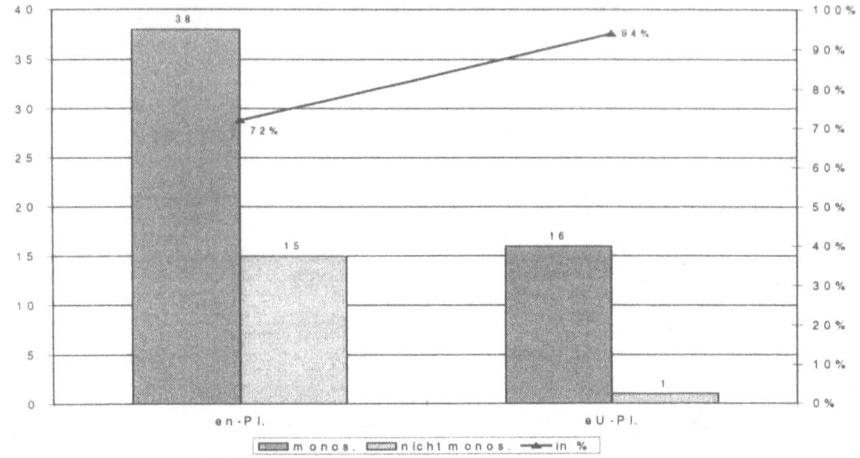

Grafik 66: Anteil der Monosyllabler bei Feminina mit en- oder eU-Plural (zwei Endrandkonsonanten)

Merkmalkombinationen

Von allen untersuchten Kriterien haben sich nur zwei als relevant für die eU-Pluralbildung erwiesen, nämlich `$VK_1K_2/KS(K_1)>2$´ (38%) und die Monosyllabizität (30%). Für eine Kombination bieten sich nur diese beiden Faktoren an, da sich Nukleusmerkmale als nicht relevant für das prototypische Merkmalbündel des eU-Plurals erwiesen haben. Für eine Kombination der genannten Kriterien ergibt sich die in Grafik 67 (s. S. 167) vorgenommene Zusammenstellung.

Anhand des als prototypisch angenommenen Kriteriums /-$VK_1K_2/KS(K_1)>2$/ in Kombination mit dem Faktor Monosyllabizität ist eine Trefferquote von 44% für eU-Plural zu erreichen. Diese liegt erheblich über derjenigen, die sich unter Annahme des von Köpcke als prototypisch angesehenen Kriteriums /-VK*t*/ mit 32% ergeben hatte.

Es interessiert jetzt noch der Aspekt, welche Wahrscheinlichkeitsquote zu erzielen ist, wenn das Kriterium für den Konsonanten auf Position K_1 (KS>2) mit dem von Köpcke ermittelten für K_2 (/-t/) kombiniert wird. Im Material gibt es 13 Belege (von 14 Vrk.) mit eU-Plural, die beide Kriterien aufweisen, und 21 Belege (von 44 Vrk.) mit en-Plural, die ebenfalls beide Kriterien erfüllen. Das macht eine Trefferquote von 38% für eU-Plural. Bei einer zusätzlichen Berücksichtigung der Monosyllabizität bleiben alle 13 Belege mit eU- und 17 Belege mit en-Plural. Dies entspricht einer Wahrscheinlichkeitsquote von 43% zugunsten von eU-Plural. Es ergibt sich also unter zusätzlicher Berücksichtigung des Kriteriums `K_2 = /-t/´ keine höhere Wahrscheinlichkeit für das Eintreten des eU-

Plurals als hinsichtlich der Kriterien der konsonantischen Stärke des ersten von zwei Konsonanten (KS_1>2) und der Monsoyllabizität. Das Merkmal `K_2 = /-t/´ ist also redundant.

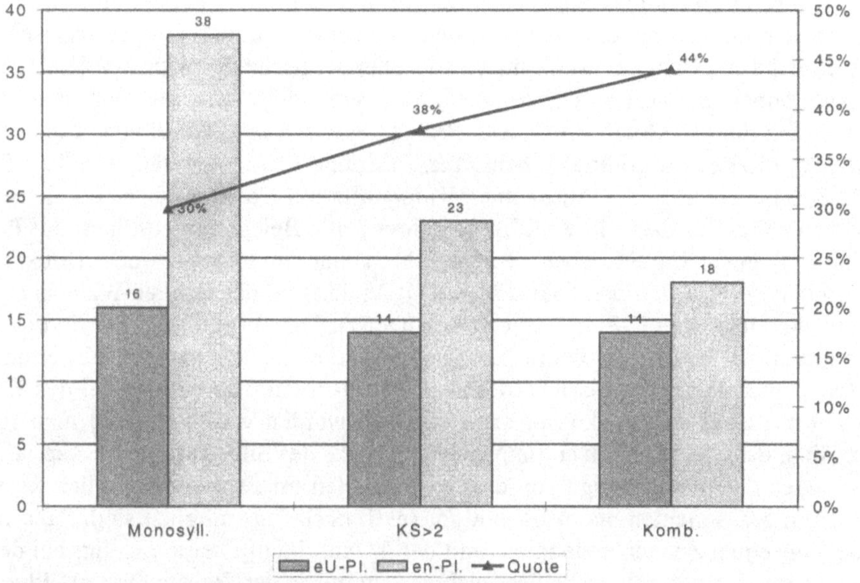

Grafik 67: Anteile und Wahrscheinlichkeitsquote für eU-Plural bei den unterschiedlichen Merkmalen (zwei Endrandkonsonanten)

Für die Feminina mit zwei Endrandkonsonanten lässt sich zusammenfassend folgendes prototypische Merkmalbündel angeben:

prototypisch eU-Plural für Feminina mit Struktur /-VKK/: /-VK_1K_2/KS(K_1)>2/ + Monosyllabizität

Struktur /-VKKK/

Sehen wir uns abschließend noch die Belege mit drei Endrandkonsonanten an. Zunächst ist festzuhalten, dass die Situation bei Belegen mit /-VKKK/-Struktur positiver aussieht als bei den anderen Endrandstrukturen. Hier sprechen sowohl die prozentualen als auch die absoluten Werte dafür, dass drei Konsonanten im Endrand bei Feminina ein prototypisches Merkmal für eU-Plural sind (vgl. Grafik 53). 13 der insgesamt 40 Belege mit dieser Struktur haben eU-Plural, das entspricht 32,5%, während nur 3 der 80 umlautfähigen Simplizia mit dieser Struktur en-Plural bilden, das sind lediglich 4%. Gerechnet an allen Belegen mit /-VKKK/-Struktur ergibt sich damit eine Wahrscheinlichkeitsquote von gut 81%, d.h. mit 81%-iger Wahrscheinlichkeit tritt bei einem Femininum mit drei Konsonanten im Endrand eU-Plural und nicht en-Plural auf. Ein prototypisches Merkmal für eU-Plural ist demnach die phonologische Struktur /-VKKK/. Es kommt noch ein weiteres Merkmal hinzu. Vergleicht man die einschlägigen Simplizia mit eU-Plural: *Angst, Axt, Brunft, Brunst, Kunst, Wurst* oder *Zunft* mit den Simplizia, die en-Plural haben, *Balz, Pfalz* und *Wurz,* dann fällt auf, dass die eU-Belege bis auf eine Ausnahme (*Wurst*) alle auf Position K_1 einen Konsonanten haben für den gilt: $KS(K_1)>2$, während alle Belege mit en-Plural auf Position K_1 einen Liquid haben. Berücksichtigt man zusätzlich zu dem Strukturmerkmal $/\text{-}VK_1K_2K_3/$ den Faktor /KS(K1)>2/, dann erhöht sich die Wahrscheinlichkeitsquote für eU-Plural von 81% auf 86%. Die Belege mit drei Endrandkonsonanten bestätigen damit noch einmal die Reliabilität des Kriteriums /KS(K1)>2/ als prototypisches Merkmal für eU-Plural, wie es auch bei den Belegen mit zwei Endrandkonsonanten ermittelt worden war.[65] Bedenkt man zusätzlich, dass im Hinblick auf universelle Gesetze des Silbenbaus (vgl. Kap. 4.1) bei einer Aufeinanderfolge von drei Konsonanten im Endrand eigentlich keine anderen Konsonanten als /r/, /l/ und /n/ (evtl. noch /m/) möglich sind, dann ist die Konsequenz schon erstaunlich, mit der /r/ und /l/ auf Position K_1 nur bei den Belegen mit en-Plural erscheinen, während /n/ nur in den Belegen mit eU-Plural vorkommt. Bei den Belegen fällt zusätzlich auf, dass eine Affrikata im Endrand nur bei den Lemmata mit en-Plural auftritt, während die Belege mit eU-Plural keine einzige Affrikata im Endrand haben. Das ist erstaunlich, denn bei den Maskulina mit drei Endrandkonsonanten war gerade das Kriterium /-VKAffr.(K)/ ein prototypisches Merkmal zugunsten des eU-Plurals. Feminina verhalten sich also in mehrfacher Hinsicht anders als die Maskulina: Sie sind durch das Kriterium der konsonantische Stärke beeinflusst und nicht durch das Kriterium des Artikulationsorts, das Merkmal '+Affrikata' ist nicht prototypisch für den eU-Plural, sondern für den en-Plural.

Für die Feminina mit drei Endrandkonsonanten ergibt sich folgendes prototypisches Merkmalbündel:

prototypisch eU-Plural für Feminina mit Struktur /-VKKK/: $/\text{-}VK_1K_2K_3/KS(K_1)>2/$

65 Köpcke gibt die Wahrscheinlichkeitsquote seines Kriteriums /-VKK*t*/ auch mit „knapp 90%“ (2000, 159) an.

Vergleicht man abschließend die ermittelten prototypischen Merkmalbündel für die Feminina mit en- oder eU-Plural mit denjenigen Köpckes (2000, 158f.) für seine „starken" und „schwachen" Feminina zeigen sich einige wesentliche Unterschiede.[66] Während für die Ermittlung prototypischer Merkmale für eU-Plural bei Köpcke das auslautende /-t/ und die Komplexität des konsonantischen Auslautclusters von ausschlaggebender Bedeutung sind, weise ich dem Faktor der konsonantischen Stärke des Konsonanten auf Position K_1 die größte Relevanz im Hinblick auf eine prototypische Struktur zu. Dafür sprechen die wesentlich höheren Wahrscheinlichkeitsquoten zugunsten des eU-Plurals, die sich aufgrund des KS-Faktors im Gegensatz zum Kriterium /-t/ ermitteln lassen.

Darüber hinaus zeigt sich ein signifikanter Unterschied im Aufbau der Prototypenskalen darin, dass ich nicht davon ausgehe, „daß mit wachsender Komplexität des auf /t/ auslautenden Konsonantenclusters die Tendenz zur starken Deklination zunimmt" (Köpcke 2000, 159). Das hatte bei Köpcke zur skalaren Anordnung der Kriterien für prototypisch starke Feminina in folgender Form geführt: [#_KK*t*], [#_K*t*], [#_*t*], [#_#] mit jeweils abnehmender Prototypikalität von links nach rechts. In den vorliegenden Abschnitten wird dagegen angenommen, dass dieser Strukturaufbau bei Endrändern mit einem und zwei Konsonanten durchbrochen ist. Aus den oben genannten Merkmalbündeln geht hervor, dass das Merkmalbündel für Lemmata auf einen Konsonanten (`gespannter, /a/-haltiger Nukleus´ + `VK/KS(K)>3´) prototypischer für eU-Plural ist als das Merkmalbündel für zwei Endrandkonsonanten (`-VKK/KS($K_1$)>2´ + `Monosyllabizität´). Das wird anhand der Wahrscheinlichkeitsquoten (86% vs. 44%) ermittelt. Die skalare Einteilung von `prototypisch en-Plural´ zu `prototypisch eU-Plural´ baut sich nicht monoton anhand der Komplexität des Endrandclusters auf, sondern weicht bei /-VK/ und /-VKK/ insofern davon ab, als dem /-VKK/-Merkmalbündel weniger Prototypikalität für eU-Plural zukommt als demjenigen für /-VK/. Die Abfolge bei den Feminina entspricht in dieser Hinsicht derjenigen, die für die Maskulina ermittelt wurde (vgl. Kap. 5.2).

5.3.3 Feminina: Die x-Gruppe

Außer den in Kapitel 5.3.1 genannten Pluralbildungen gibt es bei den Feminina ganz spärliche Reste in der x-Gruppe. In der x-Gruppe gibt es je zwei Feminina, die unmarkierten Plural bilden: *Ananas* und *Spezies* und zwei Belege mit U-

66 Ein Vergleich der Skalen Köpckes mit den von mir ermittelten ist nur bei den Feminina sinnvoll, da dies die einzige Genusgruppe ist, bei der Köpcke ebenfalls nur mit phonologischen Kriterien arbeitet, während die Skalen für die Maskulina anhand semantischer Kriterien erstellt werden.

Plural: *Mutter* und *Tochter*. Im Gegensatz zu *Ananas* und *Spezies* mit Frequenzwerten von 4,09 und 1,10, weisen *Mutter* und *Tochter* einen extrem hohen Frequenzwert von 200 und 100 auf.

Bei den Maskulina mit U-Plural (vgl. Kap. 5.2.2) wurde die Struktur /-V(K)K.KəR/ als prototypisch für x-Plural ermittelt, während /-V.KəR/ prototypisch für U-Plural ist. Ihrer Struktur nach müssten *Mutter* und *Tochter* also x- und nicht U-Plural bilden. Beide Lemmata gehören allerdings zu den sprachgeschichtlich ältesten Belegen des germanischen Wortschatzes, die ihren Plural bereits sehr früh durch Umlaut markiert haben. Ein analogischer Ausgleichsprozess zugunsten einer Pluralform mit wesentlich mehr Vorkommensbelegen tritt aufgrund der hohen Verwendungsfrequenz der beiden Feminina nicht ein. *Mutter* und *Tochter* gehören zu den Belegen mit der höchsten Verwendungsfrequenz im gesamten Nominallexikon und selbst noch die Verwendungshäufigkeit der Pluralform ist höher als die vieler anderer Lemmata im Singular (*Mütter*: FW 30, *Töchter*: FW 13). Diese Frequenzwerte machen beide Belege resistent gegenüber analogischen Ausgleichsprozessen und bestätigen das in Kap. 5.2.4 formulierte Präferenzgesetz des analogischen Ausgleichs. Historische Ursache des U-Plurals könnte das semantische Kennzeichen „Verwandtschaftsbezeichnung“ gewesen sein, denn viele Bezeichnungen für engste familiäre Verwandtschaft bilden U-Plural (*Vater/Väter, Bruder/Brüder, Mutter/Mütter* u.a.). Dabei weisen die maskulinen Verwandtschaftsbezeichnungen das prototypische Schema für Umlautplural (/-V.KəR/) auf, die Feminina allerdings nicht.

Fasst man die in den vorangegangenen Kapiteln ermittelten Ergebnisse zusammen, so können die prototypischen Merkmalbündel zusammengestellt werden, die die Pluralbildung bei den Feminina maßgeblich beeinflussen. Deren Relationierung auf einer Prototypenskala ergibt sich aus einem Vergleich der Wahrscheinlichkeitsquoten, die jeweils dem Merkmalbündel zukommen, das der prototypischen eU-Struktur am meisten entspricht. Das ist immer die am rechten Ende einer Skala stehende Merkmalsammlung. Hier noch einmal die Zusammenstellung für die Feminina mit konsonantischem Endrand mit der jeweiligen Trefferquote im Überblick:

- -VK: `gespannter, /a/-haltiger Nukleus´ + `VK/KS(K)>3´: 86%
- -VKK: `-VK$_1$K$_2$/KS(K$_1$)>2´ + `Monosyllabizität´: 44%
- -VKKK: `-VK$_1$K$_2$K$_3$/KS(K$_1$)>2´: 86%

Angesichts der identischen Quote beim Merkmalbündel für /-VK/ und /-VKKK/ fällt die Entscheidung für eine Relationierung dieser Merkmalbündel anhand der Einzelquote bei den Lemmata mit einem oder drei Endrandkonsonanten. Mit /-VK/-Struktur gibt es 8 Belege im eU-Plural und 26 Belege im en-Plural. Das entspricht einer Quote von 23%. Mit drei Endrandkonsonanten gibt es 13 Belege im eU-Plural, aber nur drei Belege mit en-Plural. Das entspricht einer Quote von gut 81% zugunsten des eU-Plurals. Das Merkmalbündel für /-VKKK/ wird deshalb am rechten Ende der Skala platziert.

Zusammenfassend kann folgende Prototypenskala für die Pluralbildung der femininen Simplizia erstellt werden:

Prototypenskala für die Pluralbildung der Feminina

prototypisch

n-Plural	en-Plural			eU-Plural
/-ə,-ər,-əl/	/-V/	/-VKK/KS(K_1)>2/ + Monosyll.	/-VK/KS(K)>3/ + gesp.,/a/-haltiger NU	/-VKKK/KS(K_1)>2/
Blume, Gabel	*Frau*	*Nacht*	*Braut*	*Kunst*

5.3.4 Feminina: Die Derivationsendungen

Im Hinblick auf die Derivationsendungen, die Feminina generieren, sind nur die Pluralbildungen der n- und e-Gruppe von Bedeutung, da es kein Derivativ gibt, das den Plural mit einer Pluralform aus der er- oder x-Gruppe bilden würde. Es gibt zahlreiche Derivativa, die mit n- oder en-Plural gebildet werden, e-Plural tritt bei zwei Derivativen und eU-Plural nur bei einem Suffix auf. Allerdings zeichnen sich die Endungen mit e- und eU-Plural zum überwiegenden Teil durch ihre sehr hohe Produktivität aus.

Im Material zähle ich 12 Endungen, die n-Plural haben, und zwar: *-e* bei Verbal- oder Adjektivabstrakta (*Suche, Schwäche*), *-te* bei substantivierten Partizipien II *(die Vermisste)*, *-age (Vernissage), -ette (Diskette), -euse (Friseuse), -ice (Direktrice), -ive (Initiative), -lyse (Analyse), -(n)ade (Barrikade), -(n)ese (Genese), -ode (Elektrode)* und *-(t)ase (Extase)*. Alle Derivationsendungen dieser Gruppe weisen das prototypische Merkmal für n-Plural auf, nämlich Reduktionsvokal /-ə/.

Die Derivationsendungen mit en-Plural lauten: *-ei* (Metzgerei), *-heit* (Schönheit), *-keit* (Neuigkeit), *-in*[67] (Bäckerin), *-schaft* (Freundschaft), *-ung* (Ausgrabung) sowie Derivativa nicht-deutschen Ursprungs: *-(t)ie* (Demokratie), *-ee* (Allee), *-anz/-enz* (Essenz), *-(t)ur* (Teparatur), *-ik* (Ästhetik), *-ion* (Nation), *-(i)tät* (Universität), *-thek* (Bibliothek). Alle Suffixe enden entweder auf Vollvokal oder auf Konsonant(en) und sind diesbezüglich prototypisch für en-Plural.

67 Im Plural Verdoppelung der Endrandkonsonanz (*-innen*) als ortografische Kennzeichnung der Kürze des Stammvokals /i/.

Allerdings weisen auch *-nis, -sal* und *-kunft* dieses Merkmal auf, bilden aber nicht en-, sondern e- oder eU-Plural. Bei den Simplizia (vgl. Kap. 5.3.2) wurde bereits festgestellt, dass Dreifachkonsonanz im Endrand ein prototypisches Merkmal für eU-Plural ist. *-kunft* weist diese Struktur auf und hat darüber hinaus auch einen Konsonanten auf Position K_1, der dem prototypischen Schema $KS(K_1)>2$ genau entspricht. Allerdings ist dieses Merkmal bei den Derivationssuffixen im Gegensatz zu den Simplizia redundant, da es unter den Derivativen mit en-Plural kein Suffix gibt, das drei Endrandkonsonanten hat.

Problematischer sind *-nis* und *-sal*. *-nis* könnte seiner Struktur nach auch en-Plural bilden. Gegen den en-Plural spricht allerdings, dass dieses Suffix nicht auf Liquid oder Nasal endet, der bei den Simplizia mit /-VK/-Struktur als prototypisch ermittelt worden war. Insofern unterscheidet sich *-nis* wesentlich von einem Suffix wie *-in*, dessen Resonant im Endrand der prototypischen Struktur für en-Plural entspricht. Das Derivationssuffix *-sal* könnte seiner Form nach en- und ebenso eU-Plural bilden. Mögliche Argumente gegen den eU-Plural und für den e-Plural könnten sein, dass der Nukleus von *-sal* ungespannt ist und der Endrandkonsonant (alveo)dentalen Bildungsort aufweist. Umlautbildung wird aber eher von gespannten als von ungespannten Nuklei begünstigt sowie von einem Endrandkonsonanten mit nicht-dentalem Bildungsort (vgl. Kap. 5.2.1). Andererseits erfüllt *-sal* aber alle prototypischen Merkmale für en-Plural: Es endet auf einen Liquid und hat noch dazu ungespannten Nukleus.

Haben wir mit *-sal* und *-nis* also möglicherweise die einzigen beiden synchronen Relikte vor uns, die e-Plural für Feminina nachweisen, für den es ansonsten keinen Beleg gibt? Ich glaube nicht. Es ist vielmehr anzunehmen, dass es keine phonologischen Ursachen für die e-Pluralbildung bei den Endungen *-nis* und *-sal* gibt, sondern dass beide Suffixe aus anderen Gründen e-Plural aufweisen und deshalb nicht in das regelmäßige Ganze der Derivativa passen, die konsonantischen Endrand haben und en-Plural bilden. Die nhd. Form *-nis* geht auf mhd. *-nüsse* oder *-nisse* zurück und war wie im Neuhochdeutschen sowohl mit femininem als auch mit neutralem Genus möglich, was wiederum auf einen Unterschied zwischen ahd. fem. *-nissa* vs. ahd. neutr. *-nissi* zurückzuführen ist. Aufgrund der ungeheuer großen Zahl von Maskulina und Neutra, für die e-Plural bei konsonantisch geschlossenen Endrändern regelmäßig ist, kam es meines Erachtens zu einer Uminterpretation der Endung *-e* in *-nisse*: Es wurde als regelmäßige Pluralmarkierung verstanden, fiel allmählich beim Singular aus und hat sich auf diese Weise auch bei den Feminina als Pluralmarker etabliert.

Für Derivativbildungen mit *-sal* finden sich im rückläufigen Lexikon[68] nur sieben Belege: *Labsal, Trübsal, Drangsal, Mühsal, Schicksal, Rinnsal* und

68 Muthmann, 1991.

Scheusal. Die Bildungen auf *-sal* (mhd. auch *-sel* < Adj. *selig*) sind sprachgeschichtlich alle relativ jung. Seebold (1995) weist zum Beispiel darauf hin, dass *Drangsal* eine Bildung des 15. Jahrhunderts und *Schicksal* eine Bildung des 16. Jahrhunderts ist, wobei die ursprünglich aus dem Niederdeutschen übernommene Form *schiksel* lautete und erst später an die *-sal*-Bildungen angeglichen wurde. Ebenso junge Bildungen sind *Labsal, Trübsal* usw. Das sprachgeschichtlich geringe Alter von *-sal* erklärt zum einen, weshalb eU-Plural nicht in Frage kommt: Die Palatalisierungsprozesse in der sprachlichen Entwicklung sind bereits abgeschlossen, bevor *-sal* als nominale Derivativendung auftritt. Darüber hinaus bietet sich eine Pluralbildung mit en-Plural für die wenigen *-sal*-Bildungen nicht an, denn es liegt näher, diese neuen Nominalbildungen dem regelmäßigen Ganzen zuzuordnen. Die überwältigende Anzahl aller Lemmata auf Konsonant aber hat e-Plural und nicht en-Plural. Dies kann auch ein Hinweis darauf sein, dass in der jüngeren und weiteren Sprachentwicklung Genuskriterien für die Pluralbildung immer weniger eine Rolle spielen werden und dass es immer mehr zu analogischen Angleichungsprozessen zugunsten der anzahlstärksten Pluraltypen kommt. Allerdings dürften auch in Zukunft Substantive mit hoher Verwendungsfrequenz davon ausgenommen sein.

Aus dem Gesagten ergibt sich folgende Prototypenskala für die Derivativa:

Prototypenskala für feminine Derivationsendungen

prototypisch n-Plural	en-Plural	eU-Plural
/-ə/	/-V/, /-VK/, /-VKK/	/-VKKK/
Anleihe	*Demokratie, Eitelkeit, Kundschaft*	*Auskunft*

Die Derivativendungen der Feminina bilden damit in bereinigter, klarerer Struktur die Merkmalbündel der Prototypenskala ab, die für die Simplizia ermittelt wurden.

5.3.5 Feminina: Zusammenfassung

Die Feminina stellen hinsichtlich der Pluralbildung die regelmäßigste Genusgruppe dar. 73% aller Feminina haben n-Plural. Typisches Kennzeichen der Feminina mit n-Plural ist eine Lemmaendung auf /-ə/, /-ər/ oder /-əl/. Die auf Vollvokal oder Konsonant(en) endenden Feminina bilden überwiegend en-Plural, eine kleine, allerdings hochfrequente Gruppe mit konsonantischer Endrandstruktur bildet eU-Plural. Bei keiner anderen Pluralgruppe wird die Wichtigkeit der Verwendungsfrequenz für die Bestimmung prototypischer Merkmale so deutlich wie bei den Feminina mit eU-Plural. Insbesondere im Hinblick auf konsonantisch geschlossene Endränder wurden die als prototypisch angenommenen Strukturmerkmale für eU- oder en-Plural durch die Verwendungshäufigkeit in überzeugender Weise bestätigt. Als zuverlässigstes Merkmal einer prototypischen Struktur hat sich dabei der konsonantische Stärkewert des Konsonanten auf Position K_1 erwiesen.

Die Pluralbildung der femininen Derivationsendungen entspricht den für die Simplizia festgestellten prototypischen Tendenzen. Allerdings ist sie insofern einfacher strukturiert, als sich die Anzahl der Endrandkonsonanten als hinreichendes prototypisches Kriterium nachzuweisen ist.

5.4 Neutra

Die Neutra nehmen mit insgesamt 794 Vorkommnissen 18% des nominalen Gesamtlexikons ein. Sie rangieren hinsichtlich ihrer Vorkommenshäufigkeit auf dem dritten und letzten Platz hinter den Maskulina und Feminina. In Bezug auf die Vorkommenshäufigkeit ergibt sich für die Neutra folgende Verteilung der Belege auf die unterschiedlichen Pluraltypen:

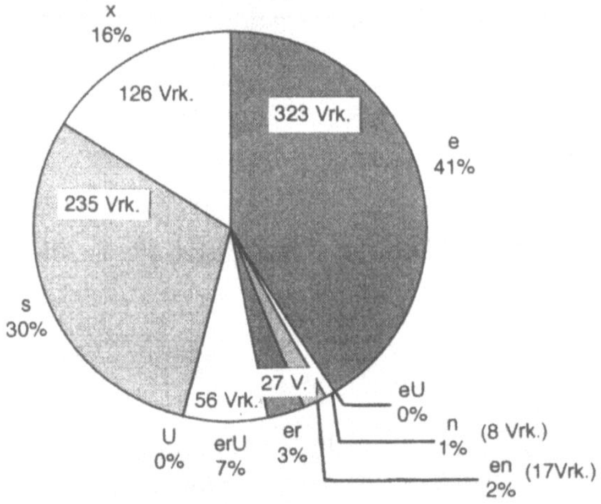

Grafik 68: Anteile der Neutra an den verschiedenen Pluraltypen

In der e-Gruppe, zu der ich e-Plural und eU-Plural rechne, ist lediglich der e-Plural besetzt, im eU-Plural kommen Neutra bis auf eine Ausnahme (*Floß)* nicht vor. Der e-Plural ist im Hinblick auf die Beleganzahl der wichtigste Pluraltyp für die Neutra. Es folgt der s-Plural (s. Kap. 5.5). Die x-Gruppe, zu der x- und U-Plural gehören, ist bei den Neutra ebenfalls nur in einem Pluraltyp, dem x-Plural, besetzt. Im U-Plural kommen Neutra bis auf eine Ausnahme (*Kloster*) nicht vor. Es folgt die er-Gruppe, zu der er- und erU-Plural zusammengefasst werden. Die geringste Anzahl von Neutra gehört zur n-Gruppe mit den Pluraltypen n-Plural und en-Plural.

Auch bei den Neutra zeigt sich, wie zuvor bei Maskulina und Feminina, dass sie sich im Wesentlichen aufgrund ihrer Endrandstruktur auf die verschiedenen Pluralgruppen verteilen. Die folgende Grafik 69 zeigt den Überblick über Endrandstrukturen und Pluralgruppen:

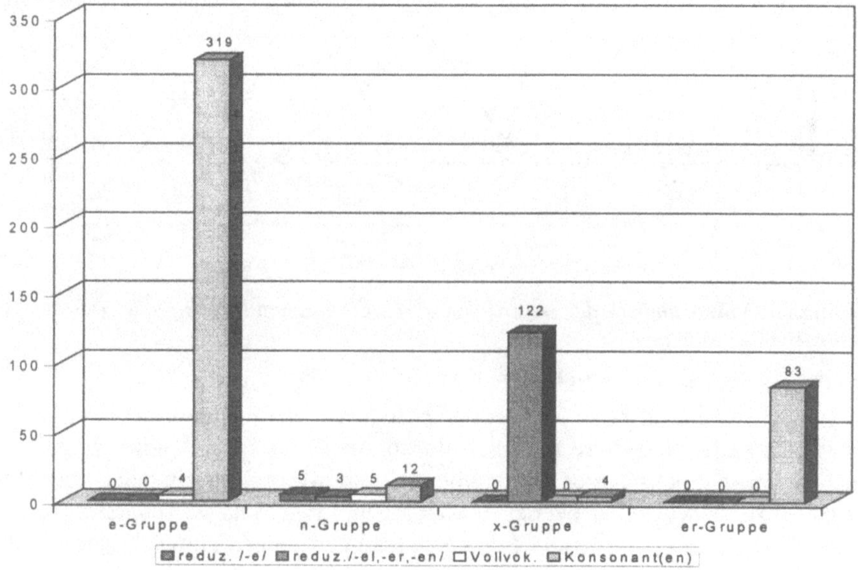

Grafik 69: Endrandstrukturen in den Pluralgruppen bei Neutra

Neutra mit konsonantisch geschlossenem Endrand bilden überwiegend e-Plural. Allerdings kommt eine signifikante Anzahl solcher Neutra auch in der er-Gruppe vor. Ein kleiner Rest tritt mit einem Plural der n-Gruppe auf. Für die Bestimmung prototypischer Merkmalbündel für die Pluralia aus der e-, n- und er-Gruppe müssen also diese Neutra fokussiert werden. Neutra, die auf eine Reduktionssilbe enden, bilden einen Plural aus der x-Gruppe, diejenigen, die nur auf Reduktionsvokal enden, bilden n-Plural. Die Pluralbildung der Neutra mit einem dieser Strukturmerkmale spielt sich jeweils nahezu ausschließlich in einer einzigen Pluralgruppe ab.

Hinsichtlich der Verwendungshäufigkeit sind der n-, er- und erU-Plural für die Neutra besonders wichtig. Grafik 70 zeigt die Gegenüberstellung zwischen Vorkommens- und Verwendungshäufigkeit der Neutra in den verschiedenen Pluraltypen:

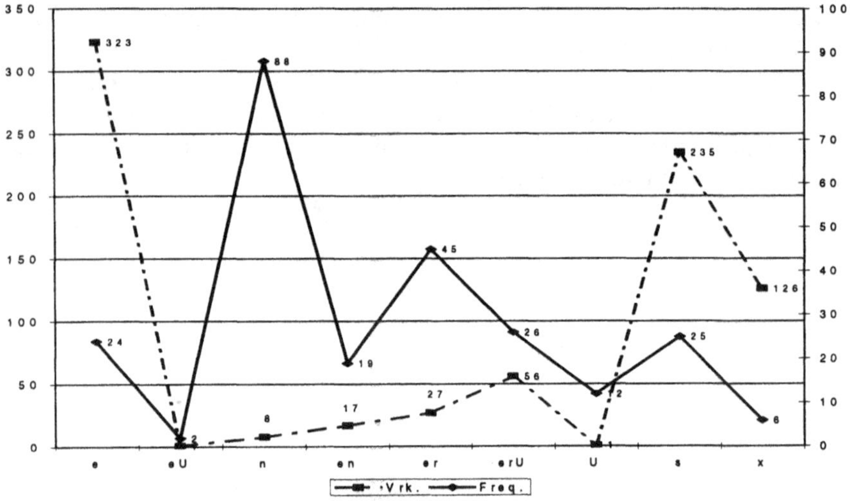

Grafik 70: Vorkommnisse der Neutra und deren durchschnittliche Frequenz in den verschiedenen Pluraltypen

Die relativ wenigen Belege bei den Neutra mit n- und er-Plural haben eine überdurchschnittlich hohe Verwendungsfrequenz, gefolgt vom erU-Plural. Am weitesten klafft die Schere zwischen Vorkommens- und Verwendungshäufigkeit in den vorkommensstarken Pluraltypen e- und s-Plural auseinander. Auch bei den Neutra ist, wie zuvor bei den Maskulina und Feminina, zu schließen, dass es unter Berücksichtigung beider Frequenzparameter keinen „unwichtigeren" oder „wichtigeren" Pluraltyp gibt.

5.4.1 Neutra: Die e-Gruppe

Die e-Gruppe ist bei den Neutra nur im e-Plural besetzt. Dieser Pluraltyp ist im Hinblick auf die Vorkommenshäufigkeit der wichtigste neutrale Pluraltyp überhaupt (323 Vrk.). Für eU-Plural gibt es nur den einen Beleg *Floß/Flöße*. Im e-Plural kommen Neutra mit folgenden Endrandstrukturen vor:

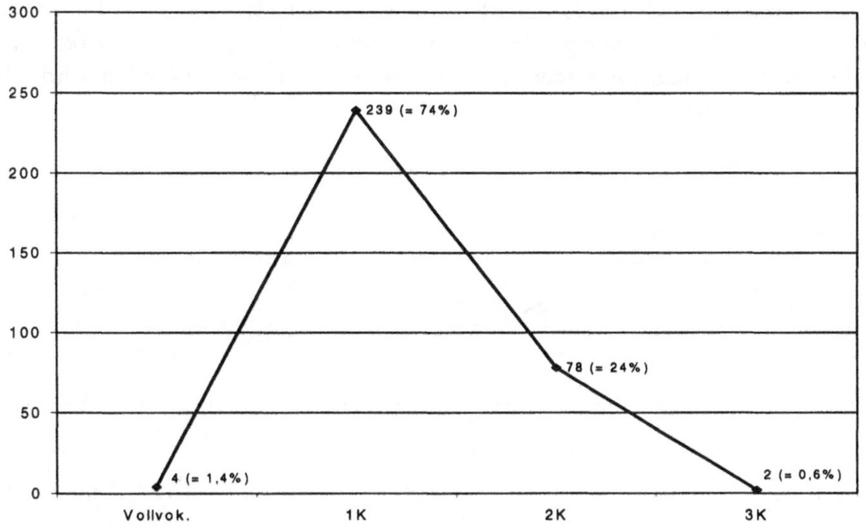

Grafik 71: Endrandstrukturen der Neutra mit e-Plural

Für die Neutra mit e-Plural sind bis auf wenige Belege auf Vollvokal insbesondere die Endränder typisch, die mit Konsonant(en) besetzt sind. Dabei dominieren Endränder mit einem Einzelkonsonanten. Natürlich sagt diese Analyse für sich alleine genommen noch nicht viel über eine prototypische Struktur von Neutra mit e-Plural aus. Endgültige Aussagen können erst gemacht werden, wenn ein Vergleich mit den Pluraltypen vorliegt, in denen Neutra mit denselben Endrändern wie im e-Plural auftreten. Im Folgenden sollen diese Pluraltypen im Einzelnen untersucht werden.

5.4.2 Neutra: Die x-Gruppe

Die x-Gruppe ist bei den Neutra nur in einem Pluraltyp besetzt, und zwar dem unmarkierten Plural (x-Plural). Der x-Plural ist hinsichtlich der Vorkommenshäufigkeit (126 Vrk.) der zweitwichtigste neutrale Pluraltyp hinter dem e-Plural (323 Vrk.). Mit U-Plural gibt es außer dem Beleg *Kloster/Klöster* keine Neutra. Die Endrandstrukturen der mit x-Plural gebildeten Neutra sind in Grafik 72 (s. S. 178) zusammengestellt.

Nahezu alle Neutra, die x-Plural bilden, weisen einen reduzierten Endrand der Form /-ər/, /-əl/ oder /-ən/ auf. Diese Endränder sind als prototypisches Merkmal für Neutra mit x-Plural anzusehen, da sich in den anderen Pluralgruppen keine vergleichbaren Lemmastrukturen befinden. Die einzigen Belege, die nicht diesem Schema entsprechen, sind Lemmata wie *Drops*[69], *Quiz* oder *Abseits*, bei denen das auslautende /-s/ als Pluralmarkierung verstanden wird, obgleich es auch in der Singularform vorkommt.

Grafik 72: Endrandstrukturen bei Neutra mit x-Plural

Setzt man diese Beobachtungen in Relation zu den Ergebnissen aus Kap. 5.4.2, dann ergibt sich für die Neutra mit e- und x-Plural eine erste Kategorisierung im Hinblick auf die spätere Erstellung einer Prototypenskala: Prototypisch für x-Plural ist das Merkmal /-ər, -əl,-ən/, prototypisch für e-Plural ist /-VK(KK)/. Diese Ergebnisse müssen mit den Analysen aus den verbleibenden Pluralgruppen verglichen werden.

5.4.3 Neutra: Die er-Gruppe

Zur er-Gruppe rechne ich zwei Pluraltypen: er-Plural und erU-Plural. Die er-Pluralgruppe nimmt hinter der e- und x-Gruppe hinsichtlich der Vorkommenshäufigkeit die dritte und damit vorletzte Stelle bei den Pluralbildungen der Neutra ein. 27 Lemmata werden mit er-Plural und 56 mit erU-Plural gebildet. Insgesamt umfasst die Gruppe 83 Belege; das entspricht einem Anteil von 10% im

69 Kann auch mit maskulinem Genus vorkommen.

Gesamtkorpus von 794 Neutra. Hinsichtlich der Beleganzahl gehört diese Gruppe zu den weniger wichtigen Pluraltypen für die Neutra. Grafik 70 hatte aber deutlich gemacht, dass die er-Gruppe in Bezug auf die Verwendungshäufigkeit der Lemmata zu den wichtigsten neutralen Pluralgruppen überhaupt zählt. Die er-Pluralgruppe ist die einzige Pluralgruppe, die von den Neutra dominiert wird. Hier ist die Zusammenstellung im Überblick:

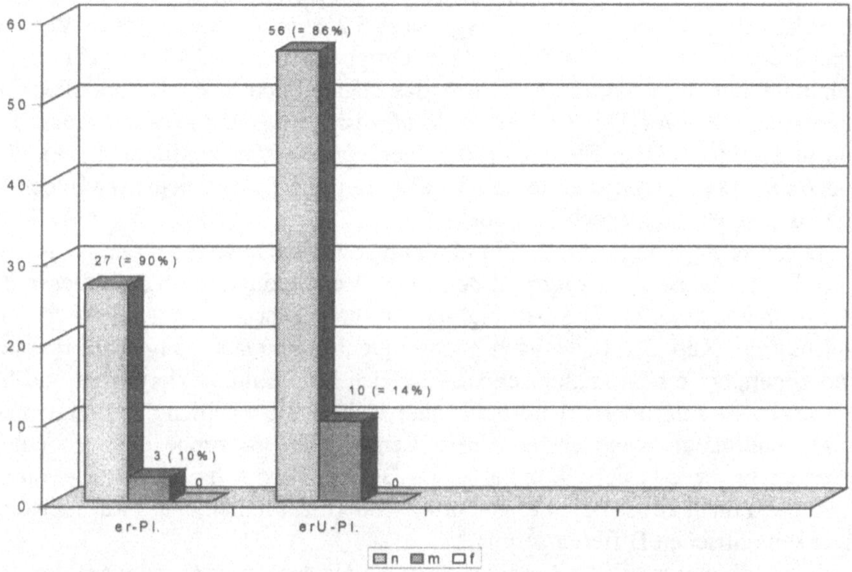

Grafik 73: Anteil der Neutra, Maskulina und Feminina in der er-Pluralgruppe (er-Plural, erU-Plural)

Innerhalb der Neutra bilden alle umlautfähigen Lemmata im Plural auch tatsächlich erU-Plural, die nicht-umlautfähigen haben er-Plural. Es ist die einzige Pluralgruppe, in der Neutra den Plural mit zusätzlicher Umlautbildung markieren. In der e- und x-Gruppe ist dies nicht der Fall. Für das sprachgeschichtlich hohe Alter der er-/erU-Pluralbildung spricht gerade die Vollständigkeit, mit der bei umlautfähigen Neutra der Umlaut im gesamten Pluralparadigma auftritt. Das Pluralmorphem *-er* geht auf eine ahd. *-ir(o)*-Endung zurück, die ursprünglich den Genitiv Singular markierte, dann aber eine Uminterpretation als Pluralmarkierung erfuhr. Das /-i/ der alten *-ir(o)*-Endung löst aufgrund regressiver Assimilation Palatalisierung aus, die sich seit dem Mittelhochdeutschen auch im Schriftbild durch Umlautmarkierung ausdrückt. Da die Palatalisierung noch durchgängig greifen konnte und das ganze Paradigma erfasst, muss es sich um einen sprachgeschichtlich sehr alten Vorgang handeln. Heute ist weder der er- noch der erU-Plural, bis auf einige regionalsprachliche Varianten,[70] produktiv. Diese beiden Pluralbildungen sind also relativ alt und bilden im standardsprachlichen Lexikon eine Reliktgruppe.

Es stellt sich die Frage, weshalb sich diese alte, nicht mehr produktive Pluralvariante bis heute gehalten hat und weshalb sie nicht längst in der vorkommensintensiven e-Gruppe assimiliert worden ist. Der Grund liegt ebenso wie bei den Maskulina mit er-/erU-Plural (vgl. Kap. 5.2.4) in der enorm hohen Verwendungsfrequenz der meisten Belege. Zur Gruppe mit er-/erU-Plural gehören die Lemmata mit der höchsten Frequenz des standarddeutschen Nominallexikons überhaupt, z.B. *Bild* (FW 300), *Geld, Kind, Buch, Haus* und *Volk* mit einem FW von je 200; mit einem FW von 100 folgen *Gesicht, Licht, Mitglied, Amt, Bad* und *Band.* Die Frequenzwerte nahezu aller übrigen Belege liegen zwischen 20 und 50, also ebenfalls noch sehr hoch.

Diese archaische Form der Pluralbildung hat sich sowohl bei den Neutra als auch bei den Maskulina aufgrund der hohen Verwendungshäufigkeit dieser Belege bis heute erhalten. Das bestätigt das Präferenzgesetz des analogischen Ausgleichs (vgl. Kap. 5.2.4), wonach hochfrequente Lemmata weitgehend resistent sind gegenüber einem analogischen Ausgleich hin zu unmarkiert(er)en und belegstarken Pluralgruppen. Und noch eine weitere Beobachtung bestätigt diese Gesetzmäßigkeit: Wenn es bei einem Lemma der er-Gruppe doch zu einem Übertritt in die e-Gruppe kommt, wie z.B. bei *Wort – Worte, Land – Lande* usw., dann nicht auf Kosten der er-Form, sondern zusätzlich, und zwar meist mit einer semantischen Differenzierung.[71]

Unter phonologischem Aspekt weisen die Neutra der er-Gruppe auf den ersten Blick keine Strukturmerkmale auf, die nicht auch bei den Neutra der e-Gruppe auftreten würden. Alle Belege haben konsonantisch geschlossene Endränder. Dabei gibt die Anzahl der Endrandkonsonanten keinen Hinweis auf eine mögliche Tendenz zugunsten des einen oder anderen Pluraltyps, wie die nachfolgende Grafik 74 zeigt:

70 Im Bairischen sind z.B. Pluralbildungen wie *Gschirrer* (Plural zu *Geschirr), Gschäfter* (Plural zu *Geschäft*) und sogar Feminina wie: *die (Musik)Kapelle* - bair. *Kapelln/Kapellner, die Nase* – bair. *Nasn/Nasner* usw. durchaus möglich. Allerdings beschränkt sich die Verwendung solcher Pluralformen meiner Beobachtung nach meist auf den familiären Kreis. Auch fachsprachlich kann es zu Neubildungen kommen, wie es z.B. in der Philosophie mit dem Begriff *Örter* der Fall ist.

71 Eine semantische Differenzierung muss aber keineswegs immer eintreten, vgl. z.B. *Denkmale – Denkmäler.*

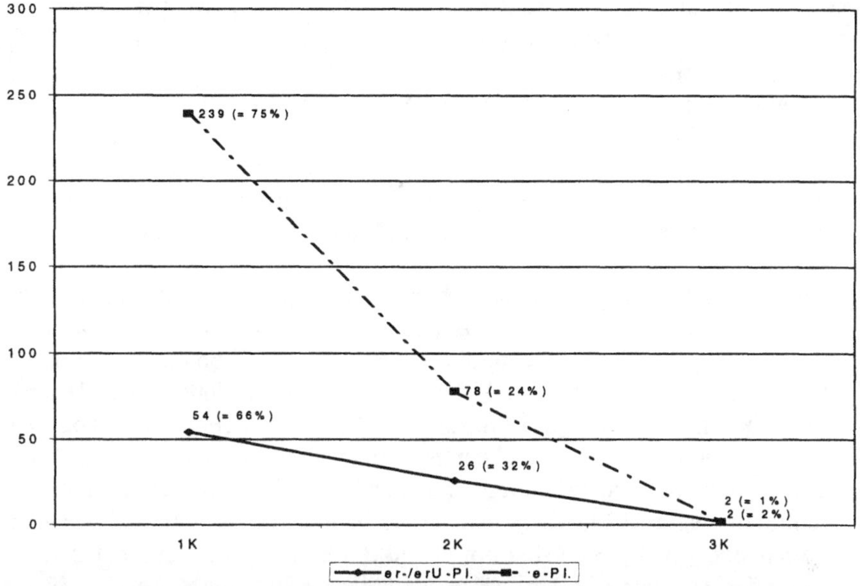

Grafik 74: Anzahl der Endrandkonsonanten in den Neutra mit er-/erU- und e-Plural

Im Hinblick auf die Vorkommen dominiert der e-Plural. Allerdings zeigen die prozentualen Werte, dass immerhin 66% der Neutra mit er-/erU-Plural auf einen Konsonanten enden, mit e-Plural sind es 75%. Darüber hinaus weisen 32% der Neutra mit er-/erU-Plural zwei Endrandkonsonanten auf, bei den Lemmata mit e-Plural sind es 24%. Angesichts dieser Werte ist keine Aussage darüber möglich, ob ein oder zwei Endrandkonsonanten prototypisch für er-/erU-Plural oder für e-Plural sind. Es müssen zusätzliche Faktoren gefunden werden, durch die sich die Neutra mit konsonantischem Endrand und e-Plural von denjenigen mit er-/erU-Plural unterscheiden.

Köpcke sieht den entscheidenden Faktor in der semantischen Markierung der Belege mit er-/erU-Plural. Er schreibt: „Somit ist offensichtlich, daß die Pluralbildung mit (Umlaut +) *-er* gerade im Zusammenhang mit Menschenbezeichnungen mit entkräftender Bedeutung verwendet wird. Für diese Argumentation sprechen insbesondere auch die [...] Daten zur lexikalischen Spaltung, denn immer dann, wenn die entsprechenden nominalen Lexeme neben ihrer ersten Bedeutung eine zweite entkräftende Bedeutung aufweisen, wird die Pluralbildung mit (Umlaut +) *-er* verwendet. [...] Durch die Pluralbildung mit (Umlaut +) *-er* wird also bei Nomina mit der Bedeutungskomponente [+Entkräftung], und zwar sowohl im affektiv-negativen Sinne für Erwachsene als auch im affektiv-positiven Sinne für Kinder, der jeweilige Bedeutungsaspekt stabilisiert, der auch schon über die neutrale Genuszuweisung signalisiert wird" (Köpcke 1993, 141). Eine entsprechende Abfrage der Belege mit er-/erU-Plural bestätigt Köpckes Theorie jedoch nicht:

- Im gesamten Korpus der 83 Lemmata sind nur 10 Neutra, die etwas mit einer „Menschenbezeichnung" zu tun haben (= 12%), und zwar: *Biest (?), Gemüt, Geschlecht (?), Gesicht, Glied (?), Kind, Weib; Balg, Haupt, Volk.* Rechnet man auch die einschlägigen Maskulina mit ein, so bleiben von insgesamt 12 Belegen nur zwei, die eine „Menschenbezeichnung" implizieren: *Leib, Mann.*
- Von diesen 12 Belegen sind höchstens zwei als „entkräftend" zu bezeichnen: *Biest* und *Balg.* Die Anzahl der Belege ist zu gering, um daraus eine semantische Bezugsgröße abzuleiten, die er- bzw. erU-Plural bedingen würde.
- Belege für „lexikalische Spaltung" in der Gruppe sind: *Band, Denkmal, Land, Wort, Ding,* und drei Maskulina: *Mund, Ort, Schild.* Ganz abgesehen davon, dass bis auf *Mund* und bei großzügiger Interpretation evtl. noch *Wort* und *Ding* keine „Menschenbezeichnungen" sind, kann der lexikalischen Variante mit er-/erU-Plural gegenüber derjenigen mit e-Plural in folgenden Fällen sicher nicht das Kriterium [+Entkräftung] zugewiesen werden: *Bande – Bänder, Denkmale – Denkmäler* (lexikalische Spaltung?), *Lande – Länder, Worte – Wörter, Munde – Münder, Orte – Örter, Schilde – Schilder.* Als einziger Beleg für Köpckes Theorie bleibt *Ding: Dinge vs. Dinger,* das sicher pejorativ bzw. „entkräftend" konnotiert ist.
- Darüber hinaus kommen zahlreiche Belege hinzu, die ebenfalls Menschenbezeichnungen sind und z.T. auch das Merkmal [+Entkräftung] tragen, ohne jedoch er- oder erU-Plural zu bilden, sondern vielmehr e- oder eU-Plural. Beispiele dazu finden sich sowohl bei den Neutra als auch bei den Maskulina: *Bein, Gehirn, Gehör, Gelenk, Haar, Hirn, Kinn* usw., *Arm, Blick, Bauch, Darm, Hals, Kopf* usw. und mit „Entkräftung": *Bankert, Bastard, Arsch, Balg, Dieb, Feind* usw.

Die Befunde deuten darauf hin, dass in synchroner Sprachverwendung keine signifikante semantische Markiertheit bei den Lemmata mit er-/erU-Plural nachzuweisen ist, die für eine Bestimmung der prototypischen Struktur dieses Pluraltyps von Relevanz wäre. Versuchen wir also, diese prototypischen Kennzeichen in phonologischen Strukturmerkmalen zu finden. Die Lemmata mit er-/erU-Plural stehen der größeren Menge von Neutra mit e-Plural gegenüber. Prototypische Merkmalbündel für er-/erU-Plural müssen also im Vergleich mit den Belegen für e-Plural ermittelt. Diese Situation ist einerseits vergleichbar mit derjenigen bei Maskulina und Feminina, andererseits aber auch grundsätzlich davon unterschieden. Vergleichbar ist das Vorgehen insofern, als auch bei den Maskulina und Feminina prototypische Merkmale und deren Relationierung jeweils im Vergleich zweier Pluraltypen ermittelt werden. Bei den Maskulina sind dies der e- und eU-Plural, bei den Feminina der en- und eU-Plural. Ein wesentlicher Unterschied zu den Neutra besteht aber darin, dass sich die Relationierung nicht zwischen er-Plural und erU-Plural abspielt, da alle umlautfähigen Belege mit er-Plural auch tatsächlich umlauten, sondern dass sich der Vergleich auf folgende zwei Ebenen erstrecken muss:

- Es müssen prototypische Merkmale des er-Plural ermittelt werden. Dies kann nur durch einen Vergleich der nicht-umlautfähigen Belege mit e-Plural und derjenigen mit er-Plural erreicht werden, denn nur diese beiden Datenbestände sind direkt miteinander vergleichbar.
- Es müssen darüber hinaus prototypische Merkmale des erU-Plurals ermittelt werden. Dies kann nur durch den Vergleich der umlautfähigen Belege mit e-Plural und derjenigen mit erU-Plural geschehen.

Am Ende müssen sich prototypische Merkmalmündel ergeben, die beschreiben, welche phonologischen Faktoren dafür verantwortlich sind, dass ein Neutrum mit konsonantischem Endrand er- oder erU-Plural und nicht e-Plural bildet. Beginnen wir die Untersuchungen bei den Lemmata mit einem Endrandkonsonanten.

Struktur /-VK/: nicht umlautfähige Belege mit e- oder er-Plural

Merkmal Endrandstrukturen

Für die Struktur des Endrandkonsonanten ergibt sich bei den nicht-umlautfähigen Belegen mit e- und denjenigen mit er-Plural die Zusammenstellung in Grafik 75 (s. S. 184). Die Grafik zeigt, dass /r/, /l/, /n/, /s/ und /k/ fast ausschließlich in den Neutra auftreten, die e-Plural bilden. Bei /ŋ/ allerdings gibt es nur ein Lemma mit er-Plural und relativ viele Belege mit er-Plural erscheinen auch bei Endrandkonsonant /-t/. Insbesondere bei /-t/ scheint es sich also um eine prototypische Struktur für er-Plural zu handeln. Allerdings stehen sich in Bezug auf die absolute Belegzahl 20 Lemmata mit e- und nur acht Lemmata mit er-Plural gegenüber. Das entspricht einer Wahrscheinlichkeitsquote von 29%.

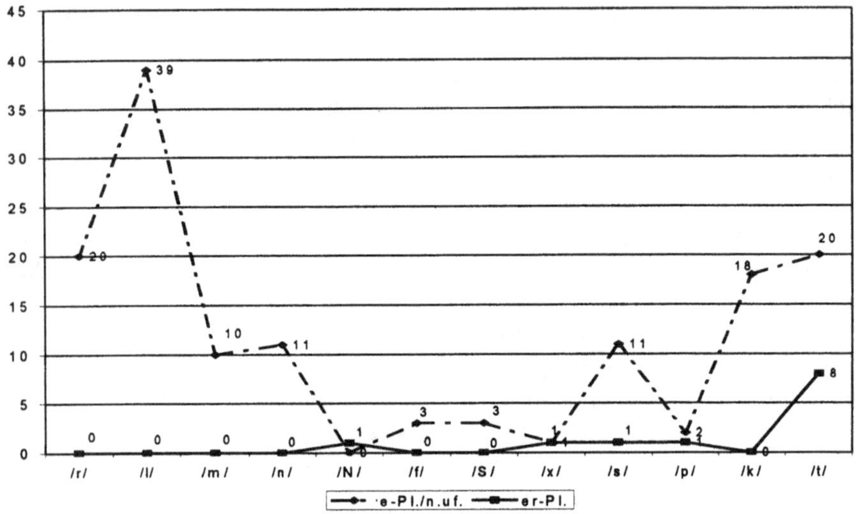

Grafik 75:[72] *Endrandkonsonant bei nicht umlautfähigen Neutra mit e- oder er-Plural*

Merkmal Nukleusqualität

Für die Nukleusqualität ergibt sich folgende Zusammenstellung:

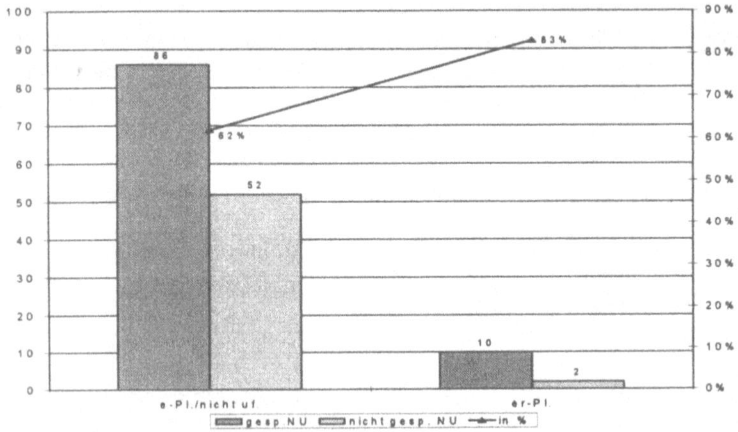

Grafik 76: Gespannter Nukleus in den nicht-umlautfähigen Neutra mit e- und er-Plural (ein Endrandkonsonant)

72 /N/ entspricht dem phonetischen Zeichen /η/ (<ng>), /S/ entspricht /ʃ/ (<sch>).

Hinsichtlich des prozentualen Werts liegt der Anteil der Lemmata mit gespanntem Nukleus im er-Plural mit 83% wesentlich höher als im e-Plural mit 62%. Allerdings gibt es nur 10 Belege mit er-Plural und immerhin 86 Belege mit e-Plural.

Sehen wir uns nun die Nuklei noch genauer an. Die folgende Grafik 77 zeigt den Überblick:

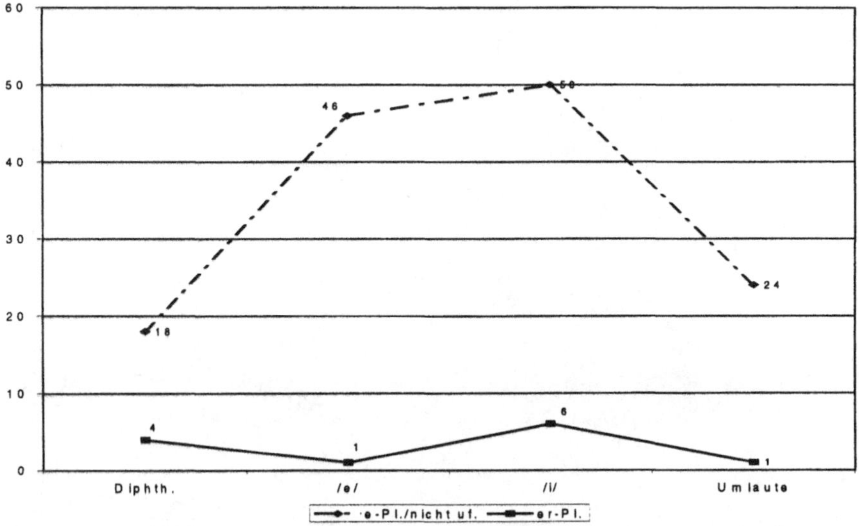

Grafik 77: Nuklei bei Neutra mit e-Plural und er-Plural (ein Endrandkonsonant)

Die Vergleichslage ist insofern schwierig, als hinsichtlich der absoluten Zahlen sehr viel mehr Lemmata mit e-Plural existieren als solche mit er-Plural. Dennoch geht eine Tendenz aus Grafik 77 hervor: An der Stelle, an der es zu einem Tiefstpunkt bei den Neutra mit e-Plural kommt, nämlich bei diphthongischem Nukleus, treten relativ viele Belege mit er-Plural auf. Auch bei Nukleus /i/ gibt es noch relativ viele Belege mit er-Plural (6 Vrk.), allerdings stehen 50 Lemmata mit e-Plural gegenüber. Dennoch ergibt sich aus diesen beiden Befunden, dass diphthongische /ai, oi/- und /i/-Nuklei relativ häufig in den Belegen mit er-Plural vorkommen. Verbindet man dies mit dem Faktor der Gespanntheit, dann zeigt sich, dass 28 Lemmata mit Stammvokal /i/ und e-Plural gespannten Nukleus haben, im er-Plural sind es immerhin fünf der sechs Belege. Die Diphthonge sind ohnehin alle gespannt. Zählt man nun auch die Diphthonge /ai/ und /oi/ aufgrund ihres Abglitts zu den /i/-haltigen Nuklei, dann ergibt sich für die Lemmata mit gespanntem, /i/-haltigem Nukleus eine Wahrscheinlichkeitsquote von 16% für er-Plural.

Kriterium Monosyllabizität

Für den Faktor `Monosyllabizität´ ergibt sich folgende Zusammenstellung:

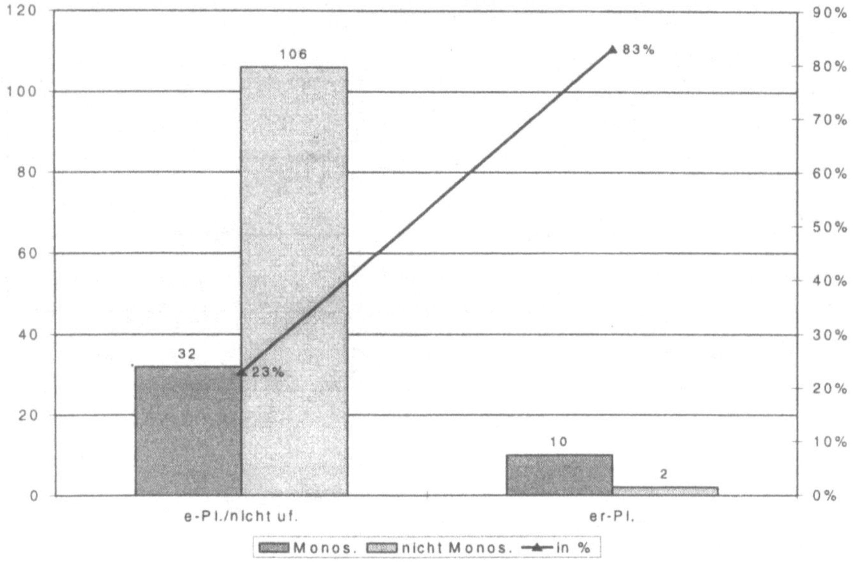

Grafik 78: Anteil der Monosyllabler bei den Neutra mit e- und er-Plural (ein Endrandkonsonant)

Hinsichtlich des prozentualen Werts dominieren die Monosyllabler mit 83% deutlich im er-Plural gegenüber den 23% im e-Plural. Es stehen allerdings 32 Belege mit e-Plural nur 10 Belegen mit er-Plural gegenüber. Das ergibt eine Wahrscheinlichkeitsquote von 24%.

Merkmalkombinationen

Um sinnvolle und reliable Merkmalbündel für er-Plural zu erhalten, müssen diejenigen Faktoren miteinander kombiniert werden, die jeweils die höchste Einzelquote haben.[73] Es ergibt sich zunächst eine Kombination aus den Merkmalen `/t/´ (29%) + `Monosyllabizität´ (24%). Daran schließt sich eine Kombination mit dem Kriterium `gespannter, /i/-haltiger Nukleus´ an. Es ergeben sich die Wahrscheinlichkeitsquoten in Grafik 79:

73 Für eine Bestätigung dieses Vorgehens s. Maskulina, Kap. 5.2.1.

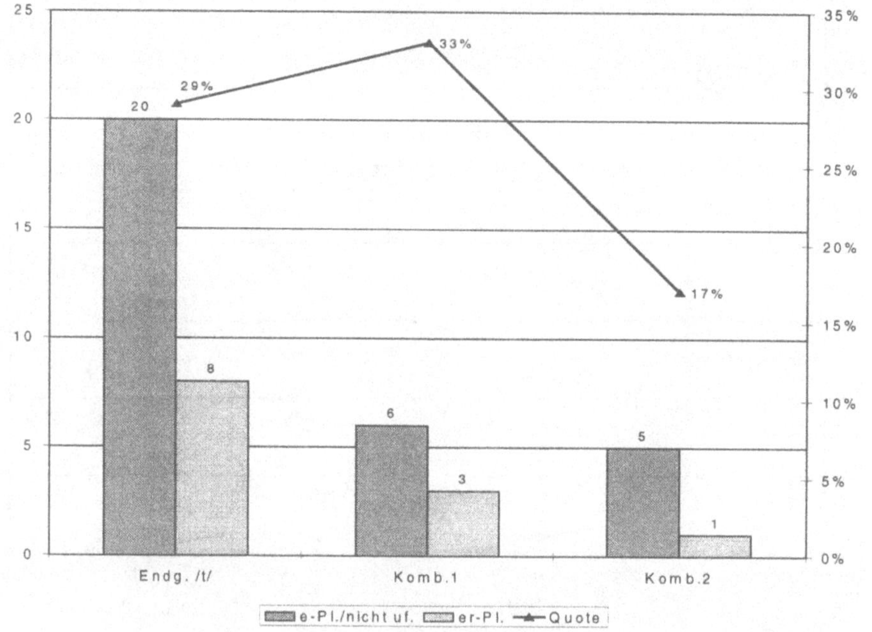

Kombination 1: /-t/ + Monosyllabizität
Kombination 2: Kombination 1 + gespannter, /i/-haltiger Nukleus

Grafik 79: Wahrscheinlichkeitsquote bei einem Einzelkriterium und zwei Kombinationen (Neutra mit einem Endrandkonsonanten)

Die höchstmögliche Trefferquote in der Vorhersagbarkeit des er-Plurals ergibt sich mit 33% für die Neutra, die auf /-t/ enden und monosyllabisch sind. Eine weitere Kombination mit dem Kriterium der Nukleusqualität führt zu keiner erhöhten Trefferquote. Dieses Merkmal ist also redundant. Für die Neutra mit er-Plural ergibt sich folgendes prototypische Merkmalbündel:

prototypisch er-Plural bei Neutra mit Struktur /-VK/:
/-V*t*/
+ Monosyllabizität

Struktur /-VK/: umlautfähige Belege mit e- oder erU-Plural

Merkmal Endrandstrukturen

Hinsichtlich des Endrandkonsonanten ergeben sich für die umlautfähigen Neutra mit e- und erU-Plural die Zusammenstellungen in Grafik 80:

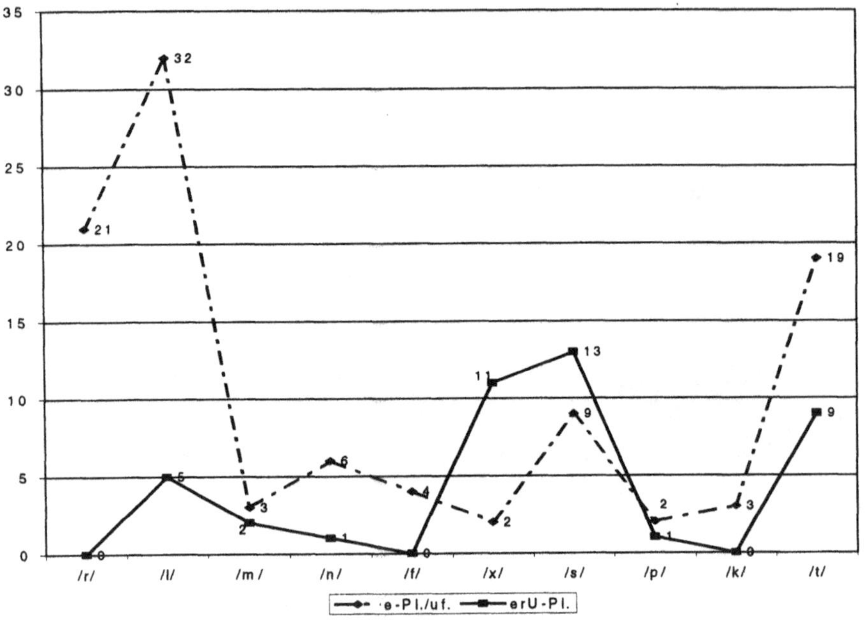

Grafik 80: Endrandkonsonant bei den umlautfähigen Neutra mit e- und erU-Plural (ein Endrandkonsonant)

Die Tendenzen zugunsten des erU-Plurals sind wesentlich deutlicher als bei er-Plural. Prototypisch für erU-Plural sind die Endrandkonsonanten /x/ und /s/. Die beiden Endkonsonanten sind in der Bildungsart identisch, nicht aber hinsichtlich des Bildungsorts. Fasst man die charakteristische Eigenschaft etwas weiter und geht über diese beiden Schemata hinaus, dann kann das Merkmal „Frikativ im Endrand" als prototypisch für erU-Plural angesetzt werden. Ein Blick auf die Verwendungshäufigkeit der Belege bestätigt die Angemessenheit dieses Vorgehens. Die vier Belege mit Endrandkonsonant /-f/ und e-Plural lauten: *Haff, Kaff, Schaf* und *Schaff. Haff* und *Kaff* kommt auch mit s-Plural vor, *Kaff* kann darüber hinaus auch mit erU-Plural erscheinen. Beide Belege scheiden als echte e-Lemmata aus, deren Verwendungsfrequenz im Singular liegt darüber hinaus weit unter 1. *Schaff* hat eine Verwendungsfrequenz von 0,13, im Plural wird im gesamten Korpus überhaupt kein Frequenzwert ausgewiesen. Bleibt also nur ein Beleg, *Schaf*, dessen FW mit 3,72 aber relativ gering ist.

Unter den Belegen auf /-s/ erscheinen in der e-Gruppe z.B. *Aas, Daus, Kees, Moos* mit einer jeweils sehr niedrigen Frequenz. Relevant sind nur *Los* (20,93) und *Maß* (FW 48,57), von dem nur das Letztgenannte eine sehr hohe Pluralfrequenz (FW 100) hat.[74] Demgegenüber enthält die erU-Gruppe mehrere hochfrequente Lemmata, darunter z.B. *Haus* (FW 200), *Glas* (FW 38,50) und mit einigem Abstand folgend *Gras* oder *Schloss*. Am deutlichsten fallen die Frequenzunterschiede bei den Belegen auf /-x/ (<ch>) ins Auge, die in der folgenden Grafik 81 zusammengestellt sind:[75]

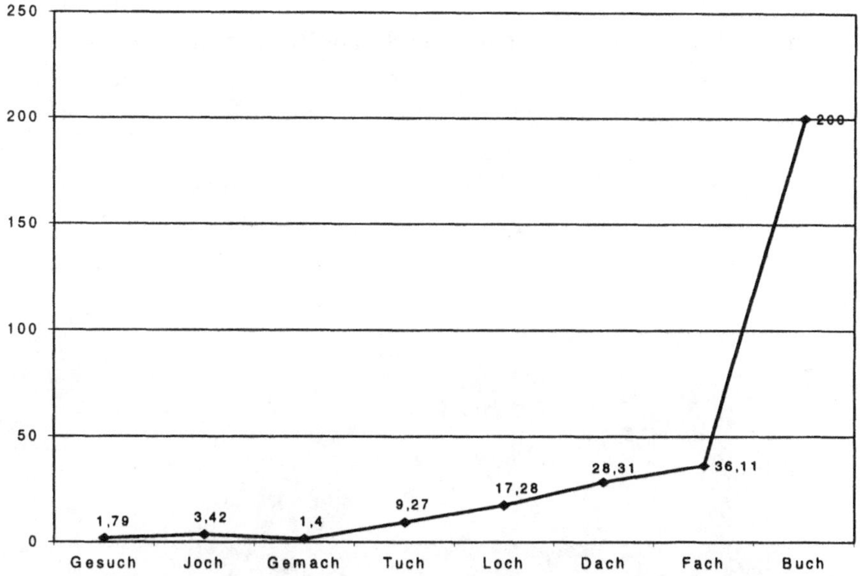

Grafik 81: Verwendungsfrequenz der Belege mit Struktur /-Vx/ im e- und erU-Plural

Die beiden Belege am linken Ende, *Gesuch* und *Joch*, haben eine sehr niedrige Frequenz, die in der erU-Gruppe nur bei einem einzigen Beleg vorliegt, nämlich *Gemach*. Alle anderen Lemmata mit erU-Plural haben einen relativ hohen Frequenzwert, der bei *Buch* mit FW 200 seinen Gipfelwert erreicht. Die Grafik verdeutlicht die enormen Unterschiede in der Verwendungshäufigkeit der Belege mit e- vs. erU-Plural, die deutlich dafür sprechen, dass /-V*x*/ ein prototypisches Merkmal für erU-Plural ist.

---

74 Allerdings fallen in diesem Frequenzwert die Werte aller homophonen Wortformen zusammen (Dat.-Sg., Gen./Akk.Pl.), was zu einer Verzerrung des Frequenzwerts für den Nom.Pl. beitragen kann.

75 In der erU-Gruppe habe ich aus Gründen der Übersichtlichkeit nur die Simplizia erwähnt. Aber auch die Komposita (*Handtuch, Kursbuch* etc.) haben alle einen höheren Frequenzwert als die Belege aus der e-Gruppe.

Zusammenfassend ist festzuhalten, dass sich eine Trefferquote von 62% zugunsten es erU-Plurals für das Strukturmerkmal /-VF/[76] ergibt, wenn man nur die Gesamtzahl der einschlägigen Belege zugrunde legt. Die Frequenzbefunde unterstreichen diese Aussage zusätzlich.

Merkmal Nukleusqualität

Hinsichtlich dieses Merkmals ergibt sich folgende Zusammenstellung:

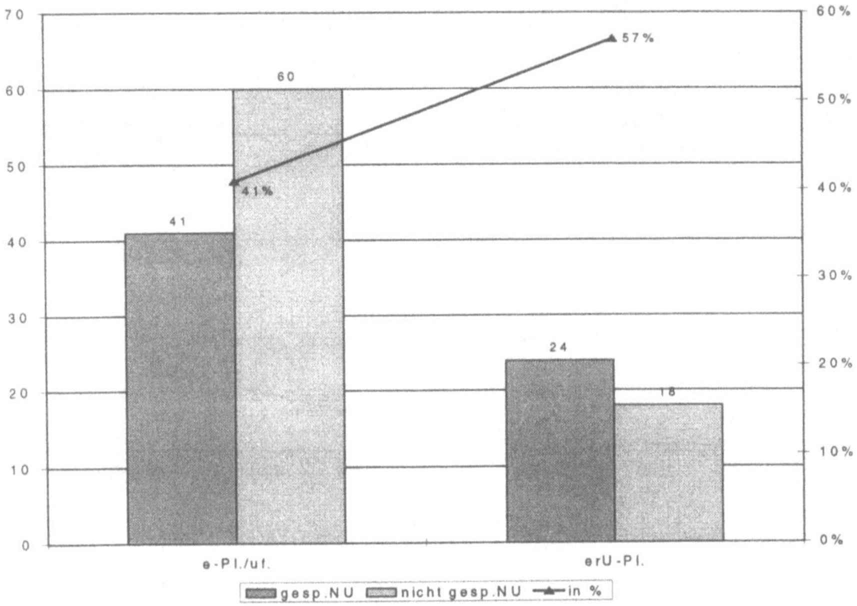

Grafik 82: Anteil der gespannten Nuklei bei umlautfähigen Neutra im e- und erU-Plural (ein Endrandkonsonant)

57% aller umlautfähigen Neutra mit einem Endrandkonsonanten und erU-Plural haben gespannten Nukleus, bei den Neutra mit e-Plural sind es nur 41%. Allerdings sind hinsichtlich der absoluten Zahlen 41 Belege in der e-Gruppe vertreten und nur 24 Belege in der erU-Gruppe. Das ergibt eine Wahrscheinlichkeitsquote von 37%.

Sehen wir uns die Nuklei im Einzelnen an. Die folgende Grafik 83 zeigt den Überblick:

---

76 F = Frikativ

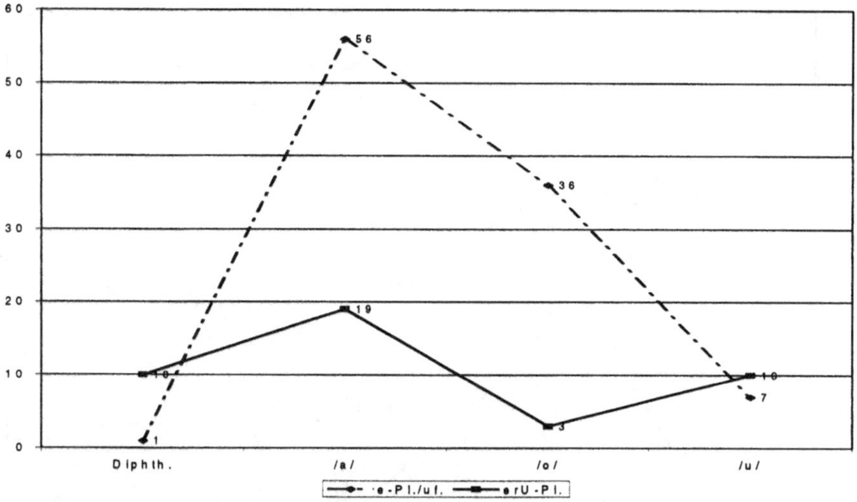

Grafik 83: Nuklei bei den Neutra im e- und erU-Plural (ein Endrandkonsonant)

Eine deutliche Überlegenheit zeigt sich bei den diphthongischen Nuklei: 10 von 11 Belegen treten mit erU-Plural auf. Eine leichte Überlegenheit zeigt sich auch beim Nukleus /u/. Sehen wir uns im Folgenden noch die Ergebnisse für die gespannten Nuklei an, nachdem sich im vorangegangenen Abschnitt gezeigt hatte, dass der Spannungsgrad möglicherweise erU-Plural begünstigt. Darüber hinaus lässt die Belegzahl bei den Diphthongen, die ja immer gespannt sind, darauf schließen, dass sich bei /u/ auch Tendenzen zugunsten des erU-Plurals nachweisen lassen, wenn dieser Nukleus gespannt ist. Die folgende Grafik 84 (s. S. 192) gibt einen Überblick über die gespannten Nuklei.

Die Grafik 84 bestätigt die Vermutung, dass ein Diphthong oder gespanntes /u/ im Nukleus prototypisch ist für Neutra mit erU-Plural. Der Einfachheit halber fasse ich den Diphthong /au/ aufgrund seines Abglitts als /u/-haltigen Nukleus auf und rechne ihn zu den reinen /u/-Nuklei dazu. Für /u/-haltige Nuklei ergibt sich gemessen an allen einschlägigen Belegen eine sehr hohe Wahrscheinlichkeitsquote von 74% zugunsten des erU-Plurals.

Kriterium Monosyllabizität

Die Monosyllabizität ist das schwächste Einzelkriterium mit einer Trefferquote von 42% zugunsten des erU-Plurals. Unter den Lemmata mit erU-Plural sind 33 monosyllabische Lemmata (von 101 Vrk.) und unter den umlautfähigen Belegen mit e-Plural sind 24 Monosyllabler (von 42 Vrk.).

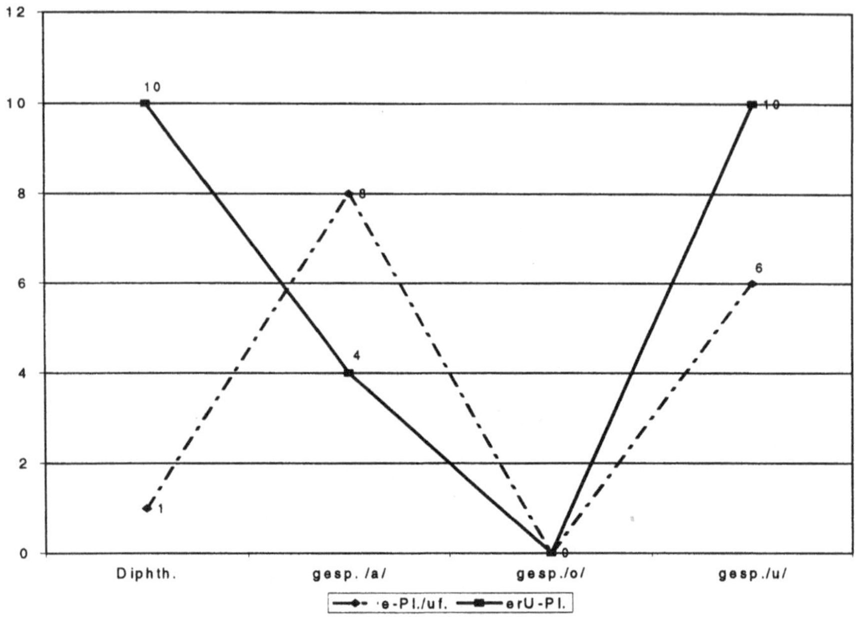

Grafik 84: Gespannte Nuklei bei Neutra mit e- oder erU-Plural (ein Endrandkonsonant)

Merkmalkombinationen

Die beiden Einzelmerkmale mit den höchsten Trefferquoten sind `gespannter, /u/-haltiger Nukleus´ (74%) und `VF´ (62%). Sie stellen Kombination 1 dar. Als zusätzliche Kombinationsmöglichkeit bietet sich `Monosyllabizität´ (42%) an. Hinsichtlich der Wahrscheinlichkeitsquoten ergibt sich die in Grafik 85 (s. S. 193) vorgenommene Zusammenstellung.

Eine Merkmalkombination aus den Faktoren `gespannter, /u/-haltiger Nukleus´ + `VF´ führt zu einer hohen Wahrscheinlichkeitsquote von 88%. Das Kriterium `Monosyllabizität´ erweist sich als redundant. Es kann festgehalten werden, dass Neutra mit einem Endrandkonsonanten mit 88%-iger Wahrscheinlichkeit erU-Plural bilden, wenn sie einen gespantnen, /u/-haltigen Nukleus haben und auf Frikativ enden. Daraus ergibt sich folgendes prototypische Merkmalbündel:

prototypisch erU-Plural für Neutra mit Struktur /-VK/: gespannter, /u/-haltiger Nukleus + /VF/

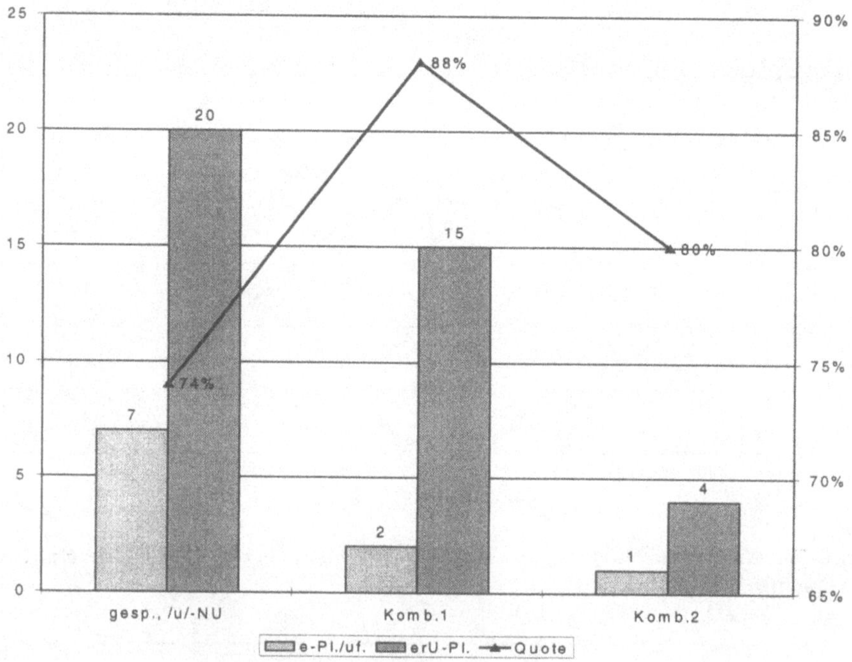

Kombination 1: `gespannter, /u/-haltiger Nukleus´ + `VF´
Kombination 2: Kombination 1 + `Monosyllabizität´

Grafik 85: Wahrscheinlichkeitsquote bei einem Einzelmerkmal und zwei Kombinationen (Neutra mit einem Endrandkonsonanten)

Struktur /-VKK/: nicht-umlautfähige Belege mit e- oder er-Plural

Merkmal Endrandstrukturen

Die folgende Grafik 86 (s. S. 194) stellt die auf Position K_1 auftretenden Konsonanten zusammen. Es zeigt sich, dass es bei K_1 keine signifikanten Tendenzen zugunsten des er-Plurals gibt. Bei den Belegen mit er-Plural zeigen sich im Wesentlichen die gleichen Steigungen und Tiefstwerte wie bei den Belegen mit e-Plural. Sehen wir uns im Vergleich dazu die Konsonanten auf Position K_2 an, wie sie in Grafik 87 (s. S. 194) zusammengestellt sind.

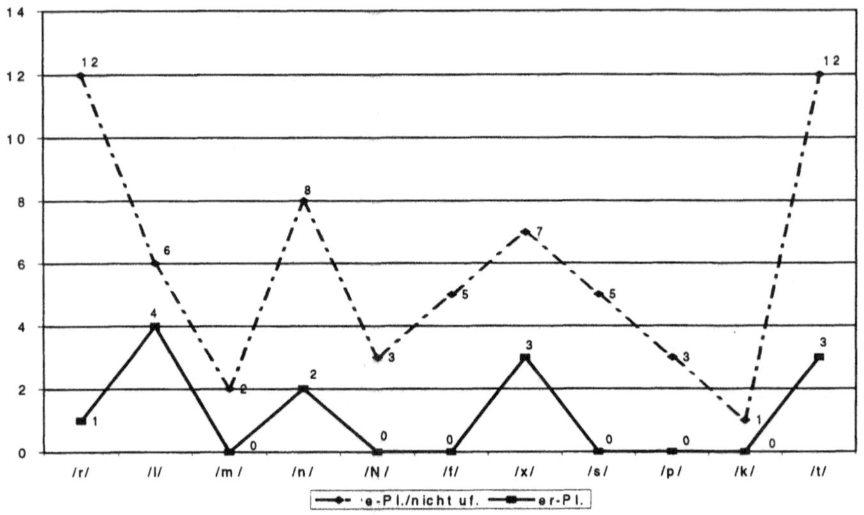

Grafik 86: Konsonanten auf Position K_1 bei Neutra mit e- oder er-Plural (zwei Endrandkonsonanten)

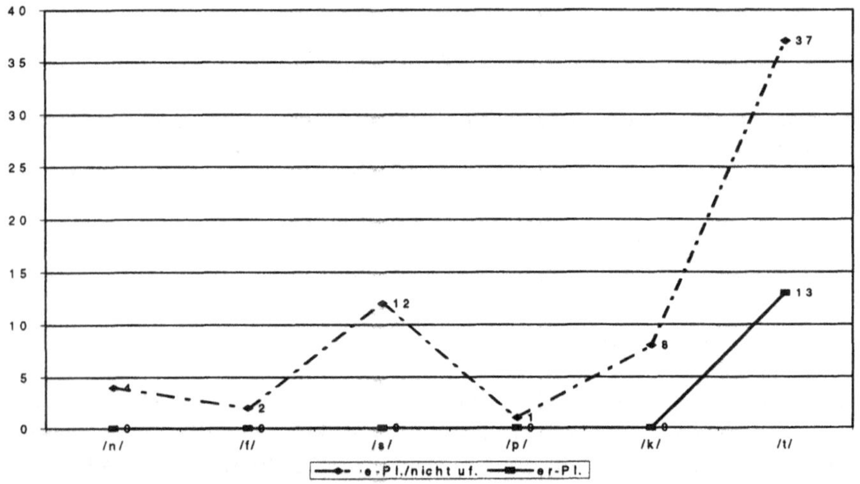

Grafik 87: Konsonanten auf Position K_2 bei Neutra mit e- oder er-Plural (zwei Endrandkonsonanten)

Es zeichnet sich wie bei den Neutra mit einem Endrandkonsonanten eine leichte Tendenz ab, dass /-t/ im Endrand für die Pluralbildung relevant ist.

/-VK*t*/ ist eine prototypische Struktur für er-Plural. Alle 13 Belege mit er-Plural enden auf /-t/. Allerdings gibt es auch 37 Lemmata auf /-t/ und e-Plural. Daraus lässt sich eine Wahrscheinlichkeitsquote von 26% zugunsten des er-Plural errechnen.

Merkmal Nukleusqualität

In Bezug auf das Kriterium `gespannter Nukleus´ ergibt sich folgende Zusammenstellung:

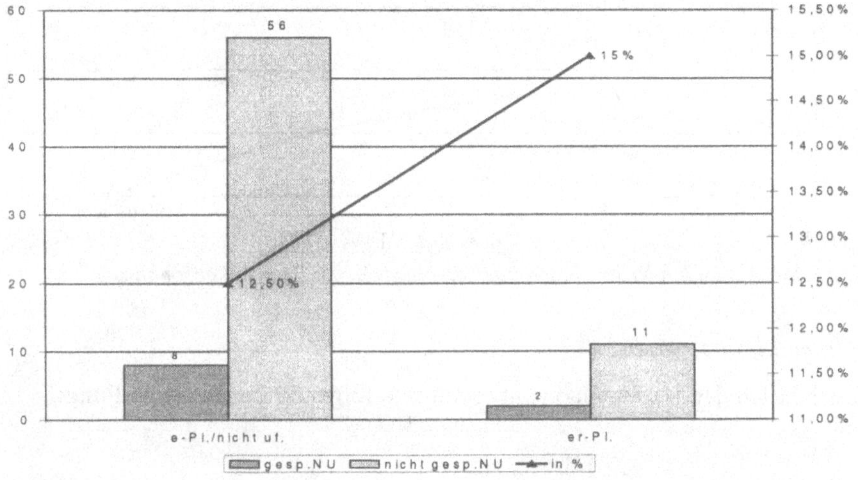

Grafik 88: Anteil der Neutra mit gespanntem Nukleus im e- oder er-Plural (zwei Endrandkonsonanten)

Hinsichtlich des Prozentwerts zeigt sich eine leichte Tendenz zugunsten des er-Plurals, wenn der Nukleus gespannt ist. Allerdings stehen acht Belege mit gespanntem Nukleus und e-Plural lediglich zwei Belegen mit er-Plural gegenüber. Die Ergebnisse sind ein Hinweis darauf, dass das Kriterium des Spannungsgrads der Nuklei keine prototypische Relevanz für er-Plural hat.

Sehen wir uns als nächstes die Nuklei hinsichtlich ihres Bildungsorts und ihrer Bildungsart genauer an. In Grafik 89 (s. S. 196) sind die Befunde zusammengestellt. Wieder führen diese nicht weiter: Es zeigt sich bei den Nuklei keine Tendenz, die Rückschlüsse auf eine prototypische Struktur des er-Plurals zulassen würde. Zusammenfassend kann festgehalten werden, dass die Nukleusstruktur für die Formulierung eines prototypischen Merkmalbündels für er-Plural nicht relevant ist.

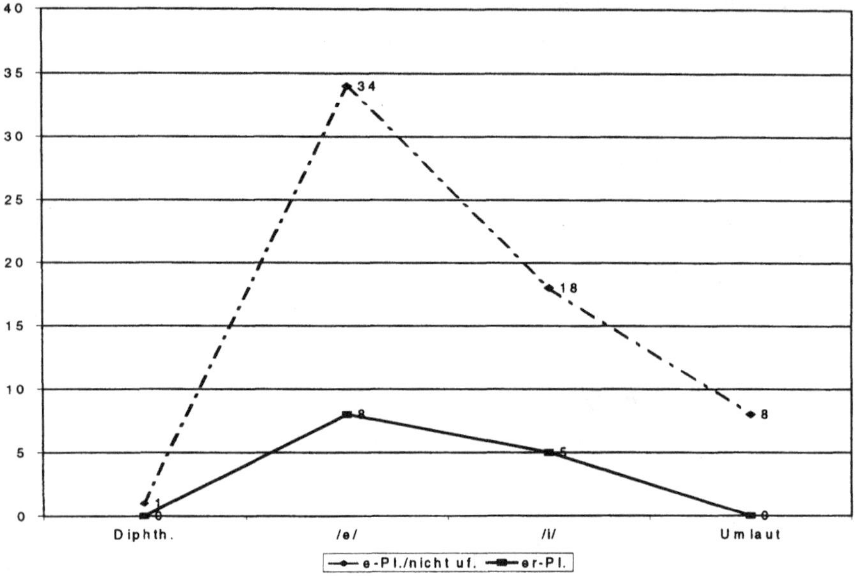

Grafik 89: Nuklei bei Neutra mit e- oder er-Plural (zwei Endrandkonsonanten)

Merkmal Monosyllabizität

Hinsichtlich der Monosyllabizität ergibt sich folgende Gegenüberstellung:

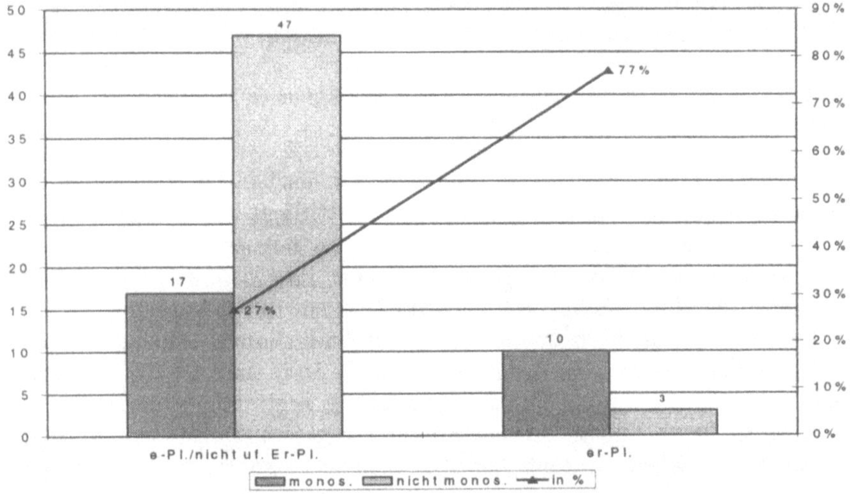

Grafik 90: Anteil der Monosyllabler bei den Neutra mit e- oder er-Plural (zwei Endrandkonsonanten)

Der prozentuale Anteil der Monosyllabler im er-Plural ist mit 77% wesentlich höher als im e-Plural mit 27%. Es treten 17 Monosyllabler mit e-Plural und 10 Monosyllabler mit er-Plural auf. Das entspricht einer Wahrscheinlichkeitsquote von 37% zugunsten des er-Plural.

Merkmalkombination

Da sich alle Merkmale des Nukleus als prototypisch nicht relevant für er-Plural erwiesen haben, bleibt als einzige Kombinationsmöglichkeit die Verknüpfung der Faktoren /-VK*t*/ + `Monosyllabizität´ übrig. Es ergibt sich folgende Zusammenstellung:

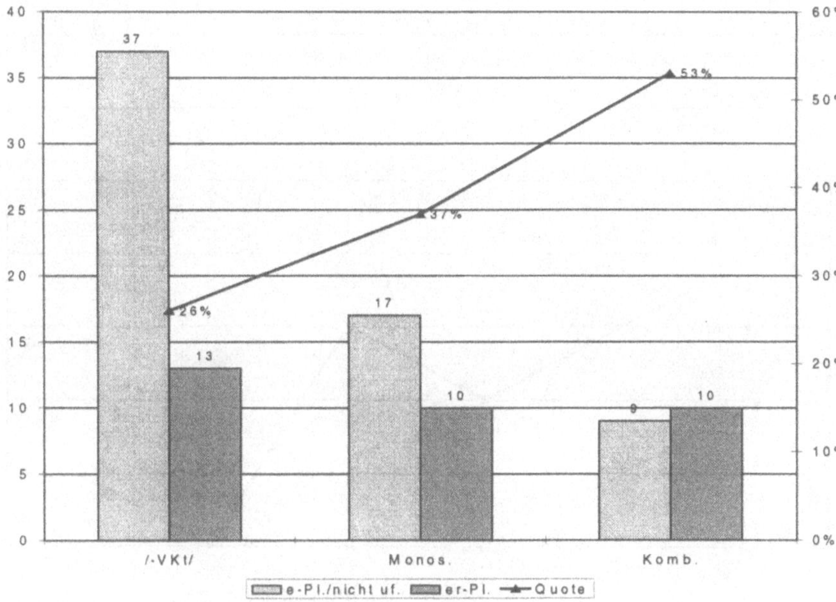

Grafik 91: Wahrscheinlichkeitsquote bei zwei Einzelkriterien und deren Kombination (Neutra mit zwei Endrandkonsonanten)

Gegenüber den Einzelkriterien führt die Kombination der Merkmale /-VK*t*/ + `Monosyllabizität´ zu einer erheblich gesteigerten Trefferquote von immerhin 52%. Mit 52%-iger Wahrscheinlichkeit tritt bei einem Neutrum mit zwei Endrandkonsonanten er-Plural auf, wenn das Neutrum auf /-t/ endet und ein Monosyllabler ist. Es ergibt sich folgendes prototypische Merkmalbündel:

prototypisch er-Plural für Neutra mit Struktur /-VKK/: /-VK*t*/ + Monosyllabizität

Struktur /-VKK/: umlautfähige Belege mit e- oder erU-Plural

Merkmal Endrandstrukturen

Sehen wir uns als nächstes die umlautfähigen Belege mit e-Plural und diejenigen mit erU-Plural an. Hinsichtlich der Endrandkonsonanten auf Position K_1 und K_2 ergeben sich folgende Befunde:

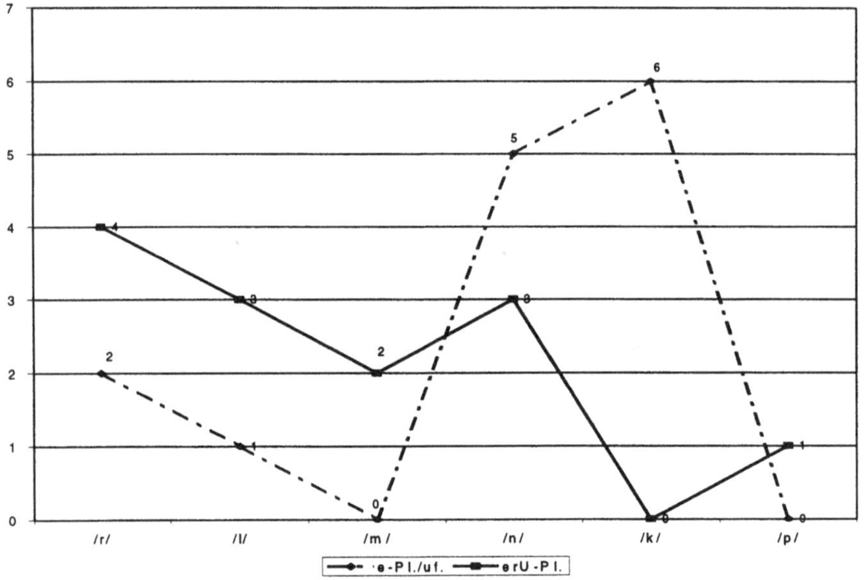

Grafik 92: Konsonanten auf Position K_1 bei umlautfähigen Neutra mit e- oder erU-Plural (zwei Endrandkonsonanten)

Es zeichnet sich eine deutliche Tendenz ab, dass /r/, /l/ und /m/ auf Position K_1 prototypisch für erU-Plural sind. Da diese drei Konsonanten aber in keiner Hinsicht zu irgendeiner lautlichen Gruppe zusammengefasst werden können, ist anzunehmen, dass auch /n/ zu den prototypischen Merkmalen auf Position K_1 zugunsten des erU-Plural gehört. Dafür sprechen die relativ vielen Belege, die es mit diesem Laut und erU-Plural gibt. Das prototypische Strukturmerkmal für erU-Plural ist demzufolge /-VRK/[77]. Gerechnet an allen einschlägigen Belegen ergibt sich eine Wahrscheinlichkeitsquote von 60% zugunsten des erU-Plurals.

Sehen wir uns auch die Konsonanten auf Position K_2 an. Die folgende Grafik 93 gibt einen Überblick:

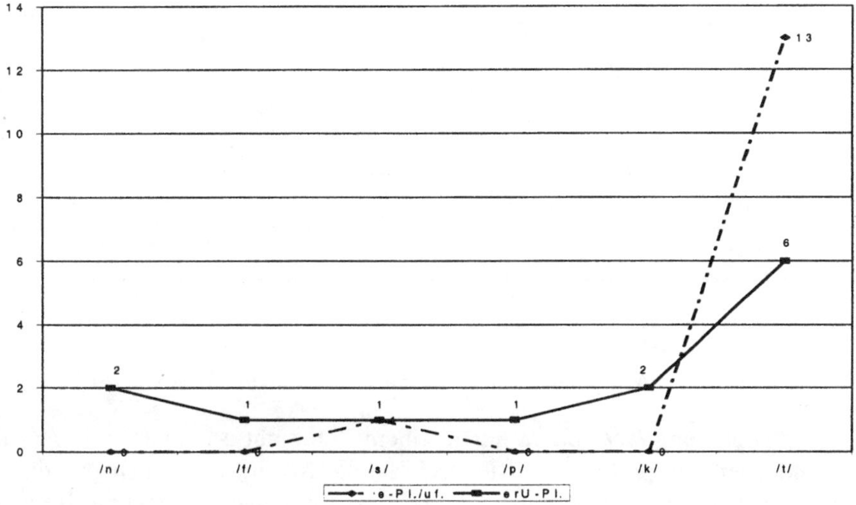

Grafik 93: Konsonanten auf Position K_2 bei umlautfähigen Neutra mit e- oder erU-Plural (zwei Endrandkonsonanten)

Die meisten Belege mit erU-Plural haben /-t/ im wortfinalen Auslaut (6 Vrk.). Allerdings stehen diesen Vorkommen immerhin 17 Belege mit e-Plural gegenüber. Die Wahrscheinlichkeitsquote für dieses Merkmal liegt mit knapp 32% weit unter der Trefferquote des Merkmals /-VFK/ mit 60%. Für die Konstituierung des prototypischen Merkmalbündels erweist sich K_1 als das validere Merkmal gegenüber K_2.

Merkmal Nukleusqualität

Fünf der 14 Belege mit e-Plural und acht der 13 Belege mit erU-Plural haben gespannten Nukleus. Daraus ergibt sich eine Trefferquote von 62% zugunsten des erU-Plurals. Die Gespanntheit des Nukleus spielt also bei der prototypischen Struktur des erU-Plurals eine wichtige Rolle. Sehen wir uns die Nuklei im Einzelnen an:

77 R = Resonant /r, l, m, n/

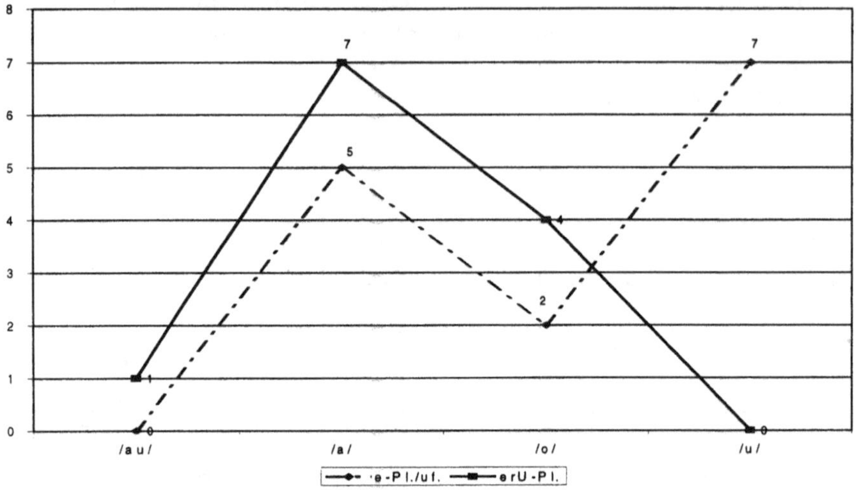

Grafik 94: Nuklei bei Neutra mit e- oder erU-Plural (zwei Endrandkonsonanten)

Der Diphthong /au/ kommt nur in einem Beleg mit erU-Plural vor. /a/ und /o/ sind ebenfalls prototypisch für erU-Plural, allerdings kommen mit diesen Nuklei auch mehrere Belege mit e-Plural vor. Kombinieren wir diese Befunde mit dem Merkmal der Nukleusspannung. Bei einer Kombination aus den Kriterien \`Nukleus /au/, /a/, /o/´ + \`gespannt´ entfallen die Belege mit /o/-Nukleus komplett, da sie alle ungespannten Nukleus haben. Es bleiben fünf Belege mit gespanntem /a/ und e-Plural sowie acht Belege mit gespanntem /a/ oder /au/ und erU-Plural. Es ergibt sich eine Trefferquote von 62% zugunsten des erU-Plural bei einem Merkmal \`gespannter /a/-Nukleus´. Das entspricht exakt den Ergebnissen, die beim Merkmal \`gespannt´ bereits erzielt wurden, d.h. die weitere Differenzierung des Nukleus nach Bildungsort und -art ist redundant und im Merkmal \`gespannt´ bereits enthalten.

Merkmal Monosyllabizität

Sowohl der prozentuale als auch der absolute Anteil der Monosyllabler ist im erU-Plural höher als im e-Plural. Grafik 95 (s. S. 201) zeigt, dass acht Belegen mit e-Plural 11 Lemmata mit erU-Plural gegenüberstehen. Das ergibt eine Wahrscheinlichkeitsquote von 58% zugunsten des erU-Plurals.

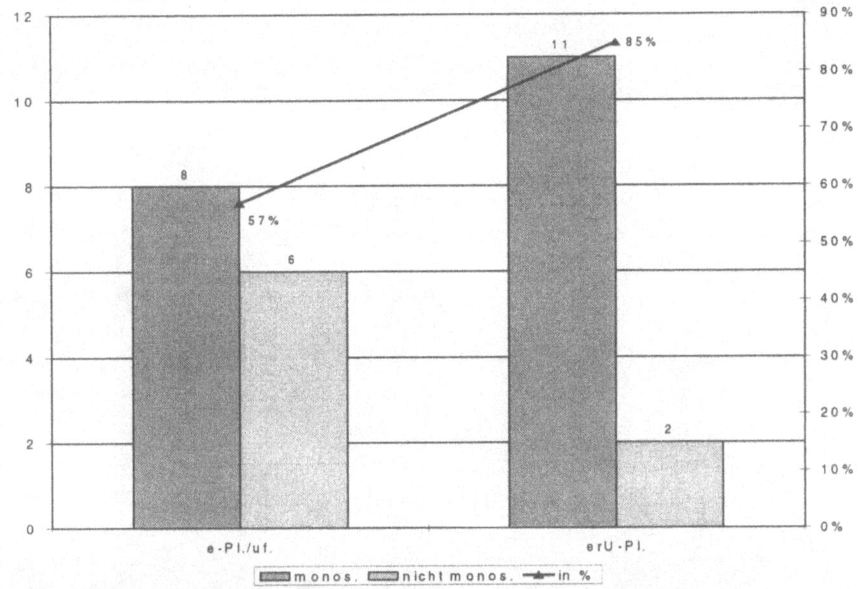

Grafik 95: Anteil der Monosyllabler bei den Neutra mit e- oder erU-Plural (zwei Endrandkonsonanten)

Merkmalkombinationen

Für die umlautfähigen Neutra mit zwei Endrandkonsonanten und e-Plural sowie für die Neutra mit erU-Plural bietet sich hinsichtlich der Einzelquoten als erste Kombination an: \`gespannter Nukleus´ (62%) + \`/-VRK/´ (60%), daran anschließend wird eine Kombination mit dem Merkmal \`Monosyllabizität´ (58%) vorgenommen. Grafik 96 (s. S. 202) stellt die Ergebnisse in der Übersicht zusammen.

Die unterschiedlichen Kombinationen führen zu einer kontinuierlichen Steigerung der Trefferquote zugunsten des erU-Plurals. Mit 75%-iger Wahrscheinlichkeit tritt bei einem Neutrum, das auf zwei Konsonanten endet, erU-Plural ein, wenn das Lemma einen gespannten Nukleus enthält, ein Resonant auf Position K_1 steht und wenn das Neutrum monosyllabisch ist. Das prototypische Merkmalbündel für diese Neutra lautet:

prototypisch erU-Plural für Neutra mit Struktur /-VKK/:
/-VRK/ + gespannter Nukleus + Monosyllabizität

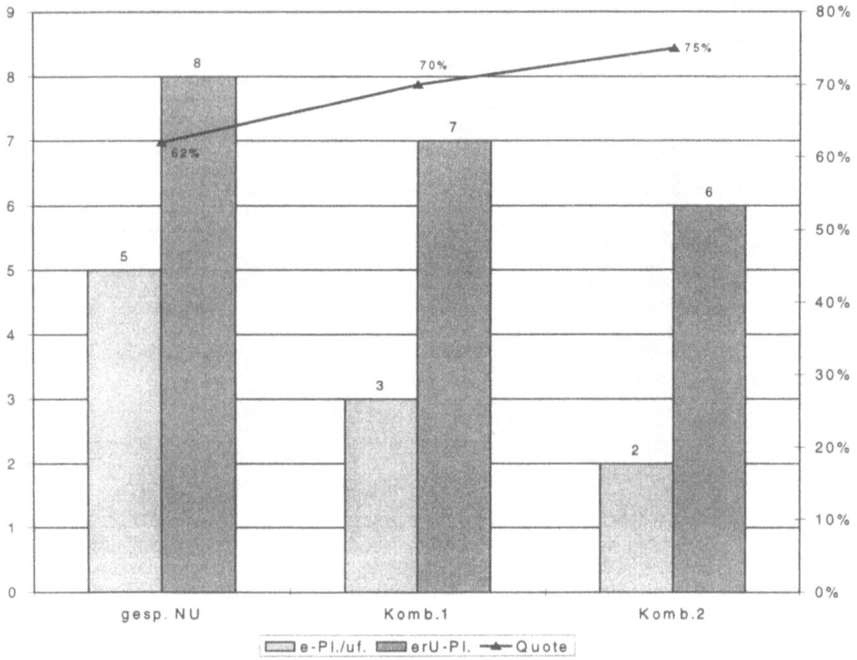

Kombination 1: gespannter Nukleus + /-VRK/
Kombination 2: Kombination 1 + Monosyllabizität

Grafik 96: Wahrscheinlichkeitsquoten bei einem Einzelkriterium und zwei Kombinationen (Neutra mit zwei Endrandkonsonanten)

Gehen wir in diesem Zusammenhang noch einmal kurz zurück zu den Maskulina mit erU-Plural (vgl. Kap. 5.2.4). Die wenigen Maskulina mit zwei Endrandkonsonanten, die erU-Plural bilden, lauten: *Mund, Ort, Rand, Wald* und *Wurm. Mund* und *Ort* zählen nicht als echte Belege, da sie auch mit e-Plural vorkommen. Allerdings ist der Plural *Münder* (FW 1,99) häufiger als *Munde*, das unter 50 Mio. Textwörtern im Material nicht nachgewiesen ist. Dagegen ist *Orte* (FW 17,77) wesentlich häufiger als das philosophisch-fachsprachliche *Örter* (FW 0,10). Unabhängig von solchen Einschränkungen ist festzuhalten, dass alle genannten Maskulina der prototypischen Struktur der Neutra entsprechen: alle haben einen Resonanten auf Position K_1, alle sind monosyllabisch und zwei der fünf Belege haben zusätzlich gespannten Nukleus. Unabhängig vom Genus erweist sich das bei den Neutra für erU-Plural ermittelte prototypische Merkmalbündel auch bei den Maskulina als reliabel.

Struktur /-VKKK/

Es gibt im Material je zwei Belege mit drei Endrandkonsonanten für die beiden Pluraltypen er-/erU-Plural und e-Plural. Die Menge der Endrandkonsonanten ist bei den Neutra, anders als bei den Maskulina und Feminina, also noch kein entscheidendes prototypisches Kennzeichen für er-/erU-Plural. Die Wahrscheinlichkeitsquote liegt bei 50%. Bei den einschlägigen Belegen handelt es sich um: *Gespinst, Gewürz* und *Gespenst, (Streich)Holz*. Die Lemmata unterscheiden sich in ihren Endrandstrukturen durch nichts: Es kommen jeweils mit gleicher Häufigkeit Liquiden und Nasale auf Position K_1 vor, auf Position K_2 kommen ebenfalls mit gleicher Häufigkeit /t/ oder die dentale Affrikata vor. Allerdings weist ein er-/erU-Plural-Beleg /o/-haltigen Nukleus auf, der bei den e-Pluralbelegen nicht vorkommt. Darüber hinaus ist dieser Beleg monosyllabisch. Aufgrund der Beleglage ist anzunehmen, dass es sich bei /-VKKK/ um eine Struktur handelt, die nicht prototypisch ist für Neutra, während es für Feminina und Maskulina doch relativ viele Belege mit drei oder sogar vier Endrandkonsonanten gibt. Das ist möglicherweise auch die Erklärung dafür, weshalb es bei den Neutra keinen eU-Pluraltyp gibt. Bei den Maskulina und Feminina wurde gezeigt, dass so intensiv besetzte Endränder prototypisch sind für eU-Plural. Da Neutra (fast) keine derartigen Belege aufweisen, ist es verständlich, dass auch der prototypische Plural für dieses charakteristische Merkmal nicht auftritt. Der einzige Beleg, der dieser Hypothese widersprechen könnte, ist das Neutrum *Floß*, das eU-Plural aufweist. Doch dieser erklärt sich sprachhistorisch: Noch bis ins frühe Neuhochdeutsche hatte *Floß* maskulines Genus. Und für Maskulina ist eU-Plural bei Monosyllablern mit gespanntem Nukleus durchaus prototypisch.

Abschließend soll nun auch für die Neutra mit konsonantisch geschlossenem Endrand eine Prototypenskala erstellt werden. Hinsichtlich der Wahrscheinlichkeitsquoten zeigt sich, dass die Merkmalbündel für er-Plural sowohl für einen als auch zwei Endrandkonsonanten weniger reliabel sind als diejenigen für erU-Plural. Hier noch einmal die Trefferquoten im Überblick:

- Wahrscheinlichkeitsquote für er-Plural bei /-VK/: 33%
- Wahrscheinlichkeitsquote für er-Plural bei /-VKK/: 53%
- Wahrscheinlichkeitsquote für erU-Plural bei /-VK/: 88%
- Wahrscheinlichkeitsquote für erU-Plural bei /-VKK/: 75%

Für die Relationierung der Merkmalbündel stellt sich eine etwas schwierige Situation dar: Beim er-Plural ist das Merkmalbündel für Lemmata mit einem Endrandkonsonanten weniger valide als das für zwei Endrandkonsonanten. Demgegenüber erweist sich aber das Merkmalbündel für erU-Plural bei einem Endrandkonsonanten als valider als dasjenige für zwei Endrandkonsonanten. Diese Situation unterscheidet sich von der bei Maskulina und Feminina, denn für diese beiden Genera waren durchgängig die Merkmalbündel für /-VKK/ weniger reliabel als solche für /-VK/.

Unter Berücksichtigung der genannten Befunde ergibt sich folgende Prototypenskala für die Neutra mit konsonantischem Endrand:

Prototypenskala für Neutra auf Konsonant(en)

prototypisch
e-Plural — er-Plural — erU-Plural

/-V*t*/	/-VK*t*/	/-VRK/	/-VF/
+ Monosyl.	+ Monosyl.	+ gesp.NU + Monosyll.	+ gesp., /u/-halt.NU
Kleid	*Kind*	*Kalb*	*Haus*

5.4.4 Neutra: Die n-Gruppe

In der n-Gruppe erscheinen lediglich 25 Neutra; 17 davon bilden en-Plural, acht haben n-Plural. Die acht Belege mit n-Plural lauten: *Auge, Beisel, Ende* und *Wochenende, Interesse, Konklave, Modul, Schwammerl*[78]. Bis auf die Belege *Beisel, Modul* und *Schwammerl* lauten alle Neutra, die n-Plural bilden, auf Reduktionsvokal /-ə/ aus. *Beisel* erscheint nur mundartlich mit n-Plural, ansonsten im Standardösterreichischen mit x-Plural. Darüber hinaus existiert neben der n-Pluralform *Schwammerln* auch unmarkierter Plural *die Schwammerl.* Meines Erachtens zeigen diese Belege, dass bei Neutra bereits Übergangstendenzen derart eingesetzt haben, dass auch Lemmata auf /-ər,-əl,-ən/ allmählich in den n-Pluraltyp übertreten. Ursache hierfür ist die starke Attraktivität dieses Pluraltyps aufgrund der sehr hohen Vorkommensfrequenz bei den Feminina. Bei den Feminina ist der Übergangsprozess von Lemmata auf /-ər,-əl/ in den n-Plural bereits weitgehend abgeschlossen. Bei den Neutra deutet er sich ebenso an wie bei den Maskulina (*Pantoffeln, Muskeln* u.a.). Er wird zuerst bei den Lemmata mit niedriger Verwendungsfrequenz eintreten. Belege mit hoher Frequenz dürften allerdings resistent sein gegen solche Ausgleichsprozesse.

78 Hinsichtlich dem Beleg *Schwammerl* wende ich als Sprecherin des Bairischen als Muttersprache gegen die Anmerkung im Universalwörterbuch des Duden ein, dass *Schwammerl* nicht neutrales, sondern maskulines Genus hat.

Exkurs: Die hohe Attraktivität des n-Plurals

Ausschlaggebend für die sehr hohe Attraktivität des n-Plurals bei analogischen Ausgleichsprozessen ist sicher die hohe Vorkommenshäufigkeit der Feminina mit n-Plural. In keinem anderen Pluraltyp gibt es so viele Belege (1183 Vrk.). Doch es kommt ein weiterer Faktor hinzu. Interessant ist in diesem Zusammenhang ein Blick auf die Belege der Datenbank, deren Pluralfrequenz höher ist als diejenige der Singularform. Die insgesamt 542 Belege, die im Plural häufiger verwendet werden als im Singular, verteilen sich auf die Pluraltypen wie folgt:

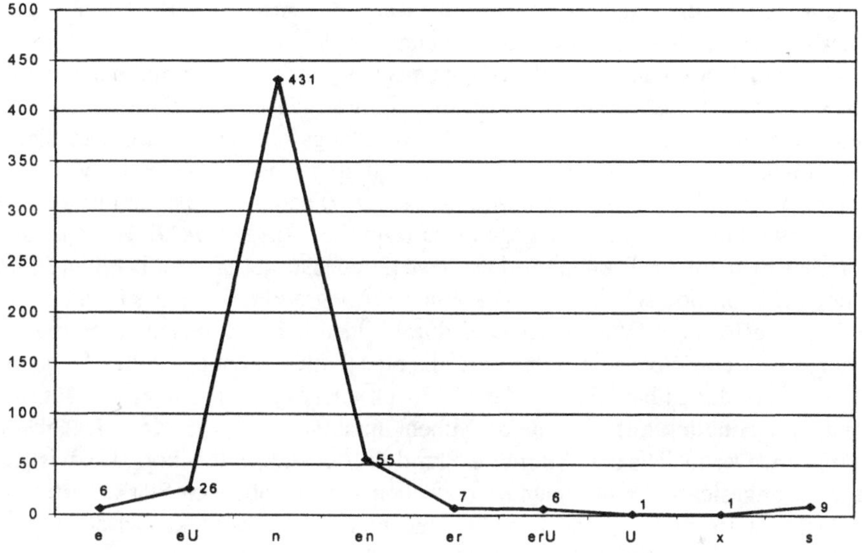

Grafik 97: Anteil der Belege, deren Pluralfrequenz höher ist als die Singularfrequenz, in den verschiedenen Pluraltypen

Der n-Plural dominiert sehr deutlich. Unter den 542 Belegen, die im Plural häufiger verwendet werden als im Singular, haben immerhin 431 n-Plural. Das entspricht knapp 80%. Nimmt man auch die Belege mit en-Plural dazu, dann erhöht sich der prozentuale Anteil auf 90%. Nahezu alle Wörter, die im Plural häufiger verwendet werden als im Singular, haben also n- oder en-Plural. Dabei sind von den 487 Belegen mit n-/en-Plural 463 Vorkommnisse Feminina. Gerade Feminina kommen also im Plural viel häufiger vor als Maskulina und Neutra. Dies ist hauptsächlich dadurch zu erklären, dass viele Bezeichnungen für Früchte (*Aprikosen, Erbsen, Bohnen, Orangen* usw.) in dieser Gruppe sind, die überwiegend im Plural gebraucht werden. In jedem Fall ist anzunehmen, dass die hohe Attraktivität des (e)n-Plurals damit zusammenhängt, dass diejenigen Wörter, die im Plural sehr viel häufiger verwendet werden als im Singular, fast ausschließlich diesen Pluraltyp aufweisen.[79]

Sehen wir uns nun bei den Neutra noch die 17 Belege an, die en-Plural bilden. Sie lauten: *Bett, Fresko, Gör, Hemd/Unterhemd, Herz, Insekt, Juwel, Konto, Ohr, Risiko, Schisma, Skript, Statut, Szenario, Verb* und *Watt*. *Watt* zähle ich nicht als echten Beleg für en-Plural, da es auch mit e-Plural vorkommt. Hinsichtlich des Frequenzwerts finden sich weder *Watte* noch *Watten* in meinem Material, d.h. die Verwendungshäufigkeit beider Formen ist äußerst gering. Im Belegmaterial fallen die vielen Fremdwörter auf: *Fresko, Insekt, Juwel, Konto, Risiko, Schisma, Skript, Statut, Szenario* und *Verb*.

Die auf Vollvokal endenden Belege aus der genannten Gruppe können auch mit s-Plural gebildet werden, wobei aber die Formen mit en-Plural und gleichzeitiger a-Synkope meist die höhere Verwendungsfrequenz haben, also als regelmäßiger betrachtet werden müssen. Damit stehen vier Belege auf Vollvokal und en-Plural (*Fresko, Konto, Schisma, Szenario*) den vier Belegen mit gleicher Auslautstruktur und e-Plural gegenüber (*Geweih, Knie, Reh, Tau*). Ihrer synchronen Struktur nach könnten diese Belege ebenso gut en-Plural bilden. Phonologische Gründe scheiden als Erklärung für den e-Plural aus: Es ist nicht einsichtig, weshalb ein Wort wie *Tau* e-Plural bilden kann (Silbenstruktur: [tau.ə]), während es ein Wort wie *Schisma* ($^+$[ʃis.ma.ə]) nicht können sollte. In beiden Fällen wäre der Silbenkontakt, der sich nach auslautendem Vokal und Plural-*e* ergibt im Hinblick auf allgemeine Silbenkontaktgesetze (vgl. Kap. 4.1) wenig präferiert. Der in $^+$[ʃis.ma.ə] durch e-Plural entstehende Silbenkontakt zwischen [a.ə] ist angesichts der aufeinandertreffenden konsonantischen Stärkewerte sehr schlecht, er ist allerdings auch nicht schlechter als der Kontakt zwischen [au.ə] in *Taue* und hier ist der e-Plural ja völlig regelmäßig.

Es fällt jedoch auf, dass es sich bei den vier Belegen auf Vollvokal und e-Plural um deutschen Erbwortschatz handelt, während die vier Belege mit en-Plural Fremdwörter sind. Wenn wir uns die dazugehörenden diachronen Formen ansehen, dann haben wir für die deutschen Lemmata: mhd. *gewîge (Geweih)*, mhd. *kniё*, mhd. *rech (Reh)* und das aus dem Mittelniederdeutschen entlehnte *touwe (Tau)*. Es ist denkbar, dass aufgrund der zahlenmäßig sehr vielen Belege, bei denen *-e* als Pluralmarkierung auftritt, das *-e* in diesen Wörtern als Pluralmarkierung (miss)verstanden wurde. Für dieses Argument spricht auch die sehr niedrige Verwendungsfrequenz dieser Wörter. Mit Ausnahme von *Knie* liegt sie bei allen genannten Belegen teilweise erheblich unter FW 2. Wörter, die sehr

79 Allerdings ist die durchschnittliche Verwendungsfrequenz dieser (e)n-Pluralia nicht signifikant hoch; vgl. Kap. 6.5.1/Grafik 104.

selten verwendet werden, können in ihrer morphologischen Form von den Sprechern leicht uminterpretiert werden, da es aufgrund der Verwendungshäufigkeit keine bestimmte, eingeprägte Wortform gibt. Das ursprünglich zur Singularform gehörende auslautende *-e* wurde deshalb als Pluralmarkierung verstanden und fiel im Singular aus. Die Pluralmarkierung mit *-e* wurde angesichts der großen Menge von Belegen mit e-Plural als völlig regelmäßig empfunden. Der e-Plural bei *rech/Reh* würde sich unter Berücksichtigung der diachronen Entwicklung als regelmäßige Form nachweisen lassen, da e-Plural prototypisch nach geschlossenem Endrand auftritt. *reche* war im Mittelhochdeutschen also regelmäßiger e-Plural nach konsonantischem Endrand. Geht man davon aus, dass es sich beim e-Plural in den Erbwörtern auf Vollvokal um eine ursprüngliche Singularendung handelt, die volksetymologisch als Pluralmarkierung interpretiert wurde, dann muss daraus gefolgert werden, dass es sich bei Vollvokal im Auslaut nicht um ein prototypisches Merkmal für e-Plural handelt. Der e-Plural ist in den genannten Fällen nicht phonologisch motiviert. Prototypisches Merkmal für e-Plural sind ausschließlich konsonantisch geschlossene Endränder.

Aus dem Gesagten ist nun allerdings nicht zu schließen, dass es sich bei der Struktur /-V/ um ein prototypisches Merkmal für en-Plural handeln würde, denn es ist nicht anzunehmen, dass fünf Fremdwörter das prototypische Merkmal für eine deutsche Pluralbildung aufweisen. Ich nehme vielmehr an, dass es sich bei diesen wenigen en-Pluralia nach Vollvokal um eine Analogiebildung zu den Feminina handelt, denn Feminina auf Vollvokal sind prototypisch für en-Plural. Es kommen auch relativ viele Fremdwörter bei den Feminina vor, die auf /-a/ enden und en-Plural haben, z.B. *Pizza/Pizzen, Sauna/Saunen, Troika/Troiken* usw. *Fresko/Fresken, Konto/Konten* usw.[80] sind also Analogiebildungen zu den vorkommensstarken Feminina auf Vollvokal und en-Plural. Auf diese Weise gelangt der en-Plural in die Gruppe der Neutra, für die er ansonsten völlig atypisch ist. Die Synkope des Vollvokals in der Pluralform bei Belegen wie *Fresko/Fresken* ist phonologisch motiviert. $^{+}$[frɛs.ko.ən] würde einen sehr schlechten Silbenkontakt zwischen dem Voll- und dem Reduktionsvokal ergeben: [o.ə]. Es tritt o-Synkope ein oder, wie in *Schisma/Schismen*, a-Synkope, da die Synkope von [ə] als Alternative ausscheidet. Die Pluralform würde in diesem Fall **Freskon* oder **Schismon* lauten, und n-Plural tritt prototypisch nur nach Reduktionslaut oder Reduktionssilbe ein, nicht aber nach Vollvokal.

Es bleiben die auf Konsonant(en) geschlossenen Belege, die anstatt dem zu erwartenden e-Plural, en-Plural bilden. Das sind die deutschen Erbwörter *Bett, Gör, Hemd, Herz, Ohr* sowie die Fremdwörter *Insekt, Juwel, Skript* und *Statut.* Die Form *das Gör* (FW 0,07) ist wesentlich seltener als *die Göre* (FW 0,66). Zur

80 Dazu auch Kap. 5.5 „s-Plural“.

Form *Göre* ist n-Plural regelmäßig. In *Gör* fällt das /-ə/ im Singular aus, erscheint aber in der Pluralendung wieder. Ein e-Plural zu *Gör* fällt als Alternative aus, da sich in diesem Fall die Singularform *Göre* nicht von der Pluralform unterscheiden ließe. Die Lemmata *Bett, Hemd, Herz* und *Ohr* weisen alle im Mittelhochdeutschen den Reduktionsvokal am Wortende auf: *bette, hemede, herze, ōre*. Das stimmt mit einem Befund bei den Maskulina überein, bei denen ebenfalls solche Lemmata, die ursprünglich auf Reduktionsvokal endeten, en-Plural bilden. Im Mittelhochdeutschen war demnach n-Plural noch völlig regelmäßig, da er nach /-ə/ auftrat. /-ə/ fiel aber schließlich in der Singularform aus und erhält sich im Pluralmorphem /-ən/. Unter diachronem Aspekt sind die en-Pluralformen nach geschlossenem Endrand nichts anderes als ursprüngliche n-Pluralia nach prototypischem /-ə/-Auslaut.

Bei den Fremdwörtern mit en-Plural, *Insekt, Juwel, Skript* und *Statut,* können *Skript* und *Statut* auch mit e-Plural erscheinen, der nach konsonantischem Endrand prototypisch ist. *Insekt* tritt zumindest fachsprachlich ebenfalls schon mit e-Plural auf. Es sind also Übergangstendenzen zur prototypischen Pluralform hin zu erkennen, die bei *Juwelen* aber wohl nicht einsetzen werden, da es das Wort mit der höchsten Verwendungsfrequenz in dieser Gruppe ist. en-Plural geht möglicherweise auf die mittelniederländische Pluralbildung von *juweel* zurück, aus dem das Wort ins Deutsche entlehnt wurde. Oder es ist als Analogiebildung zu den Feminina mit en-Plural zu verstehen.

Aus dem in den vorangegangenen Kapiteln Gesagten lässt sich zusammenfassend die Prototypenskala für die Pluralbildung der Neutra wie folgt zusammenstellen:

Prototypenskala für die Pluralbildung der Neutra

prototypisch

n-Plural	x-Plural	e-Plural	er-Pl.		erU-Pl.
/-ə/ (nhd. oder mhd.)	/-ər, -əl, -ən/	/-Vt/ + Monosyl.	/-VKt/ + Monosyl.	/-VRK/ + gesp. NU + Monosyl.	/-VF/ +gesp.,/u/-halt.NU
Auge	*Messer*	*Kleid*	*Kind*	*Kalb*	*Haus*

5.4.5 Neutra: Die Derivationsendungen

Derivationsendungen, die Neutra generieren, können mit e-, x- oder erU-Plural auftreten. Es gibt folgende Derivationssuffixe mit den genannten Pluralformen:

e-Plural:

Außer *-nis (Zeugnis),* das zum deutschen Erbwortschatz gehört, erscheinen in dieser Gruppe nur fremdsprachliche Suffixe, und zwar: *-drom (Syndrom), -em (Phonem), -ett (Büfett)*[81], *-gramm (Monogramm), -(i)at (Destillat), -(i)om (Idiom), -iv (Archiv), -(j)ekt (Projekt), -(l)ikt (Relikt), -ment (Firmament), -nom (Melanom)* und *-nym (Pseudonym).*

Das Suffix *-nis* kann auch Feminina generieren. Es wurde bereits bei den Feminina (vgl. Kap. 5.3.4) aufgeführt, dass nhd. *-nis* auf die mhd. Formen *-nisse/-nüsse* zurückzuführen ist. Im Mittelhochdeutschen endeten diese Suffixe also auf Reduktionsvokal /-ə/. Aufgrund der hohen Anzahl von Maskulina und Neutra, bei denen /-ə/ als Pluralmarker auftritt, wurde auch in *-nisse* auslautendes /-ə/ als Pluralmarkierung uminterpretiert. Auf diese Weise entsteht das neue Singularsuffix *-nis*, das e-Plural bildet, der bei den Neutra mit konsonantischem Endrand prototypisch ist. Auch alle genannten Fremdsuffixe zeigen das prototypische Merkmal für e-Plural: sie enden durchgängig auf Konsonant(en).

x-Plural:

Es gibt vier Suffixe, die Neutra generieren und unmarkierten Plural haben: *-chen (Zimmerchen), -lein (Kindlein), -(s)el (Anhängsel)* und die Kollektivmarkierung *Ge...e (Gebirge).* Bei den Simplizia konnte ermittelt werden, dass reduzierte Endsilben auf /-ər/, /-əl/ oder /-ən/ das prototypische Merkmal für x-Plural sind. *-chen* und *-(s)el* entsprechen dieser prototypischen Struktur. In den Kollektiva auf *Ge...e* verschmelzen im sprachgeschichtlichen Entwicklungsprozess das Präfix *Ge-* und eine Pluralform auf *-e,* so z.B. in *Gebirge (Ge- + Berge).* Eine weitere Pluralmarkierung am Lemma ist dadurch überflüssig. Das Suffix *-lein* weist zwar *-n* im Endrand auf und ist insofern mit /-ən/ vergleichbar, es hat allerdings keinen reduzierten Nukleus, sondern bis in die germanische Form *(-il + lî(n))* zurück einen Vollvokal. Es entspricht insofern nicht der prototypischen Struktur.

---

81 Bei französischer Aussprache von <-et(t)>/[e:] mit s-Plural.

erU-Plural:

Es gibt ein relativ wichtiges, sehr häufig auftretendes Suffix auf Konsonant, das nicht mit e-, sondern mit erU-Plural auftritt: *-tum (Eigentum)*. Es handelt sich um eines der ältesten deutschen Suffixe überhaupt. Die Verwendung des ursprünglich selbständigen Worts germ. *+dōma-* > ahd. *-tuom* `Zustand' ist schon in den ältesten schriftlichen Zeugnissen nachweisbar. Wie in den Simplizia der er-Gruppe wird also auch im Suffix *-tum* eine sprachgeschichtlich sehr alte Pluralbildung aufgrund der hohen Verwendungsfrequenz des Lemmas/der Derivationsendung konserviert. Das Derivationssuffix bestätigt in allen Teilen das für die Simplizia als prototypisch ermittelte Merkmalbündel für er-/erU-Plural. Es endet auf einen Konsonanten mit nicht-dentalem Artikulationsort, ist monosyllabisch und hat /u/-haltigen Nukleus.

Zusammenfassend kann gesagt werden, dass sich die Derivationssuffixe, die Neutra generieren, in ihrer Pluralbildung im Wesentlichen so verhalten wie die Simplizia. Derivativendungen, die den Reduktionsvokal /-ə/ enthalten, sind prototypisch für x-Plural; Suffixe, die auf Konsonant(en) enden, bilden e-Plural. Im Suffix *-tum* bestätigt sich sehr gut das bei den Simplizia ermittelte prototypische Merkmalbündel für er-/erU-Plural: Es endet auf einen Konsonanten mit nicht-dentalem Bildungsort, ist monosyllabisch und hat /u/-haltigen Nukleus. Aufgrund der hohen Korrelation zwischen dem Pluralverhalten der Simplizia und dem der Derivationsendungen ist eine Prototypenskala für die Derivationssuffixe redundant. Die prototypischen Merkmale für eine Pluralform stimmen exakt mit denjenigen der Simplizia überein.

5.4.6 Neutra: Zusammenfassung

Die Neutra stellen hinsichtlich ihrer Pluralbildung ein überschaubares, regelmäßiges Ganzes dar. Neutra, die auf Reduktionsvokal /-ə/ enden, bilden n-Plural, solche auf Reduktionssilben /-ər,-əl,-ən/ haben unmarkierten Plural. Die überwältigende Menge aller Neutra endet auf Konsonant(en) und bildet e-Plural. Liegen zusätzliche prototypische Merkmale vor, so tritt er- oder erU-Plural ein. Der Grund für die Resistenz dieser Lemmata gegenüber einem analogischen Ausgleich zugunsten des vorkommensstarken e-Plurals liegt in der überdurchschnittlich hohen Verwendungsfrequenz der einschlägigen Belege. Dem für die Simplizia ermittelten System entspricht auch das Pluralverhalten der Derivationssuffixe.

5.5 Der s-Plural

Im Material finden sich 664 Belege, die s-Plural bilden. Das macht ca. 15% aller erfassten Lemmata (4341 Vrk.) aus. Diese relativ vielen Belege stehen im krassen Widerspruch zur niedrigen durchschnittlichen Verwendungshäufigkeit der Lemmata mit s-Plural. Hinsichtlich des Frequenzwerts nimmt der s-Plural mit einem FW 4 die letzte Stelle von allen Pluraltypen ein (vgl. Grafik 11). Der nächsthöhere Wert liegt beim n-Plural mit immerhin FW 11.

Im s-Plural sind alle drei Genera mit relativ hohen Anteilen vertreten. Die durchschnittliche Verwendungsfrequenz der Genera ist jeweils sehr niedrig, obgleich Unterschiede erkennbar sind. In der folgenden Grafik sind die Daten zusammengestellt:

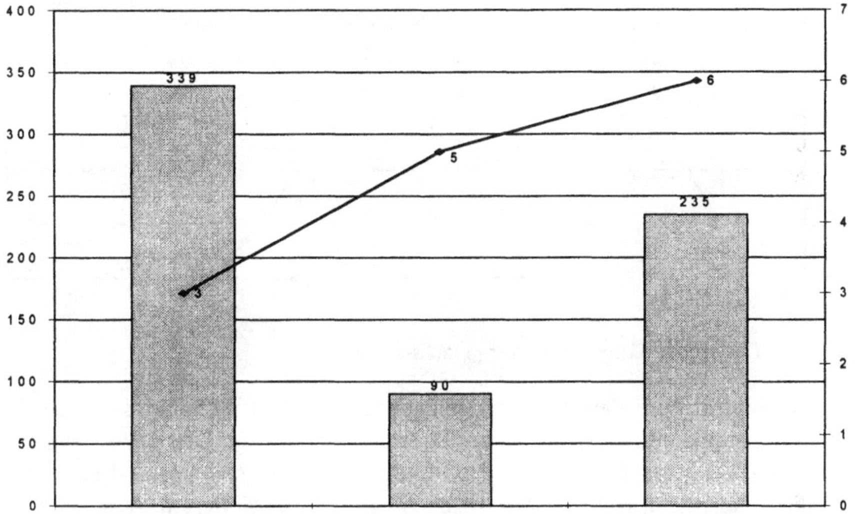

Grafik 98: Anteile und durchschnittliche Verwendungsfrequenz der drei Genera im s-Plural

Die Maskulina sind am stärksten vertreten, haben aber die niedrigste Verwendungshäufigkeit. Die Neutra stehen im Hinblick auf die Anzahl der Belege auf Platz zwei, weisen aber die höchste Verwendungsfrequenz auf. Die Feminina sind im s-Plural mit 90 Belegen am schwächsten vertreten, liegen hinsichtlich der Verwendungshäufigkeit aber auf Platz zwei. Das Bild, das sich im s-Plural bietet, unterscheidet sich wesentlich von dem bei anderen Pluraltypen. In keinem anderen Plural kommen Maskulina, Neutra und Feminina in so ausgewogenem Verhältnis vor. Jeder Pluraltyp, bei dem Maskulina und Neutra in hoher Anzahl vorliegen, weist nur wenige Feminina auf und umgekehrt. Die Verteilung auf die Pluraltypen ist wesentlich durch die Endrandstrukturen bestimmt. Doch auch hier zeigen die s-Pluralbelege keine Unterschiede zu den Lemmata mit anderen Pluralformen. Es kommen reduzierte und vollvokalische Endränder vor und auch konsonantisch geschlossene. In der folgenden Grafik 99 ist die Anzahl der Belege zusammengestellt:

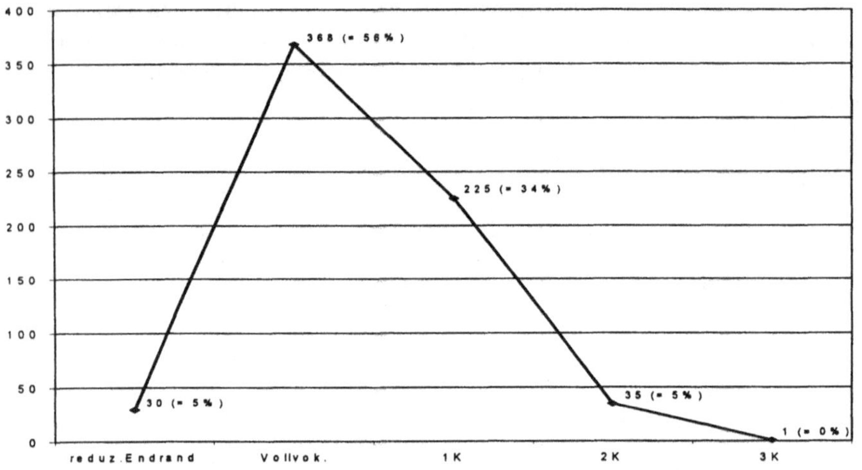

Grafik 99: Endrandstrukturen der Belege mit s-Plural

Der s-Plural wird deutlich von Belegen auf Vollvokal (56%) dominiert. Es folgt die Gruppe mit einem Endrandkonsonanten (34%). Diese Verteilung ist erstaunlich, denn bei den anderen Pluraltypen verhält es sich so, dass sie entweder von Belegen mit reduziertem, offenen Endrand dominiert werden oder von konsonantisch geschlossenen Lemmata. Es gibt aber keinen Pluraltyp, der von offenen und geschlossenen zugleich dominiert würde, so wie der s-Plural. Der s-Plural kollidiert in dieser Hinsicht mit so ziemlich allen Befunden der bisher analysierten Pluralia. In Grafik 100 (s. S. 213) ist dies im Überblick zusammengestellt.

Die Grafik 100 zeigt unterschiedliche Befunde: Zum einen werden mit s-Plural solche Lemmata gebildet, die auf reduzierten Vokal /ə/ enden und zum anderen auch solche, die auf Konsonant(en) enden. Doch für beide Endrandstrukturen ist der s-Plural nicht dominant, sondern ein anderer Pluraltyp. Bei den Wörtern auf /ə/ ist es der n-Plural, bei solchen auf Konsonant(en) ist es ein Plural aus der e-Gruppe. Ganz anders stellt sich der Befund für die Lemmata auf Vollvokal dar: Hier dominiert der s-Plural. 368 Belege mit s-Plural stehen 60 mit en- und 13 mit e-Plural gegenüber. Die Zahlenverhältnisse in dieser Zusammenstellung legen zunächst den Schluss nahe, dass /-V/ prototypisch für s-Plural ist. Im Folgenden soll aber gezeigt werden, dass /-V/ nicht das prototypische Merkmal für s-Plural ist, sondern dass dieses Merkmal beim s-Plural sekundär ist. Ich halte ein anderes Kennzeichen für primär, das auch bei den Belegen auf /ə/ und konsonantischen Endrand nachzuweisen ist.

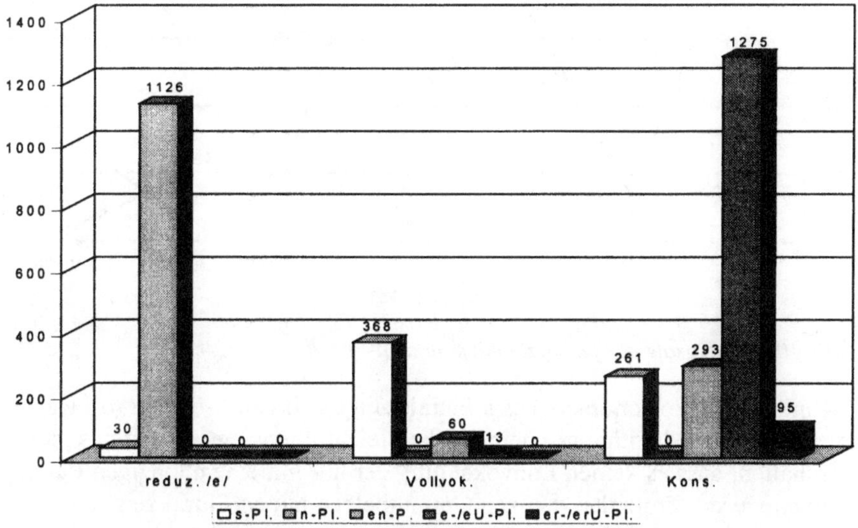

Grafik 100: Pluraltypen und Endrandstrukturen

Struktur /-V/

Den 368 Belegen auf /-V/ und s-Plural stehen zahlenmäßig noch am deutlichsten die 60 Belege mit en-Plural gegenüber, von denen der größte Teil (44 Vrk.) Feminina sind. In Kap. 5.3.1 wurde darauf hingewiesen, dass en-Plural prototypisch ist für Feminina, die auf Vollvokal enden. Für die Maskulina und Neutra, die nach Vollvokal ebenfalls en-Plural aufweisen, wurde analogischer Ausgleich zugunsten der Feminina geltend gemacht. Im Folgenden sollen nun zunächst die Endvokale der Lemmata mit en-Plural mit denjenigen, die s-Plural haben, verglichen werden. Es ergibt sich die Zusammenstellung in Grafik 101:

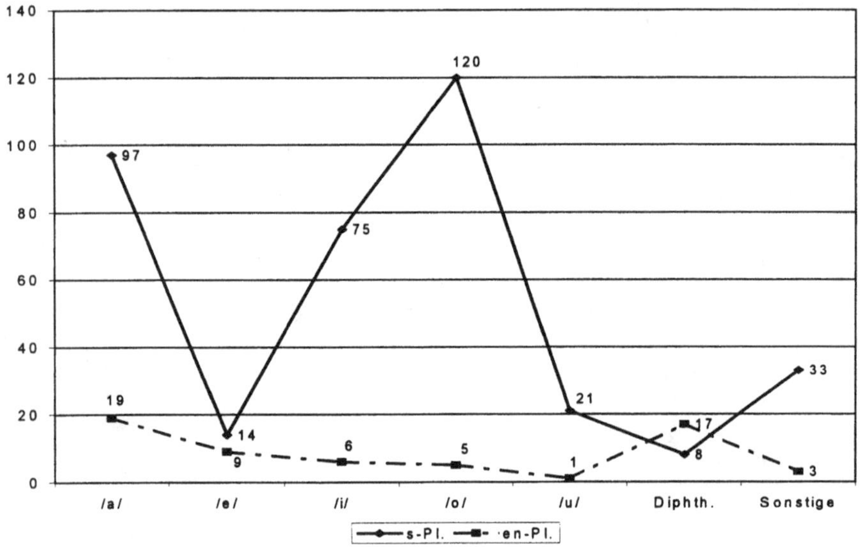

Grafik 101: Endvokale der Lemmata mit s- und en-Plural

Eine deutliche Dominanz des s-Plurals zeigt sich beim Auslaut /o/, während der en-Plural bei diphthongischem Auslaut leicht überwiegt. Allerdings ist auch festzuhalten, dass es keinen Endvokal gibt, der nur mit einem einzigen Pluraltyp auftreten würde. Trotz der wenigen Gesamtbelege mit en-Plural zeigt die Grafik 101, dass alle Endvokale mit s-Plural auch mit en-Plural gebildet werden können. Ein Blick auf die Einzelvorkommnisse liefert in diesem Zusammenhang einen interessanten Befund:

- Von den 19 Vorkommnissen auf /a/ und en-Plural kommen alle 19 auch in der s-Gruppe vor.
- Von den fünf Belegen auf /o/ und en-Plural kommen alle fünf ebenfalls auch in der s-Gruppe vor.

Darüber hinaus sind Lemmata bei fast allen anderen Endvokalen nachweisbar, die sowohl mit en-, als auch mit s-Plural gebildet werden können. Hier einige Beispiele:

- /a/: *Arena: Arenen, Arenas, Pizza: Pizzen, Pizzas, Drama: Dramen/Dramas*
- /e/: *Tournee: Tourneen/Tournees*
- /i/: *Taxi: Taxen/Taxis*
- /o/: *Risiko: Risiken/Risikos, Fresko: Fresken/Freskos*

Ich nehme an, dass es sich bei diesen Doppelpluralia um analogische Ausgleichsprozesse handelt, und zwar vom s-Plural zum en-Plural hin. Für diese Annahme sprechen folgende Beobachtungen:

1. Der analogische Ausgleich findet nur in einer Richtung statt, nämlich von der s-Form zur en-Form und nicht umgekehrt, z.B. *Pizzas → Pizzen, Saunas → Saunen, Kontos → Konten, Villas → Villen* usw. Es treten keine Entwicklungen derart ein, dass zu *Ideen* auch **Idees* möglich wäre und ganz undenkbar ist *Frauen* vs. **Fraus* oder *Feen* vs. **Fees*, obgleich der s-Plural bei /-V/-Struktur hinsichtlich der Anzahl der Vorkommnisse eigentlich eine hohe Attraktivität ausüben müsste. Die gleiche Entwicklung liegt auch einem Maskulinum wie *Stau* zugrunde, das im Plural üblicherweise als *Staus* erscheint, aber auch schon als *Staue* möglich ist. Bei den Maskulina auf Vollvokal und e-Plural selbst sind analogische Ausgleichstendenzen ebenfalls zum en-Plural hin relativ häufig und sie sind bei etlichen Belegen bereits durchgeführt (*Bauten, Seen, Papageien* usw.). Ursache für diese relative Anfälligkeit der Maskulina auf Vollvokal zum analogischen Ausgleich bei der Pluralbildung ist die Tatsache, dass die Struktur /-V/ für Maskulina als solche relativ untypisch ist (vgl. Kap. 5.2.1).
2. Diese Ausgleichstendenzen sind bei einigen Belegen bereits weitgehend abgeschlossen, so z.B. bei *Thema/Themen*. Die s-Pluralform *Themas* klingt ungrammatisch. Es gibt kein Beispiel für eine umgekehrte Entwicklung.
3. Eine ganze Gruppe von Lemmata, nämlich diejenigen auf /a/ und /o/, wird neben s- auch mit en-Plural gebildet, obgleich es im deutschen Erbwortschatz keine Belege mit diesen Vokalen im Auslaut gibt. Es wird also für relativ atypische Endungen eine Pluralform gewählt, die für Erbwörter auf Vollvokal üblich ist, nämlich en-Plural.

Aus diesen Befunden ist zu schließen, dass es sich beim en-Plural um die prototypische Pluralform für Lemmata nach Vollvokal handelt und dass es sich bei s-Pluralia, die auch mit en-Pluralform möglich sind, um analogische Ausgleichsprozesse zugunsten der en-Form handelt. Daraus ergeben sich für die weiteren Untersuchungen zwei Fragen:

1. Wodurch zeichnen sich die Lemmata mit s-Plural aus, die besonders anfällig für solche analogischen Prozesse sind, da ja offensichtlich keineswegs zu allen s-Pluralformen auch die en-Form möglich ist?
2. Wenn es sich beim en- und nicht beim s-Plural um die prototypische Form bei Lemmata mit vollvokalischer Endung handelt, welches sind dann die prototypischen Kennzeichen bei den Lemmata mit s-Plural, wenn es der Vollvokal im Auslaut primär nicht sein kann?

Wenden wir uns der ersten Frage zu. Köpcke nimmt an, dass Tendenzen zum analogischen Ausgleich überwiegend bei Neutra auftreten, die das Schema /#_ma/ haben, und ganz allgemein bei solchen Lemmata, die auf /-a/ enden. Die Überprüfung des Materials ergibt, dass 19 der 97 Lemmata auf /-a/ zum en-Plural tendieren oder diesen fast vollständig eingeführt haben (*Thema/Themen)*: *Drama, Dogma, Pizza, Sauna, Schema, Schisma, Thema, Villa.*[82] In der Gruppe von Belegen, die auf /-o/ enden, sind es nur fünf von 120: *Fresko, Szenario, Konto, Risiko, Silo,* auf /-i/ kommt nur ein einschlägiger Beleg vor: *Taxi/Taxen* mit niedrigerer Frequenz als die s-Pluralform *Taxis.* Köpcke schreibt, „daß bei den Feminina und Neutra mit dem vollvokalischen Auslaut /a:/, also etwa *die Villa* oder *das Drama,* bei der Pluralbildung eine sehr deutliche Tendenz festzustellen ist, den auslautenden Vokal durch das Pluralsuffix *–en* zu substituieren“[83] (Köpcke 1993, 129) und einige Zeilen weiter: „Offensichtlich dehnt die für die Feminina im allgemeinen charakteristische Pluralbildungsweise mit *-(e)n* ihren Geltungsbereich immer weiter aus“, wobei „bei der Pluralbildung die Substituierung des finalen Vokals /a:/ durch *–en* verlangt (wird)“ (Köpcke 1993, 130).[84]

Eine mögliche Ursache dafür, dass /a/ eher zum analogischen Ausgleich neigt als z.B. /o/, liegt in der Qualität des Vokals. In Kap. 5.2.1 wurde anhand bestimmter Regelmäßigkeiten in der Pluralsystematik festgestellt, dass langes [a:] ungespannt ist. Darüber hinaus belegen phonetische Messungen, dass Vollvokale im Wortauslaut im Deutschen eine starke Tendenz zur Längung aufweisen. Unter diesem Aspekt wäre das wortfinale /a/ in Belegen wie *Dogma, Drama* usw. als lang und damit ungespannt zu betrachten. Da Belege mit /-a/ im Auslaut stärker zum analogischen Ausgleich tendieren, als die Lemmata auf andere Vokale, ist anzunehmen, dass ungespannte Vokale diese Tendenzen befördern. Dafür spricht folgende Beobachtung:

Bei der Pluralbildung in einer Form wie *Dramen* sind folgende phonologischen Schritte anzunehmen:

---

82 Ich beschränke mich auf die weitgehend sicheren Belege. Erste Anzeichen von Übertrittstendenzen zum en-Plural finden sich in vielen Belegen, z.B. *Tarantella - Tarantellas/Tarantellen, Armada – Armadas/Armaden* usw.

83 Wegener nimmt für solche Belege „Assimilation des auslautenden Vokals an das Schwa des Pluralmarkers“ (Wegener 1995, 30) an. Es ist jedoch unwahrscheinlich, dass ausgerechnet schwachtoniges, reduziertes [ə] genug phonologische Kraft besitzen sollte, regressive Assimilation auszulösen. Und warum hätte es diese Kraft dann z.B. bei [e:] nicht? (*Allee* → *Alleen* [ale:ən], aber nicht **Allen* [alən]).

84 Ähnlich auch Bittner 1994, 74f.

Drama + Pl.marker *-en* → $^{+}$*Dramaen* [dra:.ma:.ən]
↓
- sehr schlechter Silbenkontakt zwischen (ungesp.) Vokal und Schwa: [a:.ə]
- unter den verschiedenen Möglichkeiten der Verbesserung von Silbenkontakten (z.B. Epenthese, Synkope uvm.)[85] wird *a*-Synkope gewählt: → $^{+}$[dra:.m.ən]
- mit gleichzeitiger Resyllabierung → [dra:.mən]

Bei Wörtern wie *Allee/Alleen* [al.le:ən] oder [al.le:n] (mit ə-Synkope), *Kopie/Kopien* [ko.pi:.ən] oder [ko.pi:n] usw. führt der sehr schlechte Silbenkontakt zwischen Vokal und Schwa ([e:.ə], [i:.ə]) nicht zum Ausfall des Vokals, der dem Pluralmorphem vorangeht. Es erscheinen keine Formen **Allen* oder **Kopen,* analog zu Bildungen wie *Dogmen.* Die Ursachen für diese unterschiedlichen Tendenzen von /-a/-Endungen einerseits und /e:/- oder /i:/-Endungen andererseits liegen in der qualitativen Struktur des Vokals: [e:] und [i:] sind gespannt, [a:] dagegen ist ungespannt, was anhand anderer Regelmäßigkeiten in der Pluralsystematik bereits ermittelt werden konnte (vgl Kap. 5.2.1). [86] Und anscheinend tendieren ungespannte Vokale stärker zur Synkope als gespannte. Das von Köpcke angenommene prototypische Schema für die Lemmata mit analogischen Ausgleichstendenzen, [#__a:], kann dahingehend verallgemeinert werden, dass das Merkmal /-V/V≠gespannt/ prototypisch ist für solche Fremdwörter, die eine Tendenz zum en-Plural aufweisen. Allerdings bleiben 76 der 97 Belege, die alle dieses Schema haben, ohne dass sich jedoch eine Tendenz zum en-Plural zeigt, z.B. *Dilemma/*Dilemmen, Koma/*Komen, Komma/*Kommen, Lama/*Lamen, Zebra/*Zebren* usw. Diesen stehen die genannten 19 Belege mit Tendenz zum en-Plural gegenüber. Es ist anzunehmen, dass bei diesen 19 Belegen noch zusätzliche Faktoren vorliegen, die sie für einen analogischen Ausgleich prädestinieren, die aber bei den übrigen Belegen nicht nachweisbar sind.

Werfen wir dazu wieder einen Blick auf die Verwendungshäufigkeit der Lemmata mit diesem Schema. Es fällt auf, dass die Belege, bei denen bereits analogischer Ausgleich eintritt, eine wesentlich höhere durchschnittliche Ver-

---

85 Ausführlich dazu Vennemann 1986, v.a. 46.

86 Die Sonderrolle von /a/ ist auch in anderen Sprachen zu belegen, hier ein Beispiel in anderem Zusammenhang aus dem Lateinischen: Langvokal – außer [a:] – wird vor Vokal gekürzt, z.B. *Dîâna* > *Diâna* (Bsp. nach Becker 1996, 10). Möglicherweise hängt auch dies mit der Vokalqualität zusammen und es werden nur solche Vokal-Kontakte eliminiert, bei denen gespannter/ungespannter Vokal am Hiat zusammentreffen (zugunsten von: ungespannt/ungespannt). Dafür sprächen auch Beispiele wie *dêinde* > *deinde,* die bei Becker einer anderen Beispielgruppe, nämlich derjenigen mit lang/kurz, angehören (im Gegensatz zum ersten Beispiel: lang/lang).

wendungsfrequenz haben, als die Belege, bei denen keine solchen Tendenzen erkennbar sind. Die 19 Lemmata mit en- oder s-Plural haben einen Durchschnittswert von FW 14, die 76 Belege mit s-Plural haben dagegen nur einen FW von 2,6. Das ist ein Hinweis darauf, dass insbesondere solche Lemmata mit Struktur /-V/V≠gespannt/ zum analogischen Ausgleich mit en-Plural tendieren, die relativ häufig verwendet werden. Das erklärt zum Beispiel, weshalb bei *Drama* oder *Villa* der Plural *Dramen* und *Villen* bereits üblich ist, während er bei *Koma* oder *Dilemma* nicht auftritt: *Drama* hat einen Frequenzwert von 20,40, *Villa* hat 18,04. *Koma* dagegen hat einen FW von nur 1,86, *Dilemma* liegt bei 11,59. Für einen solchen Einfluss der Verwendungshäufigkeit auf analogische Ausgleichstendenzen beim s-Plural spricht auch, dass gerade bei dem Beleg, der in der gesamten Gruppe die höchste Frequenz hat, nämlich *Thema* mit FW 200, der analogische Ausgleich zum en-Plural fast vollständig vollzogen ist: *Themen* ist die übliche Pluralform, *Themas* klingt bereits ungrammatisch. Diese Einschätzung spiegeln auch die Pluralfrequenzen wider: *Themen* hat einen FW von 42,23, der damit weit über jedem Singularfrequenzwert jener Belege liegt, die nur mit s-Plural möglich sind. *Themas* dagegen hat lediglich einen FW von 5,32. Aufgrund dieser Befunde ist zu prognostizieren, dass z.B. ein Wort wie *Dilemma* (FW 11,59) eher zum en-Plural tendieren wird als *Koma* (FW 1,86).

Es bleibt festzuhalten, dass analogische Ausgleichstendenzen von s-Pluralformen zugunsten des en-Plurals sowohl von einem phonologischen Faktor (ungespannter Vokal) als auch von Frequenzfaktoren abhängig sind. Insbesondere solche Lemmata tendieren zum Ausgleich, die zusätzlich zu einem ungespannten Auslautvokal eine signifikante Verwendungshäufigkeit aufweisen. Doch gerade in diesen Frequenzbeobachtungen unterscheidet sich der s-Pluralia gegenüber allen anderen Pluralformen. In allen Pluralgruppen außer dem s-Plural ist es eine signifikante Eigenschaft der Lemmata, dass Wörter, die eine hohe Verwendungsfrequenz haben, resistent sind gegenüber analogischen Ausgleichsprozessen zugunsten einer anderen, meist unmarkierteren Pluralform. Diese Tendenz lässt sich durch alle Pluralgruppen mit solcher Konsistenz nachweisen, dass ein entsprechendes „Gesetz des analogischen Ausgleichs“ (vgl. Kap. 5.2.4) formuliert werden konnte. Beim s-Plural ist es umgekehrt: Gerade solche Lemmata, die neben anderen Merkmalen eine relativ hohe Frequenz besitzen, tendieren stärker zum Ausgleich mit en-Plural als andere. Das spricht erneut dafür, dass es sich beim s-Plural um eine nicht phonologisch motivierte Pluralform handelt. Andernfalls würde sich der s-Plural bei analogischem Ausgleich so verhalten wie die phonologisch motivierten Pluraltypen.

Nun könnten solche Neutra aber nicht nur zum en-Plural hin ausgleichen, sondern auch zum e-Plural, der für die Maskulina auf Vollvokal prototypisch ist.

Es wurde bereits darauf hingewiesen, dass Lemmata auf Vollvokal eher für Feminina typisch sind als für Maskulina. Es gibt z.B. wesentlich mehr feminine Belege mit Struktur /-V/ als maskuline oder neutrale. Alle diese Feminina bilden en-Plural, d.h. die Attraktivität dieses Pluraltyps ist aufgrund der Vorkommensverhältnisse sehr viel größer als diejenige des e-Plurals. Das bewirkt zum Beispiel auch, dass Maskulina und Neutra auf Vollvokal vom e- zum en-Plural hin ausgleichen. Darüber hinaus gibt es einen phonologischen Grund, der bei den einschlägigen Lemmata gegen den e-Plural spricht. Hier ein Beispiel: *Thema* erfüllt das prototypische Merkmalbündel für einen analogischen Ausgleich: Es endet auf ungespannten Vokal und hat eine relativ hohe Verwendungsfrequenz (FW 200). Theoretisch könnte analogischer Ausgleich sowohl zugunsten des e-Plurals als auch des en-Plurals stattfinden. Dabei würde in jedem Fall a-Synkope eintreten, da ungespannte Vokale dazu tendieren, synkopiert zu werden. Die Pluralform würde im Falle des e-Plurals **Theme* lauten, im Falle des en-Plurals *Themen.* Phonologisch gesehen ist **Theme* absolut unwahrscheinlich, da die Pluralform nicht weniger markiert sein darf als die Singularform. Doch auch unabhängig von diesem Gesichtspunkt würde der en-Plural allein schon aufgrund seiner hohen Vorkommensattraktivität als Alternativform gewählt. Die Entscheidung kann also nur zugunsten von *Themen* getroffen werden.

Wenden wir uns nun der oben genannten zweiten Frage zu, in der es darum geht herauszufinden, welches das prototypische Merkmal für den s-Plural ist, nachdem sich anhand analogischer Ausgleichsrichtungen gezeigt hatte, dass /-V/ nicht das primäre Merkmal sein kann. Ein signifikantes Merkmal zeigt sich schon nach einer kurzen Stichprobe des Materials: Fast alle Belege mit s-Plural sind Fremdwörter, überwiegend sehr junge Entlehnungen aus dem Englischen. Im gesamten Korpus von 664 Belegen gibt es lediglich einen kleinen Bestand von ca. 30-40 deutschen Wörtern, auf die ich noch zu sprechen komme. Diese Belege, die keine Fremdwörter sind, haben alle entweder reduziertes /ə/ im Auslaut oder einen Vollvokal. Unter allen konsonantisch geschlossenen Lemmata mit s-Plural sind lediglich fünf nicht-fremdsprachliche Belege. Angesichts dieser Belegsituation ist davon auszugehen, dass es sich bei dem Merkmal [+Fremdwort] um eine prototypische Eigenschaft des s-Plurals handelt. Die Trefferquote liegt bei ca. 97%, obgleich ein genauer Wert z.B. aufgrund der hohen Produktivität der /i/-Bildungen bei deutschen Wörtern nicht anzugeben ist. Das prototypische Merkmal von Lemmata mit s-Plural lautet also [+Fremdwort], eine vollvokalische Endung ist sekundär. Das prototypische Merkmalbündel für Lemmata, die analogische Ausgleichstendenzen zum en-Plural hin aufweisen, lautet [+Fremdwort] + [-V/V≠gespannt] + [hohe Verwendungsfrequenz]. Die prototypischen Merkmalbündel konstituieren sich in erster Linie durch ein oder mehrere außerphonologische Merkmale. Das bestätigt noch einmal die Sonderrolle des s-Plurals gegenüber den anderen, phonologisch motivierten Pluralformen.

Deutsche Lemmata mit s-Plural

Im vorangegangenen Abschnitt wurde darauf hingewiesen, dass es einen kleinen Bestand unter allen Lemmata mit s-Plural gibt, die das primäre Merkmal [+Fremdwort] nicht aufweisen. Es handelt sich um folgende Belege:

- auf Reduktionsvokal /ə/: *Piefke, Raffke, Steppke, Smutje* u.a.
- auf Vollvokal: *Dreh, Echo, Ja, Mama, Oma, Opa, Papa, Popo, Stau, Uhu*
- Kurz- oder Silbenwörter auf Vollvokal: *LKW* [-e:], *PKW* [-e:], *Ufo* u.a.
- auf Diphthong: *Allerlei, Kabeljau*
- mit /i/-Suffix: *Ami, Kuli, Multi, Nazi, Profi, Pulli* usw., die stellvertretend stehen für das sehr produktive /i/-Suffix, das auch in Verniedlichungsformen wie *Brummi, Bambi*, evtl. auch pejorativ *Wessi, Ossi* usw. vorkommt.
- auf Konsonant: *Dutt, Hoch* und *Tief, Nein.*

Belege auf Reduktionsvokal /ə/

Die Belege auf Reduktionsvokal /-ə/ (*Piefke, Raffke* usw.) verhalten sich konträr zur großen Menge von Lemmata, die nach /-ə/-Endung n-Plural haben. Die Anzahl dieser Belege auf *–ke* ist beschränkt, allerdings ist das Morphem noch produktiv: *Piefke, Raffke, Fazke, Steppke* u.a. *Piefke* ist der älteste Ausdruck in der Gruppe, *Raffke, Steppke* und *Fazke* sind relativ junge Bildungen. *Piefke* geht zurück auf den gleichlautenden Familiennamen eines deutschen (preußischen) Komponisten, der für das preußische Königshaus Militärmusik und –märsche komponierte. Im Auftrag Friedrich Wilhelms I. komponierte er anlässlich eines Staatsbesuchs am österreichischen Kaiserhof einen neuen Marsch, der beim offiziellen Einzug des preußischen Königs gespielt wurde. Dazu ließ der preußische König seine Soldaten mit einmarschieren und es bürgerte sich in diesem Zusammenhang allmählich das Idiom „die Piefkes kommen" als gleichbedeutend mit „die Preußen kommen" ein. Es ist vor diesem Hintergrund vorstellbar, dass *Piefkes* ursprünglich ein Eigennamenplural war, der verwendet wurde, wenn mehrere Mitglieder der Familie Piefke kamen, was bei den Auftritten des Hochadels zusammen mit den Musikern und Soldaten gut denkbar ist. Der s-Plural ist als Kennzeichnung des Namensplurals (*die Müller, die Sanfts* usw.) regulär und wird unabhängig von einer bestimmten Endrandstruktur des Namens benutzt. Das *-s* in *Piefkes* geht meines Erachtens auf einen Namensplural zurück und ist nicht durch die /-ə/-Endung motiviert. *Raffke* ist wahrscheinlich nach dem Muster gebildet worden, das volksetymologisch im Wort *Piefke* angenommen wurde, nämlich Suffigierung mit *-ke*. Für diese Annahme spricht, dass diese Wortbildungsform gerade bei einem Wort verwendet wird, das eine charakteristische Eigenschaft eines Menschen bezeichnet: *raffen*. Eine solche semantische Eigenschaft ist aber typisch für Eigennamen, d.h. *Raffke* trägt noch viele Merkmale eines Eigennamens und hat die entsprechende Pluralbildung. Auch *Fazke* geht auf einen Eigennamen zurück (polnisch *Wacek*) und wird heute als Bezeichnung für einen dumm-eitlen Mann verwendet. *Steppke* geht auf das Wort *Stöpsel* zurück. Die genannten Belege auf /-ə/ und s-Plural ändern also nichts an der Feststellung, dass /-ə/ das prototypische Merkmal für n-Plural ist. Der s-Plural nach /-ə/ ist in den genannten Fällen nicht phonologisch, sondern semantisch-lexikalisch motiviert und wird heute bei allen Wortbildungen mit *-ke* verwendet, wobei *-ke* auf Familien-/ Eigennamen mit diesem Suffix zurückgeht.[87]

Darüber hinaus tragen solche *-ke*-Bildungen alle Kennzeichen eines Fremdworts, und zwar nicht im phonetisch-phonologischen Sinn, sondern im morphologischen. Substantivbildungen mittels *-ke* sind im Deutschen atypisch. Es gibt z.B. keine Substantive derart, dass zu einem Verb *fliegen, reiten, rennen* usw. Substantive wie **Fliegke, *Reitke* oder **Rennke* gebildet würden. In Bezug auf die morphologische Bildungsweise dieser Lemmata ist es also durchaus berechtigt anzunehmen, dass das Merkmal [+Fremdwort] vorliegt. Der s-Plural bei den deutschen Wörtern auf Reduktionssilbe /-kə/ geht auf die Pluralbildung bei Familiennamen zurück. Bei Neubildungen mit dem Suffix *-ke* und s-Plural handelt es sich um Analogiebildungen zu den bereits vorhandenen. Es ist auch denkbar, dass die morphologische Struktur mit derjenigen eines Fremdworts assoziiert wird und der für Fremdwörter prototypische s-Plural dazu gebildet wird.

Belege auf Vollvokal

Eine ähnliche Erklärung wie bei den Belegen auf /-kə/ trifft meines Erachtens auch für die kindersprachlichen Bezeichnungen *Mama, Papa, Oma* und *Opa* zu. Diese Bezeichnungen sind jeweils so stark an ein bestimmtes Individuum gebunden wie ein Eigenname. Sie werden deshalb, wenn überhaupt, mit dem Plural gebildet, der für Eigennamen typisch ist, nämlich s-Plural. Allerdings treten *Mama, Papa, Oma, Opa* so gut wie nie im Plural auf, ihre Verwendungsfrequenz ist im Plural ganz im Gegensatz zum Singular äußerst niedrig (bei ca. FW 1). Kennzeichnend für diese Belege ist, dass sie gerade in der Numerusform, in der sie mit der Bezeichnung eines bestimmten, singulären Individuums nichts mehr zu tun haben, durch die neutralen Pluralia *Mütter, Väter* usw. ersetzt werden.

87 Vgl. z.B. auch Seebold (1995, 579), der im Zusammenhang mit *Raffke* von der Möglichkeit einer Anlehnung an Familiennamen auf *-ke* spricht.

Die Abkürzungen auf Vollvokal wie z.B. *LKW, PKW* etc. sind ihrer Struktur nach atypische deutsche Substantive. Es ist anzunehmen, dass sie bei der Pluralbildung wie ein Fremdwort behandelt werden und s-Plural bilden, da ihre Wortform eher einer fremdsprachlichen Struktur als einem deutschen Substantiv ähnelt. Der gespannte Vokal im Auslaut und die niedrige Verwendungsfrequenz dieser Belege sprechen dafür, dass es in absehbarer Zeit keine Parallelform mit en-Plural geben wird oder dass es gar zu einem analogischen Ausgleich mit diesem Pluraltyp kommt.[88]

Die beiden Belege auf Diphthong, *Allerlei* und *Kabeljau,* erscheinen auch mit e-Plural, haben aber im übrigen eine so niedrige Verwendungsfrequenz, dass der Singular sehr selten und der Plural fast nie auftritt. D.h. auch diese Belege sprechen nicht gegen den Befund, dass /-V/ prototypisch für en-Plural ist.

Belege mit /i/-Suffix

Das /i/-Suffix ist recht produktiv und wird im Deutschen für Silben-Kurzwörter, Verniedlichungen oder auch pejorativ gebraucht, z.B. *Kuli, Ami, Brummi, Bussi, Wessi, Ossi, Tussi* usw. Den Belegen mit s-Plural stehen sechs Wörter mit en-Plural gegenüber: *Demokratie, Drogerie, Energie, Garantie, Industrie, Kopie.* Es zeigt sich ein wesentlicher Unterschied in der Akzentstruktur der Belege: Während die Lemmata, die en-Plural bilden, auf der Endung /i/ betont werden, tragen alle Lemmata mit s-Plural den Akzent nicht auf dem auslautenden /i/, z.B. *Wéssi, Kúli* vs. *Drogeríe, Kopíe* usw. Dieser Befund ist auch auf die Fremdwörter auf /-i/ und s-Plural übertragbar: *Harakíri, Párty, Zómbie* usw. Eine derartig strikte Einteilung der Pluralbildung entsprechend der Akzentstruktur tritt nur beim Auslaut /i/ auf, nicht aber bei den anderen Vokalen. Hier einige Beispiele:

- Auslaut /a/: s-Plural: *Dilémma, Kámera, Alpáka, Dúma, Gorílla ...*; die gleiche Akzentstruktur weisen auch die Belege mit en-Plural auf: *Dráma, Aréna, Sáuna, Kónto ...*
- Auslaut /e/: s-Plural: *Plädoyér, Baisér* ... und ebenfalls mit Ultimaakzent die en-Pluralia, z.B.: *Tournée, Allée, Idée ...*
- Auslaut /o/: s-Plural: *Fóto, Rádio, Kíno, Déo ...;* die gleiche Akzentstruktur auch bei den en-Pluralia *Frésko, Rísiko, Szenário ...*
- Auslaut /u/: s-Plural: *Íglu, Kánu* ... und ebenso der einzige Beleg auf /u/ und en-Plural *Únruh*

---

88 Authentisch dagegen *IHKen* [i:hakaən] oder auch *IHKan* (Plural von „Industrie- und Handelskammern"), das in dieser Form in Materialien zu Wirtschaftsprüfungen des Goethe-Instituts verwendet wird.

Im Gegensatz dazu verteilen sich die Belege mit Auslaut /i/ entsprechend ihrer Akzentstruktur auf den s- oder en-Plural: *Deménti, Ázubi* oder *Azúbi, Brúmmi, Fúndi, Kómbi* usw. haben s-Plural, diejenigen Belege, die Ultimaakzent aufweisen bilden demgegenüber en-Plural: *Energíe, Industríe, Garantíe* usw. Es gibt nur einen einzigen Beleg in der Gruppe mit s-Plural, der Ultimaakzent hat: *Geníe* [žəni:]; hierzu gibt es aber eine Parallelform mit en-Plural *Genien* [geniən]. Darüber hinaus gibt es einen Beleg, *Taxi*, der analogisch zum en-Plural hin ausgeglichen wird, obgleich er keinen Ultimaakzent trägt. Die Befunde lassen den Schluss zu, dass beim Auslaut /i/, anders als bei den übrigen vollvokalischen Endungen, phonotaktische Merkmale für die Pluralbildung eine Rolle spielen.

Belege auf Konsonant(en)

Es gibt lediglich vier Belege mit konsonantischem Endrand, die keine Fremdwörter sind, und zwar: *Dutt, Hoch, Tief, Nein. Dutt* ist kein echter s-Beleg, denn es kommt auch mit e-Plural vor. Zu *Hoch* und *Tief* existieren alternative (e)n-Pluralia: *Höhen* und *Tiefen.* Es ist für diese beiden Belege geltend zu machen, dass sie ihrer Wortbildungsform nach atypische deutsche Substantive sind. Substantivierte Adjektive kommen in dieser Form ohne weitere morphologische Markierung nur peripher vor. Diese Beobachtung spricht dafür, dass auch diese beiden Belege ihrer morphologischen Struktur nach eher Fremdwörtern ähneln als deutschen Wörtern. Der s-Plural ist dann regulär. Das gleiche Argument gilt für *Ja* und *Nein.* Unabhängig von ihrer phonologischen Struktur tritt s-Plural auf, da substantivierte Interjektionen für das Deutsche untypisch sind und wie Fremdwörter behandelt werden.

Derivationssuffixe

Bei den Derivationssuffixen handelt es sich durchgängig um fremdsprachliche Derivationsendungen, d.h. das Merkmal [+Fremdwort] trifft nicht nur auf die Simplizia, sondern auch auf die Suffixe zu: *-ier (Chansonnier), -et (Bouquet)*[89], *-ment (Bombardement)* und *-on (Ballon)*[90]. Das bei den Simplizia festgestellte primäre prototypische Merkmal [+Fremdwort] ist auch bei den Derivationsendungen nachzuweisen.

---

89 Bei deutscher Aussprache [ɛt] auch mit e-Plural möglich. Schreibung dann mit <-tt>.

90 Bei deutscher Aussprache [o:n] auch mit e-Plural möglich.

Zusammenfassend kann gesagt werden, dass es sich beim s-Plural um eine nicht phonologisch motivierte Pluralform handelt. Das prototypische Merkmal der Lemmata mit s-Plural lautet [+Fremdwort]. Bei einigen Lemmata auf Vollvokal ist eine Tendenz zum analogischen Ausgleich zugunsten des en-Plurals zu erkennen. Für diese Lemmata konnte nachgewiesen werden, dass das phonologische Merkmal der Nukleusqualität und Frequenzwerte eine Rolle spielen. Für die wenigen deutschen Belege, die mit s-Plural auftreten, konnte überwiegend das Strukturmerkmal [+Fremdwort] geltend gemacht werden. Dieses Merkmal bezieht sich allerdings nicht auf phonetische, sondern auf strukturelle Eigenschaften. Bei den Belegen mit Suffix /-kə/ ist anzunehmen, dass die s-Pluralform dadurch bedingt ist, dass die /-kə/-Bildungen wie Eigen-/Familiennamen behandelt werden. Lediglich bei vollvokalischem Auslaut /-i/ liegen phonotaktische Gründe vor, die die Pluralbildung in Abhängigkeit von der Akzentstruktur der Lemmata zeigen.

5.6 Die drei Genera und ihre Pluralbildung: Fazit

Rückblickend auf das Pluralverhalten aller drei Genera ist zu sagen, dass die Pluralbildung nicht willkürlich oder regellos erfolgt, sondern dass sie ein geordnetes, nach relativ strikten Prinzipien strukturiertes System darstellt. In der abschließenden Gegenüberstellung der drei Prototypenskalen auf der folgenden Seite (s. S. 225) wird dies noch einmal genauer dargestellt.

Zwischen den gestrichelten Linien stehen die Pluraltypen, durch die sich Maskulina und Neutra von Feminina unterscheiden: Maskulina und Neutra bilden e-Plural, Feminina bilden en-Plural. Das ist der grundlegende Unterschied in der Pluralbildung der Genera. Diese Unterscheidung ist im Sprachsystem so konsequent durchgeführt, dass es den Pluraltyp en-Plural bei den Maskulina und Neutra nicht gibt, während es den Pluraltyp e-Plural bei den Feminina nicht gibt.

eU-Plural ist bei Maskulina und Feminina auf Konsonant prototypisch bei einem Merkmalbündel, das bei den Maskulina das Kriterium des Bildungsorts (≠D) oder der Bildungsart (=Affrikata) berücksichtigt und bei den Feminina das der konsonantischen Stärke. Der eU-Plural ist darüber hinaus bei Maskulina und Feminina prototypisch für Lemmata mit sehr intensiv besetzten Auslautclustern (drei oder vier Konsonanten). Liegt dieses Strukturmerkmal vor, dann erweisen sich sowohl Feminina als auch Maskulina als unabhängig von den Kriterien konsonantische Stärke oder Artikulationsort/-art. Neutra haben keinen eU-Plural, weil sie keine Lemmata haben, die im Endrand so stark besetzt sind. Die einzige standarddeutsche Ausnahme hierzu, *das Floß/Flöße*, war noch im frühen Neuhochdeutsch ein Maskulinum. Durch den Übertritt in ein anderes Genus gelangt die maskuline Pluralbildung in das neutrale Paradigma. An die Stelle des eU-Plurals tritt bei Neutra mit konsonantischem Endrand der er-/erU-Plural.

Übersicht über die Prototypenskalen:

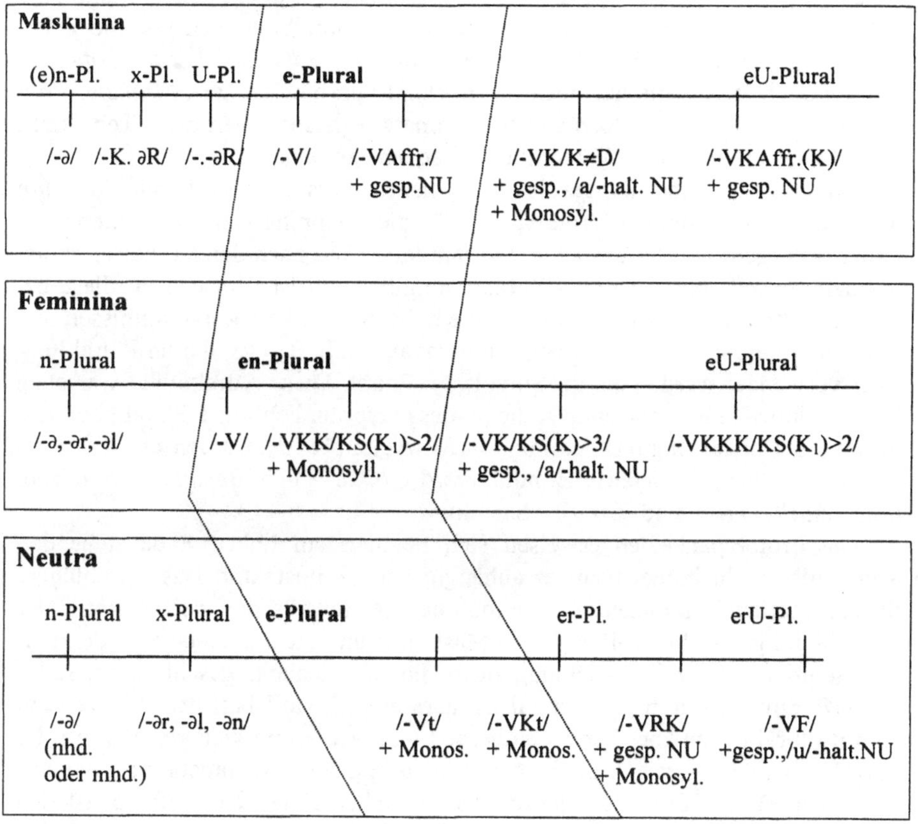

Treten reduzierte Endränder auf, dann haben Feminina und Maskulina n-Plural. Bei den Maskulina und Neutra tritt eine weitere Differenzierung derart auf, dass danach unterschieden wird, ob der reduzierte Auslaut offen oder geschlossen ist. Ist er geschlossen, dann bilden die Maskulina x- oder U-Plural, Neutra nur x-Plural. Dass es eine solche Pluralform auch einmal bei den Feminina gegeben hat, belegen die beiden Lemmata *Mutter/Mütter* und *Tochter/Töchter*, die aufgrund ihrer enorm hohen Verwendungshäufigkeit den alten

U-Plural bewahrt haben. Ebenso belegt das neutrale Lemma *Kloster/Klöster*, dass es bei den Neutra auch U-Plural gegeben hat. Der analogische Ausgleich zwischen x- und U-Plural ist bei den Neutra zugunsten des x-Plurals bereits abgeschlossen. Es treten schon Tendenzen eines weiteren analogischen Ausgleichs zugunsten des n-Plurals auf. Das wird durch Formen belegt wie *die Beiseln, die Möbeln, die Vierteln.* Bei den Maskulina sind solche Tendenzen zum analogischen Ausgleich sowohl vom U- zum x-Plural und vor allem vom x-Plural zum n-Plural hin zu erkennen. Dies bestätigen z.B. Pluralbildungen wie *die Hämmer/die Hammer, die Sessel/die Sesseln, die Engel/die Engeln, die Löffel/die Löffeln* oder solche, die nur noch mit n-Plural vorkommen, z.B. *Muskeln, Pantoffeln* u.a. Es werden jedoch solche Lemmata resistent gegen diese Tendenzen sein, die eine relativ hohe Verwendungsfrequenz aufweisen.

Aus diesen Beobachtungen ist zu schließen, dass bei der Pluralbildung mit n-Plural, die ursprünglich prototypisch für die Feminina war, Genusmerkmale immer weniger eine Rolle spielen und stattdessen nur noch das Strukturmerkmal \`reduzierte Endsilbe´ für die n-Pluralbildung relevant ist. Ursache für diese besondere Attraktivität des n-Plurals ist die hohe Anzahl von Vorkommnissen insbesondere auf /-ə/. Darüber hinaus haben nahezu alle Belege, die im Plural häufiger verwendet werden als im Singular, n-Plural. Diese Attraktivität war auch im Mittelhochdeutschen schon so hoch, dass ursprünglich mit e-Plural gebildete Formen als neue Singular-Feminina auf /-ə/ interpretiert wurden und dann regelmäßig n-Plural bildeten, z.B. mhd. *bîht*/Pl. *bîhte* > nhd. *Beichte*/Pl. *Beichten,* mhd. *ant*/Pl. *ente* > nhd. *Ente*/Pl. *Enten* usw.

Die Prototypenskalen erweisen sich bei den am linken Ende stehenden Merkmalbündeln immer weniger abhängig vom Genusfaktor. Das einschlägige Strukturmerkmal \`reduzierter Endrand´ bedingt jeweils die gleiche Form der Pluralbildung, nämlich n-Plural. Die Maskulina und Neutra haben zum derzeitigen Stand der Sprachentwicklung noch die Möglichkeit, geschlossene, reduzierte Endränder durch x(U)-Plural zu markieren. Erste Übertrittstendenzen hin zum n-Plural haben aber bereits eingesetzt und werden im weiteren Verlauf der Sprachentwicklung mit Ausnahme der hochfrequenten Lemmata zu einer allmählichen Bereinigung der Pluraltypen am linken Rand der Prototypenskalen zugunsten des n-Plurals führen. Am rechten Ende der Skalen sind die beiden Genera, die drei bis vier Konsonanten im Endrand haben können, durch eU-Plural vertreten. Die Neutra, die keine solch intensiven Endrandcluster aufweisen, haben stattdessen er(U)-Plural. Dabei entscheiden prototypische Merkmalbündel bei den Neutra darüber, ob e-Plural oder er(U)-Plural eintritt, bei den Maskulina, ob e-Plural- oder eU-Plural eintritt und bei den Feminina, ob en- oder eU-Plural eintritt.

Im Großen und Ganzen stellen sich die Prototypenskalen der Genera hinsichtlich der auftretenden Pluraltypen also relativ einfach dar. Die Skala der Feminina hat drei Typen, die der Maskulina und Neutra jeweils vier. Auf diesen Skalen zeigt sich auch eine relativ gute Parallelität in den Frequenzlinien. Im folgenden Überblick habe ich die Pluralgruppen der Prototypenskalen für Maskulina, Feminina und Neutra mit den dazugehörenden logarithmischen Frequenzlinien zusammengestellt. Die Frequenzpunkte geben den durchschnittlichen Wert der Verwendungshäufigkeit aller Lemmata mit dem jeweiligen Pluraltyp an.

Maskulina :

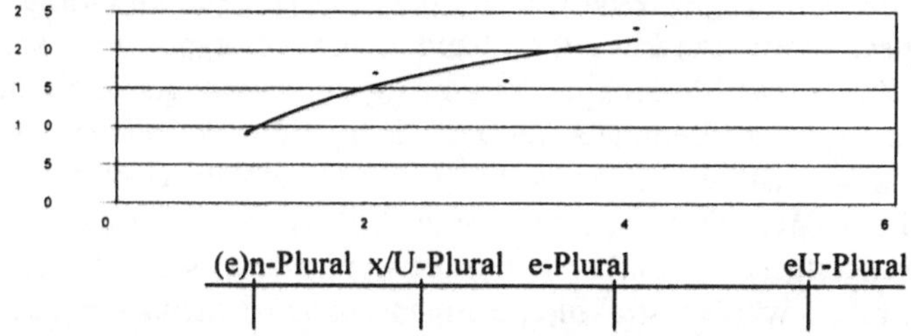

Frequenzlinie Mask.[91]

Prototypenskala Mask.

Feminina :

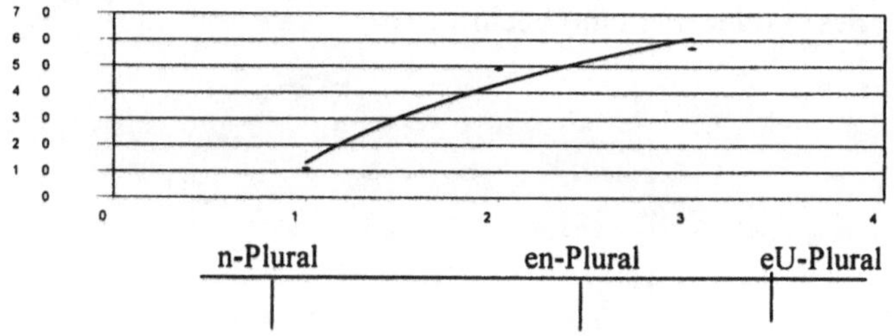

Frequenzlinie Fem.[92]

Prototypenskala Fem.

Neutra :

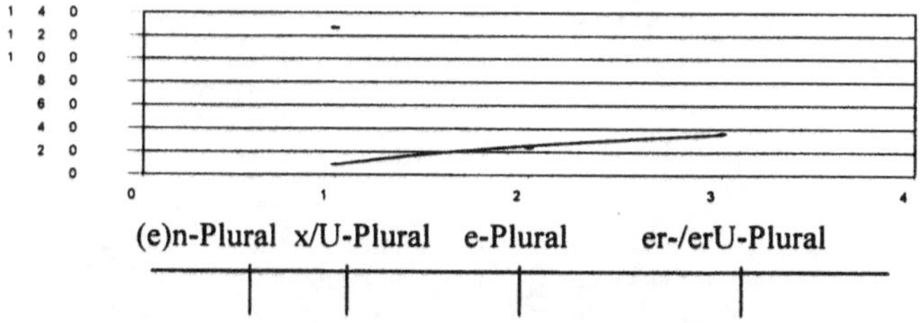

Frequenzlinie Neutra[93]

Prototypenskala Neutra

91 Die Frequenzwerte für Maskulina lauten: 9 – 17 – 16 - 23
92 Die Frequenzwerte für Feminina lauten: 11 – 49 – 57
93 Die Frequenzwerte für Neutra lauten: 127 – 9 – 24 - 36

Zum rechten Ende hin ist jeweils eine kontinuierliche Steigerung in der Verwendungshäufigkeit der einschlägigen Lemmata zu beobachten. Mit Ausnahme des (e)n-Plurals bei den Neutra befindet sich das Frequenzmaximum am rechten Skalenrand. Für den extrem hohen Frequenzwert der Neutra beim (e)n-Plural sind zwei hochfrequente Belege verantwortlich: *Ende* mit FW 400 und *Auge* mit FW 100, das im Plural sogar eine noch höhere Frequenz von FW 300 aufweist. Abgesehen von diesen zwei Belegen stimmt auch bei den Neutra der Verlauf der Frequenzlinie mit derjenigen der anderen Genera überein: Am rechten Skalenende liegt das Frequenzmaximum.

Der s-Plural gliedert sich nicht in diese Regelhaftigkeit der genannten Pluraltypen ein. Es konnte nachgewiesen werden, dass es sich beim s-Plural um eine nicht phonologisch motivierte Pluralform handelt, die prototypisch bei solchen Lemmata auftritt, die das Merkmal [+Fremdwort] aufweisen. Analogische Ausgleichstendenzen treten bei Lemmata, die mit einem Vollvokal enden, zugunsten des en-Plural auf. Diese Tendenzen hängen mit prototypischen Merkmalen zusammen, die phonologischer (ungespannter Vokal) und außerphonologischer Natur (Verwendungshäufigkeit) sind. Für die wenigen deutschen Belege, die mit s-Plural auftreten, wurden strukturelle Eigenschaften geltend gemacht, die überwiegend mit denjenigen von Fremdwörtern korrelieren. Für Belege mit Endvokal /i/ wurden phonotaktische Eigenschaften nachgewiesen, die eine Pluralbildung zugunsten des s- oder en-Plural beeinflussen.

6 Didaktisierung

6.1 Die Situation

Der Plural wird als Lerngegenstand im Deutsch-als-Fremdsprache-Bereich sehr früh im Grundstufenunterricht thematisiert. Schon bei Nullanfängern steht er nach einigen Stunden Unterricht auf dem Lehrplan und sollte bis zum Abschluss eines Anfänger-Intensivkurses[94] in seinen Bildungsmöglichkeiten erkannt und produktiv beherrscht werden. Doch dies ist weit von der Realität entfernt und die korrekte Pluralbildung macht bis in die fortgeschrittensten Niveaustufen hinein z.T. erhebliche Probleme. Dies belegt schon ein kurzer Blick in einige Abschlussarbeiten von Sprachdiplomkandidaten, auf die ich Kap. 6.2 noch zu sprechen komme.

Die Ursachen der Probleme sind vielfältig:

- Die Lerner kommen mit den Darstellungen des Pluralsystems nicht zurecht und empfinden bis in die höchsten Niveaustufen hinein das deutsche Pluralsystem als unregelmäßig, undurchschaubar und weitgehend regellos.
- Die Lehrenden empfinden das Pluralsystem meist genauso, müssen aber das geringe Angebot an Systematik, das in Lehrwerken und Grammatiken geboten wird, bestmöglich nutzen. Allerdings zeigt die Unterrichtspraxis und die kommunikative Praxis der Lernenden sehr schnell die Grenzen auf. Der Lehrer steht beim Plural sehr viel häufiger als bei anderen Grammatiklektionen vor dem Problem, nicht erklären zu können, warum ein Lemma eine andere Pluralform hat, als es durch die Lernerhypothese prognostiziert wird.
- Die Lernergrammatiken schaffen meist keinen Überblick über wichtigere oder unwichtigere Regeln, sondern bieten eine unüberschaubare Menge von Regeln an, die oft nur an einem oder zwei Beispielen exemplifiziert werden. Häufig wird versucht, das Pluralsystem dadurch „einfacher" zu machen, dass verschiedene Pluraltypen zu einer Gruppe zusammengefasst werden. Dadurch wird aber das Problem nicht gelöst, dass der Lehrer und der Lerner nicht wissen, warum zum Beispiel ein Maskulinum im einen Fall e-Plural im andern Fall eU-Plural bildet.
- Die Lehrwerke lassen den Lernenden meist gänzlich allein mit dem Hinweis, dass es am besten sei, zu jedem neuen Wort gleichzeitig die Pluralform zu

94 Dieser umfasst z.B. an den Goethe-Instituten ca. 175 Unterrichtseinheiten mit à 45 min.

lernen. Dies überfordert einen Lerner sehr leicht, gerade im Anfängerunterricht, wo die Anzahl der neuen Wörter in jeder Lektion sehr groß ist.

Nun ist aber eigentlich niemand für diese Situation verantwortlich zu machen. Der Lerner nicht, denn er kann sich nur an das halten, was ihm der Lehrer und sein Lehrwerk anbieten. Der Lehrer auch nicht, denn er kann nur die Systematik vermitteln, die in den Grammatiken und im Lehrwerk steht, es sei denn, er erarbeitet sich ein bestimmtes Gebiet forschend und kommt zu besseren Darstellungsmöglichkeiten. Eine solche Situation ist allerdings nicht authentisch und es kann vom Lehrer auch nicht verlangt werden, dass er zugleich Linguist und Forscher ist. Und auch diejenigen trifft eigentlich keine Schuld, die für die Pluraldarstellungen in den Grammatiken und Lehrwerken verantwortlich sind, denn jede Darstellung kann nur so gut sein wie ihre linguistische Grundlage. Da alle Aufbereitungen der Pluralgrammatik im DaF-Unterricht bislang ausschließlich dem Item-and-Process-Modell verpflichtet sind, können immer nur Regeln und Ausnahmen dargestellt werden. Und je feiner und detaillierter die Regeln werden, desto unüberschaubarer wird schließlich das ganze System. Und trotz eines umfangreichen Regelwerks bleiben immer zahlreiche unerklärliche Ausnahmen, die dem Lerner das Leben schwer machen. Und gerade die unerklärbaren Pluralfälle werden einem Lerner bis in die höchsten Kursstufen Probleme bereiten, denn das, was nicht erklärt werden kann, ist schwer zu lernen und noch schwerer zu behalten.

Ich will im Folgenden zeigen, dass das Prototypenmodell für die Pluralvermittlung im DaF-Unterricht besser geeignet ist als die bisherigen Item-and-Process-Modelle und es soll auch gezeigt werden, wie eine prototypenbasierte Pluraldidaktik aussehen könnte. Bevor ich zu dieser Darstellung komme, soll zunächst die Signifikanz der Pluralproblematik an einem ausgewählten Beispiel der Fortgeschrittenenunterrichts exemplifiziert werden. Daran schließt sich ein kurzer Überblick an über die Pluralaufbereitung und -vermittlung in den gängigen DaF-Lehrwerken und Grammatiken. Vor diesem Hintergrund wird schließlich eine am Prototypenmodell orientierte Pluraldidaktik evaluiert und in eine lernergerechte Darstellung umgesetzt.

6.2 Die Signifikanz des Problems

Der Plural als Lerngegenstand wird vor allem im Anfängerunterricht thematisiert. Bereits im Mittelstufenunterricht wird er als bekannt vorausgesetzt und ein Blick in einschlägige Lehr- und Lernmaterialien zeigt, dass der Plural in dieser Niveaustufe kein Thema mehr ist. Allerdings ist diese Situation eher auf die Schwierigkeiten in der Darstellung der deutschen Pluralsystematik zurückzuführen, als darauf, dass der Plural einfach und in der Grundstufe abzuschließen ist. Die korrekte Pluralbildung macht bis in die fortgeschrittensten Niveaustufen hinein zum Teil erhebliche Probleme. Dies belegt ein kurzer Blick in einige Abschlussarbeiten von Sprachdiplomkandidaten.

Interessehalber habe ich eine Zufallsauswahl von Prüfungsarbeiten im Prüfungsteil „Aufsatz" im Kleinen (122 Arbeiten) und Großen Deutschen Sprachdiplom (89 Arbeiten) auf auftretende Fehler in der Pluralbildung hin untersucht.[95] Das Kleine und Große Deutsche Sprachdiplom stellen die niveauhöchsten Prüfungen dar, die das Goethe-Institut im Auftrag der Universität München zweimal jährlich weltweit durchführt. Dabei bescheinigt das Kleine Deutsche Sprachdiplom eine sehr hohe, das Große Deutsche Sprachdiplom eine fast muttersprachliche Sprachkompetenz.

Hier die Ergebnisse (viele der Fehler tauchen in den Arbeiten mehrfach auf):

Pluralform richtig	Pluralform falsch	Kleines Diplom	Großes Diplom
e	eU		*die Austäusche*
e	en	*die Filmen*	*die Filmen*
		die Grundsteinen	*die Problemen*
		die Konflikten	*die Aspekten*
		die Kontakten	*die Wettbewerben*
		die Seminaren	*die Idealen*
		die Tagen	*die Ritualen*
		die Gewissensbissen	*die Atomversuchen*
			die Rundfunken
			die Weltkriegen
			die Nachteilen
e	unmarkiert	*die Gespräch*	
eU	en	*die Friedhofen*	*die Ausdrucken*
			die Gegenstanden
			die Grunden
eU	e	*die Alptraume*	
		die Anzuge	
		die Fruchte	*die Fruchte*

95 Ausgewählt wurden die Arbeiten des Herbstsemesters 1995, weil zu diesem Termin das Kleine Deutsche Sprachdiplom noch (zum letzten Mal) den Prüfungsteil "Aufsatz" enthielt, der für meine Untersuchung am ergiebigsten war. Das Große Deutsche Sprachdiplom enthält noch heute einen Prüfungsteil "Aufsatz". Aufsätze im Kleinen Deutschen Sprachdiplom enthalten laut Prüfungsordnung im Schnitt 250 Wörter (entspricht ca. 1,5 DinA4 Schreibseiten), Aufsätze im Großen Deutschen Sprachdiplom enthalten etwa 700 Wörter (entspricht 4 bis 4,5 DinA4 Schreibseiten).

n	*n + Umlaut[96]		*die Würzeln*
n	*r	*die Fremdspracher*	
n	U		*die Würzel*
n	unmarkiert	*die Ausrede*	*die Deutsche*
		die Erwachsene	*die Bekannte*
		die Fremdsprache	*die Russe*
		die Videocassette	*die Gruppe*
			die Gedanke
			die Schlagzeile
			die Narbe
en	*en + Umlaut	*die Kultüren*	*die Spüren*
			die Gefähren
en	e	*die Antworte*	*die Patriote*
		die Krankenstatione	*die Heimate*
		die Kulture	*die Ansichte*
en	unmarkiert	*die Kultur*	*die Skulptur*
er	*ern	*die Geistern*	
		die Kindern	
		die Kleidern	
er	e	*die Bilde*	
erU	*en + Umlaut	*die Grundfächen*	
		die Wörten	
erU	*ern	*die Landern*	
erU	eU		*die Fremdwörte*
			die Wälde
erU	er		*die Manner*
U	*n + Umlaut	*die Mänteln*	
U	n	*die Mangeln*	*die Ackern*
unmarkiert	en	*die Pantheren*	
unmarkiert	n	*die Verkehrsmitteln*	
		die Onkeln	*die Zeitaltern*
unmarkiert	U	*die Öpfer*	*die Nützen*
s	*e + U + Ablaut		*die Sänge (der Song)*
s	n		*die Klischeen*
falscher en-Plural			*die Firmaen*
falsche Anwendung		*die Schmucke*	

Die wichtigsten Befunde aus der Zusammenstellung sind wie folgt zusammenzufassen:

- Sowohl im Kleinen als auch im Großen Deutschen Sprachdiplom werden Pluralformen frei erfunden. Es fällt auf, dass bei den erfundenen Pluralformen solche dominieren, die einen Umlaut enthalten (*enU-, *nU-Plural).

96 „*" kennzeichnet eine Pluralform, die im Pluralsystem nicht vorkommt, sondern von den Kandidaten erfunden wurde.

Das Kennzeichen „Umlaut“ scheint als sichere Markierung des Plurals im Deutschen empfunden zu werden.

- e- statt en-Plural tritt häufig auf. Fünf der sechs genannten Belege sind Feminina. Alle Belege haben einen oder mehrer Konsonanten im Endrand und diese haben z.T. einen hohen konsonantischen Stärkewert (*Antwort*). Es zeichnet sich hier eine Tendenz ab, dass Feminina mit geschlossenen Endrändern und vor allem bei hoher konsonantischer Stärke e-Plural erhalten. Es wird also der für Maskulina und Neutra typische Plural auch bei Feminina eingeführt, sobald ein entsprechendes prototypisches Merkmal vorliegt, obgleich es den e-Plural bei Feminina im Reallexikon nicht gibt.
- Den höchsten Anteil an falsch gebildeten Pluralformen nimmt der en-Plural (statt e-Plural) ein. Alle 16 Belege sind entweder Maskulina (12 Vrk.) oder Neutra (4 Vrk.). In dieser Gruppe befindet sich der größte Anteil an Fremdwörtern. Hier scheint sich die Tendenz zum analogischen Ausgleich der s-Pluralia zugunsten des en-Plurals abzuzeichnen, der am Reallexikon allerdings nur für Fremdwörter auf Vollvokal zu belegen war (Kap. 5.5). Darüber hinaus befindet sich in den o.g. Fremdwörtern im Endrand ein *-k*, das möglicherweise ein Indiz für den Lerner darstellt, en-Plural zu bilden, genauso wie es bei Derivationssuffix *-ik (Ästhetik, Belletristik* usw.) der Fall ist.
- Auffallend sind auch die relativ häufig auftretenden Belege für unmarkierten Plural statt n-Plural (13 Vrk.). In dieser Gruppe dominieren die substantivierten Adjektive auf /ə/ (*Erwachsene, Deutsche, Bekannte ...)*. Beim Lerner scheint eine Hypothese darüber zu bestehen, dass substantivierte Adjektive mit e-Plural ausreichend gekennzeichnet sind, also z.B. Adj. *deutsch* → Subst. Pl. *Deutsche.*[97]

Es ist erstaunlich, in welch hohem Maß der Lerner in Bezug auf die Pluralbildung selbst noch bei höchster Sprachkompetenz auf seine eigene Hypothesenbildung zurückgreift. Besonders interessant ist, dass die angenommenen Hypothesen gut mit einigen in Kap. 5 evaluierten prototypischen Merkmalbündeln korrelieren (so z.B. beim e-Plural für Feminina). Die genannten Fehler bei so hohem Kompetenzniveau der Lernerenden müssen zu denken geben, denn sie sind ein Hinweis darauf, dass methodische Ansätze in aktuellen Lehr- und Unterrichtsmaterialien die Lernbedürfnisse in diesem Bereich nicht hinreichend abdecken. Sehen wir uns deshalb die einschlägigen Lehr- und Lernmaterialien im Folgenden genauer an.

97 Diese Auffälligkeit tritt übrigens nicht nur in einer einzelnen Sprachdiplomarbeit auf, sondern in mehreren. Es wurde also sichergestellt, dass es sich hier nicht nur um einen Individualfehler handelt.

6.3 Darstellung des Plurals in Grammatiken

Spätestens dann, wenn der Lehrende im Unterricht mit genaueren Nachfragen seiner Schüler konfrontiert wird – etwa derart, warum es denn *Hunde* und nicht *Hünde* heißt, wenn es doch auch *Hände* heißt – wird die Suche in Grammatiken nach entsprechenden Antworten intensiviert, da DaF-Lehrwerke in keiner Weise befriedigende Lösungen zum Problem beitragen. Das Bild ist uneinheitlich:

- Weitgehende Übereinstimmung herrscht in der semantischen Interpretation des Phänomens Plural als „Vielheit" (zu den Ausnahmen vgl. z.B. Wegener: „Nicht zählbare Nomina, d.s. Stoffbezeichnungen und Abstrakta, können i.a. keinen morphologischen Plural bilden, jedoch können sie häufig mit Hilfe eines Maßnomens analytische Pluralformen bilden, die in Partitiv-Konstruktionen oder Komposita vorliegen", aber: „Für den Spracherwerb sind diese Unterschiede nur indirekt relevant. Da der Sortenplural in der Umgangssprache und folglich im Input der Lerner kaum vorkommt, gehört er nicht zur Lernaufgabe der meisten DaF-Lerner" (Wegener 1995, 33f.)).
- Hingegen ist die Situation unübersichtlich und wenig erschöpfend, wenn es um die Beschreibung der unterschiedlichen Möglichkeiten der Pluralbildung bzw. deren Systematik geht. Dies belegen schon wenige Beispiele:

In Heidolph et al. (1981; „Akademiegrammatik") findet sich einführend eine eindeutige semantische Erklärung des Plurals: „Der Numerus der Substantivgruppe ist semantisch bestimmt. In erster Annäherung kann man sagen, daß der Plural anzeigt, daß es sich bei dem gemeinten Gegenstand um eine Vielheit handelt" (Heidolph et al. 1981, 256f.) und „Der Plural [...] als markiertes Glied zeigt an, daß auf der Grundlage der Zählbarkeit eine ausdrückliche Gegliedertheit, Vielheit vorliegt. [...] Das Merkmal der Gegliedertheit besagt, daß eine Gesamtheit in Bestandteile/Glieder zu zerlegen ist, die durch besondere Eigenschaften charakterisiert sind. Im allgemeinen wird der Plural gebraucht, wenn mehr als ein Gegenstand einer Klasse genannt wird" (Heidolph et al. 1981, 577). Hinsichtlich der unterschiedlichen Möglichkeiten der Pluralbildung gehen die Autoren von fünf additiven Formativen und Umlaut aus: „Pluralformative. Es stehen zur Verfügung: Ø (Nullform), *-e, -(e)n, -er* sowie *–s;* außerdem kann Vokalabwandlung (Umlaut) beim Basismorphem auftreten (*a, o, u → ä, ö, ü*). Ohne Berücksichtigung des Artikels unterscheiden sich die Pluralformen von denen des Singulars entweder in keinem Merkmal (*Schüler/Schüler*) oder durch abgewandelten Stammvokal (*Garten/Gärten*) oder durch Pluralsuffix (*Arm/Arme*) oder durch abgewandelten Stammvokal + Pluralsuffix (*Buch/Bücher*)" (Heidolph et al. 1981, 596). Allerdings fallen dann die Zuweisungsbedingungen für einen bestimmten Pluraltyp sehr spärlich aus: „Fremdwörter weisen unterschiedliche Grade der Eindeutschung auf, sie erscheinen mit fremden oder eingedeutschten

Endungen" (Heidolph et al. 1981, 597) und „Verschiedene Pluralformen stehen im Zusammenhang mit der Genuszugehörigkeit der Substantive. Wenngleich eine eindeutige Zuordnung der Genera zu bestimmten Pluraltypen nicht vorliegt, lassen sich doch einige Relationen aufzeigen. Pluralformen des Typs *Hunde, Bäume* sind charakteristisch für starke Maskulina, *Kinder, Blätter* für Neutra und *Frauen* für Feminina" (Heidolph et al. 1981, 597). Andere Kriterien erscheinen nicht.

Engel (1996) weist dem Plural ebenfalls eine eindeutige semantische Rolle zu: „Plural: Subklasse der Flexionskategorie Numerus, kommt bei sämtlichen flektierbaren Wortklassen vor, traditionell „Mehrzahl" (Gegensatz: Singular)" (Engel 1996, 878). Für die systematische Darstellung der Substantivflexion sieht er es am sinnvollsten an, von der Pluralbildung auszugehen, da „die Pluralmarkierung beim Nomen noch größtenteils erhalten (ist): nur ganz wenige Nomina haben im Singular [...] und im Plural übereinstimmende Formen, so z.B. *Wagen.* [...] Deshalb ist es sinnvoll, wenn eine systematische Darstellung der Deklination des Nomens von der Pluralbildung ausgeht" (Engel 1996, 505). Er nennt fünf Hauptklassen und 13 Subklassen der Deklination. Die fünf Hauptklassen, eingeteilt nach der Pluralbildung, sind:

1. Deklinationsklasse: Pluralbildung *(e)n*
2. Deklinationsklasse: Pluralbildung *e*, bei Maskulina meist Umlaut
3. Deklinationsklasse: Pluralbildung *er*, bei umlautfähigem Vokal zusätzlich Umlaut
4. Deklinationsklasse: Plural auf *s*
5. Deklinationsklasse: Plural ohne eigene Endung, teilweise mit Umlaut

Engel gibt keine weiterführende Erklärung für die didaktisch besonders problematischen Fälle (2) und (5): Wann tritt bei Maskulina Umlaut auf? Was heißt „teilweise mit Umlaut" bei den endungslosen Pluralia? Ein Verdienst Engels ist es aber, unabhängig vom gängigen Einteilungsmodell nach „starker und schwacher Deklination", der dann entsprechende Pluralformen zugewiesen werden, den umgekehrten Weg zu wählen: eine Einteilung, die von den Pluraltypen ausgeht.

Eisenberg (1998/99) geht zunächst auf die traditionelle Darstellung der Flexionsklassen in „starke und schwache Flexion" (Eisenberg 1998, 152ff.) ein. Er fasst die gängige Meinung in den wissenschaftlichen Grammatiken zusammen und nennt vier Haupttypen, die sich hinsichtlich der Pluralbildung wie folgt darstellen:

Typ 1: starke Maskulina und Neutra: a) *Berg/Berge,* b) *Kind/Kinder*
Zuordnungskriterium: „die meisten morphologisch einfachen Maskulina und Neutra"

Typ 2: schwache Maskulina: a) *Mensch/Menschen,* b) *Löwe/Löwen*

Typ 3: gemischte Maskulina und Neutra: a) *Staat/Staaten*, b) *Ende/Enden*
Zuordnungskriterium: „eine ganze Reihe von Maskulina und Neutra"

Typ 4: Feminina: a) *Burg/Burgen*, b) *Wand/Wände*
Zuordnungskriterien:
- „Substantive mit e, el, er im Sg hängen im Pl ein n an"
- „die meisten anderen Substantive hängen im Pl ein en an"
- „eine relativ kleine Teilgruppe bildet den Plural auf e mit gleichzeitiger Umlautung des Stammvokals"
- „es gibt auch den Fall, dass der Pl nur durch den Umlaut angezeigt wird"

Und Eisenberg fragt schließlich kritisch: „Was fängt man nun mit einer derartigen Darstellung des Flexionsverhaltens der Substantive an? [...] Denn sie gibt eine Ordnung vor, wo vielleicht gar keine oder eine ganz andere ist. Die Substantivflexion des Deutschen gilt seit jeher als ziemlich undurchschaubar, wenn nicht unsystematisch" (Eisenberg 1998, 155). Und einige Zeilen weiter: „Im Terminologischen geht es vor allem um die Unterscheidung von starker und schwacher Flexion. Viele Grammatiken machen sie mit, auch neuere wie die Grundzüge oder Jung [...] Die großen Untersuchungen zur Substantivflexion aus den 70er Jahren (Rettig 1972, Augst 1975, Bettelhäuser 1976, Mugdan 1977) lehnen sie durchweg und teilweise emphatisch ab" (Eisenberg 1998, 155).

Speziell zur Pluralbildung schreibt er: „Was genau heißt es, daß eine Endung \`die Pluralendung´ in einem Paradigma sei? Ist der Unterschied zwischen den Nominativen entscheidend? [...] Ist es angesichts dieser Tatsache nicht Willkür, das Suffix en als Pluralsuffix zu bezeichnen? Es ist keine Willkür" (Eisenberg 1998, 156). Allerdings schränkt er selbst ein, dass „eine Tendenz zur Markierung des Plurals [...] noch nichts darüber (sagt), wie systematisch die Pluralbildung verläuft. Welche Substantive wählen welche Form der Pluralbildung? Muß der Plural Wort für Wort gelernt werden oder gibt es allgemeine Regularitäten der Pluralbildung? Die Grammatiken begnügen sich meist mit einigen Hinweisen auf Zusammenhänge zwischen Stammausgang, Genus und Pluralbildung, thematisieren den Zusammenhang selbst aber nicht" (Eisenberg 1998, 156). Er geht schließlich von sechs Pluralklassen aus, für die er allerdings keine genauen Distributionsbedingungen nennt (Eisenberg 1998, 158f.):

(1) s: *Oma/Omas*
(2) n bei Feminina: *Türe/Türen*
(3) e bei Maskulina und Neutra: *Fisch/Fische, Boot/Boote*
(4) n bei Maskulina: *Mensch/Menschen, Hase/Hasen*
(5) e bei Feminina: *Hand/Hände*
(6) r bei Neutra: *Kind/Kinder, Haus/Häuser*

Hinzu kommt der Umlaut „zur Signalisierung von Plural“ (Eisenberg 1998, 160), ohne dass jedoch dessen Vorkommensbedingungen detailliert beschrieben würden.

Der Blick in Ergebnis- bzw. Lernergrammatiken verhilft auch nicht zu mehr Klarheit oder Übersicht über die Regeln der Pluralbildung und damit zu mehr Sicherheit in deren Verwendung, da gerade die Problemfälle (z.B. Maskulina im e-Plural mit Umlaut) nicht differenziert thematisiert werden. Es stehen Helbig/Buscha (1989) und der Duden exemplarisch für die anderen:

Helbig/Buscha (1989) nennen fünf Typen der Pluralbildung, für die sie folgende Zuordnungskriterien angeben (Helbig/Buscha 1989, 239ff.):

Typ 1: Tag/Tage, Ball/Bälle
- einsilbige Maskulina
- mehrsilbige Maskulina
- einsilbige Neutra und Neutra mit untrennbarem Präfix
- einsilbige Feminina (mit Umlaut)
- Maskulina auf *-ling* und *-nis*;
- Maskuline und neutrale Fremdwörter auf *-ar, -at, -eur*;

Typ 2: Bote/Boten
Hier fassen die Autoren Pluralia, die mit *-en* bzw. *-n* gebildet werden, als eine Gruppe zusammen, unterscheiden dann aber: "Die Pluralendung lautet *-en*, wenn das Wort auf einen Konsonanten (außer *-el, -er*) oder die Diphthonge *-ei, -au* ausgeht. Der Plural endet auf *-n*, wenn das Wort auf einen Vokal (außer *-ei, -au*) oder auf die Suffixe *-el, -er* ausgeht" (Helbig/Buscha 1989, 240, Fn.3).[98] Zu diesem Typ gehören im Einzelnen:
- die meisten Feminina mit Ausnahme von Typ 1
- Maskulina vom Typ "Bote"
- außerdem folgende Maskulina:
  Dorn, Fleck, Mast, Muskel, Nerv, Pantoffel, Pfau, Schmerz, Schreck, See, Staat, Stachel, Strahl, Typ, Untertan, Vetter

Typ 3: Koffer/Koffer, Vogel/Vögel
- die meisten Maskulina auf *-el, -en, -er*

98 Zum gleichen Thema schreibt Köpcke: “Keine nominale deutsche Wortform enthält Lautfolgen /əə/ oder /əKə/, wobei “K” für einen beliebigen Konsonanten steht. Aufgrund dieser sogenannten Geminatentilgung fällt bei dem Pluralallomorph *-(e)n* der *Schwa* immer dann aus, wenn das Wurzelmorphem auf *Schwa* (wie bei *Kurve - Kurven*) oder auf *Schwa+Konsonant* (wie bei *Bauer - Bauern*) auslautet” (Köpcke 1987, 24, Fn.2).

– Neutra auf *-el, -en, -er; -chen, -lein, -sel* (ohne Umlaut)

In einer Fußnote wird dazu ergänzt: "Mit Umlaut: das Kloster - die Klöster. Ebenfalls zwei Feminina: die Mutter - die Mütter, die Tochter - die Töchter" (Helbig/Buscha 1989, 241, Fn.1).

Typ 4: Kind/Kinder, Haus/Häuser

– einsilbige Neutra (plus *Geschlecht, Gesicht, Gespenst*)
– einige Maskulina
  Geist, Gott, Irrtum, Leib, Mann, Mund, Rand, Reichtum, Wald, Wurm

Typ 5: Park/Parks

– viele Fremdwörter
– Substantive auf Vokal (außer *-e*)
– Kurzwörter
– einige Wörter aus Seemanssprache und Meteorologie:
  Deck, Pier, Wrack; Hoch, Tief

Der Duden (1984, 239f.) nennt einige sichere Zuordnungen und Tendenzen und kommt schließlich zu fünf Regeln (Duden 1984, 241):
Regel 1
Maskulina und Neutra bilden den Plural auf *-e* oder sind endungslos.
Regel 2
Maskulina, die auf *-e* enden, und Feminina bilden den Plural auf *-en* bzw. auf *-n*.
Regel 3
Bei "*e*-haltigem" Wortausgang (*-e* oder *-e*+Konsonant) und beim Suffix *-lein* wird die Endung *-e* getilgt und die Endung *-en* zu *-n* gekürzt.
Regel 4
Kernwörter, die auf klingenden Vollvokal enden, bilden den Plural mit *-s*.
Regel 5
Die Endung *-er* ist nicht möglich bei Substantiven, die auf *-e* oder *-e*+Konsonant enden.

Die kurze Zusammenstellung relevanter Auszüge aus einigen Grammatiken macht deutlich, dass zwar in Teilen Einigkeit besteht, dass aber Defizite bei der Erklärung der immer gleichen Phänomene unübersehbar sind:

Einigkeit besteht:

- in der semantischen Interpretation des Plurals
- in der Beschreibung und Erklärung der Pluralbildung bei Derivativa (z.B. auf *-ung, -heit, -keit* usw.)
- in der Beschreibung und Erklärung des e- und n-Plurals.

Probleme bestehen:

- bei der systematischen Darstellung der Pluralformantien
- bei der Erklärung bestimmter Pluralbildungen, vor allem Umlautbildung beim e-Plural,
- und zwar sowohl (und vor allem) bei den Maskulina, als auch bei den Feminina
- bei der didaktischen Aufbereitung.

Die Grammatiken lösen also nicht das zu Beginn des Kapitels genannte Problem einer möglichst übersichtlichen Darstellung und Erklärung der Pluralbildung im Hinblick auf seine Vermittlung im Deutsch-als-Fremdsprache-Unterricht. Doch auf dem Weg zum Erlernen der Pluralmorphologie unterstützen den Lernenden ja nicht nur seine Grammatik, sondern auch sein Lehrwerk. Aufgabe der Lernergrammatik muss eine didaktisch klare Form der Darstellung und Erklärung der Pluralregeln sein, deren Üben und Anwenden ist primär Aufgabe von DaF-Lehrwerken. Es stellt sich die Frage, wie der Plural in den Lehrwerken verarbeitet ist und ob diese evtl. den Lehrenden und Lernenden in der Unterrichtspraxis auf die erhoffte Weise unterstützen.

6.4 Darstellung und Vermittlung des Plurals in Lehrwerken

Die derzeitige Situation ist wenig zufriedenstellend und wird von Wegener treffend beschrieben (1995, 51): „In den Lehrwerken lassen sich drei unterschiedliche Ansätze erkennen, die Pluralformen bzw. Pluralregeln des Deutschen im Unterricht zu vermitteln:

1. keine Behandlung,
2. Auflistung häufiger bzw. typischer Pluralformen in Listen,
3. Definition und Beschreibung der Regeln“,

wobei sie die Darstellung in (3) weniger als Aufgabe „eines Lehrwerks als die einer Lernergrammatik“ sieht (Wegener 1995, 52). Bei den Darstellungen in den Lernergrammatiken spricht auch Wegener nur von „Versuchen“ (Wegener 1995, 52). Zu (2) heißt es, dass die „Lehrwerke, die die Listenlösung wählen, aber oft gegen Prinzipien der Progression (verstoßen)“ (Wegener 1995, 52) und dabei eher auf vollständige als auf typische Listen bedacht seien, „bei denen zu einer Pluralklasse nur je ein Beispiel erscheint“ (Wegener 1995, 52). Aber: „Vollständigkeit ist kein didaktisches Prinzip!“ (Wegener 1995, 52). Die Lösung (1) ist für Wegener „die einfachste, aber sicher nicht die ökonomischste Art der Behandlung. Es ist klar, daß sie dem Gedächtnis des Lernenden enorme Belastungen zumutet“ (Wegener 1995, 51). Gerade diese Lösung wird aber dem Lernenden am häufigsten abverlangt; so stellt z.B. auch Köpcke als Konsens in den DaF-Materialien fest: „Die Pluralmarkierung muß demzufolge genau wie die Genuszuweisung und die Genitivbildung im Singular als Teil eines jeden Nomens mitgelernt werden“ (Köpcke 1993, 37) und Engelen findet, dass „die unterrichtliche Behandlung des Plurals in fast allen gängigen Lehrwerken ziemlich lamentabel, wenn nicht chaotisch (ist)“ (Engelen 1991, 37). Hier einige kurze Beispiele zur Illustration:[99]

Schneider. 1981ff. *Auf Deutsch gesagt:*
"It is best to learn every new noun with its plural form" (Bd.2, 101).

Schäpers. 1988. *Gabi und Frank*:
"In German there is no one general rule for forming the plural, that is why you have to learn the plural forms along with the word" (22).

Bruzzone. 1992. *German just for kids*:
"The best thing is to try to memorize the plurals as you meet them" (67).

Brand et al. 1995. *Die Schöne ist angekommen*:
"Lernen Sie die Nomen auch immer mit der Pluralform" (9).

Etwas genauer Schmidt-Veitner et al. 1995. *Grammatik aus Texten*:
"Die Pluralform mit *-e* bilden: viele einsilbige maskuline und neutrale Nomen" und "endet das Nomen auf einen Konsonanten, benutzt man die Pluralform *-en*. Ist der letzte Buchstabe[100] der Singularform ein Vokal, benutzt man *-n*"[101] und schließlich "wenn Sie diese Regeln und Tips berücksichtigen, können Sie mehr als die Hälfte aller Pluralformen korrekt bilden" (35).

In allen eingesehenen Materialien[102] fällt auf, dass der Plural nur ein einziges Mal thematisiert wird, eine tabellarische Darstellung ist - wenn überhaupt - sehr knapp und häufig nur mit einem Beispiel versehen. Die Übungsmöglichkeiten sind äußerst begrenzt und Wiederholungsübungen zur Pluralverwendung oder Auffrischungsübungen zur Pluralbildung fehlen in der Progression der Materialien meist völlig. Einmal angesprochen, wird das Thema rasch “abgelegt”, was als ein deutliches Indiz für die Problematik des Themas interpretiert werden kann.

---

99 Für eine ausführliche Zusammenstellung der didaktischen Anweisungen zum Erlernen des Plurals in den gängigen Lehrwerken, Videomaterialien, Hörfunk- und Computermatierialien des DaF-Unterrichts s. Anhang „Kommentiertes Materialverzeichnis“.

100 Problematisch ist die Gleichbehandlung von “Buchstabe” und “Laut”.

101 Die Verallgemeinerung ist problematisch und missverständlich: Was ist mit den Maskulina und Neutra auf *-er* oder *-el*? Sie enden auch "auf einen Konsonanten", bilden ihren Plural aber unmarkiert. Darüber hinaus sollte graphemische und phonemische Ebene (vgl. z.B. "endet das Nomen auf einen Konsonanten" vs. "ist der letzte Buchstabe ...") nicht unkommentiert gemischt werden.

102 Vgl. Anhang „Kommentiertes Materialverzeichnis“.

6.5 Prototypenorientierte Pluralvermittlung

Die auf den vorangegangenen Seiten geschilderte Situation in der aktuellen Darstellung und Vermittlung der Pluralgrammatik macht klar, dass nicht viel zu verlieren ist, wenn ein neuer Ansatz versucht wird. Trotz mehr oder weniger verfeinerter Methoden in der Regelformulierung zur Pluralbildung bleibt das Regelsystem selbst unübersichtlich. Auch bei noch so detaillierten Regeln bleiben zahlreiche Ausnahmen, die nicht zu erklären sind. Der Lerner ist überfordert mit der Aufgabe, zu jedem neuen Substantiv den Plural mitzulernen, weil er diesen oft keine Regel zuordnen kann, was ihm helfen würde, die Pluralform zu memorieren. Bildet er schließlich selbständig eine Pluralform nach einer Regel, von der er annimmt, dass sie auf ein entsprechendes Lemma zutrifft, so erfährt er oft, dass er es falsch gemacht hat.

Nun sind aber weder die Regeln selbst falsch, noch die Form ihrer Vermittlung. Das Problem liegt im zugrundeliegenden System. Köpcke (2000; vgl. Kap. 3.2) hatte darauf hingewiesen, dass Item-and-Process basierte Modelle des Pluralsystems die sprachliche Wirklichkeit nicht angemessen beschreiben. Als Alternative dazu bietet sich das Prototypenmodell mit seinen fließenden Übergängen und prototypischen Merkmalbündeln an. In Kapitel 5 dieser Arbeit wurde das Pluralsystem des Standarddeutschen mittels solcher Merkmalbündel beschrieben und es wurden Prototypenskalen erstellt, auf denen diese Merkmalbündel entsprechend ihrer Zuverlässigkeitsquote bei der Vorhersage eines Pluraltyps angeordnet wurden. Auf dieser Grundlage hat sich schließlich gezeigt, dass das Pluralsystem bei den drei Genera relativ einfach und überschaubar ist und dass für jeden Pluraltyp bestimmte, aus phonologischen Merkmalen kombinierte Merkmalbündel existieren. Diese Erkenntnis ist die Grundlage für eine prototypenorientierte Pluraldidaktik, die sich in folgenden Punkten wesentlich von den bisherigen Ansätzen unterscheidet:

- Es wird kein System von Regeln und Ausnahmen vermittelt, sondern ein System prototypischer Merkmalbündel mit weichen Übergängen, in dem es keine Ausnahmen gibt, sondern Lemmata, die einem Prototyp mehr oder weniger entsprechen.
- Es werden keine Regeln vermittelt, sondern prototypische Merkmalbündel.
- Es wird beim Lerner nicht die Kompetenz gefördert, zu einem Singular einen Plural gemäß einer Regel bilden zu können. Der Lerner soll selbst gar nichts „bilden“ oder nur in sehr eingeschränktem Maß. Es wird seine Kompetenz befördert, bei Lemmata prototypische Merkmale zu erkennen und ihre Pluralform auf dieser Grundlage zu verstehen. Eine Pluralform, die sich dem Lerner erklärt, ist leichter zu lernen, zu behalten und kommunikativ einzusetzen.

- Es wird dem Lerner nicht die Aufgabe des Vokabellernens abgenommen. Aber es wird entdeckendes Lernen bei der Pluralsystematik praktiziert, indem der Lerner prototypische Merkmale und deren Graduierungen erkennt und so versteht, warum ein Lemma eine bestimmte Pluralform hat. Dieses verstehende Lernen ist die Grundlage für das Behalten, Wiedererkennen und Anwenden von Pluralformen.

6.5.1 Lehrerzentrierte Überlegungen

Aufgabe des Lehrenden ist es in unserem Fall, den Lernern den Plural im Rahmen der Prototypentheorie beizubringen. Das erfordert vom Lehrer zunächst ein grundlegendes Umdenken in Bezug auf das grammatische Modell, in dem das Pluralsystem beschrieben wird, denn der Lehrende ist bislang in allen Grammatikbereichen an das Item-and-Process-Modell gewöhnt. In Bezug auf den Plural verändern sich die Positionen am grundlegendsten in folgenden zwei Bereichen:

- Es werden nicht mehr Regeln und Ausnahmen vermittelt, sondern prototypische Merkmalbündel.
- Es gibt keine Ausnahmen, sondern nur Lemmata, die einem bestimmten Prototyp mehr oder weniger ähnlich sind und deren Pluralverhalten sich danach richtet, wie viele Merkmale sie mit dem Prototyp gemeinsam haben.

Die Aufgabe des Lehrers ist es, dem Lerner die prototypischen Merkmalbündel und deren Relationierung zu vermitteln und ihn so in die Lage zu versetzen, eine Pluralform zu erkennen, zu verstehen und vor diesem Hintergrund zu lernen, zu behalten und selbst zu verwenden. Grundlage für die Pluralvermittlung sind für den Lehrer die in Kapitel 5.6 zusammenfassend dargestellten Prototypenskalen.

Eine große Schwierigkeit bei der Vermittlung des Pluralsystems, die auf diesen Prototypenskalen beruht, besteht nun allerdings darin, dass es im Unterricht völlig unmöglich ist, alle Prototypenskalen mit allen Merkmalbündeln und Pluraltypen gleichzeitig einzuführen. Das würde zwar der Prototypentheorie am ehesten gerecht, denn bei jeder auftretenden Pluralform könnte deren Merkmalbündel und der fließende Übergang von einem Pluraltyp zum anderen aufgezeigt werden, doch das überfordert Lehrer und Schüler. Der Lernvorgang würde zu viele Schritte umfassen: Die Kenntnis des Pluralformans, die Kenntnis des prototypischen Merkmalbündels sowie das Verständnis des Prototypenansatzes mit seinen weichen Übergängen. Für die Didaktik ist es also nötig, gewisse Kategorisierungen vorzunehmen, die die curricularen Einheiten für den Unterricht darstellen. Im Folgenden sollen diese Kategorisierungen anhand der Prototypenskalen der drei Genera durchgeführt werden.

Maskulina

Für die Maskulina hatte sich in Kap. 5.2 folgende Prototypenskala ergeben:

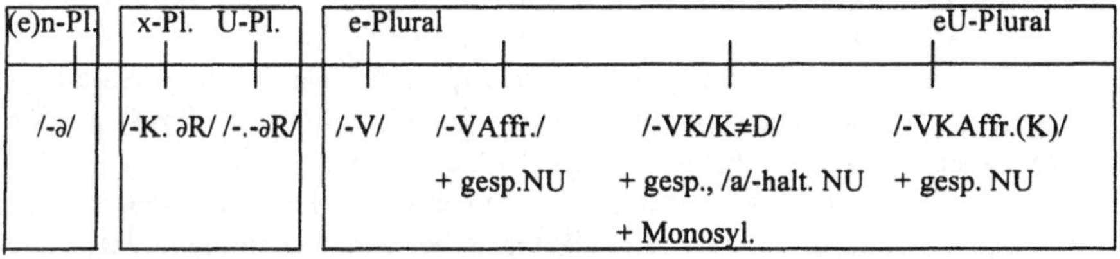

Die Übergänge von einem Pluraltyp zum anderen spielen sich bei den Maskulina nicht auf der ganzen Bandbreite der Skala ab, sondern konzentrieren sich je nach Endrandstruktur auf ganz bestimmte Pluraltypen. Aufgrund dieser Merkmale können die drei in der Skala angegebenen didaktischen Kategorien gebildet werden.

Für die Feminina und Neutra ergeben sich folgende Kategorisierungen:

Feminina

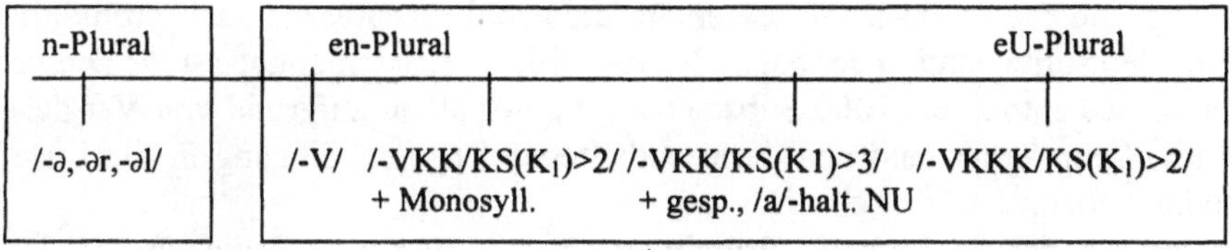

Neutra

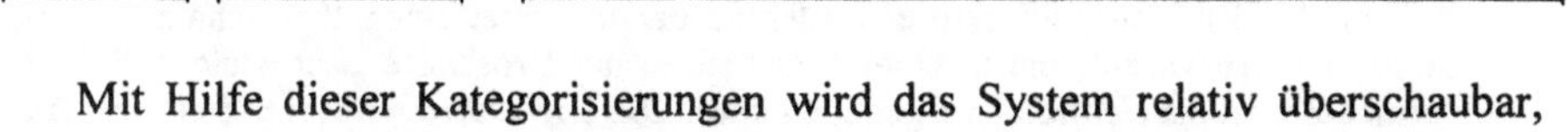

Mit Hilfe dieser Kategorisierungen wird das System relativ überschaubar, denn bei den Maskulina und Neutra geht es um drei, bei den Feminina um zwei prototypische Pluralkategorien. Nun ist das curriculare Vorgehen allerdings nicht so aufgebaut, dass „Maskulina", „Feminina" und „Neutra" die primäre

Einteilung des Unterrichts darstellen, sondern es werden die Pluraltypen thematisiert und anhand der Genera exemplifiziert. Dieses Vorgehen kann auch ihm Rahmen der prototypischen Pluralgrammatik beibehalten werden, denn es kann zum Beispiel ein Thema wie der eU-Plural sowohl an den Maskulina als auch an den Feminina durchgenommen werden, allerdings mit dem Unterschied, dass nicht Regeln und Ausnahmen dargestellt werden, sondern dass Prototypen des e- und eU-Plurals bei den Maskulina und des en- und eU-Plurals bei den Feminina vermittelt werden. Genauso kann der e-Plural thematisiert werden, dann werden die prototypischen Merkmalbündel des e- und er-/erU-Plurals bei den Neutra einerseits und diejenigen des e- und eU-Plurals bei den Maskulina andererseits dargestellt usw. Die inhaltliche Füllung der Merkmalbündel und der fließenden Übergangsstufen muss anhand des jeweils relevanten Textkorpus erfolgen. Dieses ist je nach Niveaustufe mehr oder weniger anspruchsvoll und besteht im Grundstufenbereich im Wesentlichen aus dem sog. Grundwortschatz.

Der sog. „Grundwortschatz"

Die Vermittlung der Pluralgrammatik erfolgt heute im DaF-Unterricht ausschließlich im Grundstufenbereich und sollte bis zum Ende der Grundstufe abgeschlossen sein.[103] Die Wörter, die für einen Lerner in dieser Niveaustufe relevant sind und die er am Ende dieser Stufe sowohl rezeptiv als auch produktiv beherrschen sollte, sind in der sog. „Zertifikatsliste" zusammengefasst.[104] Dieses Grundkorpus enthält ca. 1000 Substantive, die vor allem aufgrund von Vergleichen mit Lehrwerken und den darin enthaltenen Themen Eingang in die Liste gefunden haben.

Allerdings ist der Begriff „Grundwortschatz" keine feste Beziehungsgröße. Bei Mugdan (1977) umfasst er zum Beispiel 957 Wörter, Augst (1979) geht von rund 700 Wörtern aus. Wegera schreibt in diesem Zusammenhang: „Die Grundwortschatzbezogenheit hängt mehr oder weniger von dem zugrundege-

103 Die Grundstufe umfasst am Goethe-Institut ca. 400 Unterrichtseinheiten (à 45 Minuten).

104 Das „Zertifikat Deutsch" stellt weltweit die Abschlussprüfung der Grundstufe des Goethe-Instituts, der ICC (International Certificate Conference; in Deutschland: Deutscher Volkshochschulverband), des Österreich-Instituts und der Schweizer Kantonalen Erziehungsdirektorenkonferenz dar. Es setzt einen Wortschatz von ca. 2000 Wörtern voraus, die in einer Wortliste in der Broschüre „Lernziele und Testformat Zertifikat Deutsch" vorgegeben sind. Die Broschüre wird von den vier Trägern der Prüfung (Goethe-Institut, WBT (Weiterbildungs-Testsysteme GmbH – Prüfungszentrale des deutschen Volkshochschulverbands), ÖSD (Österreichisches Sprachdiplom Deutsch) und EDK (Eidgenössische Konferenz der Kantonalen Erziehungsdirektoren)) gemeinsam herausgegeben.

legten Grundwortschatz ab" (Wegera 1997, 66) und etwas später: „Die Auswahl eines bestimmten Grundwortschatzes bereitet jedoch Schwierigkeiten. Für das Deutsche existieren über 80 verschiedene GWS, und es erscheint töricht, diesen noch einen weiteren hinzufügen zu wollen ..." (Wegera 1997, 71). Und auch Bittner spricht von der `Problematik der Feststellung des GWS´ (Bittner 1994, 68). Wegera (1997) nimmt für seine Genusuntersuchung die Schnittmenge aus den 80 GWS und kommt auf 1025 Substantive. Der für diesen didaktischen Teil der Arbeit verwendetet GWS aus der Zertifikatsliste umfasst 1001 Substantive.

In der folgenden Grafik 102 ist die Verteilung dieser GWS-Substantive auf die unterschiedlichen Pluraltypen dargestellt. Im Vergleich dazu wird die Verteilung im Gesamtwortschatz gezeigt:

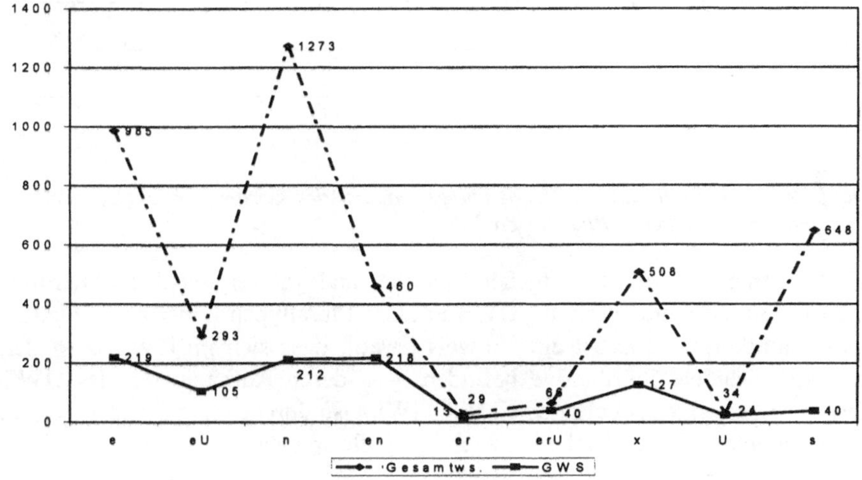

Grafik 102: Gesamtwortschatz und GWS: Verteilung der Lemmata auf die verschiedenen Pluraltypen

Der Verlauf der beiden Kurven ist weitgehend parallel und vergleichbar. Größere Abweichungen zeigen sich allerdings beim Anteil der Belege im n- und s-Plural. Hier sind die Anteile des GWS sehr gering. Dies erklärt sich allerdings aufgrund der relativ niedrigen durchschnittlichen Verwendungsfrequenz der Lemmata mit diesen Pluraltypen. Aufgrund einer relativ geringen Verwendungshäufigkeit sind solche Substantive für den GWS nur von untergeordneter Bedeutung. Hinsichtlich der Verwendungshäufigkeit der Belege ergeben sich folgende Gegenüberstellungen in Grafik 103:

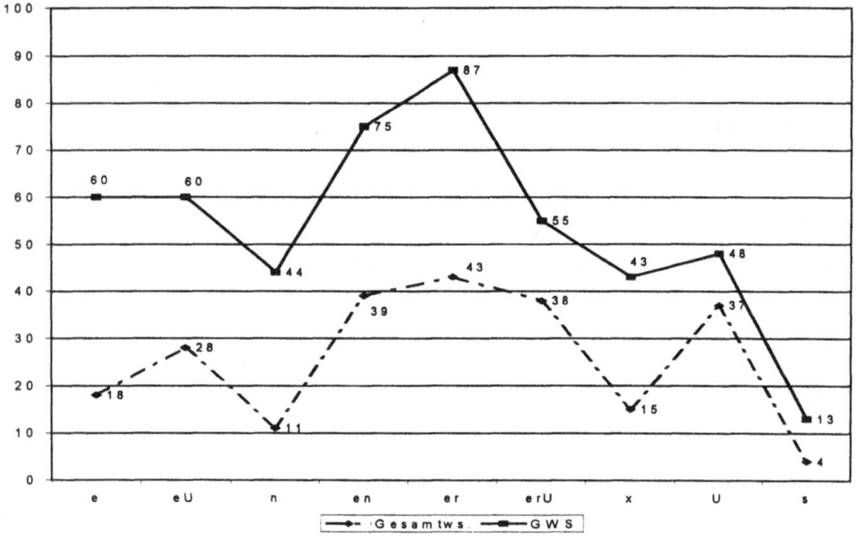

Grafik 103: Durchschnittliche Verwendungsfrequenz des Gesamtwortschatzes und des GWS in den verschiedenen Pluraltypen

Der Linienverlauf ist weitgehend parallel und gut vergleichbar. Allerdings sind die Durchschnittswerte im GWS in allen Pluraltypen höher als diejenigen des Gesamtkorpus. Das ist ein Hinweis darauf, dass sich im GWS besonders häufig verwendete Substantive befinden, was deren Aufnahme in das GWS-Korpus rechtfertigt. Es befinden sich im GWS also durchgängig Substantive, die im täglichen Sprachgebrauch eine wichtige Rolle spielen.

Die Reihenfolge in der Vermittlung der Pluralkategorien

In den vorangehenden Abschnitten wurden die zu vermittelnden prototypischen Pluraleinheiten beschrieben sowie deren angemessene praktische Füllung im Anfängerunterricht durch den Grundwortschatz festgelegt. Eine Schwierigkeit besteht nun in der Festlegung einer curricularen Reihenfolge für die Vermittlung der Pluralkategorien und -typen, da ja nicht alle gleichzeitig eingeführt werden können. Es gibt verschiedene Möglichkeiten, eine gewisse Rangordnung festzulegen. Ein Weg besteht darin, die Substantive des Grundwortschatzes gemäß der Anzahl ihrer Belege in den verschiedenen Pluraltypen zu kategorisieren und auf dieser Grundlage die Reihenfolge der Vermittlung festzulegen. Doch dieses Vorgehen birgt ein wesentliches Problem: Schon ein kurzer Blick auf die oben stehende Grafik zeigt, dass zum Beispiel der er-Plural mit nur 13 Belegen im

GWS vertreten ist, während ihm aber hinsichtlich der Verwendungshäufigkeit dieser Lemmata eine sehr prominente Rolle zukommt. Hinsichtlich der beiden Frequenzparameter ergeben sich also unterschiedliche Rangordnungen der Pluraltypen. Diese sehen wie folgt aus:

	Reihenfolge nach Vorkommenshäufigkeit	Reihenfolge nach Verwendungshäufigkeit	
1.	e-Plural	er-Plural	(nach Vorkommen: 9.Platz)
2.	en-Plural	en-Plural	
3.	n-Plural	erU-Plural	(nach Vorkommen: 6.Platz)
4.	x-Plural (unmarkierter Pl.)	U-Plural	(8.)
5.	eU-Plural	eU-Plural	
6.	erU- und s-Plural	e-Plural	(1.)
7.	----	x-Plural	(4.)
8.	U-Plural	n-Plural	(3.)
9.	er-Plural	s-Plural	(6.)

Bis auf den en- und erU-Plural stimmen die beiden Reihenfolgen an keiner Stelle überein. Am deutlichsten ist der Unterschied beim er-Plural, der hinsichtlich der Vorkommenshäufigkeit den letzten Platz einnimmt, in Bezug auf die Verwendungshäufigkeit aber am wichtigsten ist und auf Rang 1 steht. Aus dieser Gegenüberstellung lassen sich keine Anhaltspunkte für eine Reihenfolge der Vermittlung im Unterricht ableiten. Gerade die Pluralbildung von Substantiven, die im GWS am stärksten vertreten ist, spielt in der Sprachverwendung keine sehr große Rolle und umgekehrt.

Nun kann eine solche Häufigkeitsverteilung gerade im GWS aber auch auf bestimmten Willkürlichkeiten in der Auswahl der Wörter beruhen. Ich habe bereits darauf hingewiesen, dass die Zusammenstellung des GWS überwiegend aufgrund von Vergleichen mit Lehrwerken vorgenommen wurde. Lehrwerke aber werden von Autoren geschrieben, bei denen auch persönliche Vorlieben dazu führen, dass ein Thema bereits ganz am Anfang behandelt wird, während ein anderes erst später „drankommt". Vieles wird intuitiv beurteilt. Eine kleine Umfrage, die ich diesbezüglich bei Lehrbuchautoren vorgenommen habe, hat ergeben, dass es eigentlich keinen messbaren Grund dafür gibt, weshalb immer gerade das Thema `Essen und Trinken´ weit vorne im Lehrwerk kommt, während die Gefühlswelt, z.B. persönliche Beziehungen etc., viel weiter nach hinten geschoben werden. Es gibt immer nur zwei Begründungen, die dafür gegeben werden. Die eine lautet, dass man es eben so empfindet, dass Essen und Trinken für den Ausländer, der Deutsch lernen möchte, wichtiger sind als Gefühle,[105] die

105 Viele Autoren vergessen dabei, dass die meisten Deutschlerner gar nicht in Deutschland, sondern im Ausland sitzen und der überwiegende Teil von ihnen auch

andere lautet, dass es die anderen Lehrwerke ja auch so machen und dass es immer schon so war. Es kann also nicht falsch sein. Es ist nicht Aufgabe der vorliegenden Untersuchungen, dies weiter zu thematisieren. Aber es ist ein Hinweis darauf, dass bestimmte Reihenfolgen, die sich nur aufgrund eines GWS ergeben, nicht absolut zuverlässig sind und dass es eigentlich keinen Grund gibt, diese so für den Unterricht zu übernehmen, und zwar weder in Bezug auf die Vorkommens- noch auf die Verwendungshäufigkeit.

Ein solider Weg für die Ermittlung einer möglichen Unterrichtsreihenfolge der Pluralformantien besteht meines Erachtens nur darin, die Verwendungshäufigkeit des gesamten nominalen Lexikons zu betrachten und anhand dieser Frequenzwerte den curricularen Ablauf festzulegen. Aufgrund der berücksichtigten Menge von Wörtern (50 Mio. Textwörter) sind die Frequenzangaben des Augsburger Korpus, die in meine Datenbanken aufgenommen wurden, weitgehend objektiv und unabhängig von persönlichen Vorlieben eines Autors. Es kommt allerdings noch ein anderer Aspekt hinzu. Wenn eine Rangordnung der Pluraltypen aufgrund der Verwendungshäufigkeit der einschlägigen Lemmata festgelegt wird, dann heißt das für den Lerner nicht automatisch, dass er damit genau die Pluralformen zuerst lernt, die er am häufigsten braucht. Ich gebe ein Beispiel: Wenn der Lerner ganz zu Anfang seines Deutschunterrichts Wörter wie *Welt, Mutter* oder *Vater* lernt, muss das nicht automatisch heißen, dass für ihn der en- oder U-Plural von höchster Bedeutung sind. Er wird *Welten, Väter* oder *Mütter* viel seltener hören oder selbst verwenden als zum Beispiel den e-Plural in *Jahre, Tage* oder den er-Plural in *Kinder*.

Diese Befunde führen zu dem Schluss, dass sich die sinnvollste curriculare Reihenfolge für die Vermittlung der Pluralbildung aus der Verwendungshäufigkeit der Lemmata des Nominallexikon in ihrer Pluralform ergibt. Für den Lerner ist diejenige Pluralform am wichtigsten, die im täglichen Sprachgebrauch am häufigsten verwendet wird. Für die folgende Grafik wurden nur die Pluralformen der Lemmata berücksichtigt und deren durchschnittlicher Frequenzwert berechnet. Es ergibt sich das in Grafik 104 (s. S. 249) dargestellte Bild.

Der er-Plural kommt von allen Pluraltypen mit Abstand am häufigsten vor. Dieser ist also auch für den Lerner von größter Bedeutung. Es folgt der en- und x-Plural. Die Grafik ist beim x-Plural allerdings nur mit einer gewissen Einschränkung verlässlich, da der Frequenzwert für homophone Formen im Korpus identisch ist. Es fallen zum Beispiel im Frequenzwert des Worts *Abenteuer* die Verwendungshäufigkeiten der Singular- und Pluralform zusammen. Es ist nicht

---

nie nach Deutschland kommen wird. Es wird sich für die meisten Lerner also gar keine Notwendigkeit ergeben, ihre Äpfel und Brötchen usw. je auf Deutsch zu verlangen.

zu ermitteln, welche Frequenz der Form *die Abenteuer* zukommt und welche der Form *das Abenteuer*.

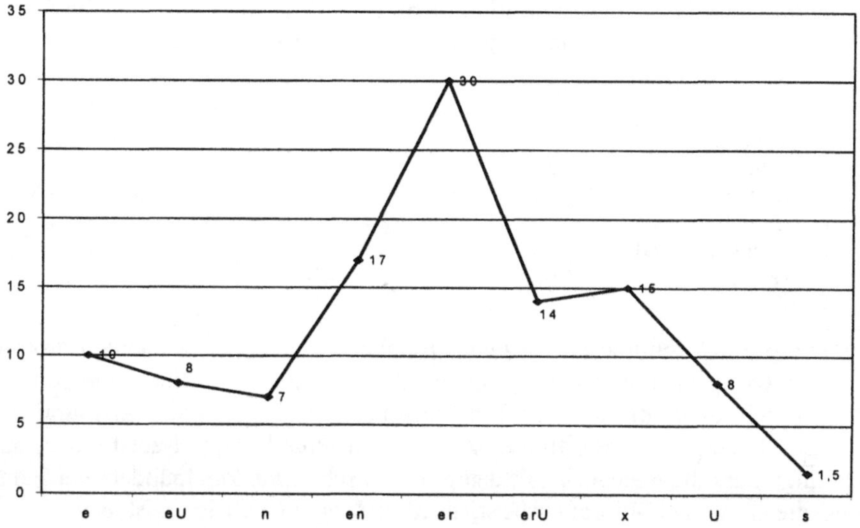

Grafik 104: Durchschnittliche Verwendungsfrequenz der Pluralformen des Gesamtmaterials

Es folgt der erU-Plural, der seiner Frequenz nach viel weniger wichtig ist als der er-Plural. Dieser Befund spricht gegen das bislang übliche Vorgehen im Unterricht und in den Lehrwerken, er- und erU-Plural als eine Gruppe zu behandeln und stets zusammen durchzunehmen. Es hilft dem Lerner wenig, wenn er wissen möchte, warum der Plural zu *Haus* nicht *Hause* heißt, sondern *Häuser*, und er dann vom Lehrer hört, „weil alle Umlautfähigen im er-Plural umlauten". Seine Frage ist ja meist gerade nicht, warum es *Häuser* statt **Hauser* heißt, sondern betrifft den Unterschied zwischen e- und erU-Plural.

Als nächstes folgt der e-Plural, für dessen Frequenzwert allerdings auch gewisse Einschränkungen gelten. Bei den e-Pluralia können in den Frequenzwert der Wortform Nominativ Plural auch Werte des Singulars und anderer Kasus mit eingeflossen sein (z.B. *Abiture*: Nom.Pl., aber auch Dat. Sg., zumindest in einer etwas antiquiert wirkenden Sprachverwendung). Da aber solche Dativ-Singular-Formen nur noch selten verwendet werden, ist zu schließen, dass die einschlägigen Frequenzangaben für die Nominativ-Plural-Form weitgehend zuverlässig sind. Es folgen dann der eU-, U- und n-Plural und schließlich der s-Plural. Für den n-Plural gelten insofern gewisse Einschränkungen, als in einigen n-Pluralia wie z.B. *Nachbarn* (Nom. Pl.) auch die Frequenzwerte des homophonen Gen./Dat./Akk. Sg. mit einfließen. Abgesehen von diesen Unsicherheiten bietet die Zusammenstellung in Grafik 104 aber eine weitgehend zuverlässige Basis für die Reihenfolge einer Pluralvermittlung im Unterricht. Für die Pluraltypen im Einzelnen ergibt sich folgende Rangordnung:

Rangordnung nach Pluralfrequenz
1. er-Plural
2. en-Plural
3. x-Plural
4. erU-Plural
5. e-Plural
6. eU- und U-Plural
7. n-Plural
8. s-Plural

Diese Rangordnung der Einzeltypen muss mit den oben genannten prototypischen Kategorien in Einklang gebracht werden. Der er-Plural rangiert auf Platz 1, d.h. es ist die gesamte Kategorie bei den Neutra, die e-/er-Plural umfasst, im Unterricht relativ früh einzuführen. en-Plural rangiert auf Platz 2; daraus folgt, dass die Kategorie mit den prototypischen Merkmalbündeln der Feminina, die en- und eU-Plural umfasst, als nächste zu thematisieren ist usw.

Die curriculare Abfolge ergibt sich im Einzelnen wie folgt:

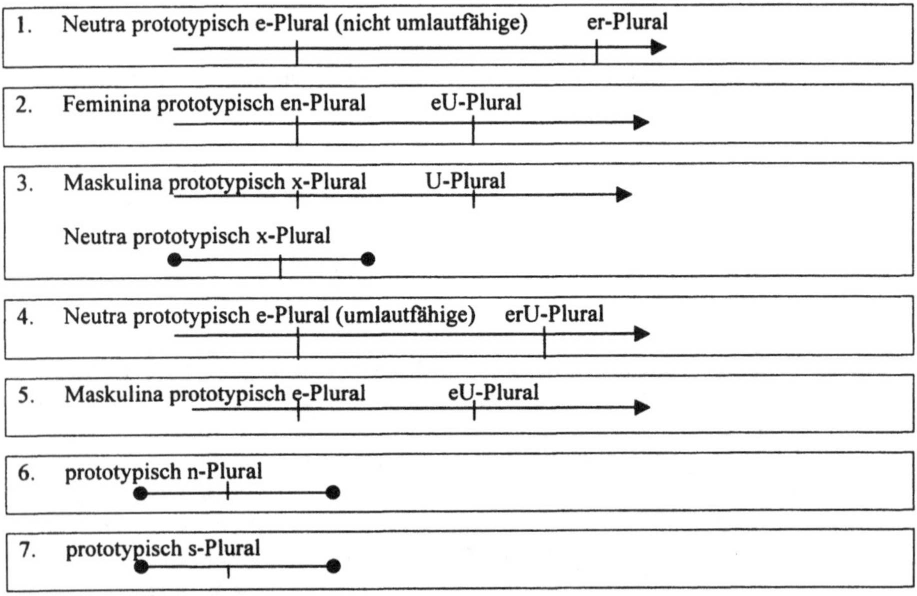

Als nächstes stellt sich die Frage, auf welche Weise die Darstellung der prototypischen Merkmalbündel sowie das Prinzip der fließenden Übergänge im Unterricht erfolgen kann. Ich will mich dieser Frage im Zusammenhang mit den „Lernerzentrierten Überlegungen" zuwenden.

6.5.2 Lernerzentrierte Überlegungen

Im vorangegangenen Kapitel wurden die wichtigsten Prinzipien einer Pluralvermittlung dargestellt, die auf prototypischen Merkmalbündeln und deren Kategorisierung beruht. Es wurden die im linguistischen Teil der Arbeit entwickelten Merkmalbündel noch einmal dargestellt, in didaktische Kategorien eingeteilt und eine Reihenfolge für deren Vermittlung festgelegt. Nun stellt sich die Frage, auf welche Weise die Darstellung dieser Pluralgrammatik im Unterricht erfolgen kann, d.h. die linguistischen Darstellungen auf Prototypenskalen und die phonologischen Merkmalbündel müssen jetzt in geeigneter Weise didaktisiert werden. Dabei ist Folgendes zu beachten:

- In der Darstellung müssen sich solche Merkmalbündel, die dem Prototyp am nächsten kommen, von den weiter entfernteren gut unterscheiden lassen.
- Das Prinzip der fließenden Übergänge muss klar zum Ausdruck kommen.
- Es darf keine unbekannte linguistische Terminologie für die Beschreibung von Merkmalbündeln verwendet werden, die den Lerner überfordern würde.
- Eine Kategorie darf nicht durch abstrakte Merkmale, sondern muss durch konkrete Mitglieder repräsentiert werden, um dem Lerner eine leichte Memorierung prototypischer Merkmalbündel zu ermöglichen.

Die erste und zweite Forderung lassen sich relativ gut durch eine Darstellung in konzentrischen Kreisen erfüllen. Der innerste Kreis enthält das Merkmalbündel, das dem Prototyp am nächsten kommt, in den weiter außen liegenden Kreisen schließen sich die Merkmalbündel an, die aufgrund ihrer Wahrscheinlichkeitsquote dem Prototyp jeweils weniger ähneln. In der Mitte des Kreises befindet sich immer der Pluraltyp, der auf der Prototypenskala ganz rechts steht. Der Verlauf ist von außen nach innen gewählt und entspricht damit der Richtung zunehmender Prototypikalität. Auf der folgenden Seite (s. S. 252) wird dieses Vorgehen am Beispiel der Maskulina mit e- und eU-Plural im Grobkonzept dargestellt.

Nun müssen noch die dritte und vierte Forderung erfüllt werden. Der Lerner soll zum einen nicht mit unbekannter linguistischer Terminologie konfrontiert werden, die ihn überfordern würde, und zum anderen soll möglichst an konkreten Mitgliedern einer Kategorie das prototypische Merkmalbündel zum Ausdruck kommen und nicht durch eine theoretische Beschreibung.

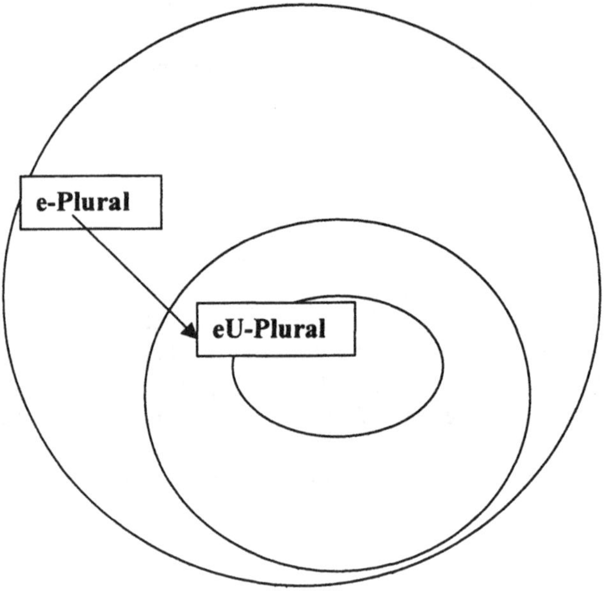

Es bietet sich an, die bislang durch phonologische Merkmalbündel beschriebenen Prototypen durch ein typisches Lemma zu ersetzen. Dabei wird jeweils der Beleg aus dem GWS ausgewählt, der die höchste Verwendungsfrequenz hat. Die ganze Pluralkategorie wird dann nach diesem prototypischen Beispiel benannt, als also z.B. der `Arzt-Plural' für den eU-Prototyp, der vier Endrandkonsonanten und gespannten Nukleus aufweist. Darüber hinaus ist es nötig, am jeweiligen konkreten Mitglied die prototypischen Merkmale zu beschreiben. Dem Lerner sagt der Begriff `Arzt-Plural' alleine noch nicht viel. Er dient aber als Beispiel dafür, die prototypischen Kennzeichen zu beschreiben, in diesem Fall die Anzahl der Endrandkonsonanten und die Nukleusqualität. Diese Beschreibung der Kennzeichen darf nur die nötigste Fachterminologie enthalten und sollte außerhalb des Kreismodells stehen, um das Modell selbst nicht zu überlasten. Die konzentrische Darstellung ist für den Schüler als Lernhilfe gedacht. Zum einen dient sie dem Verständnis der Prototypentheorie mit den typischen Merkmalbündeln und den fließenden Übergängen, zum anderen konkretisiert sie an einem prototypischen Beispiel die einschlägigen phonologischen Merkmale. Im Folgenden werden diese Schritte wieder am Beispiel der Maskulina und des e-/eU-Plurals dargestellt.

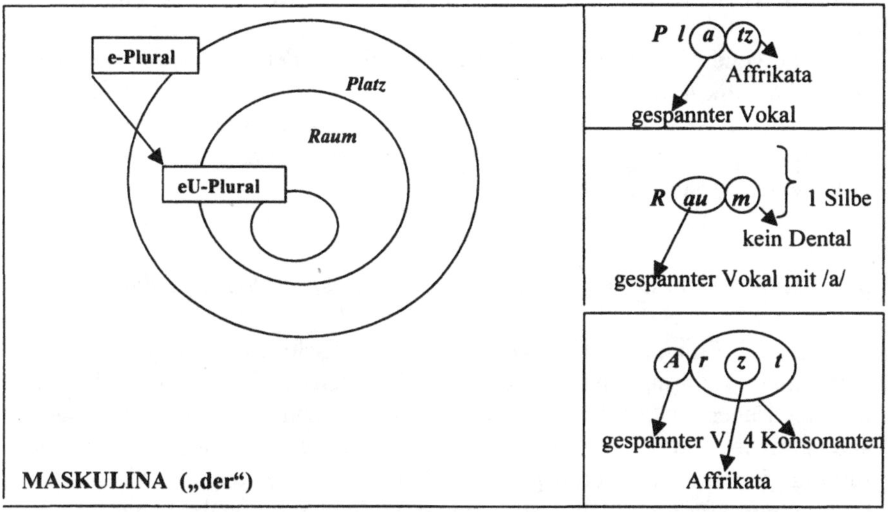

Im großen Kasten links werden jeweils die konzentrischen Kreise für die prototypischen Merkmalbündel angegeben. Jedes Merkmalbündel wird durch ein konkretes Beispiel repräsentiert. Das Beispiel ist so gewählt, dass es im GWS vorkommt und von allen möglichen Belegen die höchste Verwendungshäufigkeit aufweist. Dabei wird darauf geachtet, dass alle Beispiele zusammen nach Möglichkeit in ein mnemotechnisch einprägsames Bild passen (hier z.B.: *Arzt – Raum – Platz*). Im innersten Kreis sitzt jeweils das Beispiel, das dem Prototyp für die Pluralform am nächsten kommt, nach außen hin nimmt die Prototypikalität ab. An den Kreisen befinden sich zwei Schilder, die angeben, um welche Pluraltypen es sich handelt. Im linken unteren Teil des Kastens wird darüber hinaus angegeben, um welches Genus es sich handelt und zusätzlich wird der dazugehörige bestimmte Artikel genannt.

Im rechten Teil werden die konkreten Beispiele aus den Kreisen wiederholt und es wird an ihnen in vereinfachter Form beschrieben, welches die prototypischen Merkmale für die jeweilige Pluralform sind (vgl. Kap. 5). Anhand dieser Beschreibung soll der Lerner allmählich in die Lage versetzt werden, an einem neuen Wort die vorhandenen Merkmale zu erkennen und je nach Anzahl dieser Merkmale einzuschätzen, welche Pluralform das Lemma wahrscheinlich hat. Diese Fähigkeit wird am besten dadurch trainiert, dass der Lerner bei jedem neuen Pluralwort, das er lernt, zunächst die Feststellung der Merkmale vornimmt und dann erklärt, warum dieses Wort entweder den prototypischen Plural bildet oder die Alternativform. Durch dieses Vorgehen wird beim Lerner das Verständnis dafür gebildet, dass das deutsche Pluralsystem nicht aus festgefügten Regeln besteht, sondern dass es sich aus Prototypen und Übergängen konstituiert.

Im Folgenden soll die grafische Darstellung der prototypenorientierten Pluralgrammatik in der Reihenfolge fortgesetzt werden, die in Kap. 6.5.1 ermittelt worden ist. Ziel ist es, für jede prototypische Pluralkategorie eine grafische Didaktisierung anzubieten, wie sie oben für die Maskulina mit e-/eU-Plural exemplarisch vorgestellt wurde.

6.5.3 Grafische Darstellung der prototypenorientierten Pluralgrammatik

Die folgenden Einheiten I bis VII stellen die grafische Umsetzung der prototypenorientierten Pluralgrammatik für den DaF-Unterricht dar. Als Rezipient wird ein erwachsener Deutschlerner angenommen, der zumindest in seiner eigenen Muttersprache über solide Grammatikkenntnisse verfügt. Linguistische Fachterminologie wird nicht vorausgesetzt, allerdings ist die Kenntnis der hier kurz zusammengestellten Begriffe insbesondere für den Lehrer unabdingbar:

Kleines Glossar für das leichtere Verständnis der Pluralgrammatik

Affrikata: Die beiden Lautfolgen /ts/ und /pf/.[106]

Dental: („Zahnlaut") Ein Laut, bei dessen Produktion die Zähne beteiligt sind, z.B. /t, f, n, l, r/.

Frikativ: („Reibelaut") Ein Laut, bei dessen Produktion eine leichte Luftreibung entsteht, z.B. /f, s/.

geschlossene Silbe/offene Silbe: Eine Silbe heißt „geschlossen", wenn sie auf Konsonant(en) endet (z.B.*Fens/ter*) oder wenn sie mit dem zweiten Bestandteil eines Diphthongs endet (z.B. *Häu/ser*).[107]

gespannter Vokal: Vokal, bei dessen Produktion die Sprechmuskulatur gespannt ist. Im Deutschen sind die langen Vokale gespannt; eine Ausnahme stellt der Vokal /a/ dar. Langes /a:/ ist ungespannt, kurzes /a/ dagegen gespannt. Steht im Auslaut eines Worts ein Vollvokal, so ist dieser meist gespannt, auch wenn er relativ kurz ausgesprochen wird.

Dieser Begriff dürfte zu Beginn des Unterrichts ein Problem darstellen. Allerdings ist die Einteilung in „gespannte" und „ungespannte" Vokale in vielen Spracherwerbsbereichen von solcher Tragweite, dass möglichst früh mit deren Vermittlung begonnen werden sollte. Viele Phonetik-Lehrwerke und auch ande-

---

106 /tʃ/ wird nicht erwähnt, da es im GWS keine Rolle spielt.

107 Für diese Interpretation der Diphthonge sprechen Analysen bei den Maskulina mit x- und U-Plural, vgl. Kap. 5.2.2.

re DaF-Materialien arbeiten mit den Begriffen „gespannt/ungespannt". Aus eigenen Unterrichtserfahrungen und -beobachtungen kann ich berichten, dass „gespannt/ungespannt" weniger ein Lernerproblem ist, als vielmehr ein Lehrerproblem. Während ein Lerner meist schnell intuitiv versteht, was mit einer „Spannung" der Muskeln während des Sprechens von bestimmten Lauten gemeint ist und diese erstaunlicherweise auch selbst schon bald gut feststellen und beschreiben kann, sind es häufig die Lehrenden, die sich ausschließlich „einer anderen Tradition" („lang/kurz") verpflichtet fühlen.

Konsonantische Stärke: Es gibt „starke" und „schwache" Laute. Überhaupt keinen konsonantischen Stärkewert haben die Vokale, einen sehr geringen Stärkewert haben Liquide und Nasale (/r, l, m, n/) und den höchsten konsonantischen Stärkewert haben die Plosive (/p, k, t/). Für eine genaue skalare Einteilung der Konsonanten entsprechend ihres Stärkewerts vgl. Kap. 4.1.

Für die prototypische Beschreibung des Pluralsystems sind zwei KS-Werte wichtig, und zwar der Wert „größer 3" (> 3) und der Wert „größer 2" (> 2). „Größer 2" sind alle Laute außer /r/ und /l/, „größer 3" sind alle Laute außer /r/, /l/, /m/, /n/ und /η/ (= der Engelaut <ng>, z.B. in *Spange*).

Weitere Fachbegriffe sind für die Vermittlung und das Verständnis der prototypischen Pluralgrammatik nicht nötig, sofern sichergestellt ist, dass der Lerner weiß, was ein Vokal und was ein Konsonant ist und natürlich auch, was der „Plural" und der „Singular" überhaupt ist. Doch diese Begriffe gehören zu jeder grammatischen Grundkenntnis, die der Lerner bereits in den ersten Schulklassen seines eigenen Muttersprachenunterrichts erwirbt.

Die Darstellungen können vom Lehrer als Kopiervorlagen im Grundstufen- und Fortgeschrittenen-Unterricht verwendet werden. Anhand dieser Vorlagen sollen die Lerner neue Wörter nach prototypischen Merkmalen beschreiben lernen und die Pluralformen schließlich in ihrer Systematik begreifen, die sich an der Anzahl charakteristischer Pluralmerkmale orientiert .

Einheit I: Neutra e-Plural (nicht umlautfähige Lemmata) → er-Plural

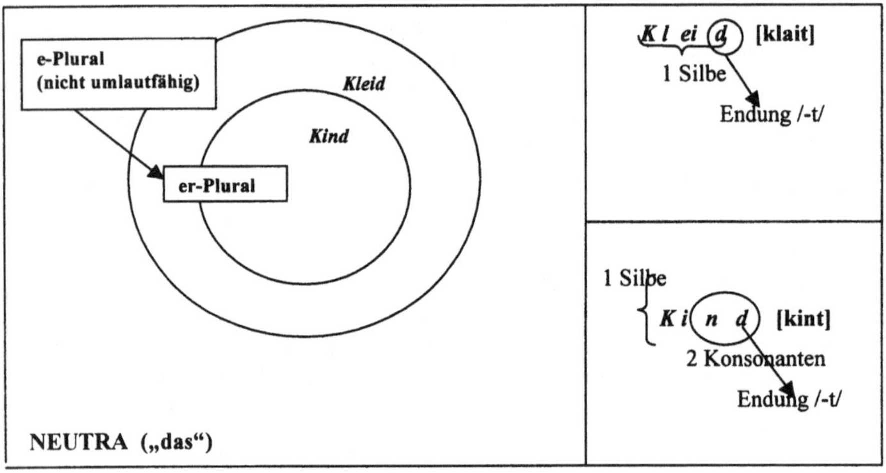

Einheit II: Feminina en-Plural → eU-Plural

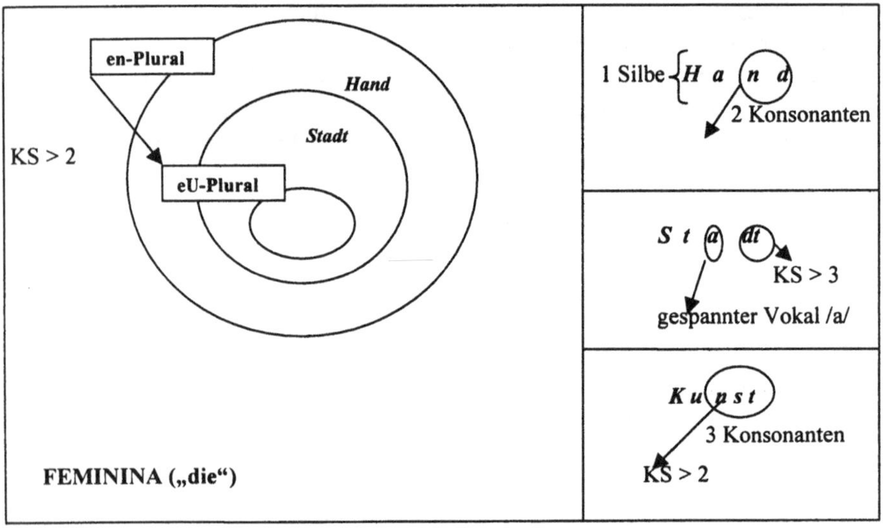

Es ist zu empfehlen, gleich im Anschluss an diesen Teil von Einheit II auf den zweiten Aspekt des en-Plurals einzugehen, und zwar auf en-Plural nach Vollvokal. Feminina, die auf Vollvokal enden, bilden en-Plural. Es ergeben sich keine weiteren prototypischen Merkmalbündel und keine fließenden Übergänge zu einem anderen Pluraltyp. Allerdings liegt die Schwierigkeit in dieser Darstellung darin, dass zugleich auf die Maskulina und Neutra auf Vollvokal hingewiesen werden muss. Bei den Maskulina zeigen sich vermehrt analogische Ausgleichstendenzen vom ursprünglichen e- zum en-Plural der Feminina. Außerdem gibt es im GWS ein einzelnes Neutrum auf Vollvokal, das er-Plural hat: *Ei/Eier*. Aus Gründen der Übersichtlichkeit bietet es sich an, diesen einen Beleg nicht in Einheit I beim er-Plural zu erwähnen, sondern zusammen mit den Lemmata auf Vollvokal. Die Darstellung ist auf folgende Weise möglich:

Einheit IIa: en-Plural bei Wörtern, die auf Vollvokal enden

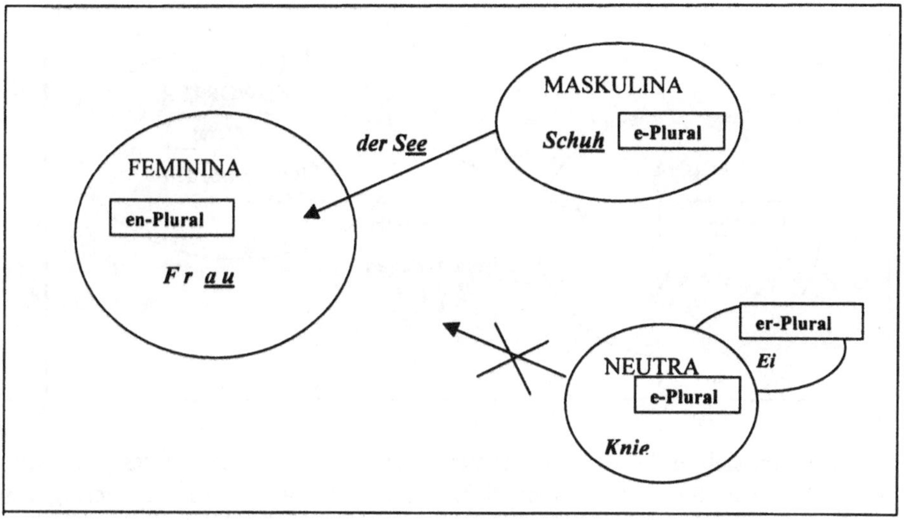

Des Weiteren sollte im Zusammenhang mit dem en-Plural im nächsten Abschnitt auf die Fremdwörter hingewiesen werden, die auf Vollvokal enden und eine ausgeprägte Tendenz zum analogischen Ausgleich mit den en-Pluralia der Feminina haben. Damit kann dann der ganze Komplex, der im Zusammenhang mit en-Plural steht, abgeschlossen werden. Es ist möglich, dass einige aufmerksame Teilnehmer bereits an dieser Stelle darauf hinweisen, dass es auch Maskulina und Neutra gibt, die nicht auf Vollvokal, sondern auf Konsonant(en) enden und ebenfalls en-Plural bilden. In den Kapiteln 5.2.3 und 5.4.4 konnte nachgewiesen werden, dass diese en-Pluralia nichts anderes sind als n-Pluralformen nach der prototypischen /ə/-Endung. Der einzige Unterschied zu den Lemmata, bei denen das /ə/ heute noch sichtbar ist, besteht darin, dass dieses /ə/ im Lauf der jüngsten Sprachentwicklung ausgefallen ist. Im *e* des en-Plural erhält sich das ursprüngliche /ə/ der Singularform. Um keinen Zweifel daran aufkommen zu lassen, dass es sich bei den Maskulina und Neutra, die ortografisch <en>-Plural haben, eigentlich um reguläre n-Pluralia nach /ə/ handelt, sollten diese Lemmata nicht im Zusammenhang mit dem femininen en-Plural im Unterricht durchgenommen werden, sondern ausschließlich im Zusammenhang mit dem n-Plural. Ich werde diese <en>-Pluralia deshalb beim n-Plural darstellen. Für die Darstellung der s-Pluralia, die auch mit en-Plural möglich sind, ergibt sich folgende Übersicht, in der alle einschlägigen Beispiele aus dem GWS genannt sind:

Einheit IIb: *en-Plural bei Fremdwörtern, die auf Vollvokal enden*

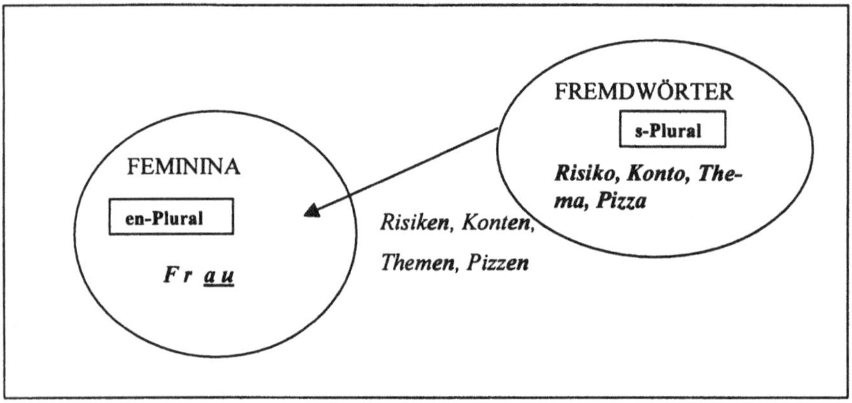

Es bietet sich in diesem Fall an, alle Belege des GWS anstelle des prototypischen Merkmalbündels zu nennen, denn dessen Reichweite ist relativ gering. Im Anfängerunterricht ist es gut, Heringers Rat zu befolgen und die entsprechenden Belege als Gruppe mit ihrer besonderen Pluralform zu vermitteln, denn „als geschlossene Listen sind sie gut lernbar, und der Lernaufwand steht in einem ausgesprochen guten Verhältnis zum Nutzen“ (Heringer 1987, 25).

Einheit III: *Maskulina* *x-Plural (unmarkierter Plural) → U-Plural*
Neutra *x-Plural*

In dieser Einheit gibt es verschiedene Aspekte zu berücksichtigen. In der ersten Darstellung hierzu sollen zunächst die beiden Prototypen für e- und U-Plural bei den Maskulina gezeigt werden. Die Neutra, die nur x-Plural haben, können mit in die Grafik aufgenommen werden, denn es macht keine besonderen Schwierigkeiten, bei einem Maskulinum oder Neutrum zu bestimmen, wann es unmarkierten Plural hat. Es gibt eine bestimmte prototypische Struktur für diese Pluralform: reduzierte Endränder. Darüber hinaus ist es auch nicht schwierig, Maskulina nach x- oder U-Plural zu unterscheiden, denn auch hierfür gibt es ein bestimmtes prototypisches Kennzeichen, nach dem die Maskulina relativ gut strukturiert sind. Zusätzlich gibt es einige Maskulina, die beide Pluralformen bilden können. Sie zeigen analogische Ausgleichsprozesse zugunsten des U-Plurals. Die erste Darstellung in Einheit III sieht wie folgt aus:[108]

108 Ich behalte auch in diesem didaktischen Teil die Bezeichnung „x-Plural" für den unmarkierten Plural bei, da es sich um eine terminologische Übereinkunft handelt, die mit der Klasse ausgemacht werden kann. Selbstverständlich kann der Kursleiter auch andere Formeln, z.B. 0-Plural o.ä. wählen. Ich habe aber auch die Erfahrung gemacht, dass „0-Plural" hin und wieder bei Teilnehmern der Anfangsstufe aufgrund des Schriftbilds mit einem /o/-Plural gleichgesetzt wird, während ein „x" nicht für eine morphologische Pluralmarkierung verwendet wird. Für den Lerner drückt ein „x" anscheinend relativ gut aus, dass an der Markiertheit dieser Pluralform irgend etwas anders ist, als bei allen anderen.

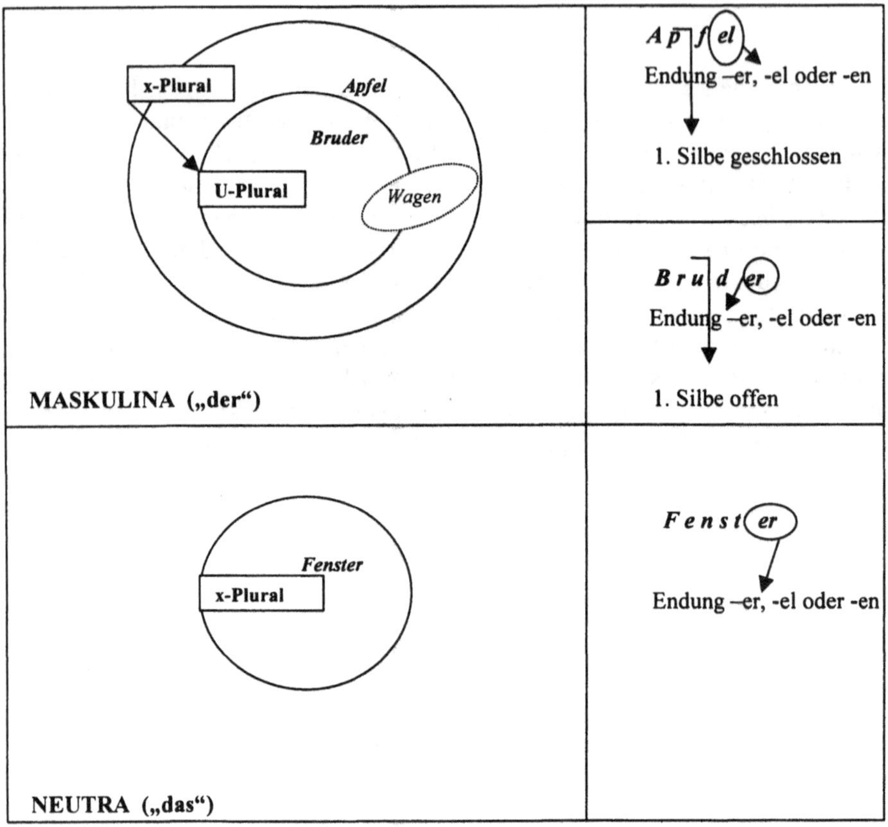

Es muss ein weiterer Aspekt berücksichtigt werden. Bei den Maskulina zeigen einige Lemmata bereits Übertrittstendenzen zum vorkommensstärkeren n-Plural der Feminina. Auch dies muss grafisch dargestellt werden. Hinzu kommt, dass die Feminina bis auf *Mütter* und *Töchter* keinen x-/U-Plural kennen, sondern den analogischen Ausgleich mit n-Plural vollständig durchgeführt haben. Diese Faktoren werden im zweiten Teil der Darstellung berücksichtigt. Es bietet sich folgendes Modell an:

Einheit IIIa: Maskulina x-Plural → n-Plural ← Feminina

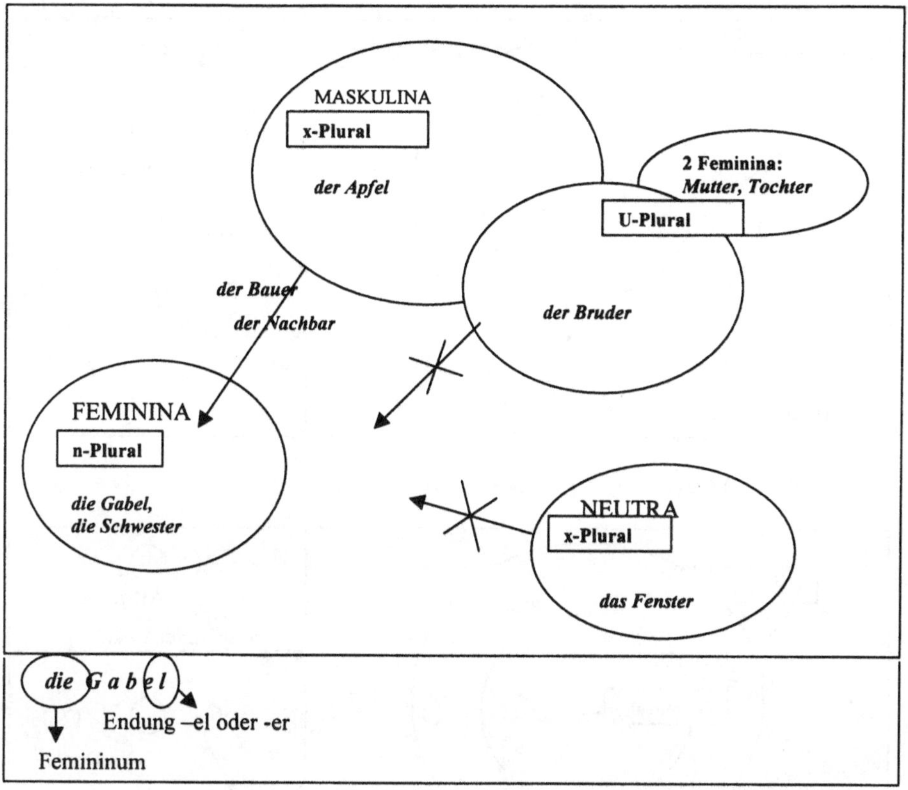

Im Zusammenhang mit analogischen Ausgleichstendenzen der Maskulina mit x-Plural zugunsten der Feminina mit n-Plural lässt sich das Pluralverhalten dieser Feminina didaktisch gut verbinden. Die Feminina weisen das gleiche prototypische Merkmal auf wie die Maskulina und Neutra mit x-/U-Plural, nämlich eine reduzierte Endsilbe *-er* oder *-el*. Sie bilden allerdings keinen U-Plural (mehr), sondern haben den analogischen Ausgleich zugunsten des n-Plurals vollständig vollzogen. Einzige Ausnahme hierzu sind die U-Pluralia *Mütter* und *Töchter*, bei denen analogischer Ausgleich aufgrund der hohen Verwendungsfrequenz der Belege nicht eintritt. Sie werden als kleine geschlossene Gruppe angegeben. Nach Abschluss dieser Unterrichtssequenz ist der n-Plural bei den Endungen *-el, -er* und *-en* vorentlastet und es muss dieser Aspekt in Einheit VI (n-Plural) nicht noch einmal fokussiert werden.

Einheit IV: *Neutra* *e-Plural (umlautfähige Lemmata) → erU-Plural*

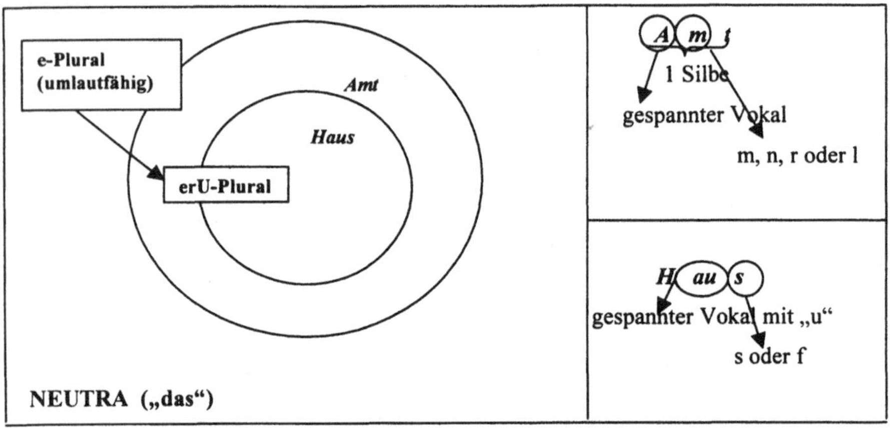

Einheit V: *Maskulina* *e-Plural* → *eU-Plural*

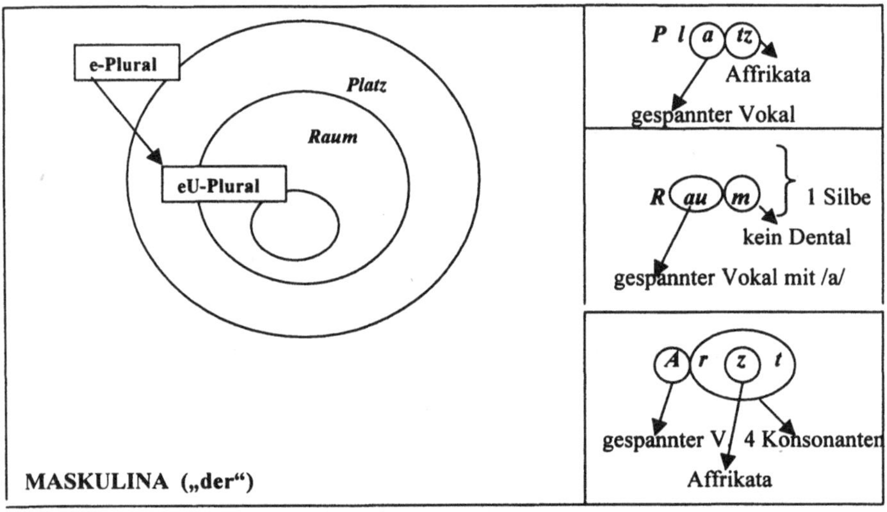

Einheit VI: *Der n-Plural*

Im Zusammenhang mit dem x- und U-Plural der Maskulina (Einheit IIIa) wurde bereits gezeigt, dass einige Maskulina, die auf Reduktionssilbe *-er, -el* oder *-en* enden, analogische Ausgleichstendenzen zum n-Plural aufweisen (*Bauern, Pantoffeln, Muskeln* u.a.) und dass die Feminina auf *-er* oder *-el* den n-Plural vollständig durchgeführt haben (Ausnahmen: *Mütter, Töchter*). Dieser Aspekt des n-Plurals ist vorentlastet und braucht hier nicht erneut erwähnt zu werden. Die Darstellung zum n-Plural muss zum Ausdruck bringen, dass der n-Plural durch ein prototypisches Kennzeichen, nämlich Endung auf Reduktionsvokal *-e* bedingt ist und nicht von einem bestimmten Genus abhängig ist.

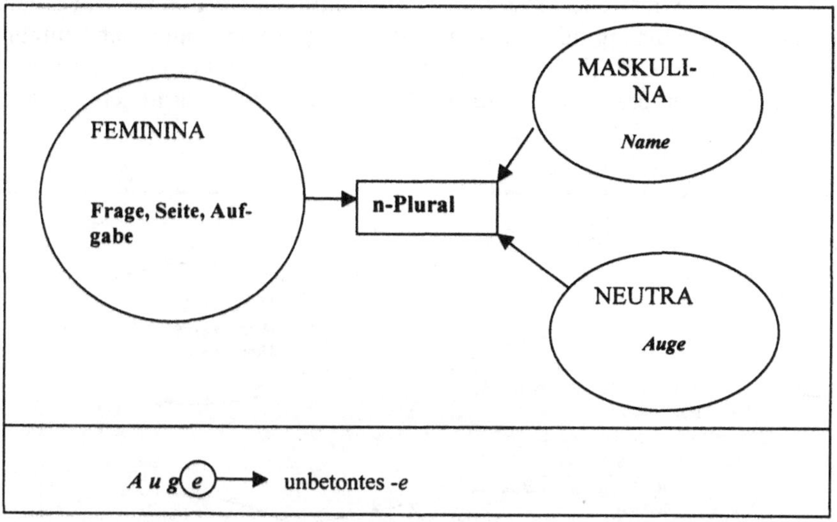

Ein weiterer sehr wichtiger Aspekt kommt bei der Behandlung des n-Plurals hinzu: Die Maskulina und Neutra, die grafemisch <en>-Plural haben, wobei dieser en-Plural aber einem regelmäßigen n-Plural nach Reduktionsvokal *-e* entspricht. In Einheit II wurde im Zusammenhang mit den Feminina auf en-Plural darauf hingewiesen, dass es auch Maskulina und Neutra gibt, die en-Plural bilden. Sie weisen das gleiche prototypische Merkmal auf wie die Feminina mit en-Plural, nämlich einen konsonantisch geschlossenen Endrand. Während bei Feminina auf Konsonant(en) en-Plural regulär ist und dem Prototyp entspricht, ist bei Maskulina und Neutra auf Konsonant(en) der e-Plural prototypisch. In den Kapiteln 5.2.3 und 5.4.4 wurde nachgewiesen, dass es sich bei den en-Pluralia bei Maskulina und Neutra um regelmäßige n-Pluralbildungen handelt, die nach Reduktionsvokal *-e* auftreten. Allerdings ist dieses *-e* im Neuhochdeutschen ausgefallen, war aber im Mittelhochdeutschen noch vorhanden. Das *-e* wird als Bestandteil des Pluralmorphems (miss)verstanden und fällt in der Singularform allmählich aus. Der Ausfall der /ə/-Endung ist durch einen paradigmatischen Zwang begründet, nach dem Maskulina und Neutra durch konsonantisch geschlossene Endränder gekennzeichnet sind, während das typische Kennzeichen der Feminina eine Endung auf /ə/ ist. Durch die /ə/-Apokope werden die

Maskulina und Neutra, die ursprünglich diese Endung hatten, dem morphotaktischen System der Mehrheit aller Maskulina und Neutra auf Konsonant(en) angeglichen. Die einzigen Maskulina und Neutra hierzu im GWS mit signifikanter Frequenz lauten: *Mensch, Herr* und die Neutra *Bett, Herz, Hemd* und *Ohr*. Um den Teilnehmern bewusst zu machen, dass es bei den Neutra und Maskulina eigentlich nur im Schriftbild einen <en>-Plural gibt, sollten diese Belege unbedingt im Zusammenhang mit dem n- und nicht mit dem en-Plural der Feminina behandelt werden. Um die Systematik klar zu machen, sollte auch die mittelhochdeutsche Form präsentiert werden.[109] Die Darstellung sieht folgendermaßen aus:

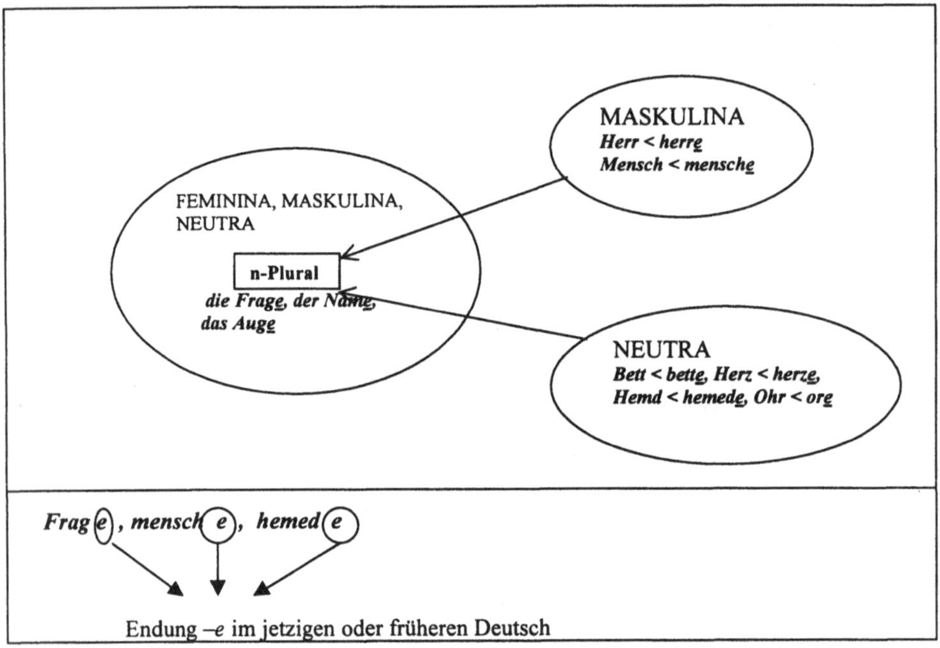

109 Aus persönlicher Unterrichtserfahrung kann ich berichten, dass es sogar ausgesprochen positiv ist, bei den Teilnehmern das Bewusstsein dafür zu wecken, dass Sprache etwas Lebendiges ist, das sich weiterentwickelt, und dass Hypothesen darüber aufgestellt werden können, wie sich etwas weiterentwickeln wird oder wie es zu einem früheren Zeitpunkt ausgesehen haben mag. Viele Teilnehmer entdecken hier auch zum ersten Mal die Perspektive, dass und wie sich ihre eigene Muttersprache entwickelt. Mir scheint die Angst mancher Lehrer absolut unbegründet, dass Lerner durch gelegentliche Exkurse in die Sprachgeschichte völlig überfordert sein könnten.

Einheit VII: Der s-Plural

In Einheit IIb wurde darauf hingewiesen, dass einige Fremdwörter, die prototypisch s-Plural bilden, analogischen Ausgleich zum en-Plural hin zeigen. Es handelt sich dabei um Fremdwörter, die auf Vollvokal enden. Die stärkste Ausgleichstendenz haben Wörter auf /a/ und auch einige auf /o/. Im Rahmen des GWS kommen die in der Darstellung zu Einheit IIb genannten Belege (*Risiken, Konten, Themen, Pizzen*) vor. Diese Folie kann im Zusammenhang mit dem s-Plural noch einmal aufgelegt werden. Wichtig ist in dieser Einheit, dass die Teilnehmer verstehen, dass es sich beim Merkmal [+Fremdwort] um das prototypische Kennzeichen für s-Plural handelt. Deutsche Wörter wie *Piefke* oder *Fazke,* gehören nicht zum Wortschatzbereich der Grundstufe und müssen demzufolge in der Darstellung auch nicht erwähnt werden. Im Grundwortschatz fehlen auch Kosebezeichnungen aus der Kindersprache wie *Mama, Papa, Oma* usw., die wie ein Eigenname aufgefasst werden und deshalb im Standarddeutschen s-Plural erhalten. Bedenkt man darüber hinaus, dass es für den DaF-Lerner keine authentische Situation geben wird, seine Mutter oder seinen Vater auf Deutsch als *Mama* oder *Papa* zu bezeichnen, benötigt er diese beiden Wörter auf deutsch gar nicht oder höchst selten. Noch weniger wird er die Pluralform *Mamas* oder *Papas* benötigen. Aus den genannten Gründen können solche Belege also im didaktischen Teil unberücksichtigt bleiben. Im GWS gibt es auch keinen Beleg auf /-i/ als Diminutiv- oder Pejorativendung, wie z.B. in *Brummi, Wessi* o.ä. Demgegenüber kommen aber einige Belege mit Suffix [i:] (*Energie, Garantie* u.a.) vor, die den für die Feminina auf Vollvokal prototypischen en-Plural bilden. Aufgrund dieser Ausgangssituation, die sich durch den GWS ergibt, brauchen die genannten unterschiedlichen Aspekte des s-Plurals zumindest im Anfängerunterricht noch nicht zu erwähnt werden, so dass sich eine recht einfache Darstellung für den s-Plural ergibt:

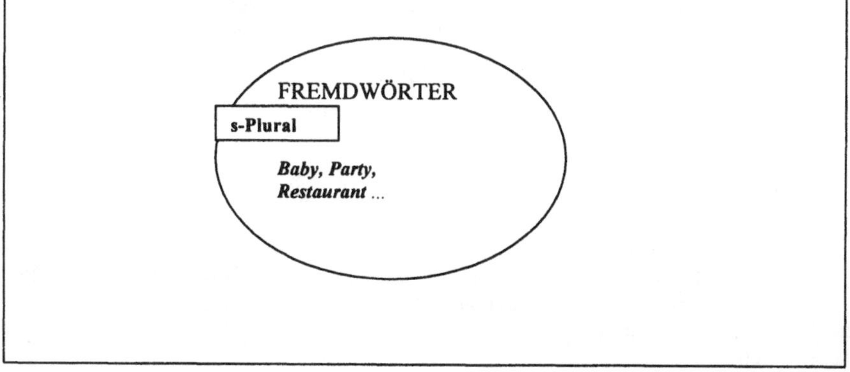

6.5.4 Vorschlag für eine Unterrichtseinheit

Im Folgenden soll ein praktischer Vorschlag gemacht werden, wie die prototypenorientierte Pluralgrammatik im Unterricht vermittelt werden kann. Dazu habe ich exemplarisch für die Maskulina mit eU-Plural ein Unterrichtskonzept zur Gestaltung einer Unterrichtseinheit (45 min.) zusammengestellt. Dieser Entwurf ist so aufgebaut, dass er vom Lehrer direkt für den Unterricht übernommen werden kann. Darüber hinaus kann nach dieser Vorlage jede weitere Unterrichtseinheit zum Thema `Plural´ konzipiert werden.[110]

Thema der UE[111]: Der eU-Plural bei den Maskulina

Vorbereitung der UE durch den Lehrer:

1. Kopie von Einheit V (s. Kap. 6.5.3) auf Folie und in entsprechender Anzahl auf Papier als Tischvorlage für die Teilnehmer.
2. Vorbereitung von Wort-Kärtchen. Auf jedem Kärtchen steht ein Substantiv: Maskulinum, Nominativ Singular. (Achtung: Nur bekannte Wörter verwenden, damit kein zusätzlicher Lernaufwand erforderlich ist.) Es werden so viele Kärtchen vorbereitet, dass bei der geplanten Gruppenarbeit im Unterricht jede 2-er Gruppe 3 bis 5 Wortkärtchen erhält.
3. Weitere geeignete GWS-Substantive aus dem verwendeten Lehrwerk für den „Notfall" notieren. Es kann sein, dass das vorbereitete Wortmaterial nicht reicht oder dass besonders eifrige Kursteilnehmer noch weitere Beispiele haben wollen. Achtung: Falls möglich, wieder nur bekannte Substantive verwenden, damit die Grammatiklektion nicht durch zusätzlichen Lernaufwand für Vokabeln verbunden wird.

Durchführung der UE:

1. Schritt

L[112] fordert die Schüler auf, Substantive, die sie kennen, zusammen mit der Pluralform zu nennen. L notiert diese Wörter auf Zuruf an der Tafel.

---

110 Zum didaktischen Konzept dieser Einheit vgl. auch Dittrich, R. und E. Frey. 2001/02. *Vorbereitungskurs Zertifikat Deutsch – Lehrerbuch.*

111 UE = Unterrichtseinheit (45 min.)

112 L = Lehrer/in

Alternative:
L gibt jeweils 2 bis 3 Kursteilnehmern die Aufgabe, aus den bekannten Lektionen des Lehrwerks ungefähr 10 Pluralwörter herauszusuchen oder solche Wörter zu notieren, zu denen sie die Pluralform bereits kennen.
L notiert dann diese Wörter auf Zuruf an der Tafel.
Zeit für 1.Schritt: ca. 8 Minuten

2. Schritt
L markiert alle Maskulina mit e- oder eU-Plural und legt die kopierte Folie mit „Einheit V“ auf. Zusätzlich erhält jeder Teilnehmer eine der vorbereiteten Kopien.
Zeit für 2. Schritt: ca. 2-3 Minuten

3. Schritt
L erklärt das Folienbild und die Tischvorlage. Wichtig sind folgende Aspekte:

- eU-Plural gibt es bei den Maskulina und Feminina.
  Beipiele: passende von der Tafel nehmen oder:
  Maskulina: *der Baum/Bäume, der Fluss/Flüsse, der Arzt/Ärzte, der Kuss/Küsse, der Raum/Räume, der Platz/Plätze ...*
  Achtung: in der Liste sollen auch die Beispiele erscheinen, die auf der Folie in den konzentrischen Kreisen stehen, weil diese prototypisch sind.
  Feminina: *die Angst/Ängste, die Hand/Hände, die Nacht/ Nächte ...*
  Thema heute: Maskulina.
- Für die Maskulina, die am Ende des Worts einen oder mehrere Konsonanten haben, gibt es im Deutschen zwei Möglichkeiten, den Plural zu bilden: e-Plural oder eU-Plural. (In diesem Zusammenhang kann L den Begriff der „umlautfähigen“ Wörter einführen, falls dieser nicht schon bekannt ist.)
- Die Frage lautet: Welche Maskulina bilden e-Plural und welche bilden eU-Plural?
- Es gibt bestimmte Kennzeichen („Merkmalbündel“), die ein Maskulinum mit eU-Plural hat. L erklärt anhand der drei Wörter in den konzentrischen Kreisen diese Merkmale.
- L weist darauf hin, dass es fließende Übergänge gibt vom e-Plural zum eU-Plural, je nachdem, wie viele oder welche Merkmale ein Maskulinum aufweist.
  Beispiel: *Arzt* hat alle prototypischen Merkmale, *Bus* dagegen nicht (es hat nur einen Konsonanten, es hat keinen gespannten Nukleus, es hat keine Affrikata am Ende und der Konsonant am Ende (/s/) wird darüber hinaus dental

gebildet. Also spricht alles dafür, dass die Pluralform nicht eU-Plural ist, sondern e-Plural.)

Achtung: Falls nötig, muss L hier einen Exkurs einplanen und erklären, was ein „gespannter Vokal“ ist, was eine Affrikata ist und was ein Dental ist (vgl. Kap. 6.5.2 - Glossar).

Zeit für 3. Schritt: ca. 10-15 Minuten

4. Schritt

Anhand der vorgegeben prototypischen Merkmalbündel erarbeitet L zusammen mit den Schülern zu weiteren 5 bis 6 Maskulina mit e- oder eU-Plural, die an der Tafel stehen, die vorkommenden Merkmale und erklärt, warum die Wörter eU- oder e-Plural bilden. Falls nicht genug Wörter an der Tafel stehen, verwendet L diejenigen Beispiele aus dem GWS, die er sich vor der Stunde notiert hat.

Zeit für 4. Schritt: ca. 8 Minuten

5. Schritt

L fordert die Schüler auf, in 2-er Gruppen die Merkmale der Wörter zu bestimmen, die er ihnen auf Kärtchen vorlegt, und die Pluralform zu erklären. Je nach verbleibender Unterrichtszeit erhalten die Gruppen mindestens 3, höchstens aber 5 Wortkärtchen.

Zeit für 5. Schritt: ca. 6 bis 8, höchstens 10 Minuten

6. Schritt

Gemeinsame Besprechung der Gruppenergebnisse.

Zeit für 6. Schritt: ca. 5 Minuten

7. Schritt

L gibt die Hausaufgabe bekannt: Jeder Teilnehmer soll alleine oder zusammen mit Kommilitonen 10 Substantive aus einer Zeitung herausschreiben, die in der UE noch nicht genannt wurden. Es sollen Maskulina sein, die entweder e- oder eU-Plural bilden (von jedem der beiden Pluraltypen sollen Substantive dabei sein). Die Schüler sollen die prototypischen Merkmale herausfinden und die Pluralform erklären können. Jeder Schüler oder jede Schülergruppe soll fünf Kärtchen mit den besten Beispielen vorbereiten, auf denen das Wort und die Pluralform stehen. Außerdem sollen die prototypischen Merkmale mit Farbe gekennzeichnet werden.

Ausblick auf die nächste UE

Anhand des Hausaufgabenergebnisses kann der Lehrer die nächste UE gestalten. Es bietet sich an, dass einige Teilnehmer oder Gruppen ihre Kärtchen erklären und dann zum Beispiel den seit Kursbeginn aushängenden „Pluraltaschen“ hinzufügen. Für jeden Pluraltyp gibt es eine sog. „Pluraltasche“. Diese trägt eine Aufschrift, die den Pluraltyp, das prototypische Merkmalbündel und/oder das Beispielwort nennt. Diese Taschen können linear oder beliebig im Klassenraum verteilt werden. Sie sollen groß genug sein, um die im Verlauf eines Kurses erstellten und gesammelten Pluralkärtchen aufzunehmen. Die Pluraltaschen werden von den Lernern im Unterricht mit neu hinzukommenden Wörtern systematisch gefüllt. Die auf größere Zettel geschriebenen Vokabeln werden unter Angabe der vorhandenen (und auch nicht vorhandenen) prototypischen Merkmale bestimmten Taschen zugeordnet. Am Ende einer Kurseinheit wird in regelmäßigen Abschnitten vom Lehrer eine Art Quiz durchgeführt. Die Vokabelzettel werden aus den Taschen genommen und jeder Teilnehmer hat die Aufgabe, die ihm vorgelegten Zettel wieder den richtigen Pluraltaschen zuzuordnen. Natürlich kann diese kleine Wiederholungsübung auch zu einem Spiel mit verschiedenen Teilnehmergruppen ausgebaut werden. Als Hausaufgabe bietet es sich an, dass Teilnehmer selbst solche Zettel mit bereits bekannten oder neuen Wörtern entwerfen. Im Unterricht haben die Kommilitonen dann die Aufgabe der Beschreibung von Merkmalbündeln und die Aufgabe der Zuordnung zu Pluraltaschen. Ein Punkt für eine richtige Lösung wird nur dann vergeben, wenn die fragende Gruppe mit der Antwort der anderen Gruppe einverstanden ist. Erst dann darf diese Gruppe selbst fragen usw.

6.5.5 Anwendungsorientierte Überlegungen

Die Vermittlung einer prototypenorientierten Pluralgrammatik wurde in den vorangehenden Kapiteln unter verschiedenen Aspekten dargestellt. Zum einen ist es wichtig, dass dem Lehrer das Neue des prototypischen Ansatzes bewusst wird, der sich durch Merkmalbündel und fließende Übergänge konstituiert. Zum anderen muss Material zur Verfügung gestellt werden, wie dieser Ansatz im Unterricht vermittelt werden könnte. Eine praktische Grundlage für diese Vermittlung wurde in Kap. 6.5.3 durch grafische konzentrische Darstellungsvarianten angeboten, deren praktische Umsetzung wurde schließlich im Vorschlag einer Unterrichtseinheit in Kap. 6.5.4 beschrieben.

Diese Darstellung und Vermittlung des Systems als solches ist weitgehend unabhängig von der Anlage des Unterrichts, die durch unterschiedliche Ausrichtungen bestimmt wird. Solche Ausrichtungen werden u.a. durch folgende Faktoren vorgegeben:

- Unterricht im Ausland oder Inland: Wenn es sich um fremdsprachigen Unterricht im Ausland handelt, ist bei den Teilnehmern mit einer weitgehend homogenen Sprechergruppe zu rechnen. Das hat den Vorteil, dass das prototypische Pluralsystem kontrastiv zur Muttersprache der Teilnehmenden kommentiert werden kann, sofern der Kursleiter über die nötigen Kenntnisse der Ausgangssprache verfügt. Handelt es sich um Inlandsunterricht sind die Teilnehmergruppen oft sehr heterogen und gehören weitgehend unterschiedlichen Muttersprachengruppen an. Da der Kursleiter nicht über Kenntnisse aller Ausgangssprachen verfügt, sind kontrastive Vergleiche schwer umzusetzen, da auch bestimmte Sprechergruppen (z.B. des Englischen) nicht dadurch bevorzugt werden sollen, dass nur Vergleiche mit deren Muttersprache vorgenommen werden.
- DaF als L1-, L2- oder L3-Sprache. In den letzten Jahren entwickelt sich immer stärker eine Didaktik der Mehrsprachigkeit,[113] die unterschiedliche methodische Schwerpunkte danach setzt, ob es sich beim Erwerb des Deutschen um die erste, zweite oder sogar dritte Fremdsprache des Lerners handelt. Kontrastivität oder der Vergleich mit einer bereits erlernten Fremdsprache sind in solchen Lernergruppen gut einsetzbar, doch ist auch Vorsicht geboten je nachdem, um welche Sprachregion es sich handelt. So weist z.B. Krumm darauf hin,[114] dass es für viele Lerner Mittel- und Osteuropas mehr Probleme als Hilfen darstellt, wenn das Deutsche durch Vergleiche mit dem Englischen erklärt wird, da der Erwerb des Englischen für viele der DaF-Lerner eine größere Schwierigkeit bedeute, als der DaF-Erwerb. Darüber hinaus scheint sich die Methodik so zu entwickeln, dass L2- und L3-Unterricht im Anfängerniveau im Unterschied zu L1 mehr auf rezeptive als auf produktive Fertigkeiten fokussiert wird.
- Unterricht für Kinder/Jugendliche oder Erwachsene. Die optische Aufbereitung muss dem Alter der Lernergruppe Rechnung tragen. Die Lehrwerke gehen meist so vor, dass Kinder- und Jugendmaterialien mit mehr Farben arbeiten als Erwachsenenmaterialien.[115] Darüber hinaus vermittelt der kinder- und jugendorientierte Unterricht Grammatik eher spielerisch, während die Erwachsenengrammatik das darstellende Moment und die Kognition stark betont.

113 Vgl. z.B. Bausch, 1992, Krumm, 1999, oder Hufeisen, 2000.

114 Krumm, Hans-Jürgen. Mündliches Referat auf der Sitzung des *Beirats Sprache*, Goethe Institut Inter Nationes, München, 4. Mai 2001.

115 Für Literaturhinweise s. Anhang „Kommentiertes Materialverzeichnis".

- Der Zeitfaktor. Vieles hängt im Unterricht davon ab, wie viel Zeit zu Verfügung steht, d.h. wie lange der Kurs dauert, wie viele Unterrichtseinheiten er insgesamt umfasst. Je nachdem können Grammatiklektionen ausführlich oder nur kurz behandelt werden und entsprechend muss auch die Übungs- und Anwendungsphase modifiziert werden.
- Lehr-/Lerntraditionen. Bei der Umsetzung didaktischer Konzeptionen im Unterricht hängt vieles von der Lehrtradition des Unterrichtenden ab. Die Lehrercharakteristik ist heute sehr facettenreich. Während sich im europäischen Raum mehr und mehr ein Selbstverständnis des Lehrers entwickelt, Lernberater und Lernwegbegleiter eines autonomen Lerners zu sein, dominiert im (Fremdsprachen-)Unterricht mittel- und osteuropäischer Länder oft noch eine Lehrerpersönlichkeit in einem grammatik-dominierten Frontalunterricht. Auch die Lernercharakteristik ist unterschiedlich und es ist in einigen Ländern noch viel Vorarbeit zu leisten, bis vom Lerner überhaupt zu verlangen ist, dass er sein Lernen selbst organisiert und als autonom Handelnder seinen eigenen Lernfortschritt bestimmt.

Für alle genannten Faktoren gilt, dass sie in der Anlage, Aufmachung, inhaltlichen Füllung etc. von Lehrwerken berücksichtigt werden müssen. Das ist die Ursache für zahlreiche regionale Adaptionen von Standardlehrwerken und für zahlreiche Lehrerhandreichungen, die z.T. nur als sog. „graue Materialien“[116] auf dem Markt sind. In all diesen Varianten müsste die prototypenorientierte Pluralgrammatik erst umgesetzt werden. Die dargestellte grafische Aufbereitung und der Unterrichtsvorschlag sind Prototypen, die auf den Erwachsenenunterricht von Lernern im In- und Ausland ausgerichtet sind und die zumindest im Hinblick auf ihre Muttersprache über solide Grammatikkenntnisse verfügen.

Die Anwendung der vermittelten Prototypengrammatik erfolgt im modernen Fremdsprachenunterricht in Handlungsfeldern oder sog. „Szenarien“[117]. Vorgegeben werden die thematischen Einbettungen und Übungsmodelle durch das gewählte Lehrwerk und das Curriculum. Ein künftiger Schwerpunkt müsste im Hinblick auf die Pluralgrammatik darin liegen, adäquate Übungsmodelle zu fin-

116 Lehrermaterialien, die auf die Bedürfnisse einer speziellen Region und /oder Lernerklientel eingehen. Diese sind aber wg. der meist relativ kleinen Rezipientengruppe für Verlage vom ökonomischen Standpunkt aus nur wenig lukrativ und werden deshalb nicht über den Verlagsweg publiziert.

117 Dieser Ausdruck wird v.a. für den Grundstufenunterricht verwendet, der auf die Abschlussprüfung „Zertifikat Deutsch“ vorbereitet. Durch das Prüfungsformat selbst soll dann gewährleitstet werden, dass die sprachliche Handlungsfähigkeit des Teilnehmers in vorgegebenen Szenarien geprüft wird. In diesem Ansatz spiegelt sich der Versuch wieder, das revidierte Prüfungsformat authentischer i.S. alltäglicher kommunikativer Situationen zu gestalten und von der Konzeption als reines Prüfungsmodell ohne Realitätsbezug Abstand zu gewinnen.

den und geeignete Texte zu konzipieren, in denen die Verwendung des Plurals authentisch ist. Die Übungsmodelle sind dabei so vielfältig wie die Materialien und Ziele des Unterrichts. Sie sind außer von der Niveaustufe der Lernenden im Wesentlichen vom Medium des Lernmaterials abhängig. Für Printmaterialien eignen sich andere Übungsformen als für Off- oder Online-Produkte. Deren Übungspalette ist zwar unvergleichlich größer und variantenreicher und bietet den Vorteil einer sofortigen Selbstkorrektur, doch nicht alle Lerner weltweit haben entsprechend Zugriff auf die technischen Voraussetzungen. Vielfach haben auch die Lehrenden eine hohe Hemmschwelle, auf entsprechende Materialien zuzugreifen. Die Wichtigkeit des Printmaterials auch im kontemporären Sprachunterricht ist also nicht zu unterschätzen und geeignete Plural-Übungen, die den Prototypenansatz berücksichtigen, müssen zuerst zusammen mit Print-Lehrwerkautoren entwickelt werden. Das in Kap. 6.5.3 vorgestellte grafische Konzept sollte dafür die Grundlage sein. Ich könnte mir zum Beispiel vorstellen, dass ein Übungsprototyp darin besteht, in einem Cluster von Beispielen dasjenige zu streichen, das dem Prototyp nicht oder am wenigsten entspricht, in einem anderen dann einen Beleg zu ergänzen, der hinsichtlich seiner prototypischen Merkmale am besten ins Cluster passt usw. Pluralwörter können auch haptisch an der Pinnwand auf einer stilisierten Prototypen-Skala angebracht werden, damit Übergänge und Merkmalbündel deutlich werden, oder einfach durch Nummerierung im Buch gekennzeichnet werden. Sehr gut sind für diese Variante natürlich Drag-and-Drop-Übungen off- oder online geeignet. Die Möglichkeiten sind hier sehr zahlreich, müssen sich aber natürlich immer in die Konzeption des Lehrmaterials einfügen und zur Intention der Autoren passen.

Darüber hinaus muss es zum selbstverständlichen Postulat werden, Texte, sprachliche Handlungsfelder oder Szenarien so zu gestalten, dass sie authentische Situationen widerspiegeln, in denen der Plural im Deutschen verwendet wird. Das durchgängige Einerlei in den typischen Anfangslektionen „Beim Einkaufen – Was kaufen Sie? Zwei Birnen, drei Brötchen ...“ sollte variiert werden.[118] Es ist es nämlich meist überhaupt nicht authentisch, dass ein Lerner in Deutschland auf deutsch einkauft. Er geht in der Supermarkt und nimmt sich, was er braucht. Und was er in seinen Korb legt, erkennt er meist auf den Verpackungsbildern und nicht an der deutschen Aufschrift. Kauft er aber in seinem Heimatland ein, dann bedient er sich dabei erst recht nicht der deutschen Be-

118 Eine mögliche authentische Variante des Pluralgebrauchs stellen z.B. Dittrich/Frey im Grundstufenmaterial für Selbstlerner, „SeQuenzen“, vor (derzeit nur als Manuskript), in dem zum Beispiel der Protagonist, der aus einem ostdeutschen Bundesland kommt, von seinen beiden Wohnungen/Appartements spricht, die er braucht, weil er zwei verschiedene Arbeitsstellen hat, damit er genug Geld für seine Kinder verdient usw.

zeichnungen. Thematisch müssen für die Anwendung des Plurals also ebenso neue Möglichkeiten gesucht werden wie bei der Darstellung und Vermittlung der Pluralgrammatik.

6.6 Didaktik: Fazit

Die Darstellung und Vermittlung der Pluralgrammatik ist im kontemporären DaF-Unterricht dem Item-and-Process-Ansatz verpflichtet. Das deutsche Pluralsystem wird durch eine Zusammenstellung von Regeln und Ausnahmen beschrieben, deren genaue Anzahl je nach Feinheit der Regeln unterschiedlich sein kann. Die Vermittlung dieses Systems stößt im DaF-Unterricht sehr schnell an Grenzen, da dem Lerner zum einen die Anzahl der Regeln und Ausnahmen unüberschaubar ist, weil sie sich nicht zu einem sinnvollen Ganzen fügt. Zum anderen sind die Ausnahmen so zahlreich und beziehen sich meist auf die am häufigsten verwendeten Wörter, dass sich dem Lerner das deutsche Pluralsystem letztendlich als ziemlich regellose Angelegenheit darstellt. Die Lehrwerke ihrerseits können diesem Eindruck nicht entgegen steuern, da sie selbst wiederum den Regeln und Ausnahmen verpflichtet sind und sich im Großen und Ganzen nur dadurch unterscheiden, wie diese Regeln und Ausnahmen optisch gestaltet werden. Die Hilflosigkeit in der Situation äußert sich schließlich in dem Rat, dass der Lerner zu jeder neuen Singularform die Pluralform am besten mit dazu lernen solle, weil man keine genauen Regeln angeben könne.[119]

Die Ursache der geschilderten Problematik ist darin zu suchen, dass bislang immer nur an den Regeln und Ausnahmen gearbeitet wurde, weil man glaubt, das relativ unüberschaubare Pluralsystem sei durch nicht genügend detaillierte Regeln begründet. Es wurde aber in der Didaktik nie daran gedacht, dass das System als solches der sprachlichen Organisation eventuell gar nicht gerecht wird. Es zeigt sich jedoch, dass das Prototypen-Modell, das Köpcke auf einen kleinen Ausschnitt der „starken" und „schwachen" Maskulinadeklination angewendet hatte, für eine Beschreibung der Pluralsystematik sehr gut geeignet ist. Es gibt keine Regeln und Ausnahmen, sondern es gibt prototypische Merkmalbündel, durch die sich ein Lemma mit einer bestimmten Pluralform auszeichnet. Je nach Anzahl und Stärke der bei den Lemmata auftretenden Merkmale, ähneln sie dem jeweiligen Prototyp stärker oder weniger stark. Und entsprechend dieser Ähnlichkeit wird der Plural wie beim Prototyp gebildet oder alternativ. Dabei sind die Übergänge von einer Kategorie zur anderen weich und fließend.

119 Vgl. dazu auch im anhang die „Kommentierte Materialliste".

Diese neue Systematik in der Pluralbeschreibung muss ihren Niederschlag in der Didaktik finden. Es konnte gezeigt werden, dass ein konzentrisches Modell die optische Umsetzung der Prototypengrammatik relativ gut leistet. Es werden ineinanderliegende konzentrische Kreise so angeordnet, dass der innenliegende Kreis die Struktur repräsentiert, die dem Prototyp am ähnlichsten ist, nach außen hin folgen die Kreise mit abnehmender Prototypikalität. Jeder Kreis ist mit einem konkreten Mitglied der Gruppe gefüllt, das das jeweilige Merkmalbündel repräsentativ vertritt. Auf einer zusätzlichen Beschreibungsebene in dieser Darstellung werden die einzelnen Beispiele segmentiert und die prototypischen Merkmale auf möglichst einfache Weise beschrieben, ohne den Lerner mit zu viel linguistischer Fachterminologie zu belasten. Im abschließenden Vorschlag einer Unterrichtseinheit wird an den Maskulina mit e- und eU-Plural exemplarisch gezeigt, wie die Umsetzung der beschriebenen prototypischen Pluraldidaktik im DaF-Unterricht aussehen könnte. Das Üben und Anwenden des Plurals in authentischen Handlungsfeldern ist auf dieser Grundlage die Aufgabe der Lehrwerke.

Zu den wichtigsten künftigen Aufgaben wird es gehören, durch geeignete Publikationen und Beispiele die darstellend und vermittelnd Tätigen erstens dafür zu sensibilisieren, dass es keine Regeln und Ausnahmen mehr gibt, sondern dass es Prototypen und fließende Übergänge gibt. Zweitens muss deutlich werden, dass es nicht die Hauptaufgabe der Vermittlung von Pluralgrammatik ist, dass der Lernende selbst solche Formen „bilden“ kann. Das bleibt der Sprache und den nativen Sprechern überlassen. Der Lernende soll erkennen und verstehen und dadurch wird die Grundlage zum Behalten und Verwenden geschaffen. Es muss seine Kompetenz gefördert werden, Hypothesen über das mögliche prototypische Verhalten zu bilden, aber die Absicherung der Hypothese muss über die sprachliche Realität erfolgen. Didaktisches Ziel ist es, dass sich der Lerner die Pluralgrammatik gerne merkt, weil er das System interessant und logisch findet. Seine Aufgabe muss wieder mehr die Analyse und Assoziation werden und weniger die Konstruktion.

7 Ergebnisse der Untersuchungen

Die vorliegende Arbeit setzt sich aus einem linguistischen Teil, in dem die Pluralsystematik des Standarddeutschen beschrieben wird, und einem didaktischen Teil zusammen, in dem diese Systematik für den Deutsch-als-Fremdsprache-Unterricht aufbereitet wird.

Im ersten Teil wird darauf hingewiesen, dass die älteren Arbeiten zur Pluralgrammatik durchgängig auf dem Item-and-Process-Modell basieren. Im Wesentlichen unterscheiden sie sich nur dadurch, wie detailliert und genau die Regeln und Ausnahmen der Pluralbildung beschrieben werden. Köpcke (2000) weist demgegenüber anhand eines kleinen Ausschnitts des Nominallexikons nach, dass das Item-and-Process-Modell der innersprachlichen Organisation des Lexikons nicht gerecht wird. Er nimmt stattdessen an, dass die Organisation der „starken" und „schwachen" Maskulina aufgrund von prototypischen Merkmalbündeln geschieht. Die Relationierung solcher Merkmalbündel auf einer Prototypenskala ergibt sich aus deren Grad an Ähnlichkeit mit dem Prototyp. In einem Experiment mit Kunstwörtern versucht Köpcke zu beweisen, dass sich die Merkmalbündel, die für das Deklinationsver-halten der Maskulina verantwortlich sind, aus einer phonologischen und primär einer semantischen Komponente konstituieren.

Um dieses Argument zu überprüfen, wurde von mir ein ähnliches Experiment durchgeführt, dessen Textkorpus einerseits identisch war mit demjenigen Köpckes, andererseits aber wurden keinerlei Bedeutungsangaben gemacht. Die Probanden wurden vielmehr ausdrücklich darauf hingewiesen, dass es sich um Fantasiewörter handelt, die ihrer phonologischen Struktur nach im Deutschen zwar möglich, aber real nicht existent sind. Zwischen den Ergebnissen beider Experimente zeigten sich bis ins Detail so deutliche Übereinstimmungen, dass davon ausgegangen werden musste, dass es sich bei der von Köpcke angesetzten semantischen Komponente nicht um ein primäres prototypisches Merkmal handelte. Es zeigte sich, dass in den Kunstwort-Gruppen Köpckes, die er nach semantischen Kriterien zusammengestellt hatte, jeweils auch phonologische Merkmalbündel ausgemacht werden können, durch die sich diese Gruppen voneinander unterscheiden. Daraus wurde geschlossen, dass diese phonologischen Merkmale primär für die Konstituierung der Merkmalbündel verantwortlich sind, die das Pluralverhalten beeinflussen.

Im Hauptteil der Arbeit (Kap. 5) wurde dann das gesamte nominale Reallexikon des Standarddeutschen daraufhin untersucht, die phonologischen, prototypischen Merkmalbündel der jeweiligen Pluraltypen für die drei Genera herauszufinden. Es konnte nachgewiesen werden, dass die Konstituierung dieser Merkmalbündel von der Reihenfolge der Kombination der Einzelmerkmale abhängig ist. Die Merkmalbündel, die dem Prototyp am nächsten kommen, sind nur dadurch zu ermitteln, dass jeweils diejenigen Einzelmerkmale miteinander kombiniert werden, die die höchsten Wahrscheinlichkeitsquoten aufweisen. Auf diesem Weg wurden schließlich für alle Pluraltypen bei den Maskulina, Feminina und Neutra die prototypischen Merkmalbündel ermittelt und aufgrund ihrer Wahrscheinlichkeitsquoten auf den jeweiligen Prototypenskalen relationiert.

Es zeigte sich schließlich, dass das Pluralverhalten der standarddeutschen Substantive im Großen und Ganzen ein recht einfaches, klar strukturiertes System darstellt. Maskulina und Neutra bilden e-Plural, Feminina en-Plural. Fließende Übergänge zeigen sich, je nach Vorliegen typischer Merkmale, bei den Maskulina und Feminina zum eU-Plural und bei den Neutra zum er-/erU-Plural. Weitgehend genusunabhängig verhalten sich Lemmata, die auf Reduktionsvokal /ə/ enden. Sie bilden n-Plural. Es konnte nachgewiesen werden, dass auch alle sog. „en-Pluralia“, die bei Maskulina und Neutra mit konsonantischen Endrändern auftreten, auf Lemmata mit einer /ə/-Endung zurückgehen. Noch im Mittel- und Frühneuhochdeutschen existierte diese Endung bei den einschlägigen Belegen. Daraus wurde der Schluss gezogen, dass es sich bei den maskulinen und neutralen en-Pluralia um n-Pluralformen handelt, bei denen das *e* im Pluralsuffix lediglich das Relikt einer ursprünglich zur Singularform gehörenden /ə/-Endung darstellt. In der Gruppe mit reduzierten Endrändern gibt es schließlich noch Restbestände bei den Maskulina und Neutra, die unmarkierten oder Umlaut-Plural bilden. Bei den Maskulina treten beide Pluralformen auf, bei den Neutra gibt es nur noch die unmarkierte Form. Bei den Feminina ist der analogische Ausgleich zum n-Plural bei den Belegen mit Reduktionssilbe bereits vollständig durchgeführt, so dass es hier, bis auf zwei hochfrequente Reste (*Mütter, Töchter*), keine unmarkierte oder Umlaut-Pluralform mehr gibt. Tendenzen zum analogischen Ausgleich zugunsten des n-Plurals zeigen sich aber auch bei den Maskulina und Neutra, bei denen immer mehr Belege auf Reduktionssilbe anstelle x- oder U-Plural bereits n-Plural bilden.

Im Hinblick auf solche analogischen Ausgleichsprozesse, die immer zugunsten der vorkommensstärkeren Pluralform eintreten, konnte nachgewiesen werden, dass ein direkter Zusammenhang zwischen den Ausgleichstendenzen und der Verwendungsfrequenz eines Lemmas besteht. Dieser Zusammenhang stellt sich so dar, dass hochfrequente Lemmata gegenüber Ausgleichsvorgängen weitgehend resistent sind. Relikte bestimmter Pluralformen, die nicht mehr oder immer weniger produktiv sind, werden sich also gerade in solchen Belegen erhalten, die besonders häufig verwendet werden. Das zeigen insbesondere die Maskulina und Neutra mit er-/erU-Plural oder auch die beiden Feminina mit eU-Plural.

Für den s-Plural zeigte sich schließlich, dass sein primäres prototypisches Kennzeichen außerphonologischer Natur ist. Charakteristisch für Lemmata, die s-Plural bilden, ist das Merkmal [+Fremdwort]. Es wurde nachgewiesen, dass dieses Merkmal auch für solche Lemmata primär ist, die auf Vollvokal enden. Die prototypische Pluralform für Wörter mit Struktur /-V/ ist der en-Plural. Dies wird vor allem durch die Richtung analogischer Ausgleichstendenzen bestätigt, die bei Lemmata mit bestimmten phonologischen Kennzeichen immer vom s- zum en-Plural gehen, nicht aber umgekehrt. Darüber hinaus zeigte sich auch, dass ein Zusammenhang zwischen Verwendungshäufigkeit und analogischem Ausgleich zugunsten des en-Plurals existiert, der beim s-Plural aber anders motiviert ist als bei den übrigen Pluraltypen: Gerade die Lemmata, die eine höhere Frequenz aufweisen, tendieren eher zum en-Plural als andere. Dies bestätigte noch einmal die Annahme, dass es sich beim en- und nicht beim s-Plural um die prototypische Form für Wörter auf Vollvokal handelt. Für die wenigen deutschen Belege mit s-Plural wurden, bis auf eine gewisse Einschränkung bei Feminina auf /-i/, ebenfalls außerphonologische Ursachen geltend gemacht. Einerseits weisen die meisten Belege bestimmte Charakteristika von Eigen-/Familiennamen auf und werden deshalb mit s-Plural gebildet, andererseits liegen auch morphologische Eigenschaften vor, die die einschlägigen Lemmata als Fremdwörter charakterisieren, die s-Plural bedingen.

Im zweiten Teil der Arbeit wurden die linguistischen Ergebnisse des ersten Teils didaktisch aufbereitet. Es wurde eine Konzeption entworfen, die es erlaubt, die prototypenorientierte Pluralgrammatik im DaF-Unterricht anzuwenden. Die Konzeption wird vom Lehrer ein grundlegendes Umdenken fordern, da die Basis des Modells nicht durch die üblichen Regeln und Ausnahmen gebildet wird, sondern durch prototypische Merkmalbündel und fließende Übergänge von einem Pluraltyp zum anderen. Im abschließenden Unterrichtsentwurf konnte aber gezeigt werden, dass sich das prototypische Beschreibungsmodell gut didaktisieren und in den Unterrichtsablauf integrieren lässt.

Literaturhinweise

Admoni, Wladimir. 1970. *Der deutsche Sprachbau.* München.

Altmann, Gabriel und V. Raettig. 1973. "Genus und Wortauslaut im Deutschen." *Zeitschrift für Phonetik, Sprachwissenschaft und Kommunikationsforschung* 26. 297-303.

Augst, Gerhard. 1971. "Über die Kombination von Phonemsequenzen bei Monemen." *Linguistische Berichte* 11. 37-47.

Augst, Gerhard. 1975. *Untersuchungen zum Morpheminventar der deutschen Gegenwartssprache.* Tübingen.

Augst, Gerhard. 1979. "Neuere Forschungen zur Substantivflexion." *Zeitschrift für Germanistische Linguistik* 7. 220-232.

Baldegger, M. et al. 1985. *Kontaktschwelle Deutsch als Fremdsprache.* Berlin.

Ballstaedt, Steffen-Peter. 1997. *Wissensvermittlung. Die Gestaltung von Lernmaterial.* Weinheim.

Batz, Richard und Waltraud Bufe (Hgg.). 1991. *Moderne Sprachlehrmethoden. Theorie und Praxis.* Darmstadt.

Bausch, Karl-Richard (Hg.). 1979a. *Beiträge zur Didaktischen Grammatik. Probleme, Konzepte, Beispiele.* Königstein/Ts.

Bausch, Karl-Richard. 1979b. "Zur Erstellung von Didaktischen Grammatiken als Exempel für das Verhältnis von angewandter Linguistik, Fremdsprachendidaktik und Sprachlehrforschung." Bausch, K.-R. (Hg.). *Beiträge zur Didaktischen Grammatik. Probleme, Konzepte, Beispiele.* Königstein/Ts. 2-24.

Bausch, Karl-Richard. 1992. „Deutsch? Was für eine angenehm schwierige Sprache!“ Neuere Tendenzen und Erkenntnisse für das Fach Deutsch als Fremdsprache. *Prisma Canada* 16,1. 1-32.

Bausch, Karl-Richard, Herbert Christ, Werner Hüllen und Hans-Joachim Krumm. (Hgg.). 1989. *Handbuch Fremdsprachenunterricht.* Tübingen.

Bech, Gunnar. 1963. "Zur Morphologie der deutschen Substantive." *Lingua* 12.2. 177-189.

Becker, Norbert. 1986. "Unterrichtliche Ansätze und Lehrwerkentwicklung in Deutsch als Fremdsprache". *Jahrbuch Deutsch als Fremdsprache* 12. 217-233.

Becker, Thomas. 1996. „Zur Repräsentation der Vokallänge in der deutschen Standardsprache.“ *Zeitschrift für Sprachwissenschaft* 15. 3-21.

Bergenholtz, Henning und Joachim Mugdan. 1979. *Einführung in die Morphologie*. Stuttgart.

Berlitz, Maximilian D. 1907. *The Berlitz Method for teaching modern languages*. New York.

Bettelhäuser, Hans J. 1976. *Sudien zur Substantivflexion der deutschen Gegenwartssprache*. Heidelberg.

Biermann, Anna. 1982. "Die grammatische Kategorie Numerus." Seiler, Hansjakob und Christian Lehmann (Hgg.). *Apprehension. Das sprachliche Erfassen von Gegenständen*. Tübingen. 229-243.

Bierwisch, Manfred. 1987. "Linguistik als kognitive Wissenschaft - Erläuterungen zu einem Forschungsprogramm." *Zeitschrift für Germanistik* 6. 645ff.

Bisle-Müller, Hansjörg. 1991. *Artikelwörter im Deutschen*. Tübingen.

Bittner, Dagmar. 1991. *Von starken Feminina und schwachen Maskulina. Die neuhochdeutsche Substantivflexion – eine Systemanalyse im Rahmen der natürlichen Morphologie*. Jena.

Bittner, Dagmar. 1994. „Die Bedeutung der Genusklassifikation für die Organisation der deutschen Substantivflexion." Heringer, Hans Jürgen und Georg Stötzel (Hgg.). *Sprachgeschichte und Sprachkritik. Festschrift für Peter von Polenz zum 65. Geburtstag*. Berlin. 65-80.

Bloomfield, Leonard. 1933. *Language*. New York. [dt.: 1980. *Deutsche Sprache*. Frankfurt.]

Bornschein, Matthias und Matthias Butt. 1987. "Zum Status des *s*-Plurals im gegenwärtigen Deutsch." Abraham, Werner und Rita Arhammer (hgg.). *Linguistik in Deutschland*. Tübingen. 135-153.

Buscha, Joachim. 1991. "Zur Beschreibung der Morphologie in Referenzgrammatiken und Lehrbüchern für DaF." *Info DaF* 4. 368-375.

Bußmann, Hadumod. 1990. *Lexikon der Sprachwissenschaft*. Stuttgart.

Butzkammer, Wolfgang. 1980. *Praxis und Theorie der bilingualen Methode*. Heidelberg.

Bybee, Joan L. 1976. *An introduction to natural generative phonology*. New York.

Bybee, Joan L. 1991. "Natural morphology: the organization of paradigms and language acquisition." Huebner, T. und Ch. Ferguson (Hgg.). *Crosscurrents in Second Language Acquisition and Linguistic Theories*. Amsterdam. 67-92.

Calvin, William H. und George A. Ojemann. 1996. *Einsicht ins Gehirn. Wie Denken und Sprache entstehen*. München.

Carstairs, Andrew. 1987. *Allomorphy in Inflexion*. London.

Cauneau, Ilse. 1992. *Hören - Brummen - Sprechen. Angewandte Phonetik im Unterricht Deutsch als Fremdsprache*. München.

Cholewa, Jürgen und Ria de Bleser. 1995. "Neurolinguistische Evidenz für die Unterscheidung morphologischer Wortbildungsprozesse: Dissoziationen zwischen Flexion, Derivation und Komposition." *Linguistische Berichte* 158. 259-297.

Chomsky, Noam. 1986. *Knowledge of Language. Its Nature, Origin, and Use.* New York.

Dhority, Lynn. 1989. *Moderne Suggestopädie. Der ACT-Ansatz ganzheitlichen Lehrens und Lernens.* Bremen.

Diehl, Erka, Helga Albrecht und Irene Zoch. 1991. *Lernstrategien im Fremdsprachenerwerb*. Tübingen.

Dittrich, Roland und Evelyn Frey. 1996. *Training Kleines Deutsches Sprachdiplom.* 3 Bde. Ismaning.

Dittrich, Roland und Evelyn Frey. 2001/02. *Vorbereitungskurs Zertifikat Deutsch.* 6 Bde. Warschau.

Dodson, C.J. 1972. *Language Teaching and the Bilingual Method.* London.

Dressler, Wolfgang U. 1968. *Studien zur verbalen Pluralität.* Graz.

Dressler, Wolfgang U. 1977. *Grundfragen der Morphologie*. Wien.

Dressler, Wolfgang U. 1987. *Leitmotivs in natural morphology.* Amsterdam.

Drosdowski, Günther und Helmut Henne. 1980. "Tendenzen der deutschen Gegenwartssprache." Althaus/Henne/Wiegand (Hgg.). *Lexikon der Germanistischen Linguistik.* 619-632. Tübingen.

Duden. 1974. *Das Aussprachewörterbuch*. Mannheim.

Duden. 1984. *Grammatik der deutschen Gegenwartssprache*. Mannheim.

Duden. 1989. *Deutsches Universalwörterbuch von A - Z.* Mannheim.

Durrell, Martin. 1977. "Zur morphologischen Struktur der deutschen Nominalgruppe." *Deutsch als Fremdsprache* 14.1. 44-52.

Eck, Andreas, Lienhard Legenhausen und Dieter Wolff. 1995. *Telekommunikation und Fremdsprachenunterricht: Informationen, Projekte, Ergebnisse.* Bochum.

Eckerth, Johannes. 2000. „Unterrichtsbeobachtungen, Transkriptionen, Forschungsthesen – und dann? Zur \`Praxisrelevanz´ empirischer Fremdsprachenerwerbsforschung." Wolff, Armin und Harald Tanzer (Hgg.). *Sprache – Kultur – Politik. Materialien Deutsch als Fremdsprache* 53. 166-177.

Edmondson, Willis und Juliane House. 1993. *Einführung in die Sprachlehrforschung.* Tübingen.

Eisenberg, Peter. 1991. „Syllabische Struktur und Wortakzent". *Zeitschrift für Sprachwissenschaft* 10, 1. 37-64.

Eisenberg, Peter, Karl Heinz Ramers und Heinz Vater (Hgg.). 1992. *Silbenphonologie des Deutschen.* Tübingen.

Eisenberg, Peter. 1998/99. *Grundriss der deutschen Grammatik.* Bd. I (1998): *Das Wort.* Bd. II (1999): *Der Satz.* Stuttgart.

Eisenberg, Peter, Karl Heinz Ramers und Heinz Vater. (Hgg.). 1992. *Silbenphonologie des Deutschen.* Tübingen.

Eismann, Volker und Maria Thurmair. 1994. "Ein Erklärungsmodell für die Deklination." *Deutsch als Fremdsprache* 3. 152-156.

Engel, Ulrich. 1996. *Deutsche Grammatik.* Heidelberg.

Engelen, Bernhard. 1991. "Über das Verhältnis von Auslautkonsonanz und Pluralumlaut bei den einsilbigen Nomina." *Zielsprache Deutsch* 1. 25-37.

Eppert, Franz. 1992. "Wie brauchbar ist *Ge*- als Artikelindikator?" *Zielsprache Deutsch* 23.3. 148-152.

Finkenstaedt, Thomas. 1992. "Auf der Suche nach dem Göttinger Ordinarius des Englischen, John Tompson (1697-1768)." Schröder, Konrad (Hg.). 1992. *Fremdsprachenunterricht 1500-1700.* 57-74.

Fleischer, W. 1983. *Wortbildung der deutschen Gegenwartssprache.* Leipzig.

Forster, Karin. 1994. "Lernschwierigkeiten und Fehlerursachen im Kontrast: Spanisch-Deutsch: Morphologie." *Deutsch als Fremdsprache* 4. 209-215.

Frey, Evelyn. 1989. "Worttrennung und Silbenstruktur des Gotischen mit besonderer Berücksichtigung der Skeireins." *Indogermanische Forschungen* 94. 272-293.

Frey, Evelyn. 1992. "Die Aussprache des <-ie>-Suffixes in der deutschen Standardsprache". *Zielsprache Deutsch* 1. 12-13.

Frey, Evelyn. 1993. "Angewandte Phonetik im Unterricht Deutsch als Fremdsprache: Methoden und Erfahrungen." *Zielsprache Deutsch* 4. 195-202.

Frey, Evelyn. 1994. "Über den Einfluß von Vokalqualität und -quantität auf die Syllabierung von Wörtern. Ein Beitrag zur phonologischen Fundierung des Phonetikunterrichts." Breitung, Horst (Hg.). *Phonetik-Intonation-Kommunikation* (Standpunkte zur Sprach- und Kulturvermittlung, Bd.2). München. 117-128.

Frey, Evelyn. 1995a. "Phonetikunterricht in heterogenen Lernergruppen: ein Erfahrungsbericht." *Fremdsprache Deutsch* 12. 13-15.

Frey, Evelyn. 1995b. *Kursbuch Phonetik. Lehr- und Übungsbuch der deutschen Phonetik. Mit Lehrerhandreichung, Lösungsschlüssel und 2 Toncassetten.* München.

Frey, Evelyn. 1995c. "Rezension zu Linda Brand, Jutta Kresin-Murakami und Karl Pechatscheck. Die Schöne ist angekommen". *Zielsprache Deutsch* 4. 224-225.

Frey, Evelyn. 1998. "Rezension zu Mary L. Apelt und Peter Apelt. plus deutsch." *Zielsprache Deutsch* 4. 196-197.

Frey, Evelyn. 2000. *Grammatik von A bis Z. Grundstufe Deutsch.* Stuttgart.

Gallmann, P. 1990. *Kategoriell komplexe Wortformen.* Tübingen.
Gregor, Bernd. 1983. *Genuszuordnung.* Tübingen.
Grewendorf, Günther, Fritz Hamm und Wofgang Sternefeld. 1987. *Sprachliches Wissen. Eine Einführung in moderne Theorien der grammatischen Beschreibung.* Frankfurt.
Günther, Hartmut (Hg.). 1989. *Experimentelle Studien zur deutschen Flexionsmorphologie.* Hamburg.
Haarstrup, Niels. 1992. "Dänisch, Deutsch und Französisch in Dänemark 1750-1800." Schröder, Konrad (Hg.). 1992. *Fremdsprachenunterricht 1500-1700.* 75-97.
Hansen, Björn. 1995. "Die deutschen Artikel und ihre Wiedergabe im Türkischen." *Arbeiten zur Mehrsprachigkeit der Universität Hamburg, Germanisches Seminar/Deutsch als Fremdsprache* 53. Hamburg.
Harnisch, Rüdiger. 1990. "Die Pluralbildung des Substantivs im Deutschen - Ein Fall von `Grundformflexion´?" *Linguistische Studien* A 208. 37-55.
Harnisch, Rüdiger. 1994. „Stammerweiterung im Singular – Stammflexion im Plural. Zum Bautyp der deutschen Substantivdeklination." K.-M. Köpcke. *Funktionale Untersuchungen zur deutschen Nominal- und Verbalmorphologie.* 97-114.
Hartmann, P. 1958. *Wesen und Wirkung der Sprache im Spiegel der Theorie L. Weisgerbers.* Heidelberg.
Heidolph, Karl Erich, Walter Flämig und Wolfgang Motsch. 1981. *Grundzüge einer deutschen Grammatik.* Berlin.
Heike, Georg. 1992. „Zur Phonetik der Silbe". Eisenberg, Peter, Karl Heinz Ramers und Heinz Vater (Hgg.). *Silbenphonologie des Deutschen.* Tübingen. 1-44.
Helbig, Gerhard. 1969. "Zur Applikation moderner linguistischer Theorien im Fremdsprachenunterricht und zu den Beziehungen zwischen Sprach- und Lerntheorien." *Deutsch als Fremdsprache* 1. 15-27.
Helbig, Gerhard. 1991. *Deutsche Grammatik. Grundfragen und Abriß.* München.
Helbig, Gerhard. 1994. "Das Verhältnis von Sprachwissenschaft und Sprachunterricht im Wandel der Zeiten." *Deutsch als Fremdsprache 4.* 201-208.
Helbig, Gerhard und Joachim Buscha. 1989. *Deutsche Grammatik. Ein Handbuch für den Ausländerunterricht.* Leipzig.
Henrici, Gert. 1986. *Studienbuch: Grundlagen für den Unterricht im Fach Deutsch als Fremd- und Zweitsprache (und anderer Fremdsprachen).* Paderborn.
Henrici, Gert. 2000. „Empirische Forschung und Sprachpraxis im Fach Deutsch als Fremdsprache. Zur Notwendigkeit und Nützlichkeit einer Partnerschaft."

Wolff, Armin und Harald Tanzer (Hgg.). *Sprache – Kultur – Politik. Materialien Deutsch als Fremdsprache* 53. 142-152.

Heringer, Hans Jürgen. 1978. *Wort für Wort: Interpretation und Grammatik.* Stuttgart.

Heringer, Hans Jürgen. 1987. *Wege zum verstehenden Lesen. Lesegrammatik für Deutsch als Fremdsprache.* München.

Heringer, Hans Jürgen. 1988. *Lesen lehren lernen. Eine rezeptive Grammatik des Deutschen.* Tübingen.

Heringer, Hans Jürgen. 1993. „Empirie und Sprachgeschichtsschreibung." Heringer, Hans Jürgen und Georg Stötzel (Hgg.). *Sprachgeschichte und Sprachkritik. Festschrift für Peter von Polenz zum 65. Geburtstag.* Berlin. 52-68.

Heringer, Hans Jürgen. 1995. "Prinzipien der Genuszuweisung." Popp, Heidrun (Hg.). *Deutsch als Fremdsprache. An den Quellen eines Faches.* (Festschrift für Gerhard Helbig zum 65. Geburtstag.) München. 203 - 216.

Heringer, Hans Jürgen. 1999. *Aus Fehlern lernen. Multimediales Lernprogramm auf CD-ROM.* Augsburg.

Heringer, Hans Jürgen, Gunhild Samson, Michel Kauffmann und Wolfgang Bader (Hgg.). 1994. *Tendenzen der deutschen Gegenwartssprache.* Tübingen.

Hermodsson, Lars H. 1978. *Semantische Strukturen der Satzgefüge im kausalen und konditionalen Bereich.*

Hessky, Regina. 1995. "Überlegungen zum Verhältnis von Grammatik und Rahmencurriculum." Popp, Heidrun (Hg.). *Deutsch als Fremdsprache. An den Quellen eines Faches.* (Festschrift für Gerhard Helbig zum 65. Geburtstag.) München. 707-716.

Hirschfeld, Ursula. 1992. *Einführung in die deutsche Phonetik.* München.

Hirschfeld, Ursula. 1995. "Grammatik und Phonetik". Popp, Heidrun (Hg.). *Deutsch als Fremdsprache. An den Quellen eines Faches.* (Festschrift für Gerhard Helbig zum 65. Geburtstag.) München. 11-22.

Hirschfeld, Ursula. 1997. „Welche Aussprache lehren wir?". *Jahrbuch Deutsch als Fremdsprache* 23. 175-188.

Höhle, Barbara, Jürgen Weissenborn. 2000. „Lauter Laute? Lautsegmente und Silben in der Srpachperzeption und im Spracherwerb." Thieroff, Rolf, et. al. (Hgg.). *Deutsche Grammatik in Theorie und Praxis.* 1-11.

Hufeisen, Britta. 2000. „Deutsch als Tertiärsprache". in: Lutz Götze et al (Hgg.). *Handbuch Deutsch als Femdsprache.* Berlin.

Humboldt, Wilhelm von. 1809. "Bericht der Sektion des Kultus und Unterrichts". Gebhardt, Bruno (Hg.). *Wilhelm von Humboldts Gesammelte Schriften (Akademie-Ausgabe).* Bd.10. Berlin, 1903. 199-224.

Humboldt, Wilhelm von. 1835. *Über die Verschiedenheit des menschlichen Sprachbaus und ihren Einfluß auf die geistige Entwicklung des Menschengeschlechts*. Flitner, A. und K. Giel. 1963. Humboldt-Studienausgabe. Darmstadt. Bd.3.

Ickler, Theodor. 1993. "Deutsch als Fremdsprache - Eine Abgrenzung." Born, J. und G. Stickel (Hgg.). *Deutsch als Verkehrssprache in Europa. Jahrbuch des Instituts für deutsche Sprache 1992*. Berlin. 273-298.

Jespersen, Otto. 1926. *Lehrbuch der Phonetik*. Leipzig.

Jørgensen, P. 1969a. "Zur Darstellung der deutschen Substantivflexion." *Moderna Språk* 63. 126-136.

Jørgensen, P. 1969b. „Die gespannten und ungespannten Vokale in der norddeutschen Hochsprache mit einer spezifischen Untersuchung der Struktur ihrer Formantenfrequenzen". *Phonetica* 19. 217-245.

Jost, L. 1960. *Sprache als Werk und wirkende Kraft. Ein Beitrag zur Geschichte und Kritik der energetischen Sprachauffassung von W. v. Humboldt*. Bern.

Kast, Bernd und Gerhard Neuner (Hgg.). 1994. *Zur Analyse, Begutachtung und Entwicklung von Lehrwerken für den fremdsprachlichen Deutschunterricht*. Berlin.

Kiparsky, Paul . 1979. „Metrical assignment is cyclic." *Linguistic Inquiry* 10. 421-442.

Kluge, Friedrich. 1995. *Etymologisches Wörterbuch der deutschen Sprache*. Bearbeitet von Elmar Seebold. Berlin.

König, Werner. 1991. „Welche Aussprache soll im Unterricht `Deutsch als Fremdsprache´ gelehrt werden? Ein Plädoyer für ausgangssprachenorientierte Lehrnormen." *Deutche Sprache* 1. 16-32.

König, Werner. 1999. „Das Diphthongsystem des Detuschen neu betrachtet." *Sprachwissenschaft* 24. 105-126.

Köpcke, Klaus-Michael. 1982. *Untersuchungen zum Genussystem der deutschen Gegenwartssprache*. Tübingen.

Köpcke, Klaus-Michael. 1987. "Die Beherrschung der deutschen Pluralmorphologie durch muttersprachliche Sprecher und L2-Lerner mit englischer Muttersprache." *Linguistische Berichte* 107. 23-43.

Köpcke, Klaus-Michael. 1988. "Schemas in German plural formation." *Lingua* 74.4. 303-335.

Köpcke, Klaus-Michael. 1993. *Schemata bei der Pluralbildung im Deutschen. Versuch einer kognitiven Morphologie*. Tübingen.

Köpcke, Klaus-Michael. 1994a. „Zur Rolle von Schemata bei der Pluralbildung monosyllabischer Maskulina." K.-M. Köpcke (Hg.). *Funktionale Untersuchungen zur deutschen Nominal- und Verbalmorphologie*. 81-95.

Köpcke, Klaus-Michael (Hg.). 1994b. *Funktionale Untersuchungen zur deutschen Nominal- und Verbalmorphologie.* (Linguistische Arbeiten 319). Tübingen.

Köpcke, Klaus-Michael. 1995. „Die Klassifikation der schwachen Maskulina in der deutschen Gegenwartssprache. Ein Beispiel für die Leistungsfähigkeit der Prototypentheorie.“ *Zeitschrift für Sprachwissenschaft* 14. 159-180.

Köpcke, Klaus-Michael. 2000. „Starkes, Schwaches und Gemischtes in der Suibstantivflexion des Deutschen. Was weiß der Sprecher über die Deklinationsparadigmen?“ Thieroff, Rolf, et al. (Hgg.). *Deutsche Grammatik in Theorie und Praxis.* 155-170.

Köpcke, Klaus-Michael und David A. Zubin. 1984. "Sechs Prinzipien für die Genuszuweisung im Deutschen: Ein Beitrag zur natürlichen Klassifikation." *Linguistische Berichte* 93. 26-50.

Korte, Barbara. 1986. "Die Pluralbildung als Paradigma linguistischer Theorien." *Der Deutschunterricht* 38.1. 15-30.

Krumm, Hans-Jürgen. 1979. "Welche Didaktik braucht der Fremdsprachenlerner?" Bausch, K.-R. (Hg.). *Beiträge zur Didaktischen Grammatik. Probleme, Konzepte, Beispiele.* Königstein/Ts. 83-97.

Krumm, Hans-Jürgen. 1997a. „Welches Deutsch lehren wir?“. *Jahrbuch Deutsch als Fremdsprache.* 23. 133-139.

Krumm, Hans-Jürgen. 1997b. Rezension zu Hans Jürgen Heringer.1996. Deutsche Syntax – dependentiell. *Jahrbuch Deutsch als Fremdsprache.* 23. 488-497.

Krumm, Hans-Jürgen. 1999. „Sprachenvielfalt im Deutschunterricht. Grundsätze und Beispiele“. *Fremdsprache Deutsch* 20. 26-30.

Kuenkamp, Annette. 1993. Rezension zu Richard Batz und Waltraud Bufe (Hgg.). Moderne Sprachlehrmethoden. Theorie und Praxis. Darmstadt, 1991. *Info DaF* 2/3. 151-153.

Kuryłowicz, Jerzy. 1960. „Allophones et allomorphs.“ Kuryłowicz J. (Hg.). *Esquisses linguistiques.* Warschau. 27-43.

Langer, Inghard, Friedemann Schulz von Thun und Reinhard Tausch. 1999. *Sich verständlich ausdrücken.* München.

Lauterbach, Stefan und Brigitte Merzig. 1994. "Phonetik und Phonologie im DaF-Studium." *Info DaF* 21. 534 - 543.

Lehmann, Alwin. 1904. "Der neusprachliche Unterricht im 17. und 18. Jahrhundert, insbesondere seine Methode im Lichte der Reform der Neuzeit". *Jahresbericht der Annenschule (Realgymnasium) zu Dresden Altstadt.* Dresden.

Lewandowski, Theodor. 1975. *Linguistisches Wörterbuch.* 3 Bde. Heidelberg.

Link, Godehard. 1983. „The logical analysis of plurals and mass terms: a lattice-theoretical approach.“ Bäuerle, Rainer, Christof Schwarze und Arnim von

Stechow (Hgg.). *Meaning, use, and interpretation of language.* Berlin. 302-323.
Lobin, Henning. 2000. *Informationsmodellierung in XML und SGML.* Berlin.
Lutz, Angelika. 1985. "Die Worttrennung am Zeilenende in altenglischen Handschriften: Phonologische Betrachtungen zu Claus-Dieter Wetzels gleichnamigem Buch". *Indogermanische Forschungen* 90. 227-238.
Lyons, John. 1983. Die Sprache. München.
MacWhinney, Brian. 1978. *The Acquisition of Morphophonology. Monographs of the Society for Research in Child development* 43. No. 1.
Mangasser-Wahl, Martina (Hg.). 2000. *Prototypentheorie in der Linguistik.* Tübingen.
Meder, Gregor und Joachim Mugdan. 1990. „Alle reden von Häufigkeit... Anmerkungen zum Thema „Frequenz" in der Morphologie." *Linguistische Studien des Zentralinstituts für Sprachwissenschaft der Akademie der Wissenschaften der DDR.* Reihe A, Heft 208. 87-108.
Megen, Jan van. 1992. "Zur Pluralbildung der Substantive." *Zielsprache Deutsch* 3. 120-131.
Meinert, Roland. 1989. *Die deutsche Deklination und ihre didaktischen Probleme.* München.
Menn, L. und B. MacWhinney. 1984. "The repeated morph constraint: Toward an explanation." *Language* 60/3. 519-541.
Menzel, Barbara und Katsuo Tamaoka. 1995. "Der? Die?? Das??? Genuszuweisung bei Anfängern: Zufall, Pauken oder Strategie?" *Deutsch als Fremdsprache* 1. 12-22.
Mindt, Dieter. 1982. "Linguistik und Didaktik im Fremdsprachenunterricht - Historische Entwicklung und Forschungsperspektiven." Gnutzmann, C. und D. Stark (Hgg.). *Grammatikunterricht - Beiträge zur Linguistik und Didaktik des Fremdsprachenunterrichts.* Tübingen. 29-46.
Motsch, Wolfgang. 1995. "Semantische und pragmatische Aspekte der Wortbildung." Popp, Heidrun (Hg.). *Deutsch als Fremdsprache. An den Quellen eines Faches.* (Festschrift für Gerhard Helbig zum 65. Geburtstag.) München. 513 -531.
Müller, Natascha. 1995. Rezension zu Klaus-Michael Köpcke. Schemata bei der Pluralbildung im Deutschen. Versuch einer kognitiven Morphologie. Tübingen, 1993. *Zeitschrift für Sprachwissenschaft* 14. 136-141.
Mugdan, Joachim. 1977. *Flexionsmorphologie und Psycholinguistik.* Tübingen.
Murray, Robert W. 1986. "Urgermanische Silbenstruktur und die Westgermanische Konsonantengemination". *Beiträge zur Geschichte der deutschen Sprache und Literatur (Paul und Braunes Beiträge)* 108. 333-356.
Muthmann, Gustav. 1991. *Rückläufiges deutsches Wörterbuch.* Tübingen.

Neuner, Gerhard. 1981. "Übungen und Übungssequenzen im Kommunikativen Deutschunterricht." *Zielsprache Deutsch* 71. 2-22.

Neuner, Gerhard. 1995. "Progressionsverfahren bei der Lehrwerkentwicklung. Beispiel: Grammatik." Popp, Heidrun (Hg.). *Deutsch als Fremdsprache. An den Quellen eines Faches.* (Festschrift für Gerhard Helbig zum 65. Geburtstag.) München. 685-706.

Neuner, Gerhard, Michael Krüger und Ulrich Grewer. 1981. *Übungstypologie zum kommunikativen Deutschunterricht.* München.

Neuner, Gerhard und Hans Hunfeld. 1993. *Methoden des fremdsprachlichen Deutschunterrichts. Eine Einführung.* Berlin.

Oehler, Heinz (Hg.). 1966. *Grundwortschatz Deutsch.* Stuttgart.

Öhmann, Emil. 1924. *Der s-Plural im Deutschen.* Helsinki.

Öhmann, Emil. 1961/62. „Die Pluralformen auf *–s* in der deutschen Substantivflexion.“ *Zeitschrift für deutsches Altertum und deutsche Literatur* 91. 228-236.

Oppenrieder, Wilhelm. 1991. *Von Subjekten, Sätzen und Subjektsätzen.* Tübingen.

Partheymüller, Doris und Margarete Rodi. 1995. "Grundzüge der methodisch-didaktischen Entwicklungen am Goethe-Institut. Ergebnisse einer Dokumentation." *Zielsprache Deutsch* 3. 148-155.

Pfeiffer, Waldemar. 1995. "Zur Krise der wissenschaftlichen Fremdsprachendidaktik. Ein methodologischer Essay." Popp, Heidrun (Hg.). *Deutsch als Fremdsprache. An den Quellen eines Faches.* (Festschrift für Gerhard Helbig zum 65. Geburtstag.) München. 637-647.

Phillips, Betty S. und Lowell Bouma. 1980. "The Acquisition of German plurals in native children and non-native adults." *International Review of Applied Linguistics* 18.1. 21-29.

Raasch, Albert. 1984. *Arbeitsbuch Linguistik. Texte, Materialien, Begriffserläuterungen.* München.

Ramers, Karl Heinz. 1988. *Vokalquantität und –qualität im Deutschen.* Tübingen.

Ramers, Karl Heinz. 1992. „Ambisilbische Konsonanten im Deutschen.“ Eisenberg, Peter, Karl Heinz Ramers und Heinz Vater (Hgg.). *Silbenphonologie des Deutschen.* Studien zur deutschen Grammatik, Bd. 42. Tübingen. 246-283.

Ramers, Karl Heinz, Heinz Vater und Henning Wode (Hgg.). 1994. *Universale phonologische Strukturen und Prozesse.* Tübingen.

Rampillon, Ute. 1994. "Von Lehrstrategien und Lernstrategien." *Zielsprache Deutsch* 2. 75-91.

Reis, Marga. 1974. *Lauttheorie und Lautgeschichte. Untersuchungen am Beispiel der Dehnungs- und Kürzungsvorgänge im Deutschen.* München.
Rettig, Wolfgang. 1972. *Sprachsystem und Sprachnorm in der deutschen Substantivflexion.* Tübingen.
Rogers, Margaret. 1987. "Learners' difficulties with grammatical gender in German as a foreign language." *Applied Linguistics* 8. 48-74.
Ronneberger-Sibold, Elke. 1988. „Entstehung von Suppletion und natürliche Morphologie." *Zeitschrift für Phonetik, Sprachwissenschaft und Kommunikationsforschung* 41. 453-462.
Rosch, Elenor. 1977. „Classification of real-world objects: origin and representation in cognition." P.N. Johnson-Laird und P.C. Warren (Hgg.). *Thinking.* New York. 212-222.
Roth, Gerhard. 1991. "Neuronale Grundlagen des Lernens und des Gedächtnisses". Schmidt, J.S. (Hg.). *Gedächtnis. Probleme und Perspektiven interdisziplinärer Gedächtnisforschung.* Frankfurt.
Ruoff, Arno. 1981. *Häufigkeitswörterbuch gesprochener Sprache.* Tübingen.
Russ, Charles. 1989. "Die Pluralbildung im Deutschen." *Zeitschrift für Germanistische Linguistik* 17.1. 58-67.
Saussure, Ferdinand de. 1967. *Grundfragen der allgemeinen Sprachwissenschaft.* [1. frz. Auflage 1916]. Berlin.
Saxer, Robert. 1999. "Texte und Sätze. Didaktische Grammatik der deutschen Sprache. Inventar zum Zertifikat Deutsch". *Zertifikat Deutsch. Lernziele und Testformat.* 264-371. Frankfurt.
Schiffler, Ludger. 1980. *Interaktiver Fremdsprachenunterricht.* Stuttgart.
Schleyer, Walter. 1995. Rezension zu Gerhard Neuner und Hans Hunfeld. Methoden des fremdsprachlichen Deutschunterrichts. Eine Einführung. Berlin, 1993. *Info DaF* 6. 746-749.
Schluroff, Michael. 1974. "Flexionsklassen von Substantiven und ihre Häufigkeitsverteilung." *Linguistische Berichte* 31. 19-30.
Schröder, Konrad (Hg.). 1992. *Fremdsprachenunterricht 1500-1700.* Wiesbaden.
Seifert, Katharina. 1985. *Ikonizität von Pluralformen.* Wien.
Selkirk, Elisabeth. 1984. "On the major class features and syllable theory." Sronoff, Mark und Richard Oehrle (Hgg.). *Language Sound Structure.* Cambridge. 107-136.
Shannon, Thomas F. 1991. "On the syllabic motivation of inflectional suffixes in Germanic." Antonsen, Elmer H. und Hans Heinrich Hock (Hgg.). *Stæfcræft. Studies in Germanic Linguistics.* Amsterdam. 169-183.
Siebs, Theodor. 1969. *Deutsche Aussprache.* Berlin

Sievers, Eduard. 1877. "Zur Accent- und Lautlehre der germanischen Sprachen." *Beiträge zur Geschichte der deutschen Sprache und Literatur* 4. 522-539.

Sievers, Eduard. 1878. "Zur Accent- und Lautlehre der germanischen Sprachen." *Beiträge zur Geschichte der deutschen Sprache und Literatur* 5. 63-163.

Sievers, Eduard. 1901. *Grundzüge der Phonetik zur Einführung in das Studium der Lautlehre der indogermanischen Sprachen.* Leipzig.

Stemberger, J.P und B. MacWhinney. 1986. "Form-oriented inflectional errors in language processing." *Cognitive Psychology* 18. 329-354.

Thieroff, Rolf, Matthias Tamrat, Nanna Fuhrop und Oliver Teuber (Hgg.). 2000. *Deutsche Grammatik in Theorie und Praxis. (Festschrift für Peter Eisenberg zum 60. Geburtstag).* Tübingen.

Thurmair, Maria. 2000. „Empirische Forschung in einer Linguistik für Deutsch als Fremdsprache." Wolff, Armin und Harald Tanzer (Hgg.). *Sprache – Kultur – Politik. Materialien Deutsch als Fremdsprache* 53. 254-270.

Vater, Heinz. 1992. „Zum Silben-Nukleus im Deutschen." Eisenberg, Peter, Karl Heinz Ramers und Heinz Vater (Hgg.). *Silbenphonologie des Deutschen.* Studien zur deutschen Grammatik, Bd. 42. Tübingen. 100-133.

Velickova, Ludmila. 1993. "Die Vermittlung phonologischer Distinktionen mit einem Gestensystem." *Deutsch als Fremdsprache* 4. 253 - 258.

Vennemann, Theo. 1982. „Zur Silbenstruktur der deutschen Standardsprache". Vennemann, Theo (Hg.). *Silben, Segmente, Akzente.* Tübingen. 261-305.

Vennemann, Theo. 1986. *Neuere Entwicklungen in der Phonologie.* Berlin.

Vennemann, Theo. 1988. *Preference laws for syllable structure and the explanatione of sound change.* Berlin.

Vennemann, Theo. 1991. "Syllable structure and syllable cut prosodies in Modern Standard German". Piermarco, B.et al. (Hgg.). *Certamen Phonologicum II.* Turin. 211-243.

Vennemann, Theo. 1994. „Universelle Nuklearphonologie mit epiphänomenaler Silbenstruktur." Ramers, Karl Heinz, Heinz Vater und Henning Wode (Hgg.). *Universale phonologische Strukturen und Prozesse.* Tübingen. 7-54.

Vennemann, Theo. 1995. „Der Zusammenbruch der Quantität im Spätmittelalter und sein Einfluss auf die Metrik." Fix, Hans (Hg.). *Quantitätsproblematik und Metrik. Greifswalder Symposion zur germanischen Grammatik.* Amsterdamer Beiträge zur älteren Germanistik, Bd. 42. Amsterdam. 185-223.

Vennemann, Theo und Jochim Jacobs. 1982. *Sprache und Grammatik.* Darmstadt.

Viëtor, Wilhelm. 1882. Der Sprachunterricht muß umkehren. Schröder, Konrad. 1984. *Wilhelm Viëtor: Der Sprachunterricht muß umkehren. Ein Pamphlet aus dem 19. Jahrhundert neu gelesen.* München.

Wegener, Heide. 1991. "Deutsche Sprache - schwere Sprache? Probleme (nicht nur) japanischer Studenten mit der Substantivflexion." *Info DaF* 18. 420-437.

Wegener, Heide. 1992. "Pluralregeln und mentale Grammatik." Strigin A. und I. Zimmermann (Hgg.). *Fügungspotenzen. Festschrift für Manfred Bierwisch. Studia grammatica* 34. Berlin. 225-249.

Wegener, Heide. 1995. *Die Nominalflexion des Deutschen - verstanden als Lerngegenstand.* Tübingen.

Wegera, Klaus-Peter. 1997. *Das Genus. Ein Beitrag zur Didaktik des DaF-Unterrichts.* München.

Weinrich, Harald. 1979. "Deutsch als Fremdsprache - Konturen eines neuen Faches." *Jahrbuch Deutsch als Fremdsprache* 5. Heidelberg. 1-13.

Weisgerber, Leon. 1926. "Das Problem der inneren Sprachform und seine Bedeutung für die Deutsche Sprache." *Germanisch-romanische Monatsschrift* 14. 241-256.

Werner, Otmar. 1969. "Das deutsche Pluralsystem. Strukturelle Diachronie." Moser, Hugo (Hg.). *Sprache - Gegenwart und Geschichte.* Düsseldorf. 92-128.

Whorf, B. L. 1946. "The Hopi Language." Hoijer, H. (Hg.). *Linguistic structures of native America.* New York. 158-183.

Wickens, Mark A. 1992. *Grammatical number in English nouns*. Amsterdam.

Wierlacher, Alois (Hg.). 1985. *Das Fremde und das Eigene. Prolegomena zu einer interkulturellen Germanistik.* München.

Wierlacher, Alois. 1990. "Deutsch als Fremdsprache (Interkulturelle Germanistik)." *Deutsch als Fremdsprache* 6. 321-328.

Wiese, Bernd. 2000. „Warum Flexionsklassen? Über die deutsche Susbtantivdeklination." Thieroff, Rolf, et. al. (Hgg.). *Deutsche Grammatik in Theorie und Praxis.* 139-153.

Wiese, Heike. 1995. „Semantische und konzeptuelle Strukturen von Numeralkonstruktionen." *Zeitschrift für Sprachwissenschaft* 14. 181-235.

Wiese, Richard. 1987. „Phonologie und Morphologie des Umlauts im Deutschen." *Zeitschrift für Sprachwissenschaft* 6,2. 227-248.

Wiese, Richard. 1988. *Silbische und lexikalische Phonologie. Studien zum Chinesischen und Deutschen.* Tübingen.

Wiese, Richard. 1992. "Über die Bedeutung der Phonologie für die Morphologie." *Deutsch als Fremdsprache* 3. 131-135.

Wiese, Richard. 1996. *The Phonology of German.* Oxford.

Wurzel, Wolfgang U. 1981. „Phonologie – Morphonologie – Morphologie." *Linguistische Studien der Akademie der Wissenschaften der DDR.* Reihe A. No. 93.

Wurzel, Wolfgang U. 1984. *Flexionsmorphologie und Natürlichkeit*. Berlin.

Wurzel, Wolfgang U. 1990. "The mechnanism of inflection: lexicon representations, rules, and irregularities." W.U. Dressler et. al. (Hgg.). *Contemporary Morphology*. Berlin. 203-216.

Wurzel, Wolfgang U. 1994. „Gibt es im Deutschen noch eine einheitliche Substantivflexion? oder: Auf welche Weise ist die deutsche Substantivflexion möglichst angemessen zu erfassen?". K.-M. Köpcke (Hg.). *Funktionale Untersuchungen zur deutschen Nominal- und Verbalmorphologie*. 29-44.

Zertifikat Deutsch. Lernziele und Testformat. 1999. Hgg. von Weiterbildungs-Testsysteme gGmbH, Goethe-Institut e.V., Österreichisches Sprachdiplom Deutsch, Eidgenössische Konferenz der Kantonalen Erziehungsdirektoren. Frankfurt.

Zimmer, Hubert D. 1988. "Gedächtnispsychologische Aspekte des Lernens und Verarbeitens von Fremdsprache." *Info DaF* 2. 149-163.

Zwicky, Arnold M. 1967. "Umlaut and noun plurals in German." *Studia grammatica* VI. 35-45.

Dr. Evelyn Frey / Untersuchungen zum deutschen Pluralsystem
Dezember 2000

Für die folgende Untersuchung benötigen wir einige persönliche Daten von Ihnen:
Alter: _________ Jahre Geschlecht: männlich ☐ oder weiblich ☐

Ihre Muttersprache: deutsch ☐ oder ____________________________________

____

Sie sehen im Folgenden 29 „Wörter" in alphabetischer Reihenfolge, die es im Deutschen nicht wirklich gibt, die ihrer Form nach aber mögliche deutsche Wörter sind.
Ihr Lehrer/Ihrer Lehrerin wird Ihnen diese Wörter vorlesen. Ihre Aufgabe ist es, zu jedem Wort die Pluralform aufzuschreiben. Wir möchten also von Ihnen wissen: **Wie lautet Ihrer Meinung nach der Plural (die „Mehrzahl") von jedem Wort?**
Wir danken Ihnen für Ihre Mitarbeit.

die Barst *Plural:* ....
die Blahr ....
die Bracht ....
der Fletter ....
der Frator ....
der Grettel ....
der Grolch ....
der Knatt ....
der Knauck ....
der Kniche ....
der Knirf ....
der Knoff ....
die Pruft ....
der Schettose ....

die Schirr ....
der Schlass ....
der Schnache ....
die Schunst ....
der Sier ....
der Sperf ....
der Sponke ....
der Stisse ....
die Taff ....
der Treikor ....
der Trilch ....
der Troche ....
der Truntake ....
die Zehr ....
der Zirfe ....

Verteilung der Kunstwörter auf die Pluralformen im Experiment von Frey unter Berücksichtigung der Probandengruppen:

	N	-(e)n	(U)-e	(U)-ø	-s	(U)-er	Vorhersage	Probandengruppen
1) Maskulina								
a) *Truntake, Schettose*	113	112	1				*-(e)n*	Dt. Muspr. 20-25 J.
	44	42		2				Nicht Dt. Muspr.
	28	26		2				Dt. Muspr. 13-15 J.
b) *Sponke, Troche, Zirfe*	171	150		19	2		*-(e)n*	Dt. Muspr. 20-25 J.
	67	54		13				Nicht Dt. Muspr.
	37	34		3				Dt. Musp. 13-15 J.
c) *Kniche, Stisse, Schnache*	170	121		48	1		*-(e)n*	Dt. Muspr. 20-25 J.
	66	56		9	1			Nicht Dt. Muspr.
	38	28		10				Dt. Muspr. 13-15 J.
d) *Knirf, Knatt, Schlass*	167	40	110	2	5	10	*(U)-e*	Dt. Muspr. 20-25 J.
	66	18	43	1		4		Nicht Dt. Muspr.
	39	9	26		1	3		
e) *Knauck, Sier, Sperf*	172	33	126	4	2	3	*(U)-e*	Dt. Muspr. 20-25 J.
	66	20	39	4	2	1		Nicht Dt. Muspr.
	41	11	27		1	2		Dt. Muspr. 13-15 J.
f) *Grolch, Knoff, Trilch*	174	7	158	1	8		*(U)-e*	Dt. Muspr. 20-25 J.
	68	10	51	3	2	2		Nicht Dt. Muspr.
	38		36	1		1		Dt. Muspr. 13-15 J.
2) Maskulina mit spezifischen Endungen								
a) *Frator, Treikor*	112	101	8	2	1		*-en*	Dt. Muspr. 20-25 J.
	46	26	10	4	6			Nicht Dt. Muspr.
	27	26		1				Dt. Muspr. 13-15 J.
b) *Fletter, Grettel*	106	36		68	2		*-o*	Dt. Muspr. 20-25 J.
	44	19		23	2			Nicht Dt. Muspr.
	26	8		18				Dt. Muspr. 13-15 J.
3) Feminina								
a) *Schirr, Zehr*	114	68	39	3	1	3	*-en*	Dt. Muspr. 20-25 J.
	43	19	13	7	3	1		Nicht Dt. Muspr.
	26	17	8	1				Dt. Muspr. 13-15 J.
b) *Blahr, Taff*	112	50	51	3	4	4	*-en/(U)-e*	Dt. Muspr. 20-25 J.
	42	18	17	2	4	1		Nicht Dt. Muspr.
	24	12	11			1		Dt. Muspr. 13-15 J.
c) *Bracht, Pruft*	113	54	51	5		3	*-en/(U)-e*	Dt. Muspr. 20-25 J.
	42	14	28					Nicht Dt. Muspr.
	27	6	21					Dt. Muspr. 13-15 J.
d) *Barst, Schunst*	116	29	84	2		1	*-en/(U)-e*	Dt. Muspr. 20-25 J.
	44	16	22	6				Nicht Dt. Muspr.
	25	5	19	1				Dt. Muspr. 13-15 J.

Kommentiertes Materialverzeichnis

Es wurden überwiegend Materialien des Grundstufenbereichs eingesehen, da der Plural bis zum Abschluss der Grundstufe sowohl rezeptiv als auch produktiv beherrscht werden sollte. In Grundstufenmaterialien ist demnach mit einer expliziten Behandlung des Themas zu rechnen. In speziellen Übungsbüchern zur Grammatik lohnt sich allerdings auch ein Blick in Fortgeschrittenenmaterialien, da hier zu erwarten ist, dass der Plural eingehender thematisiert wird.

Die Materialien wurden auf folgende Kriterien hin untersucht:

- Auffindbarkeit des Plurals (Wo wird er explizit erklärt? Wie leicht ist die jeweilige Lektion zu finden?)
- Wie erfolgt die Darstellung des Plurals? (Grafischer Variantenreichtum? Übersichtlichkeit? Ausführlichkeit?)
- Wird der Plural als grammatisches Phänomen (ausreichend) erklärt?
- Wie wird der Plural erklärt? (Erfolgt z.B. eine Gewichtung der unterschiedlichen Pluralformantien, je nach Type-/Tokenhäufigkeit?)
- Sind (ausreichende) Übungsformen zum Plural vorhanden? (Wie variantenreich sind diese? Gibt es Möglichkeiten zur Wiederholung und Vertiefung? Kann der Plural auch in kommunikativen Situationen geübt werden?)

Mit der Zusammenstellung erfolgt keine Lehrwerk-Kritik, doch sollen die Anmerkungen das in Kap. 6 der vorliegenden Arbeit („Didaktisierung") Gesagte exemplifizieren und die Notwendigkeit einer neuen didaktischen Aufbereitung deutlich machen.

Die eingesehenen Materialien können wie folgt kategorisiert werden:

Teil 1: Lehrwerke für den Unterricht Deutsch als Fremdsprache
- 1a) Lehrwerke für Erwachsene
- 1b) Lehrwerke für Kinder und Jugendliche

Teil 2: Grammatikmaterialien für den Unterricht Deutsch als Fremdsprache

Teil 3: Videomaterialien für den Unterricht Deutsch als Fremdsprache

Teil 4: Hörfunkmaterialien für den Unterricht Deutsch als Fremdsprache

Teil 5: Computermaterialien für den Unterricht Deutsch als Fremdsprache

Teil 1: Lehrwerke für den Unterricht Deutsch als Fremdsprache
(kurstragend und kursbegleitend)

1a) Lehrwerke für Erwachsene

1955ff.:

Griesbach, Heinrich und Dora Schulz. 1955. *Deutsche Sprachlehre für Ausländer: Grundstufe.* München.

Der "Plural" ist anhand des Inhaltsverzeichnisses leicht auffindbar (Abschnitt 2B). Es erfolgt eine zweispaltige Singular-Plural-Übersicht (schwarz/weiß; Pluralformantien werden kursiv gekennzeichnet) über die verschiedenen Möglichkeiten der Pluralbildung; mehrere Beispielwörter ergänzen die Zusammenstellung. Eine unterschiedliche Gewichtung auftretender Pluralformantien - je nach Frequenz (Type/Token, Rang) - erfolgt nicht. Alle Pluralmorpheme werden so dargestellt, als seien sie gleich wichtig. Eine Übersicht über Nominativ und Akkusativ Singular/Plural mit bestimmtem bzw. unbestimmtem Artikel schließt das Kapitel ab. Geübt wird der Plural im Zusammenhang von Nominativ und Akkusativ; eine vertiefende Thematisierung erfolgt nicht.

So alt das Material auch ist, es kann hinsichtlich der Übersichtlichkeit durchaus mit modernen Materialien konkurrieren (und in Bezug auf den Umfang der Übungen haben auch aktuelle Lehrwerke nicht viel mehr zu bieten). Die Einführung des Plurals findet im Rahmen des Nominativ und Akkusativ erfreulich früh im Lehrwerk statt.

Ab der zweiten Auflage (1976ff.) wird eine noch etwas elaboriertere Tabelle angeboten; die Übungen kombinieren Genuszuweisung und Pluralbildung.

1967ff.:

Braun, Korbinian, Lorenz Nieder und Friedrich Schmöe. 1967. *Deutsch als Fremdsprache. Ein Unterrichtswerk für Ausländer.* Stuttgart.

Im Lehr- und Arbeitsbuch wird der Plural nicht ausführlich thematisiert; spezielle Übungen dazu gibt es nicht. Im Inhaltsverzeichnis wird der Plural nicht erwähnt. In einem Wörterverzeichnis am Ende des Buchs werden neben den Singular- auch die Pluralformen genannt. Das Pluralphänomen wird so behandelt, als sei es etwas, das durch authentische Sprechsituationen und kurze Alltagsdialoge "automatisch" gelernt werden könnte (dem steht häufig die Unterrichtserfahrung entgegen). Der in B/N/S gebotene Ansatz wäre zum Einüben und Wiederholen/Wiedererkennen angemessen, wenn eine ausreichende Übersicht/ Erklärung vorangestellt wäre.

In der Neubearbeitung von 1978ff. erfolgt durch die Autoren eine etwas ausführlichere Thematisierung des Plurals (Übungsmöglichkeiten fehlen aber auch hier). Im Zusammenhang mit dem Artikel wird eine zwar übersichtliche Tabelle mit einer Zusammenstellung der möglichen Pluralbildungen geboten, allerdings keine Abstufung nach Type- und/oder Tokenwichtigkeit. Etwas verwirrend ist die Aufnahme von Derivaten in die sonst nur Simplizia enthaltende Liste. Positiv ist zu bewerten, dass eine Interaktion von Genus, Suffigierung und Pluralbildung bereits in Übersichten und Tabellen grafisch angedeutet wird - doch wäre eine kleinschrittigere, voneinander getrennte Darstellung insofern günstig gewesen, als der Teilnehmende bestimmte Konstruktionsverfahren bei der Wortbildung im Standarddeutschen besser hätte unterscheiden können.

1974ff.:

Glück, Manfred. 1974. *Deutsch 2000.* (Bd.1). Ismaning b. München.

Das Inhaltsverzeichnis nennt weder thematische noch grammatikalische Inhalte. Ein Register oder eine Grammatikübersicht fehlen. Die Durchsicht des Materials zeigt, dass in Lektion 4 (im thematischen Zusammenhang "Lebensmittel") Pluralformen vermehrt auftreten. Spezielle Übungsformen oder Erklärungen/Übersichten zum Plural gibt es nicht.

1978ff.:

Häussermann, Ulrich, Ulrike Woods und Hugo Zenkner. 1978. *Sprachkurs Deutsch 1.* Frankfurt/M.

Der Plural ist relativ leicht auffindbar und erscheint erfreulich früh (Kapitel 2) im Lehrwerk. Durch Ton-, Bild- und Textmaterial erfolgt eine ausreichende Vorentlastung.

Vielfache Übungsformen (beinahe durchweg durch Bild- und Tonmaterial begleitet), z.B. "frei antworten" in unterschiedlichen Varianten, Bildgeschichte frei erzählen, Lückendiktat, Satzgeländer u.ä. (es finden sich sogar Erinnerungsübungen), geben viel Spielraum für Lehrer und Kursteilnehmer zum Üben und Variieren. Die sich anschließenden Tabellen sind sehr übersichtlich gestaltet, es fehlt aber ein Hinweis auf die unterschiedliche Wichtigkeit der Pluralformantien bzw. einzelner Beispiele oder Beispielgruppen. Zunächst werden Pluralformen im Zusammenhang mit dem Artikel dargestellt, anschließend machen sich die Autoren noch einmal die Mühe, eine Liste "Singular und Plural" anzugeben, in denen alle Pluralformantien in augenfälliger, ansprechender, aber leider völlig gleichgewichteter Weise dargestellt werden.

Obgleich schon 1978 in erster Auflage entstanden, ist die gebotene Übersicht zum Plural - wenn auch, wie üblich in fast allen Lehrwerken, ohne nähere Erklärung und Gewichtung der einzelnen Bildungsvarianten - im Vergleich zu anderen Materialien immer noch die beste, die dem Kursteilnehmer zur Verfügung steht; auch wird er so zahlreiche Übungen nur selten finden.

1979ff.:

Neuner, Gerd, Reiner Schmidt, Heinz Wilms und Manfred Zirkel. 1979. *Deutsch aktiv. Ein Lehrwerk für Erwachsene.* Berlin. (vgl. auch 1986: *Deutsch aktiv Neu*)

(1 Lehrbuch, 1 Arbeitsbuch, 1 Lehrerhandreichung, 1 Cassette Hörtexte, 1 Cassette Sprechübungen, Begleitheft, Folien, Glossare)

In Lektion 3 des Lehrbuchs wird der Plural zum ersten Mal thematisiert. Anhand der Körperteile erfolgt eine Gegenüberstellung (*ein Arm/zwei Arme, eine Lippe/zwei Lippen* usw.). Es schließen sich Einsetzübungen an. In einer Tabelle (schwarz/weiß, mit Hervorhebung der Formantien) werden die Möglichkeiten der Pluralbildung an mehreren Beispielen aufgelistet. Eine Gewichtung (häufig vorkommende Typen; häufig vorkommende Belege) wird allenfalls hinsichtlich der Typefrequenz mitgedacht, da *-e-* und *-n-*Plural wesentlich mehr Belege enthalten (10 bzw. 11) als z.B. *-er-*Plural (1 Beispiel). Drei Einsetzübungen (Plural soll gebildet werden) schließen das Thema ab. Im Arbeitsbuch findet sich eine einzige Einsetzübung zum Thema.

In der Neuausgabe von *Deutsch aktiv* werden Singular-Plural-Gegenüberstellungen in wesentlich übersichtlicherer Form geboten. Aufgrund eines übersichtlichen Inhaltsverzeichnisses in Lektion 4 leicht auffindbar, wird für jeden Bildungstyp ein eigener Kasten angelegt, der nicht nur das Formans, sondern auch die Genera berücksichtigt (mit Beispielen). Gegenüber der alten Fassung wird der Eindruck noch verstärkt, dass alle Pluralbildungen gleich wichtig seien. Einige Übungen (Bildung der passenden Pluralform) schließen das Kapitel ab. In der Neuausgabe des Arbeitsbuchs werden die Übersichten des Lehrbuchs wiederholt und zu zahlreichen Singularformen (geordnet nach Genus) soll der Plural gebildet werden. Eine Wiederaufnahme des Themas oder weitere Möglichkeiten zur Übung finden sich nicht.

1980ff.:

Schäpers, Roland, Renate Luscher und Manfred Glück. 1980. *Grundkurs Deutsch*. Ismaning b. München.

(1 Lehrbuch (einsprachig deutsch), grammatisches Arbeitsbuch (zweisprachig: deutsch und eine von 10 Auswahlsprachen) mit Glossaren, 2 Cassetten mit Texten (erweiterte Fassung: 6 Cassetten), 2 Cassetten mit Sprechübungen, 1 Cassette mit Hörverstehensübungen, 1 Lehrerhandbuch, Folienkonvolut)

Obgleich im Inhaltsverzeichnis nicht aufgeführt, sind einzelne Grammatikkapitel aufgrund eines Grammatikanhangs mit Seitenverweisen relativ einfach zu finden. In Lektion 4 und 5 wird der Plural thematisiert: farbige Tabellen nennen unter Angabe von je 1 bis 2 Beispielen die Pluralformantien. Eine unterschiedliche Gewichtung dieser Formantien - je nach Type- oder Tokenwichtigkeit - er-

folgt nicht (bei jedem Formans sogar gleiche Anzahl von Beispielen). Im Lehrbuch gibt es - bis auf "Schein"/-e im Zusammenhang mit dem Kapitel "Geld" - keine Übungsmöglichkeit oder irgendeine Erklärung zum Plural, was gerade für ein Selbstlernprogramm völlig inakzeptabel ist.
Das Arbeitsbuch liefert eine Auflistung der Möglichkeiten der Pluralbildung; Formantien und Beispiele werden genannt (hier ist evtl. eine Gewichtung – allerdings nur hinsichtlich Type - mitgedacht, wenn z.B. beim *-e*-Plural 12, beim *-er* plus Umlaut-Plural aber nur 3 Beispiele genannt werden). Es folgt eine kurze Einsetzübung, weitere Erklärungen oder Hinweise fehlen.
Im Lehrerhandbuch finden sich keine Hinweise auf methodische oder didaktische Maßnahmen zur Pluralvermittlung.

1982ff.:
Scherling, Theo, Hans Friedrich Schuckall und Heinz Wilms. 1982. *Deutsch hier. Ein Unterrichtswerk für ausländische Arbeitnehmer, Erwachsene und Jugendliche.* Berlin.
(Arbeitsbuch, Lehrbuch, Lehrerhandreichung, Glossare)
Anhand eines übersichtlichen Inhaltsverzeichnisses ist "Plural" einfach zu finden (Lek.3, im Zusammenhang mit dem Themenkreis "Körperteile"). Allerdings sind die Übungsmöglichkeiten bis ins Detail "Deutsch aktiv 1" entnommen (Zuordnung von Körperteilen), die tabellarische Übersicht: Singular - Plural entspricht ebenfalls der Zusammenstellung in "Deutsch aktiv". Eine weitere Thematisierung oder neue Übungsmöglichkeiten werden - bis auf eine Übung im Arbeitsbuch - nicht geboten. Auch in der Lehrerhandreichung erfährt der Benutzer nichts Näheres; dem Lehrer wird im Zusammenhang mit der Pluralvermittlung vorgeschlagen (60): "Wir sehen uns nun die Tabelle ... an, suchen die Körperteilbezeichnungen und vergleichen die verschiedenen Möglichkeiten der Pluralbildung im Deutschen. In das vorgegebene Raster können die Lerner kontinuierlich die Pluralformen neu auftauchender Substantive einordnen". Dies impliziert wieder, dass der Lerner zu jedem Singular am besten den Plural mitlernen soll.

1983ff.:
Aufderstraße, Hartmut, Heiko Bock, Mechthild Gerdes und Helmut Müller. *Themen 1.* München.
(1 Lehrbuch, 1 Arbeitsbuch, Cassetten, Lehrerhandreichung, Folienkonvolut)
Die Thematisierung des Plurals erfolgt in mehreren Lektionen und ist anhand der Inhaltsübersicht leicht auffindbar. In Lektion 3 tritt der Plural in Zusammenhang mit dem Thema "Wohnen" zum ersten Mal auf, in Lektion 4 erfolgt die weitere Thematisierung. Spezielle Übungen zum Plural kommen im Lehrbuch

nicht vor, Pluralformen tauchen aber in den Dialogen und Textkonstruktionsübungen immer wieder auf. Eine kurze Grammatikübersicht (Nennung eines Beispiels, Markierung des Formans, weitere Beispiele) zeigt die Pluralformantien im Überblick, erweckt aber - wie in so vielen anderen Materialien auch - wieder den Eindruck einer völligen Gleichgewichtung jedes Bildungstyps. Im Arbeitsbuch wird der Plural nicht gesondert thematisiert, spezielle Übungsmöglichkeiten fehlen.
In der Neubearbeitung von Themen wird das Thema "Plural" in der Inhaltsübersicht (Kursbuch) nicht erwähnt, eine Übersicht über die Pluralformantien mit je einem Beispiel findet sich im Grammatikanhang (wieder entsteht der Eindruck der Gleichwertigkeit aller Bildungsweisen; Gleiches gilt für die im Unterricht gemeinsam auszufüllende "Vorlage/Folie 15"). Einer Durchsicht des Buchs und einem kurzen Hinweis in den Lehrerhandreichungen ist zu entnehmen, dass in Lektion 2 (Thema: "Gegenstände in Haus und Haushalt") der Plural schon relativ früh thematisiert wird. In einigen Übungen des Kursbuchs tauchen Pluralformen auf und sollen geübt werden, das Arbeitsbuch bietet lediglich eine Ergänzungsübung. In der Lehrerhandreichung ist folgender Hinweis für den Lehrer zu lesen (S.17): "Darauf aufmerksam machen, dass mit einem Nomen immer auch seine Pluralform (und natürlich sein Artikel) gelernt werden muss, weil Regeln zur Pluralbildung wenig hilfreich sind (zu kompliziert und unübersichtlich)". Weitere Übungsmöglichkeiten oder Erklärungen werden - als logische Konsequenz dieser Auffassung - nicht geboten.

1986ff.:
Vorderwülbecke, Anne und Klaus Vorderwülbecke. 1986. *Stufen 1.* Stuttgart.
(Kursbuch, Lehrerhandbuch, 2 Cassetten)
Der Plural wird überhaupt nicht thematisiert (keine Erklärungen, keine Tabellen, keine einschlägigen Übungen). Auch hier scheint - wie in manch anderem Material - das Geheimnis zur Beherrschung des Plurals im "learning by doing" zu liegen. Ein schwieriges Grammatikthema wird dadurch "erleichtert", dass es überhaupt nicht genannt wird. Das macht die Arbeit mit "Stufen" für den Lehrer sicher nicht leicht und bestätigt den in eigener Unterrichtserfahrung gewonnenen Eindruck, dass "Stufen" dem Lehrer viel Zeit der Vor- und Nachbereitung abverlangt.

1986ff.:
Neuner, Gerd, Theo Scherling, Reiner Schmidt und Heinz Wilms. 1986. *Deutsch aktiv Neu.* Berlin.
vgl. oben 1979: Deutsch aktiv

1987ff.:

Mebus, Gudula, Andreas Pauldrach, Marlene Rall und Dietmar Rösler. 1987. *Sprachbrücke 1.* Stuttgart.

(Lehrbuch, Handbuch für den Unterricht, Arbeitsheft, Lehrerhandreichung, Cassetten)

Anhand des Inhaltsverzeichnisses findet man einen Hinweis auf die Thematisierung des Plurals in Lek. 4 (im Zusammenhang mit dem Themenkreis "Verwandtschaftsbeziehungen"). Präsentiert wird dann allerdings nur eine Tabelle, in der die Pluralformen anhand je einer Verwandtschaftsbezeichnung (*Brüder, Söhne, Kinder, Vettern* usw.) angegeben werden. Wieder entsteht der Eindruck, als wären alle Pluralformen gleich wichtig. Die einzige Übungsmöglichkeit (nur Leseübung) zum Plural fordert den Teilnehmer auf (S.54): "Lesen Sie bitte die Substantive im Singular und Plural!"

Das Arbeitsbuch (von Eike Fuhrmann, Eva-Maria Jenkins und Brigitte Abel) bietet immerhin drei Übungen zum Plural (Ergänzungsübungen). Erklärungen, Hinweise oder Vertiefungs-möglichkeiten treten nicht auf.

1992ff.:

Aufderstraße, Hartmut, Heiko Bock, Mechthild Gerdes, Jutta Müller und Helmut Müller. 1992ff. *Themen neu 1.* Ismaning bei München.

Vgl. oben 1983ff. *Themen 1.*

1993ff.:

Eismann, Volker, Hans Magnus Enzensberger, Kees van Eunen, Brigitte Helmling, Bernd Kast, Ingrid Mummert und Maria Thurmair. 1993. *Die Suche 1. Das andere Lehrwerk für Deutsch als Fremdsprache.* Berlin.

(1 Textbuch, 1 Arbeitsbuch, 1 Lehrerhandreichung, 3 Cassetten, 1 Folienkonvolut, 3 Glossare)

Eine Grammatikübersicht, die die übliche Inhaltsübersicht ergänzt, ermöglicht die rasche Orientierung (Spaltendruck, farbig unterlegt, Grammatiktermini im Fettdruck). Diese Form der Inhaltsübersicht ist hinsichtlich der Konzeption ein Novum: Jedem Kapitel wird die Grammatik, aufgeteilt nach den Kriterien Kasus, Pronomen, Artikel/Adjektive/Nomen, Präpositionen, Verben, Verbformen, Syntax, Konnektoren und Diverses zugeordnet.

Kapitel 5 thematisiert den Plural. Innerhalb der Gesamtkonzeption des Materials (Lernroman mit einer vorgegebenen Grammatikprogression) treten in den Textpassagen Pluralformen auf, geeignete Übungen (Textkonstruktionen, Frage-Antwort usw.) schließen sich an. Die Teilnehmer sind in hohem Grad aktiv an Texterstellung und inhaltlichen Überlegungen beteiligt, so dass das Üben von Pluralformen eher "nebenbei" im Rahmen dieser Aufgaben erfolgt, was noch

nichts über Erfolg oder Nichterfolg dieses Ansatzes aussagt. Eine eigentliche Thematisierung des Plurals erfolgt nicht. Eine Grammatikübersicht oder tabellarische Zusammenstellung zu den Pluralformen fehlt. Das Übungsangebot ist zwar abwechslungsreich gestaltet, wirkt aber zuweilen konzeptionslos, so dass sich dem Teilnehmer die Frage stellen könnte, was er denn eigentlich üben soll - ob sich damit die korrekte Verwendung von Grammatik in kommunikativen Situationen automatisch ergibt, bleibt zumindest fraglich. Angesichts der konventionellen Lerntradition vieler Teilnehmer dürfte das Material eine elaborierte Vorentlastungsphase vom Lehrer verlangen.
Im Arbeitsbuch werden zwei weitere Übungen zum Plural angeboten (Ergänzungsübungen). Positiv ist ein kleiner induktiver Teil, in dem die Kursteilnehmer gefragt werden: "Was fällt bei den Pluralsignalen auf?". Allerdings werden in der Einsetzübung vorher sehr viele Randformen geboten (Umlautplural, *-er*-Plural, *-er*-Plural plus Umlaut), so dass diese als Type übergewichtet wirken.

1995ff.:
Luscher, Renate. 1995. *Deutsch rapid.* Ismaning b. München.
(1 Lehrbuch (zweisprachig: deutsch und 8 Auswahlsprachen), 2 Cassetten, 1 Grammatikfaltblatt)
Auf dem Grammatikfaltblatt wird eine Zusammenstellung aller möglichen Pluralformantien mit einigen Beispielen geboten (schwarz/weiß mit Fettdruck der Morpheme). Eine nähere Erklärung oder Unterscheidung hinsichtlich der Wichtigkeit von Formen der Pluralbildung hinsichtlich Type- und/oder Tokenhäufigkeit/Rang erfolgt nicht.
Im Inhaltsverzeichnis des Lehrbuches ist nicht zu erkennen, in welchem Kapitel "Plural" thematisiert wird; da auch sonst kein Register dazu vorliegt, findet man sich nur schwer zurecht. Die Durchsicht des Materials ergibt, dass in Lektion 6 ("Im Supermarkt") der erste Hinweis auf den Plural erfolgt: "A little grammar: In this lesson you have met the plural form of nouns" (S.37). Es folgt ein Kasten mit Beispiel, Pluralform, Formansnennung und grammatikalischer Bezeichnung des Formans (z.B. "Umlaut + ending -er"). Es folgen weitere kurze Hinweise auf Singulariatanta und Maßeinheiten. Die Übungsmöglichkeiten dazu sind sehr spärlich (zu 6 Beispielen soll der Plural genannt werden). In den Folgelektionen tauchen vereinzelt Pluralformen auf, ohne dass das Thema in Erklärungen oder Übungsmöglichkeiten aber noch einmal aufgenommen würde. Es ist fraglich, ob eine so extreme "Kurzversion" von Grammatik für ein Selbstlernprogramm überhaupt effizient ist.
Auf dem Tonträger werden die Singular-Pluralbeispiele des Buchs noch einmal vorgesprochen. Man erhofft sich nach dem anschließenden "Now it's your turn to speak" eine Übungsmöglichkeit zum Plural, findet sich aber umgehend in

phonetischen Übungen zur Aussprache von *pf, f* und *w* wieder, die darüber hinaus nicht etwa an Pluralformen geübt werden, sondern an Singularia.

1998ff.:
Dallapiazza, Rosa-Maria, Eduard von Jan und Til Schönherr. *Tangram.* Ismaning b. München.
(Lehrbuch 1 und 2 und integriertes Arbeitsbuch in derzt. 4 Bänden; Kassetten oder CDs; Lehererbücher; Glossare; Vokabelhefte)
Das Glossar erlaubt ein leichtes Auffinden des Plurals. Pluralwörter werden ab Kap. 3 verwendet, in weiteren Lektionen tauchen unterschiedliche Pluralformen auf, doch ein eigenes Kapitel zu diesem Thema gibt es nicht. Im integrierten Arbeitsbuch erscheinen schon relativ früh in Kürzestform die wichtigsten Regeln, z.B. „Wörter auf –er haben oft keine Pluralendung" oder „a wird oft zu ä", wofür dann kein reiner Umlautplural, sondern ein kombinierter Plural als Beispiel genannt wird *(Weinglas → Weingläser).*
In den Folgebänden und auf den Tonträgern wird das beschriebene Prinzip beibehalten: Pluralformen tauchen auf, „Regelteilchen" werden genannt und ein paar Übungsmöglichkeiten folgen im Arbeitsteil. Ein intensives Pluraltraining wird nicht angeboten.

1998ff.:
Apelt, Mary und Hans-Peter Apelt. *plus deutsch.* Ismaning b. München.
(Lehrwerk in drei Bänden; Kassetten oder CDs; Lehrerhandbücher)
In der Grammatikübersicht wird der Plural sehr gut tabellarisch dargestellt, alle Formantien werden mit Beispielen genannt. Eine Gewichtung der Pluralformen nach Type- oder Rang/Frequenzhäufigkeit erfolgt nicht. Im übersichtlichen Inhaltsverzeichnis findet man sich leicht zurecht. Der Plural wird in Kapitel 7 thematisiert und erscheint durch die Lektionen immer wieder. Die relativ kurzen Lektionen verlangen dem Lernenden viel ab, so auch beim Plural: In der achtseitigen Lektion werden nicht nur die Pluralformantien, sondern auch die Genusendungen, der Gebrauch der Artikelwörter und dazu noch einige Maß- und Mengenangaben behandelt. Hier würde man sich kleinere „Häppchen" wünschen. Eine eigene Thematisierung von „Plural" in den Begleitmaterialien gibt es nicht.

1b) Lehrwerke für Kinder und Jugendliche

1983ff.:

Neuner, Gerd, Peter Desmarets, Hermann Funk, Michael Krüger und Theo Scherling. 1983. *Deutsch konkret. Ein Lehrwerk für Jugendliche.* Berlin.

(Lehrbuch, Arbeitsbuch, Fundgrube (weiteres Übungsmaterial), Lehrerhandreichung, Cassetten)

Eine sehr übersichtliche Inhaltsübersicht macht das Auffinden des Plurals leicht (Lek.3; Plural wird zusammen mit Zahlen/Zählen eingeführt).

Das Thema wird zunächst in einer tabellarischen Übersicht dargestellt (Pluralformantien mit Beispielen; schwarz/weiß mit entsprechenden farbigen Hervorhebungen); die Tabelle erinnert fast bis ins Detail an diejenige in "Deutsch aktiv". Als Übungsmöglichkeit schließen sich 10 Bilder mit Gegenständen an, zu denen die Pluralform gebildet werden soll. Ergänzt wird dies durch eine Pluralübung ("Bitte Pluralformen schreiben", S.36) im Arbeitsbuch. In der "Fundgrube" werden zahlreiche weitere Übungsmöglichkeiten zum Plural angeboten, die optisch sehr abwechslungsreich gestaltet sind und zum Ausfüllen und Ergänzen einladen. Damit bietet dieses Material einen reichhaltigen Übungsfundus, eine Systematisierung hinsichtlich Reihenfolge von Regeln und Frequenz von Belegen erfolgt nicht.

1989ff.:

Douvitsas-Gamst, Jutta, Eleftherios Xanthos und Sigrid Xanthos-Kretzschmer. 1989. *Das Deutschmobil. Deutsch als Fremdsprache für Kinder.* München.

(1 Lehrbuch, 1 Arbeitsbuch, 1 Cassette, 1 Lehrerhandbuch)

In der Inhalts- bzw. Grammatikübersicht findet man sich leicht zurecht, da diese gut strukturiert ist. Der Plural der Nomina verteilt sich über zwei Lektionen (L.6: Nominativ/Akkusativ Sg./Pl. von Maskulina der *-(e)n*-Deklination; L.8: Akkusativ Plural). In den übrigen Lektionen treten Pluralformen auf, thematisiert wird das Grammatikkapitel nicht mehr.

Die verschiedenen Pluralformen des Deutschen werden in einer übersichtlichen Liste anhand von Tierbezeichnungen tabellarisiert (schwarz/weiß mit Fettdruck der Pluralformantien; leider fehlt aber auch hier der Hinweis auf die "wichtigeren" Typen oder Wörter). Ausreichende Übungsmöglichkeiten (alle zum Thema "Zoo"; Einsetzübungen, Satzmodelle, Textkonstruktionen, Spiele) sind gegeben (mit einschlägigen Ergänzungen im Arbeitsbuch).

1992:

Bruzzone, Catherine. 1992. *German just for kids*. London. (Material der Berlitz Publishing Company).

(1 Kursbuch, 3 Cassetten)

Das Material ist vielfarbig und abwechslungsreich gestaltet. Ein schnelles Auffinden bestimmter Grammatikkapitel ist allerdings nur schwer möglich, da genauere Inhaltsangaben zur Grammatik oder ein einschlägiges Register fehlen. Bereits in Kapitel 1 werden Zahlen eingeführt, die zugeordneten Substantive und deren Plural werden jedoch nicht thematisiert. In Lektion 4 treten *Brüder* und *Schwestern* im Plural auf, nähere Hinweise auf Pluralbildung erfolgen nicht. Durch die Lektionen treten immer wieder Substantive im Plural auf (*Luftballons, Bonbons, Tiere, Äpfel, Tomaten* o.ä.), jedoch ohne nähere Hinweise. Erst gegen Ende des Buchs findet sich eine kleine Zusammenstellung über "more than one thing" (S.66/67). Aufgeführt wird nur der *-n*-Plural. Sehr positiv ist zu bewerten, dass sich eine gewisse Gewichtung abzeichnet, die der Vorkommenshäufigkeit im Deutschen entspricht ("many of the nouns you meet in this book add an **-n** in the plural", S.67). Allerdings erfolgt kein weiterer Hinweis auf andere Bildungsregularitäten. Der Anmerkung, dass nicht alle Nomen ihren Plural auf *-n* bilden, folgt der Satz: "The best thing is to try to memorize the plurals as you meet them" (S.67). Es folgen zwei Beispiele (ohne weitere Erklärung; ohne Übungsmöglichkeiten): *Apfel/Äpfel* und *Geschenk/Geschenke*. Für ein Selbstlernprogramm ist diese Form der Aufbereitung besonders problematisch.

1992ff.:

Kopp, Gabriele und Konstanze Frölich. 1992. *Pingpong 1. Dein Deutschbuch*. München.

(1 Kursbuch, 1 Arbeitsbuch, 2 Cassetten, ! Lehrerhandbuch, Glossare)

(Als Begleitmaterialien stehen zur Verfügung: 1 Video "Mach' mit" und ein Einführungsvideo in mehreren Sprachen, das auf das Buch einstimmen soll.)

Im Inhaltsverzeichnis findet man sich leicht zurecht; "Plural" wird in Lektion 3 thematisiert. Im Zusammenhang mit dem Thema "Schule" wird zunächst in einem kleinen Spiel und dann durch die Ergänzung eines Rasters auf verschiedene Substantive im Plural aufmerksam gemacht. Eine kleine Tabelle (anhand von 9 Beispielen werden die 9 Möglichkeiten der Pluralbildung tabellarisiert) fasst die Pluralbildung zusammen. In einer Grammatikübersicht gegen Ende des Buchs wird eine erweiterte Tabelle (Singular - Plural) geboten, in der die verschiedenen "Gruppen" genannt und mit Beispielen gefüllt werden. Positiv ist hier, dass häufig vorkommende Pluralbildungen (*-n*-, *-e*-Plural) durch weitaus mehr Beispiele belegt werden, als Randgruppen (z.B. *-er*-Plural). Weitere Erklärungen oder ausführlichere Übungsmöglichkeiten finden sich im Lehrbuch nicht.

Das Arbeitsbuch weist zumindest ein eingeschränktes Übungsangebot auf (Bildung von Singular- und Pluralformen und Ausfüllen einer Tabelle).

1994ff.:

Augustin, Viktor, Hanka Blaszkowska, Rosa Anna Ferdigg D'Ambrosio, Dieter Kirsch und Theo Scherling. 1994. *Aurelia. Deutsch in der Primarstufe.* Berlin.

(1 Grundbuch, 1 Arbeitsbuch, 1 Lehrerhandbuch, 2 Cassetten, 1 Folienkonvolut)
Das schnelle Auffinden von einzelnen Grammatikkapiteln ist nicht möglich, da ein gegliedertes Inhaltsverzeichnis oder eine Grammatikübersicht im Text- und Arbeitsbuch fehlen. Die Durchsicht der Lektionen ergibt, dass im Verlauf von Lektion 5 Pluralformen zum ersten Mal gehäuft auftauchen (*Schlittschuhe, Ohrringe, Lebkuchen* usw.). Die Formen werden nicht tabellarisiert oder näher erklärt. Spezielle Übungen zum Plural treten nicht auf. Pluralformen kommen allerdings in allen weiteren Lektionen wieder vor.
Die Autoren machen - insbesondere im Lehrerhandbuch (S.4) - deutlich, dass sie aus methodisch-didaktischen Gründen des Kinderunterrichts bewusst auf eine explizite Grammatikdarstellung verzichten: "Kinder lernen die Muttersprache nicht über Regeln und deren Anwendung, sondern instrumental und bilden die Regeln in einem langsamen Prozeß. ... Der Fremdsprachenunterricht mit *Aurelia* orientiert sich auch in dieser Hinsicht am Muttersprachenunterricht, dem Grammatikunterricht in der Muttersprache sollte nicht vorgegriffen werden. *Aurelia* baut also in erster Linie auf eine semantische Progression und beginnt relativ spät mit ersten, vorsichtigen Systematisierungen" (S.4). (Diesen Ansatz der Methodik und Didaktik des Fremdsprachenunterrichts bei Kindern zu diskutieren oder zu beurteilen, ist hier nicht der Ort.)

Teil 2: Grammatikmaterialien für den Unterricht Deutsch als Fremdsprache

1975:

Kaufmann, Stefanie und Gerhard Kaufmann. 1975. *Übungen zur deutschen Sprache I: Grammatische Übungen.* Mannheim. (Duden Übungsbücher, Bd.5)

Plural wird überhaupt nicht thematisiert.

1989ff.:

Dreyer, Hilke und Richard Schmitt. 1989. *Lehr- und Übungsbuch der deutschen Grammatik*. Ismaning b. München.

Aufgrund des übersichtlichen Inhaltsverzeichnisses ist der "Plural" leicht auffindbar. In Lektion 1 ("Deklination des Substantivs") wird zunächst eine Übersicht über die Bildungsmöglichkeiten aufgeführt (Formantien mit je einem Beispiel), die wieder den falschen Eindruck erweckt, alle Pluralbildungen (Types) seien gleich wichtig. Als Erklärung heißt es: "Es gibt acht Möglichkeiten der Pluralbildung" (S.14) und zwei Anmerkungen: "Wörter auf *-nis* bilden den Plural auf *-nisse*" und "Feminina auf *-in* bilden den Plural auf *-innen*" (ibd.). Eine weitere Zusammenstellung gibt es nicht.

Es schließen sich drei Übungen zum Plural an, in denen der Teilnehmer aufgefordert wird, Pluralformen zu bilden. Allerdings wird das jeweils zu verwendende Pluralformans gleich in Klammern mitgeliefert. Über die Effizienz dieser Übungsvariante lässt sich sicher diskutieren. Für ein erstes Einüben mag sie angebracht sein, für ein "Lehr- und Übungsbuch der deutschen Grammatik", an das man mit einiger Berechtigung hinsichtlich grammatikalischer Erklärungen und Übungsvarianz höhere Ansprüche stellen kann, reicht das Angebot nicht aus. Vergleicht man in diesem Buch die Erklärungen und den Übungsreichtum bei den Präpositionen, den Nebensätzen, der Wortstellung uvm. mit dem Angebot zum Plural, dann herrscht ein signifikantes Missverhältnis.

1991 (erste Auflage: 1977):

Helbig, Gerhard und Joachim Buscha. 1991. *Übungsgrammatik Deutsch*. Berlin.

Anhand der "Systematischen Inhaltsübersicht" wird man hinsichtlich des Plurals rasch fündig und entdeckt ihn im Kapitel "Substantivwörter: Numerus". Die Autoren bieten jeweils kurze Erklärungen, die sie selbst einschränken: "Diese Erläuterungen sind keine systematische Darstellung der Grammatik" - dafür verweisen die Autoren auf ihre "Deutsche Grammatik" - "sondern Hinweise und Regeln ..., die zur Durchführung der entsprechenden Übungen notwendig sind" (11). Es folgen Übungsmöglichkeiten zu Problemfällen in der Pluralbildung: (1) homonyme Substantive mit gleichem Genus (z.B. *Bank/Bänke/Banken*), (2) homonyme Substantive mit unterschiedlichem Genus (z.B. *r Band/Bände, s Band/Bänder*), (3) Singularia- und Pluraliatanta. Die Übungen bieten dem fortgeschrittenen Lerner einen reichhaltigen Fundus zum Einüben und Wiederholen von Problemfällen in der Pluralbildung; eine gründliche Einführung in das Thema für den Anfänger wird nicht geboten.

1993ff.:

Rug, Wolfgang und Andreas Tomaszewski. 1993. *Grammatik mit Sinn und Verstand. 20 Kapitel deutsche Grammatik für Fortgeschrittene.* München.

Der Plural wird nicht thematisiert, was gerade für Fortgeschrittenenmaterialien symptomatisch ist (dem Wenigen in den Grundstufenmaterialien Gesagten ist anscheinend nichts hinzuzufügen). Eine Ursache hierfür liegt darin, dass Autoren häufig annehmen, eine angemessene Darstellung sei so umfangreich und facettenreich, dass sie mehr verwirren als nützen würde (vgl. dagegen Kap. 7 der vorliegenden Arbeit, insbesondere 7.4 und 7.5).

1995ff.:

Brand, Linda M., Jutta Kresin-Murakami und Karl Pechatscheck. 1995. *Die Schöne ist angekommen. Ein Grammatikkrimi.* München.

Es handelt sich hier um Übungsmaterial zur Grundstufengrammatik (bis zum Zertifikatsniveau), das in Form einer zusammenhängenden Kriminalgeschichte präsentiert wird.[120] Das Thema „Plural" ist schwer auffindbar, da es im Inhaltsverzeichnis nicht genannt wird. In Kapitel 1 unter "Nomen" wird man aber fündig. Doch was hier geboten wird, sind lediglich 10 Beispiele, geordnet in 5 Gruppen (*die Nacht - die Nächte, der Tag - die Tage / das Dorf - die Dörfer, das Kleid - die Kleider* usw.), keine weitere Erklärung, nur eine Übung ("Tragen Sie die Nomen aus den beiden Texten im Singular und Plural in die Tabelle ein", S.8). Darüber hinaus entsteht durch die Angabe von jeweils 2 Beispielen in jeder Gruppe der falsche Eindruck, alle Pluralbildungen seien für das Deutsche gleich wichtig. Gegenüber anderen Grammatiklektionen, die durchaus induktiv erarbeitet, näher erklärt und auch mit Übungsvarianten versehen werden, fällt das Kapitel Plural ziemlich mager aus. Der Hinweis "Lernen Sie die Nomen auch immer mit der Pluralform" (S.9) kann für ein so wichtiges Grammatikkapitel nicht ausreichen. Von einem Lehrbuch, das Grammatik zu seinem Inhaltsschwerpunkt macht, kann man eine explizitere Darstellung des Plurals erwarten.

1995ff.:

Schmidt-Veitner, Claudia und Regina Wieland. 1995. *Grammatik aus Texten 1. Übungen zu Adjektiven, Nomen und Verben für die Mittelstufe.* Ismaning b. München.

Ein sehr übersichtliches Inhaltsverzeichnis macht das Auffinden der "Pluralbildung" leicht. Erfreulicherweise wird dann das Kapitel Plural als so wichtig empfunden, dass ihm die Autorinnen immerhin 10 (Druck)Seiten Platz einräumen. Auf diesen Seiten finden sich Tabellen, Einsetzübungen, Satzgeländer, freie

120 Vgl. dazu auch Frey, 1995c.

Formulierungsübungen u.ä. Sehr positiv fällt auf, dass die Autorinnen auch "Tipps zur Pluralbildung" zusammentragen, in denen sich wertvolle Hinweise finden (z.B. S.35: "Die Pluralform mit -e bilden: viele einsilbige maskuline und neutrale Nomen" uvm.). Auch finden sich Hinweise auf einen Zusammenhang von Wortauslaut und Pluralbildung; zum *-(e)n*-Plural heißt es unter anderem (S.36): "Endet das Nomen auf einen Konsonanten, benutzt man die Pluralform -en. Ist der letzte Buchstabe der Singularform ein Vokal, benutzt man -n". Etwas missglückt ist die Mischung von Buchstaben- und Lautebene. Zumindest teilweise wird ein Bezug zur Typehäufigkeit hergestellt, z.B. S.36: "Wenn Sie diese Regeln und Tipps berücksichtigen, können Sie mehr als die Hälfte aller Pluralformen korrekt bilden!" Hinsichtlich der Ausführlichkeit, der Vollständigkeit, der Übersichtlichkeit, der didaktischen Maßnahmen und des Variantenreichtums in den Übungen zum Plural gehört dieses Material zum Besten, was derzeit auf dem Markt ist.

Teil 3: Videomaterialien für den Unterricht Deutsch als Fremdsprache

1968ff.:

Schneider, Rudolf. 1968. *Guten Tag.* Ein Fernsehsprachkurs in Zusammenarbeit von Bayerischem Rundfunk und Goethe-Institut. Berlin.

(Video, 2 Cassetten mit den Dialogen, 1 Textbuch; das Textbuch enthält neben den deutschen Texten auch eine Übersetzung ins Englische und viele weitere Sprachen.)

Die Inhaltsübersicht ist gut gegliedert, deshalb sind auch die einzelnen Passagen, in denen der Plural thematisiert wird, relativ leicht auffindbar: In Episode 2 treten die ersten Pluralformen auf, Übungen dazu thematisieren allerdings das Auftreten (bzw. Nicht-Auftreten) von bestimmtem/unbestimmtem Artikel, nicht die Pluralform an sich. Lediglich eine winzige Lückenübung fordert zum Einsetzen des richtigen Plurals auf, die zu verwendende Pluralendung wird dabei vorgegeben. In Episode 19 folgt der Dativ Plural mit einigen Lückenübungen im Rahmen der Deklination. Übersichten, tabellarische Zusammenstellungen zum Plural existieren nicht. Alle neuen Wörter werden im Verlauf der Episoden allerdings zusammen mit der Pluralform eingeführt.

1988:

Schäpers, Roland. 1988. *Gabi und Frank.* München.

(1 Videocassette, 1 Lehrbuch, 1 Aufgabenheft, zweisprachige Beihefte, 2 Cassetten, Lehrermaterial; das Selbstlernpaket enthält die Videocassette, das Lehr-

buch, 2 Cassetten und ein zweisprachiges Beiheft in der jeweils gewählten Sprachfassung)
In Lektion 4 ("Auf dem Viktualienmarkt") wird der Plural thematisiert. Das Video präsentiert eine Einkaufsszene auf dem Markt. Im Kursbuch sind die Möglichkeiten der Pluralbildung (auch optisch deutliche Hervorhebung der Formantien) in einer umfangreichen Tabelle zusammengestellt und durch Beispiele belegt. Beim *-n*-Plural wird eine wesentlich höhere Anzahl von Beispielen aufgeführt als beim *-er*-Plural; daraus lässt sich eine Gewichtung (zumindest im Sinne von Typehäufigkeit) erahnen. Als Erklärung findet sich lediglich der Hinweis: "In German there is no one general rule for forming the plural, that is why you have to learn the plural forms along with the word" (S.22). Einige Einsetzübungen schließen das Thema ab.
Im Aufgabenheft wird der Plural noch einmal tabellarisiert (wie im Lehrbuch); zahlreiche Übungsmöglichkeiten werden geboten, die recht abwechslungsreich gestaltet sind (Einsetzübung, Zwischentest, Bildbeschreibung, zahlreiche Zeichnungen, eine Landkarte mit der Möglichkeit zur freien Texterstellung sowie 7 landeskundliche Bilder mit Sehenswürdigkeiten in Deutschland, die zur Textkonstruktion verwendet werden können). Das umfangreiche Übungsangebot und der Variationsreichtum in diesen Übungen fällt besonders positiv auf.

1989ff.:
***Alles Gute.* Ein deutscher Fernsehsprachkurs. In Zusammenarbeit von Goethe-Institut und Inter nationes.**
(3 Videokassetten, 1 Audiokassette, 1 Dialogheft, 1 Begleitbuch, 1 Lese- und Arbeitsbuch)
Der Plural wird in Lektion 3 eingeführt (Themenbereich: Lebensmittel/Einkaufen). Die Tabellarisierung der Pluralformen erfolgt durch Rasterausfüllen selbständig durch den Teilnehmer. Eine unterschiedliche Gewichtung der Pluralmorpheme oder bestimmter Lemmas erfolgt nicht. In den Übungen dominiert das Frage-Antwort-Raster (Lese- und Arbeitsbuch zur Cassette). Im Begleitbuch (zum Video), das sich in seinen Übungen direkt auf die Szenen des Videos bezieht, treten auch multiple choice Aufgaben auf. Pluralformen tauchen in den Folgelektionen wieder auf, werden als Grammatikphänomen aber nicht mehr thematisiert. In der "Übersicht über die Grammatik" (Anhang im Begleitbuch) fehlt der Plural ganz.
Alle Darstellungen und Übungen sind reich bebildert, vielfarbig gestaltet und fordern zur Aktivität auf. Durch das vielfältige mediale Angebot (Print, Video, Audio) ist beim Lernen viel Abwechslung geboten. Die Übungen zur Plural-Grammatik bieten aber weder inhaltlich noch in Bezug auf die Progression etwas Neues gegenüber reinen Printmaterialien.

1981ff.:

Schneider, Rudolf. 1981-1984. *Auf Deutsch gesagt.* Bdd. 1-4. Ein Radiosprachkurs in Zusammenarbeit von Deutsche Welle, Deutschlandfunk, Goethe-Institut und Inter nationes.

(Angeboten werden alle vier Bände zweisprachig; neben dem deutschen Text steht die Übersetzung ins Englische, Französische, Spanische usw., auch "exotische" Sprachen wie Suahili sind greifbar.)

Im Aufbau der 4 Bände findet man sich schwer zurecht, da Inhalt und Grammatikkapitel jeder Lektion im Inhaltsverzeichnis nicht extra ausgewiesen werden. Es ist also die Durchsicht des gesamten Materials nötig, um z.B. bestimmte Grammatiklektionen zu finden.

Folge 19/Bd. 1 thematisiert zum ersten Mal expliziter den Plural: In einer Grammatikübersicht werden sieben Nomen, die in den Dialogpassagen vorkommen, mit zugehöriger Pluralform tabellarisiert (schwarz/weiß-Druck, ohne graphische Hervorhebungen; ohne Hinweise auf wichtigere/weniger wichtige Bildungsmöglichkeiten), es folgen zwei kurze Übungen (zu einem Satz mit einer Singularform soll jeweils die Pluralform angegeben werden und umgekehrt). Eine nochmalige Thematisierung erfolgt in keinem der Bände, Pluralformen tauchen in allen Lektionen vereinzelt wieder auf. Neu eingeführte Nomen werden in allen Bänden von Beginn an jeweils mit dem zugehörigen Plural angegeben.

Am Ende jedes Bandes findet sich ein kurzer Grammatikappendix. In den Bänden 1 bis 3 treten Übersichten zur Pluralbildung auf (in Bd. 1 werden lediglich 8 Beispiele mit Plural gegeben, in Bd. 2 werden die Endungen noch einmal gesondert aufgeführt, Bd. 3 enthält den Plural im Rahmen einer Deklinationsübersicht, Bd. 4 enthält keine Grammatikdarstellung zum Plural); eine Erklärung der Formen wird nicht gegeben, stattdessen finden wir in Bd. 2 den kurzen Hinweis "It is best to learn every new noun with its plural form." (*Auf Deutsch gesagt*, Bd. 2 - Englisch, S. 101). Begründet wird dies nicht.

1991ff.:

Meese, Herrad. 1991/92. *Deutsch - warum nicht?* (Bd. I/II). **Ein Radiosprachkurs in Zusammenarbeit von Deutsche Welle, Deutschlandfunk, Goethe-Institut und Inter nationes.**

(Die beiden Begleitbände zum Radiokurs sind zweisprachig. Auswahlmöglichkeit besteht zwischen Deutsch und einer sehr großen Reihe anderer Sprachen.)

Das Auffinden bestimmter Themen oder Grammatiklektionen ist aufgrund des detaillierten Inhaltsverzeichnisses relativ leicht möglich.

In Lek.15/Bd.1 wird im Rahmen der Deklination (Thematisierung von Akkusativ und Dativ) auch der Plural eingeführt. In einer winzigen Anmerkung in der "Grammatikübersicht" (Bd.1/S.124) erfahren wir lediglich: "Some masculine nouns add an ***-n*** in the accusative and dative singular. ... The dative plural of most nouns ends in ***-(e)n***." Umfangreicher ist auch die Grammatikübersicht in Lek. 15 nicht, als Übungsmaterial wird ein kurzer Lückentext (Einsetzen von Pluralia im Dativ) sowie zwei Satzgerüstübungen angeboten, die unter anderem auch Pluralformen enthalten.
In Lek.15/Bd.2 wird der Plural noch einmal thematisiert (Pluralformen auf *-(e)n*). Als einzige Ausführung ist zu lesen (S.64): "Most nouns in German change their form in the plural. There are five main possibilities, one of which is to add the ending **-n** or **-en** to the singular form." Eine Gewichtung innerhalb dieser fünf "main possibilities" liegt nicht vor. Es folgen wieder Satzgerüste und Frage-Antwort-Übungen. Im Grammatikappendix wird zumindest noch eine kleine Übersicht über die verschiedenen Pluralformantien geboten. Erklärungen fehlen völlig.

Teil 5: Computermaterialien für den Unterricht Deutsch als Fremdsprache

1992:

Friedrich, Michael, Timm Hassert und Ulrich Remanofsky. 1992. *Zertifikatstraining Deutsch: PC-Programm Wortschatz.* München.
Von allen eingesehenen PC-Programmen ist dieses Programm in Bezug auf die Pluralbildung inhaltlich noch am reichhaltigsten (Übungsvarianten in Form von multiple choice und Ergänzungsaufgaben). Nähere Hilfen oder Erklärungen werden nicht gegeben.

1993f.:

Dreyer, Hilke und Richard Schmitt. 1993/94. *PC-Fassung zum "Lehr- und Übungsbuch der deutschen Grammatik".* Ismaning b. München.
Im Kapitel "Substantiv und Artikel" finden sich im Rahmen von Übungen zum bestimmten Artikel einige Sätze ("Übung 3"), in denen Dativ Plural geübt wird. Es handelt sich um eine Transferübung (Singular in Plural) mit Hilfen (Nominativ Plural ist angegeben). Eine spezielle Übungsvariante nur zum Plural und seinen unterschiedlichen Bildungsmöglichkeiten oder eine Erklärung der Pluralbildung erscheint nicht.

1995:

Kabisch, Andreas. 1995. *Übungen am Computer zum Kursbuch "Themen 1".*
20 Beispiele zum Plural werden im multiple-choice-System abgefragt. Kleine Hilfen werden angeboten (Bsp.: bei richtiger Antwort: *Hund/Hunde* → Erklärung: "Richtig; der Plural von DAS BROT lautet DIE BROTE"; bei falscher Antwort: **Hund/Hunden* → "Falsch; der Plural on HUND wird nicht nach dem Muster von FRAU gebildet, sondern nach dem Muster von BROT"). Die jeweils richtige Maske kann dann aufgerufen werden. Es erscheint eine Liste mit den neun Pluralformen und je ein Beispiel, was wieder den Eindruck der völligen Gleichwertigkeit hinsichtlich der Vorkommenshäufigkeit (Type/Token) der Pluralformen erweckt. Weitere Erklärungen oder andere Übungsmöglichkeiten gibt es nicht.

Die **Mediotheken der Goethe-Institute** bieten zusätzlich folgende Arbeitsprogramme an, in denen sich Übungsmaterial zum Plural findet:

Programm "Grundstufe 1 und 2"
Es erscheinen zwei Menues: "Übungsmodus" und "Testmodus", die sich lediglich darin unterscheiden, dass der Teilnehmer im "Übungsmodus" die Möglichkeit hat, Hilfen aufzurufen. In beiden Modi finden sich vereinzelt Übungen zum Plural, Erklärungen oder Hilfen dazu fehlen (auch im Übungsmodul).

Programm "Grundstufe 3 und Mittelstufe 1"
Im Menue "Zertifikatstraining: Wortschatz" finden sich einige Übungen zum Plural (multiple choice oder selbständige Ergänzungen). Erklärungen oder Hilfen fehlen.

1999:

Heringer, Hans-Jürgen. *Aus Fehlern lernen.* Augsburg.
(1 CD-ROM)
Der Autor macht sich von Lernenden produzierte Fehler zu allen wichtigen Grammatikkapiteln des Standarddeutschen zunutze: Er entwickelt daraus ein multimediales Lernprogramm mit 42 Kategorien, in denen häufig auftretende Lerner-Fehler didaktisiert und als Übungsprogramm angeboten werden. Der Lernende hat dabei jeweils die Möglichkeit, Fehler zu korrigieren, Korrekturen aufzurufen, sich die Grammatik für ein bestimmtes Phänomen erklären zu lassen

und schließlich sein eigenes Fehlerprofil[121] zu erstellen (ergänzt wird das Programm durch kleine Videoeinspielungen und Hörprogramme).
Der "Plural" wird bei den häufigsten Fehlern im Zusammenhang mit dem „Nomen" behandelt. Neben Kongruenz und Genus geht es um die richtige Pluralbildung. Der Lernende bekommt z.B. den Satz "*Es gibt zwei Krankenhaus in dieser Stadt*" präsentiert, den er dann entweder selbständig verbessern und/oder sich die korrigierte Form anzeigen lassen kann. Dazu kann er ausführlich oder "light" die zugehörige Grammatik aufrufen (z.B. folgende Erklärung: "Nomen haben einen Plural für mehrere bezeichnete Dinge. "er"-Plurale lauten um".)
Auf diese Weise erfasst Heringer kurz und prägnant die wichtigsten Grammatikkapitel. Das Material ist leicht handhabbar. In acht Trainingssätzen wird die korrekte Pluralbildung als primäres Thema angeboten, in mehreren anderen Trainingssätzen tritt der Plural – z.B. im Zusammenhang mit Kongruenzphänomenen - als sekundäres Thema auf.

121 Für die selbstständige Entwicklung eines eigenen „Fehlerprofils" durch den Lerner vgl. auch Dittrich, R. und E. Frey, 1996, *Training Kleines deutsches Sprachdiplom*, Ismaning.

Kolibri 360 GmbH
Ferdinand-Jühlke-Straße 7
99095 Erfurt, Deutschland
produktsicherheit@kolibri360.de

Druck:
CPI Druckdienstleistungen GmbH
im Auftrag der
Kolibri 360 GmbH
Ferdinand-Jühlke-Str. 7
99095 Erfurt